创新创业立体化系列教材

i

INNOVATION AND
ENTREPRENEURSHIP

创新创业基础：
跨界与融合

吴彬镪　钟发亮　翁　文 / 名誉主编
李变花　姬　康 / 主编
林晓伟　林炳坤　薛　山 / 副主编

北京师范大学出版集团
BEIJING NORMAL UNIVERSITY PUBLISHING GROUP
北京师范大学出版社

图书在版编目（CIP）数据

创新创业基础：跨界与融合/李变花，姬康主编 . —北京：北京
师范大学出版社，2020.7（2023.8 重印）
ISBN 978-7-303-25748-5

Ⅰ.①创⋯ Ⅱ.①李⋯ ②姬⋯ Ⅲ.①创业－高等学校－教材
Ⅳ.①F241.4

中国版本图书馆 CIP 数据核字（2020）第 032286 号

教 材 意 见 反 馈　gaozhifk@bnupg.com　010-58805079
营 销 中 心 电 话　010-58807651
北师大出版社高等教育分社微信公众号　新外大街拾玖号

CHUANGXIN CHUANGYE JICHU：KUAJIE YU RONGHE
出版发行：北京师范大学出版社　www.bnup.com
　　　　　北京市西城区新街口外大街 12-3 号
　　　　　邮政编码：100088
印　　刷：三河市兴达印务有限公司
经　　销：全国新华书店
开　　本：787 mm×1 092 mm　1/16
印　　张：19.5
字　　数：320 千字
版　　次：2020 年 7 月第 1 版
印　　次：2023 年 8 月第 4 次印刷
定　　价：49.80 元

策划编辑：周　粟　李　明　　　责任编辑：王　强　林山水
美术编辑：陈　涛　李向昕　　　装帧设计：陈　涛　李向昕
责任校对：段立超　陈　民　　　责任印制：马　洁

编 委 会

序

党的十八大以来，习近平总书记在各种场合强调创新创业创造的重要性。党的十八届五中全会把创新提到五大发展理念之首。在 2019 年年初全国"两会"期间，习近平总书记在参加福建代表团审议时强调："要营造有利于创新创业创造的良好发展环境。要向改革开放要动力，最大限度释放全社会创新创业创造动能，不断增强我国在世界大变局中的影响力、竞争力。"（《营造有利于创新创业创造的良好发展环境》，载《福建日报》，2019-03-12）从"双创"到"三创"，习近平总书记对营造良好发展环境提出了更高要求，这是对中华民族伟大精神的创造性发展，是应对国内外复杂形势的战略新判断，是基本实现国家现代化的战略总号召。

2014 年 9 月 10 日，李克强总理在夏季达沃斯论坛上提出：掀起"大众创业""草根创业"的新浪潮，形成"万众创新""人人创新"的新态势。自此，"大众创业、万众创新"开始频繁出现在政府政策文件中。2015 年，《国务院关于大力推进大众创业万众创新若干政策措施的意见》颁布实施，这表明"双创"正式成为政府推动经济社会转型的重要战略决策。

近年来，在以习近平同志为核心的党中央的坚强领导下，中国经济保持平稳运行。我国已经进入全面深化改革和经济提质增效的新时期，"大众创业、万众创新"不仅是富民强国、实现创新驱动的战略决策，更是促进公平、维持社会秩序的重要保障。大众创业、万众创新的实质是通过改革解放和发展生产力，调动亿万市场主体积极性和社会创造活力，更大限度地激发每个人的潜能潜质。

只要我们坚持以习近平新时代中国特色社会主义思想为指导，深入实施创新驱动发展战略，就一定能使全社会创业创新的滚滚洪流汇聚到一起，奋力推动国家发展，实现人民对美好生活的向往。

闽南师范大学"创新创业基础"教学团队，响应国家"大众创业、万众创新"战略的号召，按照"思维→理论→应用（实践）"教与学的基本范式，精心打造出一门"大学生创新创业'降龙十八讲'"慕课。该课结合国学、文学与创新创业，将金庸笔下降龙十八掌、《易经》中的传统文化与大学生创新创业理念相融合，将创新创业教育与思想政治教育以及专业教育相融合，将创新创业基础知识与创新创业案例相融合，进而助力大学生实现创新与创业之梦。

《创新创业基础：跨界与融合》这本教材作为慕课的配套教材，一方面，结合学校跨专业融合发展的理念，精心设计线上线下同步、跨学科（跨专业）融合的课程情境，有效激发学生学习动力和创新创业热情；另一方面，力促大学生主动掌握创新创业的基本思路、方法和技能，提高大学生创新创业的目的性和成功率。教材的突出特点表现在以下几个方面。

第一，教学对象"中心化"，并实现"老板化"。将使用本教材的学生预设为创业的"老板"，不是专业的部门"经理人"或"打工者"，是乐队的指挥，而不是乐器的演奏者，从而打破学科界限，在共同服务于创新创业的前提下，实现互联互通，授课对象不是一个个学生，而是一个个信息汇总者。

第二，知识体系"逻辑化"，并实现"痛点化"。本教材通过大量创业案例分析、提炼创业过程中的"痛点"，以"痛点"触发"知识点"，用"知识点"解决"痛点"，只选取市场营销、人力资源管理、财务管理等多个学科中与创业"痛点"相关的内容，从而降低学习门槛。

第三，教材内容"思维化"，并实现"工具化"。争取实现"一本教材两种用途"——既是标准知识，也是实用工具。在有限的篇幅中，避免大量案例堆叠，尽可能对创业困局进行简化。简化问题的答案，减少说明"是什么""为什么"，重点解决"怎么办"的问题，从而提高学习效率。

第四，章节内容"层次化"，并实现"故事化"。以年轻大学生熟悉的小说人物与武功为切入点，将兴趣点转化为知识点，把知识点落实为操作点，从而提高学习兴趣。

第五，课后学习"系统化"，并实现"碎片化"。符合当下大学生"碎片化"的学习习惯——图文结合；章节之间既有一定逻辑关联，也可以单独学习；创造"基本概念问知乎，解决方案看教材，分析问题用图表"的学习模式，争取帮助学生实现"随心所欲看，随时随地记"的目标。

第六，课程学习"信息化"，并实现"网络化"。教材配合网络平台课程，学生可以通过教材知识点页面扫码、app互动留言等方式，以网络社交的形式进行教材内容的深化和拓展。

总之，该教材定位在大学生创新创业思维与能力的培养上，围绕新时代创新创业的特点和性质，重点关注创新创业型企业的特征，对大学生创新创业进行系统指导和教育，对于培养大学生的创新创业精神、提升大学生创新创业能力具有重要的指导意义。

目　录

导　论

　　党的十九大报告指出，发展是解决我国一切问题的基础和关键，发展必须是科学的发展，必须坚定不移地贯彻创新、协调、绿色、开放和共享的发展理念，其中创新居于五大发展理念之首。党的二十大胜利召开，为我国创新创业教育发展指明了新方向。习近平总书记在二十大的报告中用了比较大的篇幅谈了创新发展战略的意义和重要性。他指出："完善科技创新体系。坚持创新在我国现代化建设全局中的核心地位。完善党中央对科技工作统一领导的体制，健全新型举国体制，强化国家战略科技力量，优化配置创新资源，优化国家科研机构、高水平研究型大学、科技领军企业定位和布局，形成国家实验室体系，统筹推进国际科技创新中心、区域科技创新中心建设，加强科技基础能力建设，强化科技战略咨询，提升国家创新体系整体效能。""加快实施创新驱动发展战略。坚持面向世界科技前沿、面向经济主战场、面向国家重大需求、面向人民生命健康，加快实现高水平科技自立自强。以国家战略需求为导向，集聚力量进行原创性引领性科技攻关，坚决打赢关键核心技术攻坚战。""深入实施人才强国战略。培养造就大批德才兼备的高素质人才，是国家和民族长远发展大计。功以才成，业由才广。坚持党管人才原则，坚持尊重劳动、尊重知识、尊重人才、尊重创造，实施更加积极、更加开放、更加有效的人才政策，引导广大人才爱党报国、敬业奉献、服务人民。完善人才战略布局，坚持各方面人才一起抓，建设规模宏大、结构合理、素质优良的人才队伍。"习近平总书记的指示，给我们高等教育工作者提供了很好的指引。建设社会主义现代化强国，要更加深入把创新创业教育贯穿整个培养过程，培养有创新创业意识和能力的时代新人。

　　当代大学生要敢于做先锋，而不做过客、当看客，让创新成为青春远航的动力，让创业成为青春搏击的能量，让青春年华在为国家、为人民的奉献中焕发出绚丽光彩。在人生的旅途中，应牢固树立正确的职业理想和择业观念，开发创造性思维，提高综合素质和创业能力，践行社会主义核心价值观。

一、创新创业教育的发展现状

我国经济正处在转变发展方式、优化经济结构、转换增长动力的攻关期，需继续发挥创新创业创造在扩大就业、促进创新等方面的重要作用，同时在原有基础上进一步升级，巩固快速发展的新业态、新模式，向更广阔的领域拓展，使创新创业创造在更大范围、更高层次和更深程度上蔚然成风。深入优化高等学校创业教育，既是积极实施创新驱动发展战略，也是进一步强化科技创新的引领作用，同时，还是新时代推进高等教育改革和促进高校人才培养的一项重要举措。

1. 我国高校创新创业教育的发展进程

我国高校创新创业教育始于 20 世纪末。2002 年，清华大学等 9 所高校率先在全国进行创新创业教育试点。"挑战杯"竞赛和中国大学生创业计划竞赛迅速风靡全国，成为青年人才脱颖而出的创新创业新途径。2005 年开始，团中央、全国青联与国际劳工组织开展国际合作，在我国大学中推出了 KAB 创业教育项目，开始探索具有中国特色的创业教育之路。2012 年，教育部明确了高校创新创业教育的基本要求，提出做到"三个纳入"。2015 年 5 月，国务院办公厅印发了《关于深化高等学校创新创业教育改革的实施意见》，对未来我国深化高校创新创业教育改革进行了顶层设计，成为当前指导我国大学生创新创业教育工作的纲领性文件。从 2015 年开始，教育部每年举办中国"互联网＋"大学生创新创业大赛，到 2019 年已经是第五届。

在相关政策支持下，科技人员、大学生、留学归国人员、返乡创业人员等各类创业群体踊跃投身创新创业大潮，从城市到农村、从国内到国外，参与群体越来越多样、覆盖范围越来越广泛。创业投资更加活跃，迈入规范化发展新阶段，推动创业资本更多投向人工智能、生物医疗行业等战略性新兴产业领域。双创政策体系不断优化，普惠性和实效性持续改善，有效解决了一批社会反映强烈的政策痛点。创新创业培育新动能成效显著，为建设现代化经济体系、推动高质量发展发挥了不可替代的重要作用。

2. 大学生创新创业实践存在的问题

相关数据显示，高校毕业生的就业观念普遍趋于保守，主要将就业目标定位在工作稳定且福利待遇较好的事业单位、政府机关或者是拥有较高收入的外企和大型企业上，大部分大学生的创业企业还处在起步与成长的阶段，虽然对社会已经产生较强的辐射作用，但创业的成功率还不高。究其原因概括如下。

①大学生自身素质。首先，大学生普遍缺乏综合性的创业能力，就业目标不清晰，团队协作、社交沟通、开拓创新等能力不足，缺乏对市场的深刻认识，规避风险和创业能力较低。其次，缺乏积极乐观的心态，面对挫折和挑战易产生悲观心理，慌张应对，导致失败。

②创业的社会环境。其一，政府扶持政策还有待完善，还需要良好的创业引导环境。其二，受传统观念影响，认为创业风险太大，不以创业来代替就业。其三，缺少企业的支持，大学生很难将在校期间的创新创业实践，进一步延伸，企业不愿意为大学生提供更多的实践平台。

③高校内部环境。高校为大学生营建的创新创业教育环境还有待完善。从内部教育环境来看，部分高校对大学生个体身心发展与环境要素之间的相互作用还不够重视（见表0-1）。

表0-1　高校创新创业内部环境

问题	主要表现
师资队伍不齐，综合素质不高	高校创新创业课程授课教师普遍缺乏创业实践经验，"双师型"教师严重不足，大部分教师硕士或博士毕业就承担教学任务，缺乏对创新创业的深刻理解和感悟，在实际教学中停留在理论层面，理论与现实操作之间存在差距，导致学生对创新创业难有系统透彻的理解，造成创业的失败
课程设置不合理	高校虽普遍开设了创新创业课程，但理论课程较多，实践课程较少，这种重理论轻实践的教学模式也使得毕业生的动手能力弱，在创新创业过程中无法将所学知识付诸实践，眼高手低导致创业失败率居高不下
创新创业资源不足，理论难以支撑实践	实践教育的推行必须有相关的配套资源作为支撑，如创业实践基地、创新创业孵化园、创业导引资金等。多数高校的创新创业教育尚未配置这些资源，仅仅停留在理论教学层面，导致高校的创新创业教育发挥的作用有限，对学生能力的提升作用不大

3. 我国创新创业教育的发展方向

党的二十大对如何实现教育强国、科技强国、人才培养、青年工作等提出了各项具体要求，创新创业教育理应服务科教兴国战略，积极融入创新驱动发展，支撑现代化产业体系，增进民生福祉，切实提高战略性全局意识，着力造就创新创业型拔尖人才。

一是创新创业教育以科教兴国为宗旨。二十大报告指出，教育、科技、人才是全面建设社会主义现代化国家的基础性、战略性支撑。创新创业教育必须坚持科技是第一生产力、人才是第一资源、创新是第一动力，不断塑造发展新动能、新优势。

二是创新创业教育以创新驱动发展为动力。二十大报告指出，坚持创新在我国现代化建设全局中的核心地位。创新创业教育要强化国家战略科技力量，形成具有全球竞争力的开放创新生态，创新创业者要进行原创性、引领性科技攻关，增强自主创新能力。

三是创新创业教育以实体经济振兴为重点。二十大报告指出，建设现代化产业体系，坚持把发展经济的着力点放在实体经济上，推进新型工业化，加快建设制造强国、质量强国、航天强国、交通强国、网络强国、数字中国。创新创业者要在乡村振兴、农业农村发展、绿色低碳产业中发挥推动作用。

四是创新创业教育以民生福祉增进为追求。创新创业者应以增进民生福祉、提高人民生活品质为价值追求。在应对人口老龄化、扩大中等收入群体、实施就业优先等国家战略机遇中，我们应将自我价值的实现与人民幸福的实现联结起来，将个人事业的前进发展与中华民族伟大复兴的新征程联系起来，同心同向，勇毅前行！

二、国内外创新创业的教育模式

1. 国内创新创业教育模式

深入优化高等学校创业教育，既可积极推动创新驱动发展战略也可进一步发挥科技创新引领作用，同时也是新时代推进高等教育改革和促进高校人才培养的一项重要举措。高校创业教育者要积极应对新时代下互联网带来的机遇和挑战，在大学生创业教育过程中融入创新创业思维，构建以创业理论教育、创业实践教育并举的教育模式，才能体现创新创业教育的本质。每个学校的创新创业教育模式基本上都是通过汇集政府、企业和学校自身三方力量，通过理论课程讲授、第二课堂教育、实践平台训练、创新创业赛事的磨炼、创新创业园区基地孵化等方式全方位激发学生创新创业意识、培养创新创业精神，以提升学生创新创业能力，如表 0-2 所示。

表 0-2　代表性院校创新创业教育模式

院校	创新创业教育模式
清华深圳研究生院	"大学—政府—企业"的创新创业教育生态网模式
浙江大学	"全链条式"创新创业教育体系 "五位一体"的创新创业教育路径 "六创"协同的创业教育系统
大连大学	"三层次、四平台"创新创业教育模式
燕山大学	"一体两翼三结合"创新创业教育体系
重庆工商大学	四力导向、四轮驱动 O2O 活动链仿真的创新创业模式
云南农业大学	"三融合、五驱动"创新创业教育模式
河南工业大学	"四位一体"创新创业教育模式
内蒙古科技大学	"五位一体"创新创业教育模式

经过多年发展，我国创新创业教育取得了较大进步，但在很多方面仍存在一些问题，主要表现在：创新创业教育理念滞后、课程缺乏体系、教学方式落后单一、师资力量薄弱、实践平台单一，以及社会参与力量薄弱等。为促进创新创业教育的完善，

各学校从多个角度，如利用"互联网＋"、大数据等信息技术、借助 MOOC 平台、借鉴国外先进教学经验和创新创业教育模式等，实施"广普式"创新创业教育，构建模块化课程，采用多样化教学方式，强化师资培训和引进，加大政府支持力度，深化校企合作，建设协同育人机制，整合校内外资源等多种途径，促进资源优势互补，丰富创新创业教育模式，扩大创新创业教育辐射面。

2. 国外创新创业教育模式

创业教育源自国外，分为广义和狭义两种。广义的创业教育，是指以培养具有开创个性的人为目标的教育；狭义的创业教育，是指提高学生从事商业化活动综合能力的一种教育，目的是使学生由最初的求职者升级为工作职位的发明者。创业教育有别于以往就业教育形式，它以"创新"和"开放"为特征，致力于培养全能型人才。

1991 年，东京创业创新教育国际会议把"创业创新教育"定义为：培养最具有开创性的人，包括首创精神、冒险精神、创业能力、独立工作能力及技术、社交和管理技能的培养。1998 年，联合国教科文组织将创新创业教育视为 21 世纪除了学术教育与职业教育之外的"第三张通行证"。2000 年，欧盟强调将创新创业精神作为学生必备的核心素养。在美国，创新创业教育已有 60 多年的历史，积累了丰富的实践经验。国外高等院校创新创业教育已经发展成熟，各个院校各有自己的特色，自成一套系统，取得了良好的教育成果。

①美国模式。美国已经具备较完善的高校创业教育体系，具体模式包括以哈佛大学与百森为代表的商学院模式。这种模式设有经营和分销等方面的众多创业课程，并且学校开展多样的实践类课程来丰富实践经验，挖掘学生的创业潜力，激发创业激情，培养相关的创业素养。如以斯坦福大学为代表的理工科模式，就有效地将基本创业知识渗透到基础课程中去，使学生在日常学习时，在潜移默化中学习创业相关知识，掌握系统的创业知识和评估创业机会的能力，给学生尽可能多的机会去了解如何将自己的创意应用于实践中。

②德国模式。该模式主要采取两种教学方式：一种是传统教学方式，即以某一个问题作为出发点，由相关教师传授创业理念相关知识，这些内容都是预先规定的，有计划、有组织地开展，待实现既定的教学目的后，会被给予相对应的教学评价。另一种教学方式为创业学习方式，即以对策作为出发点，在相对宽松、自由的氛围中，学生通过教师的提示和指引自主参与创新创业类活动。在参加实践活动前并不会被限定学习的内容和范围，而是在参与的过程中，通过自身的感受和经历、遇到的问题或产生的疑惑，来选择相应的学习内容。而学生在学习的过程中和结束后，不需要接受评价，只需要按照既定的时间要求完成相应的学习目标。

③日本模式。日本高校创业教育主要有四种模式：第一，创业家教育模式，主要是培养学生的实际管理经验，学生不但要发表高水平的论文，还要将其创业理念真正地付诸实施。第二，经营技能综合演习模式，主要是通过专门的知识学习培养有关专

业的学生的综合技能，如策划能力和管理能力。第三，辅助模式，主要是将创业教育作为学生的辅助课程，该模式的主要对象是工科类或者医科类的学生。第四，企业家培养学习模式，主要致力于激发学生的创业热情和培养学生的创业观念。

总之，大学生是具有创新能力及创业潜力的群体之一，在高等学校开展创新创业教育，能够培养学生创新精神和实践能力。以创业带动就业，能够有效减缓社会就业压力，促进高校毕业生充分就业。我国越来越多的高校意识到通过教育体制机制创新和相关政策项目引导，积极与兄弟院校、行业企业开展深度合作，建立战略联盟，促进资源共享的重要性。不过，由于我国的起步较晚，因而在创新创业教育中创建的协同理论教学体系、创新创业教育的实践课程体系及相关师资构成方面，与发达国家的协同创业教育还有一定的差距。

▶▶ 典型案例

1. 以"创新创业课程"著称的百森商学院模式

百森商学院的"创新创业课程"以及斯坦福大学的"产学研一体化"是目前国外最具代表性的创新创业教育模式。百森商学院作为全球最著名的创新创业管理教育及研究的最高学府，在创业学领域一直处于领先的地位。百森商学院以"强化意识"为指导思想，帮助学生在创业过程中提升思维方式、冒险精神、进取心、创造能力，以及把握市场变化的洞察能力。百森商学院以培养创业意识为主，通过创新性课程教学、外延拓展计划教学支撑，倡导创新创业精神，具体体现在四个方面：

第一，师资力量的优越性。百森商学院拥有 40 多名专门讲授创新创业课程教师，同时配备有相当数量的创新创业助教和全职教员。学院的师资必须有企业方面的经验：如风险资本家(创业投资家)、创业家和实业家、新创立企业的高级管理层。这些教师不仅拥有参与创业或者企业高管的亲身经历，同时还需要同企业保持积极的联系，通过争取企业支持，为学生带来更多的模拟实践的机会。这些经历帮助教师在教学过程中能够引用具体鲜活的案例，通过真实的案例模拟和研究，帮助培养学生的判断能力和分析能力，在创新创业问题上拥有更强的实战应变能力以及创新思维能力。

第二，课程设计方面的前瞻性。百森商学院的教学理念是创新创业教育，这既是一种教学课程，更是一种教育实践。创业教育不能以追求功利为目的，而应当为青年学生注入创业的"遗传代码"，为此，百森商学院进行了系统化课程设计，提供切合实际的教学方案。他们战略性地将创新创业教育提上教育改革进程，并开创性地进行创新创业教育模式的改革实践。在设计创新创业教学课程结构的时候，百森商学院将创业过程必要的创业意识、创新个性品质、创业核心能力等理念整合到创业的知识中，并有机结合科学教育和人文思想教育、智力教育以及社会教育。在这种整合性课程教育中，学习者仿佛置身于创业的社会背景中，关注创业的同时还了解到与创业相关的经济问题和社会问题。这种教学方式帮助百森学院从 1967 年开设创业课程以来，一直在该领域保持领先地位。

如表 0-3 所示，为适应社会需求，百森商学院根据大一至大四本科生不同的需求以及不同的知识掌握能力，设计了一套符合学生认知规律，从浅到深、循序渐进的创业实践教学大纲。

表 0-3　百森商学院本科生创新创业课程

第一年	第二年	第三年	第四年
必修课程	必修课程	必修课程	必修课程
新生创新创业课程体验	加速创业课程	创建创业、企业融资、创业计划、家庭管理机制、风险资本和增值资本	公司创业、创业实战案例研究、创业者营销、战略与结构

第三，课程内容体系的完善。百森商学院创业课程体系，被誉为全美高等院校创新创业教育与课程的基本范式。早在 20 世纪 90 年代初，百森商学院就设计了一款成功的创业教学课程体系，受到广泛好评。这种全新的创业教学体系将创业中所需的知识融入创业过程中，学员有机会学到创业商机识别、企业成长学、融资与风险等基础知识和实战技能。百森商学院的商业课程，要求学生以团队形式贷款启动一家公司，并且必须返回本金和利息。对那些完成学业后要开办公司的学生来说，创业强化项目是一个具有高度可选择性、完整性和实用性的项目。这种培养方式取代了传统的分散的授课方式，将知识融合实践，把原先独立的营销管理学、人力资源管理学、财务管理学等，经过整合传授给学员，通过创业计划大赛、创业演讲等实践环节获得创业体验。

第四，课程教学方法的探究。创业教育课程的好坏取决于教学方法是否科学。百森商学院的教授们为了给学生们提供集趣味性与知识性于一体的教学环境，以企业所处的社会生态环境作为切入点，对创业过程中每个细节进行现场教学，使得学生们仿佛置身于创业实践中。在这样一个良好的动态学习过程中，学生不仅关注创业所需的知识和技能，同时还关注与创业相关的经济问题、社会问题以及其他影响创业因素。根据实践结果，百森商学院采用的"以问题为重心"的教学方式，深受学生的喜爱。

2. 以"产学研一体化"著称的斯坦福大学模式

斯坦福大学被称为硅谷的"心脏"，在其发展过程中起到了重要的作用。反之，硅谷为斯坦福提供了巨大的财政支持，保证其进一步开展基础科研工作。斯坦福大学十分重视实践应用和基础科研之间的相互转换，提出"产学研一体化"的模式进行创新创业教育，结合个人能力、专业特长以及社会环境，从创业者的角度来规划整个创业系统流程。斯坦福大学产学研一体化模式的特点包括以下几个方面：

第一，追求一流的教学与科研成果。斯坦福大学十分重视教学与科研的基础性工作，重视学术研究，并致力于教学与科研的创新。斯坦福的教授认为一流的基础研究是达到一流科学研究成果的基石，而一流的科研成果必定能为推动高新技术发展起到巨大作用。斯坦福配备了全球一流的实验设备、教学设备，并聘请各个领域的专家和学者来斯坦福任教，为其基础性教学和研究共同努力。其基础性研究吸引了来自美国政府及企业的资金支持，得到快速的发展，涌现出一批又一批具有重要科学意义的教学和科研成果。

第二，开放互动式的创新创业教育。斯坦福大学一直崇尚学术自由，坚持科学研究的开放性。在这里，教授和学生可以自由选择研究课题。斯坦福管理层认为，高校通过教学和科研相融合的方式培养出来的学生，对基础知识和技能掌握良好，并能有效完成知识和技术的转化。通过开放互动式的教学和研究方式，斯坦福大学的收获远远超过科学家们的专利发明。开放互动式的创新创业教育包括了多个学科之间的合作交流，将教学和科学研究有机融合，并带动企业，完成产学研一体化的多方互动，形成一个开放式的、网络式的有效模式。学生在此过程中获得了应用基本原理知识并进行深入思考的能力，这种能力的培养可以产生更多更优秀的种子。

第三，建立大学与企业的联系。斯坦福大学持续不断地与企业发展合作交流关系的传统被保留下来，这不仅为学校获得较高水平的学术研究提供支持，还有助于社会公共服务事业的发展。在企业和学校多种合作模式中，斯坦福大学首创了"科技工业园区"模式，这是一种互动互利式的关系。一方面，企业得到最新的科研成果，获得高速发展的契机；另一方面，学校得到企业支持，更好更快地完成科学研究项目，持续为企业服务。从而实现斯坦福大学和硅谷之间互利互惠的良性循环。斯坦福大学同企业签订长期的合作计划，不仅鼓励学校内部研究人员的科研成果商业化，而且还为企业提供不同等级和层次的教育培训服务，帮助传播最新科研成果以及培养高等技术型人才。企业通过斯坦福大学引入最新的科学研究成果以及尖端的技术人才，企业效益得到进一步的扩大。

三、创新创业思维的培养

随着社会的发展和社会主义市场经济体制改革的逐渐完善，当前大学生的就业观念发生了较大变化，从传统的"铁饭碗"式就业期望逐渐开始向自主择业、自主创业方向发展。互联网技术的不断发展也给当前大学生毕业后的创业提供了良好发展平台。通过分析大学生创业的众多案例，可以发现相当部分大学生对于创业概念定位不准确，创业思维跟不上形势的发展。因此，在高校的创新创业教育中对于大学生创新创业思维的培养便显得尤为重要。

1. 大学生应达到的创业思维标准

创新创业教育改革是高校教育改革的抓手，在互联网时代下，传统的教学模式受到冲击，各高校在教学改革过程中不断突破创新，将互联网思维融入教学模式创新、课程资源整合、课程结构调整、教学平台建设等措施改革中，以培养具有互联网思维的创新创业人才为目标，探索创新创业教育课程教学新模式，促进教学良性发展。

①统揽全局的思维。创业实战和学校学习、公司工作有着明显区别。在公司和企业中的工作人员往往只是负责某一个环节，达到熟练往往就能够出色地完成任务。但是作为创业者，对于某一个工作环节或者领域的熟悉是不够的，创业者需要对整个创业过程有一定了解，因此对于大学生创业者来讲，需要在创业实践过程中逐渐培养统揽全局的能力和思维。

②团队协作的思维。由于教育的时代特点和新事物的不断兴起，大学毕业生具有较强的独立意识和个性。但是创业过程不是一个人的实践，而是整个团队的科学协作。所以，对于即将创业的大学生来讲，应该具备整体的团队协作意识。拥有较强团队协作能力的大学生创业团队往往能够发挥更大的优势，也能够高效地解决困难。所以，大学生在毕业之后如果想要走自主创业这条道路，必须在整个大学期间，有意识地培养自己的协作能力和团队意识，这是创业团队能够存在并且走下去所必须具备的条件。

③发现商机的思维。新时代的创业思维较改革开放之初有了飞跃性的变化，如果仍然沿用传统的"买卖"、传统的销售模式，企业的生存将面临严重威胁。信息技术的发展给当前大学生创业提供了广阔的平台，那就是运用互联网、采用"互联网＋"的模式去创业。发现商机的思维不能停留在社会上众多的创业品牌当中，应该主动、有意识地去寻找、发现当前高频出现且暂时还未解决的"痛点"。比如"饿了么"等一些经典的创业成功案例都是解决了大众的痛点，建立起"互联网＋"模式的电商平台。

2. 基于互联网思维的创新创业课程设计

在互联网思维教学模式下，课堂教学不再是孤立的"教—学"关系，而是以学生为主体，以成果为导向，将"教—学—做—研—产"链接起来，形成一个闭环，不断实现价值的动态传递。因此用互联网思维指导和规划高校教学改革意义巨大。

互联网思维模式已经覆盖到人们的生活及工作的各个方面，发挥着引领思想、引导行为、指导工作的作用。随着以深化课程为主线的高校创新创业教育改革的不断推进，创新创业教育的工作机制、实践体系、教学管理、保障体系等都在不断完善，高校在创新创业课程(群)建设、优质课程资源共享、在线开放课程等方面都取得了较为突出的改革成果，但是课程教学改革的针对性、激发学生潜能、服务学生发展等目标并未完全实现。利用用户思维、极致思维、社会化思维、大数据思维、平台思维、跨界思维等互联网思维，引导教学模式创新、课程资源整合、课程结构调整、教学平台建设等教学改革，有利于培养具有互联网思维的创新创业人才，使得学生更加乐于与外部世界交流和接触，从而增强创新创业意愿。

创新创业教育课程作为高校公共必修课程，展开了教学改革新模式探索，借鉴互联网思维进行课堂设计和实践，在教学过程中采用混合式教学模式。

①以创新与创业为两翼，构建全新的课程体系。课程设置采用"以创新教育为起点，以创业教育为载体"的双创构建原则。创新，以创新价值、创新技法为核心内容，意在唤醒创新激情，熟知基本的创新方法与手段，为创业教育的顺利开展提供铺垫；创业，则以教育部《普通本科学校创业教育教学基本要求（试行）》的"创业基础"教学大纲为依据，以构建完整的创业项目与企业生成流程要素及运营为核心教学内容。

②以系统的教育理论为指导，重塑全新的教学范式。创新创业教育课程的"高校教育改革突破口"的使命与"知行合一"的性质，客观决定着其需要采用与现有的课程不同的教学模式。课程采用"教—学—研—做—产"一体化的教学模式，使得教学内容以一种"项目计划"的载体方式，转化成为一种可视化、可量化、能具体加以实操的方式，使得以往传统单纯的教师讲授为主的教学发生了根本性的实质变化，演化成为以学生为学习主体的师生共同的课堂学习模式。师生角色由过去的"教授者与学习者"转化为职场的"指导者与操作者"，"各负其责、各行其事"成为新的教学范式的主要特性。课堂呈现出专家顾问、项目负责人、项目实施团队、项目审评的多角色并存，项目操作也成为课上与课下的连续过程，学习真正实现了自主化、随时化、优质化；以往的难以实现的"能力"培养因教学范式的"活动操作"转变成为必然，"合作与分享"、沟通与交际、言语表达等软技能的培养都成为现实。

③以教育与产业融合为手段，打造真实创新创业项目。创新创业教育课程以真实的产业、实际的商业活动的"真项目"为教学起点，要求学生用自己的真实创业项目对照创新与创业教育课程所教授的内容，将学习过程同自己创新创业项目的"项目生成""项目操作""项目培育""项目成果"等实现全程贯通，将"学以致用"作为教学的终极目的。"带着问题求学""带着问题求教""带着问题验证"成为创新创业教育课程的一个显著特色，课程成为打造真实创新创业项目的最可靠帮手。

④以学生自身实践为主体，践行知行合一的"做中学"。就学习主体而言，学习是学习者的一种个体行为。课程在设计时，是以真实项目的实践运行流程作为课程的教学过程，学生的"实践操作"方式成为课程学习的核心。"做中学"将课程提升到一个新的高度，课程学习由过去的"知"往前推进到"行"阶段，改变了只"学"不"习"，唯作业为"习"的简单做法，将"习"提升到"解决社会实际真问题"的高度。

⑤以物化产品的评价标准转变为尺度，衡量教学。创新创业教育课程强化教学的有效性。教学不是一个过程的终结，而是通过教学活动达到教学的目的，即关注教学的有效性问题。教师选聘时，强调教师的专业化素养、知识、能力与行业背景；在对教师课堂教学的结果评判时，一是将教学评判对象由单纯的评价教师，转变为教师与学生两大主体，学生的评判占更大分量；二是将评判由过去单纯的教学过程，转化为教学过程与教学结果及学生产品项目，直至建立评价学生产品项目的真实商业化标准。

⑥以完善线上线下教育资源整合为手段，实施"混合式"教学。创新创业教育课程实施线上线下"混合式"教学。教师线下主要通过构建"项目化"课程，形成学习情景，遵循"以生为主、以师为导"的新型教学理念，引导学生完成相应子项目内容学习。教师在线上主要依托学院专业教学资源平台，构建数字化课程的教学、学习环境，开发并充实在线学习数字化资源，并根据平台混合式课程搭建标准，搭建网络课程，建立班级网站，开通教师、学生两类用户，设置相应权限，积极开展师生和生生互动学习与交流。

⑦以建设创业孵化空间为平台，强化创业实践与后续指导。创新创业教育课程学习结果需要产生创业项目，继续推进与孵化学生创业成果是课程孵化的延续。孵化基地的建设，为学生创业项目落地、创新科技成果转化搭建了实践平台，尤其是在学生创业实践中，给予学生更为全面的教育和指导，对学生掌握创业基本知识、技能及形成创业情感与精神有重要作用。

四、创新创业教育的课程体系

近年来，高校采取多种措施加强创新创业教育，取得了突出成绩，对提高高等教育质量、促进学生全面发展、推动毕业生创业就业、服务国家现代化建设起到了重要作用。但也存在一些不容忽视的问题，如在创新创业教育课程体系中，就存在着创新创业教育与专业教育结合不紧，理论与实践脱节，教育教学的针对性、实效性不强等问题，高校也在积极完善自身的创新创业课程体系。

1. 创新创业教育课程体系的构成

创新创业教育是一项培养创新创业新型人才的系统工程，在当前"大众创业、万众创新"的时代背景下，高校创新创业教育组织机构需进一步明确人才培养的目标定位，理顺机制，明确职责和功能，将创新创业教育融入人才培养的全过程，不断推动创新创业教育事业的发展。

①创新创业通识教育平台。该平台的重点职能，一方面是创新创业的理论教育，包括开设"创业基础""创业经济法""创业精神与实践""创造性思维与创新方法"等通识

性课程，对学生进行创新创业文化知识方面的教育，着重对学生进行创新创业精神和文化的培育，引导学生掌握基础性的创新创业知识并激发初步的创新创业意识，了解创新创业对国家、学校、个人发展的重要意义，提升其作为新时代青年的责任感和担当力。另一方面是创新创业普及教育，即面向全体学生同步开展实践教学，如在修读就业指导、职业生涯规划等课程的同时，对大一新生进行职业测评，并结合自身特点和个性，撰写《职业生涯记录本》，找准自身发展方向。

②创新创业专业教育平台。该平台的重点职能，一方面是在创新创业理论教育基础上，结合专业学习，激发创新创业意识。专业教育平台中的理论教育应坚持把创新创业工作贯穿于人才培养的全过程的原则，针对不同学科、不同专业的学生，结合专业特点和教材内容，将创新创业基础知识融入专业课程中，引导学生了解前沿新理论、新技术和新工艺，注重学生创新创业人格培养，让更多的师生理解科技与艺术，爱上创新与创造。另一方面通过创新创业实践教育，培养大学生的创新创业能力。专业教育平台中的实践教育主要通过开展创业调研、企业走访等活动，引导学生深入企业内部，了解与专业相关的行业、岗位对人才的实际需求，与创业成功人士进行面对面交流，同时，将专业理论教育知识与实际生产初步融合，实现书本理论知识的初步转化，培养学生创新创业的能力和技巧。

③创新创业辅导平台。该平台的重点职能，一方面是强化大学生创新创业精神的培育。针对有创新意识和创业潜质的学生，创新创业辅导平台打破院系间壁垒，进行跨学科的专业选修，可开设创新型和创业型两类课程，创新型选修课程可开展"批判性思维与研究方法""学科前沿专题"等，创业型选修课程可开展"创业管理"等，注重引导学生了解创业的基本流程、基本方法和技能。另一方面是提升大学生创新创业能力。针对有创新意识和创业潜能的学生，创新创业辅导平台的实践教育可通过开展创业计划竞赛、大学生电子设计竞赛、发明创造和专利申请等活动，通过理论和实践的无缝衔接，引导学生运用学到的方法和技巧来分析和解决现实中的问题，提升学生的创新创业能力。

④微创业培育平台。该平台的重点职能，一方面，是进一步内化大学生的创新创业素养。针对正在创业或者创业成功的学生，微创业培育平台的理论教育可通过开设"创新战略思维""风险投资""创业营销与市场调查技术""商务谈判与推销技巧"等课程，向学生介绍运营管理、市场营销、战略规划、企业风投、财务管理等方面的知识，目的在于帮助学生掌握成功创业或企业运营的方法和技巧。另一方面，是检验大学生的创新创业能力。针对正在创业或已创业的学生，结合理论平台学习的方法和技巧，微创业培育平台的实践教育通过开设创业训练营、创业大讲堂、"1＋1"导师指导等，与创业学生进行案例共享、实务指导、项目诊脉、融资指导等，切实推进创业项目的落地和已运营项目的良性发展。

2. 创新创业教育课程体系的实施保障

课程体系是实现创新创业教育的基本途径，是创新创业教育要解决的核心问题，在实施时应突出创新创业实践能力培养，并与专业课程紧密结合，把创新创业教育纳入人才培养目标和培养方案中。

①加强创新创业的组织保障建设。第一，健全组织机构。创新创业课程体系的构建是一项生态系统工程，离不开学校党政领导、就业创业指导中心、学生处、团委、宣传部、对外合作办、教务科研处等多个部门的参与。因此，建立完善的组织领导机构，如成立由校长、党委书记任组长的创新创业工作领导小组，统一组织协调全校创新创业工作，制定中长期发展规划和指导意见，研究创新创业教育改革的重大事项。第二，完善工作制度。完善的工作制度是创新创业工作得以顺利开展的基础保障条件，根据国务院办公厅《关于深化高等学校创新创业教育改革的实施意见》，高校可结合自身实际情况，出台学校各种保障创新创业运行的政策。此外，高校要高度重视激励机制的作用，适当加重创新创业教育在年终绩效考核中的比重，并建立月考核、月观摩的专项调研考核制度，每月对各教学单位及相关业务处室的创新创业工作进行专题调研观摩，全面了解学校创新创业工作进展，充分调动院系和相关单位开展大学生创新创业教育的积极性和创造性。

②建立一支专兼职结合的师资队伍。创新创业教育的师资水平直接影响创新创业教育的成果，因此加强创新创业师资队伍建设是提高创新创业实效性的关键所在。通过选拔具有先进创新创业教育理念和方法的优秀教师组建创新创业指导教研室，侧重创新创业基础理论和学科前沿等的知识讲授；聘请熟悉创业及有创业经历的社会名家、有创业实践经历的优秀校友担任兼职创新创业教师或创业导师，承担一定授课任务，开设讲座、开展案例讨论和创业实务指导等。

③搭建多样化的创新创业实践训练平台。第一，搭建多渠道的创新创业实践平台。创新创业实践活动实际上可以说是创新创业教育的重要延伸，科学规划、积极引导和鼓励学生参加课外创新创业实践活动，为学生搭建多渠道创业实践平台，是提升学生创新创业能力的重要举措。第二，搭建分层次的创新创业实践平台。各高校可分层次建立创业实战平台。如建立创业一条街，开展创新创业微实践活动；成立创客工作室，鼓励支持广大师生的科技发明创造，为师生搭建实现创业和互动交流的平台，创客们可以在这里讨论设计、转让技术、展销产品、寻求帮助；建设众创空间，为有创业项目的学生提供低成本的工作、网络、社交、资源共享空间及便利化服务，帮助优秀学生创业项目申报各级各类创业扶持及资助基金。

④依托社团资源开拓学生交流平台。高校应充分发挥学生社团在创新创业教育中的重要作用，加大创新创业类学生社团的建设力度，建立并支持创业协会、营销俱乐部、生涯发展协会等创新创业实践型学生社团的发展和运行，为社团配备管理教师和专门指导教师。同时可积极邀请创业校友、企业高层、创业导师与学生面对面交流，

定期组织创新创业培训，开展创业培训、创业沙龙等活动，解决学生在创新创业过程中遇到的困难和存在的困惑，提升创新创业素质。

3. 学习思路与方法

自从班杜拉提出自我效能感（Self-Efficacy）概念以来，人们认为自我效能感 KAB（Know about Business）项目可以通过教授企业和创业的基本知识技能帮助大学生全面认识创业，培养其创业意识。KAB 项目自 2005 年 8 月引入我国后，对高校大学生创新创业学习与实践发挥了较大的影响力。KAB 创业课程对提升大学生 ESE 具有良好的干预效果，KAB 创业教育是提高大学生创新创业自我效能感（Entrepreneurial Self-Efficacy）的一种有效方法。

①提高创新创业意识。大学生创新创业活动的开展，必须基于创新创业意识这个前提。首先，大学生必须积极主动加强对创新创业的认识，了解社会严峻的就业形势，转变传统的就业观，形成并强化对创新创业的认同感，提高创新创业意识。随着大数据的发展，人们获取信息的渠道越来越广泛，也有越来越多的人习惯将生活中的各种想法、创意公布在网上，给人们创业意识的萌发带来了契机。大学生可以通过浏览博客、微信、微博、百度大数据等途径，提高市场需求信息的敏感性，加深对社会发展动态的了解，培养自身创新创业兴趣，激发创新创业思维。

②加强创新思维能力训练。学生应改变以往被动获取知识的学习惯性，提高学习主动性。随着大数据时代的到来，慕课、微课、云教育也逐渐兴起，不仅使得学生的学习方式变得更为多样化，同时也为学生的自主学习创造了条件。此外，随着手机等智能终端设备的普及，移动学习也成为可能。学生可以利用学校提供的或网络在线的微课视频、学习软件、教育游戏、课件电子书、云端学习资源等条件，结合自身需求对不同学科、不同知识点进行有针对性的个性化自主学习。不仅有助于学生形成独立思考、独立判断的习惯，还可以促进学生借助此类数据平台广泛涉猎不同学科的知识，扩大知识的广度，学会从多角度思考并解决问题，逐渐形成发散性思维习惯，提升创新性思维能力，为创新创业的开展打下良好的基础。

③积极参与实践活动。一方面，学生可以借助校园教育大数据平台对自己的学习行为特征进行分析，了解自己在创新创业能力方面的优势和劣势，主动弥补自己的能力短板；积极参与实验课程活动，在实验课上学习应用学校提供的 ERP 软件、沙盘模型等资源，通过对软件的实践模拟操作增强自身的动手能力和思考能力。另一方面，充分利用课余时间参加社团、学科竞赛、暑期社会实践等活动，在实践中检验并巩固理论知识，通过设计创业企划书、演讲比赛、实习等实践形式提升自己的独立思考、独立判断以及独立从事科研活动的能力。此外，还要学会利用微课资源，边学边操作，自主学习一定的数据分析技术，学会用数据说话，通过数据分析明确学习方向，将执行过程数量化，掌握数据的预测功能，根据市场导向设计项目，以便更好地指导实践，促进成果转化。

总之，当互联网思维被引入教学改革中，教师能够扮演辅助引导的角色，以传播创新理念、创新技法为己任，更注重学生的针对性培养，做到因材施教，在教学过程中增加了学生的参与机会，学生的创造力和学习能力被激发，一定程度解决了课堂气氛沉闷的问题，让老师能够关注到每个学生。我们的教材也将利用互联网思维的利剑，更新传统教育教学方式，以"降龙十八掌"为线索，将武侠世界结合现实创新创业，每讲贯穿一个主题，引导出与大学生创新创业之间的关系，切实解决大学生创新创业过程中遇到的痛点及问题，帮助大学生树立正确的创新创业观，使大学生的创新创业能力不断提升。

第一章　利涉大川

《周易》中屡次提到"利涉大川"，鼓励现实中的人们在条件具备的时候要勇涉大川，到达彼岸。不过，金庸先生笔下的英雄儿女们一番机缘巧合，屡涉风浪，虽各领一时风骚，却鲜获一世事业。胡斐纠结于儿女情长、狄云返璞归真、萧峰雁门关外自戕而亡、郭靖襄阳城以身殉国、李文秀漂泊江南烟雨、韦小宝沉迷于感官世界、令狐冲梅庄归隐、杨过相忘于江湖、石破天一直在寻找自我、张无忌画眉问情、袁承志仙游海外、袁冠南机智百出却败给造化弄人。强如斯人，顶着主角光环，四面开挂，却最终随波逐流。当代大学生学有所成、技有所长，面对创业的"大川"是临渊羡鱼还是中流击楫，这就需要思考新的"涉川"方法，打造新的"涉川"工具，寻找下水船翻的原因，实现激流勇进。

新时代中国青年处在中华民族发展的大好时期，既面临难得的建功立业的人生际遇，也面临"天将降大任于斯人"的时代使命。成功不是将来才有的，而是从决定去做的那一刻起持续累积而成的。

功法

创新创业难、新、险的基本属性特点与大学生的人生阶段特点契合，但大部分大学生创业者却深陷创业困局，形成困局的原因多种多样，进行创业项目选择和创业规划管理可以大大提高创业成功率。

身法

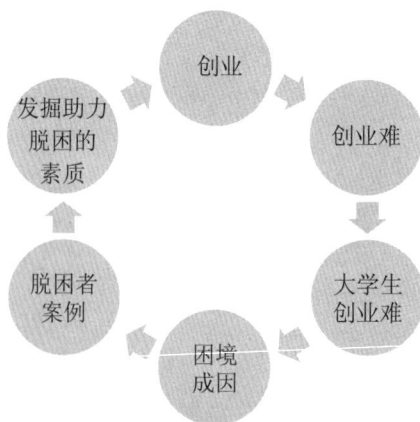

兵刃

创新创业特征、创业困局的表征、创业困局破解。

词云图

第一节　创新与创业的内涵与特征

创新是一个民族进步的灵魂，是一个国家兴旺发达的不竭动力。习近平同志在党的十九大报告中指出，青年兴则国家兴，青年强则国家强。青年一代有理想、有本领、有担当，国家就有前途，民族就有希望。中国梦是历史的、现实的，也是未来的；是我们这一代的，更是青年一代的。时代飞速发展，科技迅猛进步，正是创新创业创造的最好时代。我国经济的"高质量增长"，从根本上讲，就是靠创新。这个"创新"不单单是技术创新，不单单是技术人员、工程师、科学家的事，"创新"是全方位的，包括技术创新、理念创新、管理创新、制度创新，以及思想的创新。就是人人都可创新、处处都有创新。而正确认识创新与创业的内涵，并厘清两者之间的关系，是迈向成功的第一步。

1. 创新与创业的内涵

（1）创新的内涵

创新是人类历史上经久不衰的话题，社会的发展与进步本身就是一种创新。创新其原意指更新、创造新的东西，也可以理解为创新就是利用已存在的资源创造新事物的一种手段。1912 年，年仅 29 岁的熊彼特，出版了《经济发展理论》一书，提出了自己独特的创新理论而闻名于西方经济学界。提出创新是指企业家对生产要素进行新的结合，即对从来没有过的生产要素和生产条件进行"新组合"。他所讲的创新具有如下五个方面的内容：一是引进一种新产品，或提供一种产品的新质量；二是采用一种新的技术，新的生产方法；三是开辟一个新的市场；四是获得一种原材料新的供给来源；五是实行一种新的企业组织形式。

随着新技术革命的迅猛发展，对创新的认识也在不断演进。技术性变化的创新以及非技术性变化的组织创新等相关理论层出不穷。特别是知识社会的到来，对创新模式的变化进一步的研究、认识。根据创新发生、影响的广度与深度，人们经常将其分为过程创新、持续性创新与颠覆式创新。从一般意义上来理解，创新是指以现有的思维模式提出有别于常规或常人思路的见解，利用现有的知识和物质，在特定的环境中，本着理想化需要，为满足社会需求，而改进或创造新的事物、方法、元素、路径、环境，并能获得一定有益效果的行为。

因此，创新无处不在，它涵盖政治、军事、经济、社会、文化、科技等众多领域的创新，又可以分为科技创新、文化创新、艺术创新、商业创新等。

创新突出体现在三大领域：一是学科领域，表现为知识创新；二是行业领域，表现为技术创新；三是职业领域，表现为制度创新。

（2）创业的内涵

"创业"的本意是"创立基业""创建功业"。《孟子·梁惠王下》说："君子创业垂统，为可继也。"把创建功业与一脉相承、流传后世联系起来。现代的创业是指创业者对自己拥有的资源或通过努力对能够拥有的资源进行优化整合，从而创造出更大经济或社会价值的过程。

从范围上讲，创业有广义和狭义之分。广义的创业，泛指人类一切带有开拓意义的社会变革活动。它涉及的领域非常广阔，无论政治、经济、军事、文化艺术事业，只要人们从事的是前无古人的事业，都可称之为创业。狭义的创业，是指个人或群体从事的具有创新或创造性的以增加财富为目标的活动过程。这种活动早有人从事过，但对于首次创业者来说，则是从未经历过的、从头开始的事业。如柳传志创办联想集团、张朝阳创建搜狐网站、刘永好创建希望集团，都属于狭义上的创业。创业管理学研究的就是这种狭义上的创业活动。

创业是一个跨学科、多层面的复杂现象，创业是通过必要的时间和努力，发现与把握商业机会，通过创建企业或企业组织结构创新，筹集并配置各种资源，将新颖的产品或服务推向市场，从而最终实现企业经济价值和社会价值的过程。

（3）创新与创业的关系

创新与创业虽有各自明确的边界，但两者并非相互独立，而是有着紧密内在联系，两者相互交叉、相互渗透。

一方面，创新和创业存在差异。创新强调思维层面上的创造，既包括制度创新、科技创新、文化创新、人才创新，也包括产品创新、品牌创新、服务创新、商业模式创新、市场创新、渠道创新，是不拘泥于现状、勇于开拓和尝试的精神和态度；而创业强调实践层面上的创造，将新思想、新理念、新方法和新发明应用到社会、经济、文化、政治等领域当中，从而创办新的企业，开辟新的事业，创造新的岗位。

另一方面，创新和创业相互交叉。创新是创业的基础和源泉，是创业的灵魂，脱离创新的创业是一种低层次、重复的创业，是没有新突破、新价值的创业；创业是实践行为上的创新，是创新思维、创新理念、创新方法等转化为现实的重要途径，创新到创业是一个从无到有的过程，创业、企业的发展壮大也会推动创新持续向前发展。同时，创新和创业共生共存。创新是创业的内在动力，创新必须付诸实践，进行商业转化才能实现价值创造；创业是创新的体现形式，成功创业、企业发展及成长的全过程必须始终重视和坚持创新，拥有创新意识，不断更新方法、技术和管理，提高市场竞争力，持续创新创业，从一次创业过渡到二次创业、三次创业，企业才能实现转型升级，实现持续、快速、健康发展。缺乏创新，则创业缺少灵魂和动力；创新未能发展促成创业、产业，则创新难以形成产品或服务，无法实现其价值。

当前国内人口、资源、环境压力日渐增大，靠要素驱动发展将难以为继，因而要尽早转入创新驱动发展的轨道。地方或企业要突破发展瓶颈，根本出路在于创新，关键要靠科技力量，在激烈的竞争中，惟创新者进，惟创新者强，惟创新者胜。但创新要实，即创新不能仅仅停留在理论创新和获得专利上，而是要把创新落实到创造新的增长点上，把创新成果变成实实在在的产业活动，推动科技创新与经济发展紧密结合。

2. 创业的特征

创业是一种社会行为，就创业本身来讲，其特征如下。

(1)艰难性

任何人在创业过程中，都会体验到创业的艰难，尤其是白手起家的创业者，往往需要经过多年的艰苦奋斗，倾注大量的心血，创业才能成功。所以创业者要有吃苦的思想准备。

(2)创新性

创办一个企业对社会来讲不是一件新鲜事，但对创业者来讲则是一个创新过程。创业者不改变自己长期形成的思维模式，就难以识别创业机会，也就无法做到创新。对于创业者及其所创建的企业来说，创业与发展的过程永远是不断变革的过程。

(3)风险性

创业是有风险的，创业过程中充满成功和失败。创业成功给创业者带来的是喜悦，创业失败带来的不仅是挫折，还有财产的损失、信心的丧失。如果只考虑到创业风险就不去创业，那就永远不会成为一个成功的创业者。

（4）利益性

创业者的创业也许出于多种目的，但根本的动力是获利，这也是创业者的共同心愿。没有利益驱动，人们就不会冒着风险去创业。创业过程中获利多少，也是人们衡量创业者创业成功与否的重要标志。

▸▸ 典型案例

何志雄于 2006 年以电子信息工程、信息管理与信息系统双学士学位从武汉科技学院毕业。然而，小时候的一次医疗事故让他小脑偏瘫。因为身体的残疾，经历了两百多次求职，没有一家公司愿意接纳他。"当不了员工，就当老板"，面对挫折，他开始了创业征程。他拿着向母亲借的 1000 多元钱，在小区内开办了电脑维修店，同时，做起了电脑维修的上门服务。虽然因为行动不便失掉过很多顾客，但他凭借高超的技术和良好的口碑一直走到今天。

现在他已经成为创思电脑科技公司总经理，并创办了自己的职业技术学校——国营七三三厂电子技工学校，担任汉阳校区校长，还组建了美满的家庭。2008 年，他曾代表中国残疾人创业者，出国参加《国际残疾人权利公约》高峰论坛。

经历过风风雨雨，在 2016 年的一次会议上何志雄表示，他十分珍惜自己的大学同学："财富不是一辈子的朋友，朋友才是一辈子的财富。"他鼓励大家"你们有何志雄没有的能力，创业一定能更加成功""残疾大学生不能因就业挫折就灰心丧气"，对于那些现在和当年自己一样屡屡遭遇困难的残疾大学生，何志雄说，找工作不是目的，独立生存才是根本，而生存的道路有很多条，创业就是其中的一条。

第二节　创业的困局与成因

风清扬创业条件得天独厚。他一入江湖必定风生水起，一年保本、两年盈利、三年融资上市都不在话下，结果却是离群索居，生生把自己从一名独角兽公司 CEO，变成了一个江湖传说。

创业艰难百战多，一路走来，风清扬不是不愿，只是不屑于江湖尘网。令狐冲独得风清扬衣钵，走了武学一路，所向披靡；大凡高明武功，无不一通百通，有人的地方就有江湖，为了在江湖中得到自己想要的地位，除了掌握降龙十八掌的技能之外，还必须精通江湖中所谓的"独孤九剑"。放之"商路"，各位商界英雄，总其大纲，旁敲侧击，大概也可助如过江之鲫的创业者一臂之力，筚路蓝缕，以启山林，帮助创业者们顺利渡劫、一跃龙门，破解初创企业成活率低等困局。

1. 大学生创业的困局分析

《笑傲江湖》中的风清扬，我们可以把他描述为：明明是只独角兽，却偏要当伯乐。从商业角度来看，风清扬并不是一个优秀的创业者，这是因为：

第一，从资源来看，风清扬手拿独家专利——"独孤九剑"，却不开宗立派，教了一个学生——令狐冲，也是如此。

第二，从时机来看，风清扬没有在剑宗与气宗火并之后杀个回马枪，重整门派，导致华山派中落。

第三，从品牌来看，少林、武当两大门派掌门都知道，风清扬当年江南娶亲被骗婚一事，可见当年风清扬就已经在江湖中有了一定名头。结果风清扬明知掌门所托非人，却不点破，是为不忠；剑气两宗火并在即，却远赴江南，是为不智；娶亲不成，就隐居思过崖，是为不勇。

风清扬有资源、有时机、有品牌，却暴殄天物，浪费资源，虽为第一创业者马云所敬重，却实非创业者的楷模。

(1)大学生创业经常遇到的困局

大学生是最有活力、热情的一个群体，有激情有想法，敢拼敢闯，大学生的创业成功，不仅可以实现自我价值，还可以带来更多的社会财富，很值得鼓励。然而，大学生创业所面临的最大痛点就是创业成活率过低。虽然成功的例子也有不少，但相对而言，比例并不高。据相关数据统计，我国的大学生创业成功率是10%左右，还有数据显示成功率仅有5%左右。

因此，大学生创业如国手对弈，未获胜、先防败，创业本身与其说是追求"获胜"，不如说是一个"试错"的过程。路走不通了，放一块"此路不通"的牌子，就可以避免他人走错路、走弯路，每个路口都放一个牌子，牌子放多了，剩下的自然就是条条大路，也就没有"歧路亡羊"的悲剧了。

从这个角度来看，创业成功之路踪迹难循，创业失败的原因倒是风入竹林，有迹可循。先分析形成困境的原因，然后加以规避，创业者便可在成功的道路上前行。大学生创业过程中，经常遇到的困局可以概括为以下几个方面：

①创业项目选择困难。大学生创业时，往往缺乏准确的前期市场调研和论证，只是凭自己的兴趣和想象来决定投资方向，甚至仅凭一时的心血来潮做决定，具有很大的盲目性，经常会碰得头破血流。因此，大学生创业者在创业初期，一定要做好市场调研，在了解市场的基础上进行创业。一般来说，大学生创业资金实力较弱，选择那些启动资金不多、人手配备要求不高的项目，从小本经营做起比较适宜。

②创业技能缺乏。很多大学生创业者缺乏创业技能，却眼高手低，当创业计划转变为实际操作时，才发现自己根本不具备解决问题的能力，这样的创业无异于纸上谈兵。因此，一方面要求大学生创业者，应去企业打工实习，积累相关的管理和营销经验；另一方面积极参加创业培训，积累创业知识，接受专业指导，增强自己的创业技

能，进而提高创业成功率。

③创业融资渠道单一。对于大学生创业者而言，由于自身的阅历、能力及信用程度不足等原因，一般情况下很难从银行获得贷款，主要是靠自筹资金来进行创业，融资渠道相对单一，如果没有广阔的融资渠道，可能会使创业计划变成一纸空谈。因此，大学生创业者要尽量地拓展融资渠道，除了银行贷款、自筹资金、民间借贷等传统方式外，还可以充分利用风险投资、创业基金、众筹平台等融资渠道。

④创业社会资源匮乏。在创业实践活动中，企业创建、市场开拓、产品推介等工作都需要广泛调动社会资源参与。社会资源正是大学生创业者的"软肋"、短板，大学生创业者在这方面会感到非常吃力。因此，大学生应该平时参加各种社会实践活动，扩大社会的交往范围。可以先到相关行业或领域工作一段时间，加强联络、沟通，为日后创业积累人脉。

⑤管理能力不足。一些大学生创业者虽然技术出类拔萃，但是在财务、营销、沟通、管理方面的能力不足。要想创业成功，大学生创业者必须技术、管理两手抓。可以从合伙创业、家庭创业或虚拟店铺开始，锻炼创业能力，提高管理能力，也可以聘用职业经理人负责企业的日常运作。

（2）创业困局的原因分析

创业路上遇到的困难是多种多样，困难产生的原因也是多种多样的。创业时遇到困难不应知难而退，而是要寻找困难产生的原因，解决问题。

①创业步骤不全。创业是一个复杂的系统工程，要想获得成功，必须遵循其基本规律。一般来说，创业大致包括四个步骤：第一步为酝酿，创业者要考虑清楚一些基本的问题，如为何创业、是否适合创业、采用何种形式创业、已具备哪些条件、具体选择什么项目、还需要收集哪些信息等；第二步为筹划，创业者要就所选择的项目进行分析，对销售、采购、盈利前景、所需流动资金、如何筹集启动资金等方面的问题都要考虑清楚，并在此基础上撰写一份项目可行性报告；第三步为准备，创业者开始实际操作，如给公司起名、选择办公地点、签订租房合同、装修办公室、与进货商和代理商谈合作、制定促销战略、聘用员工及办理工商执照等；第四步为开张运营。全面落实这些步骤，对一个创业项目的生存、发展十分重要。创业失败的大学生在创业时往往对这四个步骤思考不够全面。因此，把握创业的基本步骤对于渴望创业成功的大学生来讲非常重要（参见典型案例之一）。

②创业经验不足。经验不足是大学生在创业路上必须逾越的一个"坎儿"。大学生创业项目是要在市场经济中生存、发展的，而具有竞争性特点的市场经济在运行中，必然产生失败者。对于经验丰富的创业者来说，尽管也要经受许多市场考验，也存在失败的可能，但是他可以跨越不高的障碍、规避常规风险、提高创业成功率。由于大学生缺乏创业经验，对市场考察不够全面，往往会导致意想不到的结果（参见典型案例之二）。

③创业判断失误。本钱大未必干得成小买卖，本钱小也未必做不成大生意。投资多、赢利高，但风险也大；投资小、获利低，赚的是个安稳钱，投资创业者切忌眼高手低。大学生在创业过程中需要对自我、外界的特点以及自我和外界之间的关系作出准确判断，判断能力是关系到其创业成败的一种重要能力(参见典型案例之三)。

典型案例之一

　　大学生小刘毕业后一直想自己做老板，看到邻居在小区里开了一个食品杂货店收益一直不错，颇为心动。于是，小刘租了小区内一个库房做店面，筹集了1万多元钱做启动资金，开了一家食品杂货店，但是经营了2个月后，小刘的食品杂货店就撑不住了，不得已只有关门了。为什么同样是食品杂货店，邻居可以干得红红火火，小刘的店却经营惨淡呢？原来，小刘为了突出自己食品杂货店的特色，没有像邻居一样进茶、米、油、盐等大众用品，而是将经营范围锁定在沙司、奶酪、芝士等一些西餐食材和调味品上。但是小区里的居民对她的货品需求少，加之她店面的位置在小区边缘，而且营业时间不固定，由着她的性子开，很多邻居都不愿意绕道过去，所以生意不红火。

　　小刘创业之初的求新求异心理，很多大学生都有，这是优点但也是致命的缺点。像小刘的食品杂货店之所以会关张，是因为她没有搞好市场调研，这个食品杂货店如果在一个涉外社区内也许会经营得很好，但是她选择的是一个普通居民区。普通社区里居民对茶、米、油、盐的需求远远要大于沙司、奶酪、芝士等商品，再加之选址不合适，营业时间不固定，也是小刘创业失败的原因。

典型案例之二

　　20岁出头的小张毕业于开封大学。他了解到开封大学为鼓励自主创业，提供门店租金折扣、管理费用优惠等便利条件。同时，小张发现一家"某太郎"的烫菜馆，觉得有商机，萌生开设加盟店的想法。为此，他专门从河南来到咸阳市的"某太郎"餐饮有限公司考察，并交纳2万元加盟费。可是，满心欢喜的他没料到事情进展出了问题。

　　因为"某太郎"餐饮有限公司在合同上规定，他们对加盟店实行区域保护，方圆500米只准开一家加盟店。但当小张准备在开封大学开店时，才发现那里早有一家店，致使协议无法履行。双方交涉一年多，咸阳市的"某太郎"餐饮有限公司一位负责人说，这是一场"误会"，加盟费不给退还，加上时间损失，严重影响了小张的创业进程。

典型案例之三

小李想开一家快餐店。经过一段时间的选址，他发现某校门口的一家快餐店正要进行转让，于是悄悄地对该店的四周展开了一番"侦察"，快餐店地处学校的门口附近，这所学校有近千名学生，旁边又有一个建筑工地，民工少说也有百余人。因此，他对前景持比较乐观的态度。再说快餐店的证照齐全，如果自己重新开办一家，办这些证照既费时又费力，不如现成的转让一家。经过几天谈判，尽管店内设备最多值二三千元，他也以万余元的转让费接收过来。但开业后，生意并非像他所预料的那样好，他以为可能是知名度还不够，他增加了一些花色品种，并在媒体上作了宣传，接下来的时间生意仍未见起色。

这时他对学校的情况又做了仔细分析，该校女生居多，而且年龄偏小，大多数比较保守，习惯在学校食堂就餐。就在他开张的同时，旁边同样有几家新的快餐店开业，而且与它们相比，小李的店无论在规模、水平等方面都处于下风。后来，有知情人告诉他，这家快餐店一年内已经转让了好几次，如果生意好，怎么会舍得转让店面。

残酷的现实使他不得不打起了"退堂鼓"，与其长期亏下去，不如趁早退却，开张三周后，他就打出了"转让"的招牌，过了十天，终于转让了出去，小李仔细一算，开店一个月，亏损达一万元。

这件事给了小李一个深刻的教训，当初调研不够仔细认真，只凭想象，才导致这种败局，投资开店要慎重，尤其是转让的店面。

一位大学毕业生根据他两年的创业经验指出：学生创业的成功并不仅仅取决于国家政策，还需要自身对于商机的准确判断和把握。

2. 突破创业困局的方法

一个完整的创业过程是需要在前期做好规划的。选择项目的市场调研，对行业的了解，当地对此类商品的接受情况，都需要好好考察，有些创业者，看了某项目的宣传片或者通过好友的介绍就盲目入行，结果"赔了夫人又折兵"。为避免大学生陷入创业困境，可参照以下方法。

（1）做好思想准备，端正创业态度

创业是个人开创自己的事业，其动力来自内心对事业成功的信念，而不应是在外界压力下走投无路的选择。比尔·盖茨开创微软，并不是他求职受挫后的冲动之举。可以相信，大学生如果无法容忍求职过程中的辛酸，也一定无法战胜创业过程中的艰难。在大学生中提倡的，不应该仅仅是创业的举措，更应该提倡创业的精神，即那种不怕累、肯吃苦、敢为天下先的精神。换句话说，大学生为别人打工，也是积累资金、技术和经验的过程，也可以视为自身创业的开端。

（2）下调创业起点，降低自身期望值

大学生创业一味地投资软件开发、程序设计、网络等高科技领域，这样的举措不是十分明智的，存在一窝蜂的问题。我们在调查中发现，大学生创业成功的是一些诸如家政服务、小商品经营、维修维护以及各种服务等项目，相比高科技产品的项目，这些项目投资少、需求量大、服务面广、见效快，更能被市场所接受，也更容易操作和驾驭。大学生要想创业成功，必须脚踏实地，下调自己的创业起点，降低自身期望值。

（3）寻找雄厚资金，获得技术支持

大学生创业绝大多数是白手起家，最大的困难是资金短缺。当前一般的解决办法是向父母、亲友或银行借款，但这样金额有限，资金运营起来受限较大。借鉴国外的经验，并结合一些大学生成功创业的例子，比较好的创业的方式是大学生科技入股和经济实力较强的投资商联合，共同投资创业，如搜狐网站初期创业就是这种运作方式。同时，由于大学生的技术水平也有一定的限制，也可以考虑加盟联合一些科技和资金实力雄厚的公司共同创业。例如，清华大学的学生创业者在学校创业园有关单位的资金、技术方面的支持与指导下，能够很快把自身的科研项目和成果转化为现实的生产力。

（4）更新经营理念，改善经营管理

市场竞争日趋激烈，企业必须具有现代化的经营理念。大学生在创业之前，最好对本地区的市场进行调查，把书本上的知识与实际情况相联系，更新经营观念，学习有关营销、财务、商务、税务、法律等方面的知识，对市场做到合理分析，内部分工职责明确、管理科学。若条件允许，可以考虑对市场调查与开拓、经营方式、售后服务、财务管理、法律咨询等比较陌生的领域请有相关实际经验的人士负责，不断改善经营管理。先进的经营理念和符合实际的经营手段是创业成功的重要保证。

（5）团队精诚合作，增强综合能力

对于大学生来讲，由于自身创业优势并不明显，遇到困难在所难免，作为创业者的大学生必须肯吃苦、不怕累、有毅力、锲而不舍。一般来讲，拥有共同的理想、事业并有相似经历的年轻人，只要合理处理合作关系，容易形成良好的团队精神，这是创业者能够团结一致、艰苦奋斗、渡过难关的重要武器。

总之，任何事物都有一个产生、发展、成熟的过程，大学生创业作为我国的一个新事物，存在不足也在所难免。只要大学生做好内因分析、端正创业态度、找准创业基点、找到雄厚的资金与技术支持、更新经营理念、改善管理、提高自身吃苦耐劳等综合能力，一定会给自己的创业提供有利条件。

第三节　创业项目的选择与创业管理

令狐冲，有资源，人脉好，有内力，武功好，但是他就是不创业，原因何在？在《笑傲江湖》中关于破气式，风清扬只说："此式是为对付身具上乘内功的敌人而用，神而明之，存乎一心。"破气式虽然说得不明确，它或许能增加自身的内力、或许只是破解内家真气，但它重在内力使用方面无疑。破气式的运行原理可能有两个方面：一是以准确的感知把握，在对方内力没有发出之前的一瞬，攻击其出手方位，将其攻击打断，甚至令敌人的内力反噬。二是用类似乾坤大挪移或者斗转星移的法门，将对方的内力用剑"借走"，再反击回去。如果这种判断是正确的，那么施展破气式要有两个要求：一是自己要有足够的内力，二是敏锐地判断时机。

对于令狐冲来说，他有很多创业的机会，但因为个人的能力、兴趣和价值取向等原因，他选择了逃避。可以说，认识自己是创业活动的起点。

通过分析大学生创新创业的困局，避免落入创新陷阱、规避创业试错风险，对于试图尝试创业的同学来说，需要谨慎进行创业项目选择并对创业管理有一定了解。

1. 创业项目的选择原则与方法

大学生在进入大学学习期间，都要学习一门课《职业生涯规划》，通过这门课的学习，对自己是否要创业已经有了初步的意向。而能否真正去创业，就需要在进一步明确自己的创业动机的基础上，把握创业项目选择的原则与方法。

（1）创业的动机与特质

创业者的成长背景、创业动机和创业行业不同，但是他们却都具有独立、自信、创新、敏感、专注、执着等共同特质。创业是创业者主导下的综合的、复杂的管理活动，对创业者的能力有较高要求。创业者必须学习和训练自己，以娴熟地运用这些能力，创业才可能取得成功。

人人都想创业成功，创业成功的要求是"成功创业者＋把握机遇＋勤奋努力"。那么你是一名合格的创业者吗？可以用以下这个公式进行衡量：

合格创业者＝特质×能力＋动机

一个人是否会选择创业，与他的动机、特质和能力都有关系。想不想创业是动机问题，能不能创业则涉及个人特质和能力分析。

创业者的动机主要分为四类：

①渴望做自己的老板。这是最常见的原因。但这并不意味着创业者与他人难以共同工作，或他们难以被领导。实际上，许多创业者主要是对目前的工作现状极端不满，想要另谋出路。

②渴望实现自己的创新。有些人天生机敏，当他们认识到新产品或新服务创意时，

就渴望看到这些创意得以实现。然而，现存企业经常阻碍创新。当这种情况发生时，员工常常带着未实现的创意离开企业，选择自己创业。

③渴望获得经济回报。创业者将主要精力投入到他们希望能够生存下来并实现盈利的企业中，这种创业者的目标是创建一个有着持续盈利能力的企业。

④改变社会。许多创业者希望通过创建能够盈利又有益社会的企业，达成帮助大众、改变社会的目标。

有了创业动机，不一定就会去创业，也不一定能创业成功。那么，什么样的人更可能创业？什么样的人更容易创业成功？这就涉及创业者特质问题。创业者特质是指成功创业者所拥有的共同特征。总结创业者的特质可以概括为六个方面。一是首创精神，即主动提出想法、计划或发明，并加以实施的精神。二是成功欲，是指一个人心中想要获得成功的强烈欲望。三是激情投入，能够始终保持激情，全身心投入去做一件事情。四是冒险精神，即一个人有勇气承担风险，面对挑战。五是高度理性，能够明辨是非、清楚利害关系并能够控制自己的行为。六是事业心，即一个人努力成就一番事业的奋斗精神和热爱工作、希望取得良好成绩的积极状态。

(2)创业项目选择的一般原则

①消费者需求导向的原则。创业项目的构思和选择必须从消费者的需求或潜在需求出发，对于成一定规模的需求或潜在需求，创业者要比竞争者更有效地通过项目的产品予以满足，有时还要细分不同年龄、背景的消费者的消费需求，通过一系列的产品予以满足。要善于通过市场调查，发现提供更佳产品或服务的竞争机会或填补市场空白的商业机会。

例如，某高校艺术设计专业2011级女学生王某，通过市场调查发现，美术类高考考生的考前培训需求很大，而她本人对美术很有激情，而且有通过美术考试升学的亲身体会和成功经验，因此开设了一家画室，从事美术类高考考生的考前培训项目，从而取得创业的成功。

②发挥自身优势的原则。创业项目的构思和选择要注重发挥自身的优势，利用创业者在学识、能力、经验、人际关系等方面的优势，涉足自己熟悉或了解的行业创业，就容易成功。例如，某高校自动化专业2011级本科生刘某等5人，利用他们自身的专业优势，联合出资15000元，在2012年7月正式成立久创科技公司，主要从事组装计算机的导购、计算机及配件的代售、计算机故障维修等业务。经营的5名同学根据自身特点和专业特长，分块负责公司的各项业务，店面的营业人员由5名同学轮流充当。由于关系良好，平常的工作量和业绩并不直接与利益挂钩，而采取平均分配利润的方式。公司营业一年多由于业绩很好，很快收回投资成本并开始盈利。

③量力而行的原则。创业不仅需要有适销对路的产品或服务，还需要有生产产品或提供服务的资金、技术、场地、销售渠道等条件。因此，对于创业项目的构思和选择，创业者必须量力而行。在创业初期，切忌选择高投入、高技术、高风险的项目，

而要选择那些大小合适，便于操作和实施，能较快盈利的项目。

例如，杭州市为了宣传城市的品牌，在闹市区开设了女装街后，小李认为自己亲戚在服装厂当老板，服装进货没有问题，于是她借了十几万元开始准备开店。事先她考虑最多的是店面的位置、店内的装修，对如何经营却考虑得很少。一个月后，她在女装街最好的地段投资 10 万元租了一个 100 平方米的门面，装潢得富丽堂皇，从亲戚的服装厂批发了几百件女装，开始营业。但开业不久，同样的女装卖了两三件就再也卖不动了，服装店出现大量积压，之后一个星期卖不出几件，经营出现了亏损。

④富有特色的原则。要想在竞争激烈的市场中生存，就必须构思和选择富有特色的项目，生产富有特色的产品或提供富有特色的服务。要在竞争激烈的市场中发展，就要密切关注消费者的新需求，善于捕捉他人没有发现的商机，及时发现新产品、新技术、新服务、新方法，果断开发新项目。

例如，2013 年赵女士投资十几万元在某大城市比较高档的住宅小区里开办了富有特色的香水专卖店。首先，她对店铺进行了精心布置。把风格优雅的货架放在四周靠墙，陈列各种名牌的香水，在店堂中间放置沙发茶几，摆放各种国外的时尚杂志。其次，她添置了皮肤测试仪器，对每个消费者使用何种香水可以进行科学测试。最后，还吸引小区里的女士到香水专卖店来聚会，互相交流穿着、化妆、美容、使用香水等方面的经验，激发她们购买适合自己的香水。赵女士每月盈利达两万多元。

选择创业项目的原则主要把握以下几点："别人没有的"——善于利用自身资源的人才是好的创业者；"强人之处的"——保证自己的项目至少有一点比同行强；"先人发现的"——作为创业者不能时时处处都走在同行的身后。

(3)创业项目选择的方法

目前，我国大学生创业的成功率还较低。创业失败的一个重要原因就是选择创业项目的方法失当，通过对创业成功人士经历的分析和总结发现，在创业项目选择的方法上是有规律可循的。

①了解政策变化。有变化就有机会，环境的变化往往可以带来商机。随着我国改革开放的不断深化，各地陆续推出一系列新政策、新举措，随之也会带来更多的商机。因此应借助国家和地方政策的变化，找到创业机会而顺利起步。

②搜索市场空白。这可能是最简单最直接的选项方法了。有空白就存在着巨大的消费需求，但要善于迅速捕捉稍纵即逝的市场机会。因此使用这种方法适合寻找"短平快"项目，等到别人回过神来，你已经实现盈利。

③发挥技能专长。创业者自身具备的技能是成功创业的有力武器，也是选择创业项目的重要依据，自身的技能优势比较容易形成自己的经营特色，他人难以模仿，而且也有助于实现项目的永续经营。基于此，选项时创业者应尽可能挑选与自身技能密切相关的项目。

④用好自然和社会资源。自然资源是指利于创业的各种自然条件，如自然风景、气候、水土、地理位置、能源等，从创业选项的角度讲，这些自然资源应该具有独特性。社会资源内涵更为丰富，包含了除自然之外的所有因素，如民族风俗、传统工艺、人脉关系等。由于各地独特的自然和社会资源不可复制，这使得借助这种方式选择的创业项目具有独占性，客观上提高了他人进入和竞争的门槛。

⑤改变经营模式。通过改变传统的、固有的企业经营模式，寻找创业机会，如对某个产业的经营过程进行全部或局部的重新调整就可能产生商业机会。管理学将此称之为"价值链重构"。美国的戴尔就是将计算机产业的价值链进行了重新设计，以直销代替代理制销售模式，迅速扩大了产品市场份额，使戴尔公司一跃成为世界最著名的公司之一。

⑥理性"跟风"。"跟风"的关键在于把什么情况下跟风、怎么跟风的问题处理好，创业者首先要分析一下"拟跟项目"，看它是否具备发展潜力，项目的生命周期是否长久，是否具备特色经营的可能性；其次，创业者要评估自身的状况，是否具备长期与竞争者抗衡的资金实力，是否拥有将"拟跟项目"做成特色品牌的能力等。当这些条件搞清楚以后，决定"跟风"就不是盲目的，而是理性的了。

典型案例

魏某，25岁，山东莱芜人，毕业于山东师范大学美术专业，他以艺术创作为职业，创办了"绘声绘色"墙体彩绘工作室。他将艺术融入生活、融入创业中，开辟手绘墙画新兴艺术行业。

魏某毕业后四处寻找工作，由于专业限制，处处碰壁。偶然在一次看电视时，他发现了重大商机。看到央视二套介绍装修的"交换空间"节目，在设计师为客厅墙壁进行墙体彩绘的时候，突然想到：这就是自己一直梦寐以求的事业。由于在莱芜还没有墙体彩绘工作室，大型装饰公司很少承接小型家庭壁画，手绘墙壁的市场前景很好。在一个多月的准备工作之后，他找来几个同学一起成立了一个名为"绘声绘色"墙体彩绘的艺术工作室。

魏某创业的事情告诉我们，只要有一双善于发现商机的眼睛，那么机会已经在你身边徘徊了。在发挥技能专长的同时，看到市场空白点、抓住商机，创业的项目就找到了。要注意，当你身边的同学朋友在抱怨一些生活中的不方便，或者诉说着自己的小愿望时，这里面就包含着一定的需求，只要你肯动脑筋去解决难题，既方便了他人，又为自己创业拉开了帷幕。

（4）创业需要避免的误区

①要避免眼高手低。比尔·盖茨的创业神话使 IT 业、高科技业成为大学生中的创

业金矿，以至于不少大学生不屑于从事服务业或技术含量较低的行业。其实，高科技创业项目往往需要一大笔启动资金，创业风险和压力都非常大，大学生如果对自身经验和能力认识不足，对创业的期望值又过高，一开始就起点较高，很容易失败。因此，大学生创业不妨放平心态，深刻了解市场和自己，然后从小做起，从实际做起，第一步走稳了再走第二步。

②要避免纸上谈兵。缺乏经验是目前大学生创业中普遍存在的问题，不少大学生创业者不习惯对其产品或项目做市场调查，而是进行理想化地推断，例如有的大学生就乐观地认为，如果有 300 万人需要他们的产品，每件售价 100 元，那就有 3 亿元的销售市场。实际上，这种推断方法是站不住脚的，而且常常起误导作用。大学生在创业初期一定要做好市场调研，一些可行性研究也可委托专业机构进行，在了解市场的基础上创业，创业才能长久。

③避免单打独斗。在强调团队合作的新时代，创业者单打独斗获得成功的概率大大降低，团队精神已成为不可或缺的创业素质，风险投资商在投资时更看重有合作能力的创业团队。如今大学生自信心较强，在创业中常常以自我为中心，这影响了创业的成功率。因此，对打算创业的大学生来说，强强合作、取长补短，要比单枪匹马更容易积聚创业实力，更容易取得创业的成功。

2. 创业计划的制订与创业管理

(1)创业计划的制订及其重要性

广义而言，创业计划是企业针对某一特定时期的商业活动而制订的计划性文件，又称作商业计划或商务计划，主要是从企业的制度资源、管理和人员，以及产品市场等各方面进行较为详细的分析和筹划。狭义来看，创业计划是由创业者准备的一份书面文件，是创业活动的重要组成部分。它描述了与创业活动相关的所有外部条件和内部要素，是对创业活动中的营销、运作、人力资源、财务、创业团队等进行详尽筹划后的系统描述。

创业者制订创业计划时，应把握几个关键环节：一是明确目标，即创业企业要走向何方；二是搞清现状，即创业企业身处什么样的环境；三是实施策略，即创业企业如何让新事业获得成功，这就要求创业者首先要收集关于新创企业启动和推进的相关外部信息，包括政府新的法规、政策和制度，市场竞争和供应商的状况，社会及消费者需求的变化，以及技术进步的情况等。还要求创业者对新企业的生产运营、销售人员和相关资源等有一定的掌控能力。创业计划的可能读者包括投资者、银行家、供应商、顾客、雇员等。

总之，创业计划是一种实用的战略思考与筹划工具，能够帮助创业者或投资者在一个充满不确定性的商业环境中培养长远眼光，能够适应现今商业环境中的各种变化而做出前端性的商业决策。所以，它是开发创意、引导未来商业方向的孵化器，是创业者明确创业方向、把握创业活动节奏和进程的路线图，是汇集创新精神、凝聚团队力量的吸铁石，是吸引创业活动所需资金的商业通用语言，是顾客满足需求的手册和指南。

制订一份好的创业计划，就是拥有一份具有重要商业价值的文件，对于创业者来说作用重大。一是指导作用。创业计划书是创业全过程的纲领性的文件，是创业实践的战略设计和现实指导。因此创业计划书对于创业实践具有非常重要的指导作用。二是聚才作用。创业计划书的聚才作用是多方面的。主要包括吸引创业人才，吸引新股东加盟，吸引有志之士参加创业团队。三是整合作用。创业计划书的整合作用是一个最根本、最重要的作用。通过编写创业计划书，梳理思路、完善信息、整合资源。四是融资作用。资金是企业的血液，是创业的要素，是创业企业能够获得快速发展和崛起的前提。风险投资家决定是否投资的首要参考是创业者的创业计划。

（2）创业管理的基本问题

①创业管理的概念。所谓创业管理，就是指白手起家，依靠自有资金或风险投资，使新事业开始赚钱并进入良性循环的管理方式，从创业管理的过程性内涵来讲，可大致划分为三个阶段：第一阶段，企业创建阶段。这涉及创业团队的管理、商业计划书、商业模式选择等问题。第二阶段，企业成长阶段。即新企业创建之后如何在市场经济环境下存活。这里面涉及营销、策略等方面的内容。第三阶段，企业稳健发展阶段。创建的新企业在市场生存下来以后，就转向一个靠组织制度化的措施促进其健康成长的阶段。这时，企业就面临一个制度化建设的问题。

创业管理是促使创业者像企业家那样思考和行动的管理系统，是把握机会并创造新价值的行为过程。创业管理并不局限于某一单独类型的企业，它适用于一切组织，包括营利组织和非营利组织。

②创业管理的特征。创业管理的特征有："以生存为目标"；主要依靠自有资金创造自由现金流；充分调动"所有的人做所有的事"的团队；要求经理人深入细节；奉行"顾客至上，诚信为本"。

③创业管理的基本原则。企业创办初期在管理上有其基本的原则以及独特之处，任何照搬成熟企业的管理经验和模式都可能违背创业期市场规律条件下的基本原则。概括而言，创业管理应遵循如下基本原则。

第一，生存重于发展原则。由于企业创业期是企业的高风险期，刚诞生的企业很弱小，对来自市场或企业内部损伤的抵御能力差，在生存的基础上发展是这一阶段首要的追求目标。这决定了企业在创业期的主要管理目标是降低经营风险，使企业在激烈的市场竞争中长久地生存，进行经营管理经验、知识、资产、人力资源的积累，形成自己的产业基础。

第二，重权威原则。创业者一般通过两个层次的扁平组织架构来实行一对一的粗放型管理，企业管理的核心是创业者本人，创业者的能力大小对企业发展起着决定性作用。在这一时期，创业者一般专注企业关键职能的发育，创业者身兼多职，凡事多亲自参与实施，进行集权管理，树立企业初创期的企业文化。

第三，利益分享与风险共担原则。创业团队的理念就是利益共享、优化知识、降低风险。同研究机构、供应商、经销商的伙伴关系都体现了这种利益分享、风险共担的原则。

第四，低成本原则。企业在生产销售、研发、办公、薪金等方面的费用都必须坚持低成本经营。低成本创业经营是相对于高成本创业经营而言的，在残酷的市场竞争中，创业企业自己动手应该是创业者的一种天性：一方面，自己动手是创业者对企业的呵护，创业者在自己动手的过程中营造了企业的雏形，在企业的初创中把创业者的精神融入决策机制、管理制度、企业文化等方面；另一方面，创业者关注企业的各个方面并插手企业各项业务的过程，是创业者吸取管理经验、了解专业关键、增加经营阅历的自我丰富过程。

④创业管理的基本要素。创业是一个创建企业的过程，而在创业发展中起推进作用的要素就成为创业管理的基本要素，抓住了这些要素，就把握住了创业管理活动的关键点。主要包括：创业机会、创业资源、创业团队、商业模式、战略规划、组织制度。

（3）创业管理的阶段性

像所有的有机体一样，公司企业组织也有自身的生命周期，要经历从筹备到建立、起步、发展、成熟、衰退乃至灭亡的过程。企业生命周期如同一双无形的巨手，始终左右着企业发展的轨迹。一个企业要想立于不败之地，必须掌握企业生命周期的变动规律，并及时调整企业的发展战略，面向市场推动企业稳定、健康发展。

对于新创企业而言，其成长阶段指的是从筹备到成熟之前的各个时期，各阶段的特征不同，所承担的任务和面临的风险也不同，从而对各阶段的管理也有很大的差异。

第一阶段，种子期的管理。种子期也就是新创企业的萌芽期，是创业者为成立企业做准备的阶段。由于此时企业尚处于"构想"之中，创业者应进行创业商业计划的初步编写，以证明创意的商业可行性并评估风险、初步完成产品（服务）开发、确定产品（服务）的市场定位、确定企业组织管理模式并组建管理团队、筹集资本以及准备企业注册等。

尽快完成创业起步资金的筹措，与上下游企业建立联系并进行筛选是此阶段贯穿始终的工作。

第二阶段，启动期的管理。新创企业成长的第二阶段为启动期，以完成注册登记为开始标志。在这一时期，企业业务量较小，市场对产品和企业的认知程度较低，应以求生存、获积累、育优势为主要发展目标。

创业者应落实商业计划、确定业务内容、向市场提供产品和服务、通过试销完善产品（服务）、进行融资、随着企业业务开展，扩大企业人员规模并明确创业团队分工。

第三阶段，成长期的管理。成长期是指新创企业从完成启动到走向成熟的时期。在成长期，企业产品进入市场并得到初步认可、生产和销售均呈现上升势头，形成良性循环。此时，管理逐渐系统化，随着企业规模的扩大和人员的增加，各个部门之间的分工越来越明确，企业的研究开发和技术创新能力不断增强，部分企业开始实施多元化战略，企业的产品和服务形成系列，并逐渐形成品牌，企业的声誉和品牌价值得到提升。

在这一阶段，创业企业开始由小变大，实力逐步增强，尤其要避免盲目跟风、决策陷阱、管理不当、技术老化等问题。为此，创业者应当持续规范组织结构和人员管理、提升企业核心能力。

第四阶段，成熟期的管理。企业产品在市场上的影响逐步扩大，产品品牌优势形成，企业就开始走向成熟阶段。进入成熟期，意味着企业发展到了最高峰，企业发展增长变得缓慢，企业的战略已经定型，也有可能利润微薄，不能补偿前期产品开发及市场开拓的费用而面临失败的危险。冒险精神降低、组织活力下降、沟通难度加大、目标模糊、激励成本增加是很多处于此阶段的企业所面临的问题，往往会导致企业陷入非常严重的困境甚至出现破产的危机。

企业成熟期的管理是整体性的，其重点在于企业战略的重新规划、组织及文化等方面的建设，其中包括调整企业的战略规划、提升组织和人员活力、加强对企业运营的管理、提高企业的财务控制能力、重视对企业文化的建设。

▸▸ 拓展阅读

创业项目选择的正确与否直接关系到创业的成败。选择创业项目要做到五个"要"。

第一，要选择国家政策鼓励和支持，并有发展前景的行业。想开创自己的事业，就要知道哪些行业是国家政策鼓励和支持的，哪些是允许的，哪些是限制的。

第二，要认真进行市场调研，寻找社会需求。创业者必须树立这样一个观点，即"企业是为解决顾客的问题而存在的"，没有满意的顾客就没有企业的存在。

第三，要充分利用自身长处和优势，从事自己有兴趣的、熟悉的行业。每一个人都有自己的长处和优势。比如，有的对某一行业、某一领域、某种产品比较熟悉，有的在技术上有专长，有的有某种兴趣爱好，有的善于公关和沟通等，这就是自己的长处。充分发挥自己的长处和优势，选择自己有兴趣或熟悉的行业。

第四，要量力而行，从干小事、求小利做起。创业是一种有风险的投资，必须遵循量力而行的原则，大学生创业应该将为数不多的资金投到风险较小、规模也较小的行业中去，先赚小钱，再赚大钱，聚沙成塔、滚动发展。

第五，要坚持创新，做到"人无我有，人有我优，人优我特"。创业，如果仅仅重复别人的产品和思路而没有自己的创新，是不会有大的发展的。只有创新，才能找到市场空白，才能以优质的质量和服务、以有特色的产品赢得消费者的青睐。创业之路也因此会越走越宽广。

第二章　潜龙勿用

　　"潜龙勿用"，大凡成功者必备某些素质，首先要是条"龙"，然后还要先"潜"于水，磨炼一番能力，才能飞龙在天、一展身手。萧峰先天具备了勇敢、担当、正义、忠诚、宽容等英雄必备品格；但后天还要千辛万苦，完成"十大功绩"的试炼，磨炼能力、增长阅历，方才得到上下认可，接掌帮主。其英雄，一身肝胆与气概中有阔处，有正处，有良处，有雅处，有大处，这是素质；其帮主，一身武功与作为中有强处，有快处，有捷处，有警处，这是能力。正是这些素质与能力让萧峰有朋友、有事业，帮助他闯难关、过险壑，但萧峰出场就是丐帮帮主，按照司马光的"创业、守成、陵夷、中兴、乱亡"五个层级，萧峰最多是个"中兴之主"，非"创业之君"。这些能力和素质可以帮助萧峰纵横江湖，但一个成功的创业者也许还需要更多。

　　青年是苦练本领、增长才干的黄金时期。伟大的事业不是靠力气、速度和身体的敏捷完成的，而是靠性格、意志和知识的力量。

功法

　　找到适合的途径、磨炼创业能力、进行创业规划。

身法

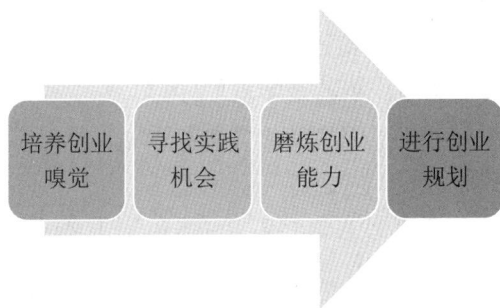

培养创业嗅觉　寻找实践机会　磨炼创业能力　进行创业规划

兵刃

进行自我评估、完善知识结构、参加社会实践、拓展社会资源。

词云图

第一节　创业者的素质评估

"潜龙勿用"出自《周易》乾卦初爻，"初九，潜龙勿用"，此处以龙潜深渊为喻，告诫世人在时机尚未成熟之时要潜心积累，勤奋努力，藏锋守拙，静待时机。在这个飞速发展的时代，要静心潜下修炼自身内功，谋划远景，无论对于个人还是对于企业而言都非易事。潜心是一种智慧，其产生于对我是谁、我从哪里来、要到哪里去的回答。"心有多大，舞台就有多大"，纵观历史，成功者无不心存高远。大格局者站得更高，看得更远，如弈棋高手，统筹全局。"合抱之木，生于毫末；九层之台，起于垒土；千里之行，始于足下。"

1. 大学生创业者的基本素质

不是每个有创业意愿的大学生都能够创业成功，因为想创业不一定能创业，能创业不一定能成功创业，成功创业不是最终目标，成为一名合格的企业家才是创业者的最终追求。创业过程可归纳为一个创业金字塔（见图 2-1）。

在创业过程中，不同创业阶段需具备的基本素质也有所不同。

（1）想创业阶段的素质

一是独立自主的品质。高度自我依赖，有主见，并且偏向于独立完成自己的工作任务，实现预期的目标。

二是具有掌控命运的意识。不把自己看作环境的受害者，而是自己掌控自己的命

图 2-1　创业金字塔

运。习惯将消极的环境看作机会而不是威胁。

三是有明确的目标导向。设定个人目标，专注于目标的实现，一段时间只做一件事，确保成长以完成目标(见图 2-2)。

图 2-2　想创业阶段的素质

(2)能创业阶段的素质

①要有创新精神。不被传统或习惯的思维方式左右，从多个角度看问题。

②要有冒险精神。对事物有好奇心，喜欢新事物，乐于体验和尝试。

③具有纯正的创业动机。真心想创办企业，对"我为什么要创办企业""我未来企业发展的目标是什么"等问题有明确的答案。在评估创业过程中可能出现的困难和失败后，仍能坚定自己的创业信念。

④身体健康。创业过程需要投入大量时间和精力，没有健康就没有一切。

⑤商业意识清晰。对商业机会敏感，具备基本的企业运营和管理知识、技能与经验等(见图 2-3)。

(3)成功创业阶段的素质

①对创业环境的良好判断力，包括对政治环境、经济环境、人文环境、制度环境

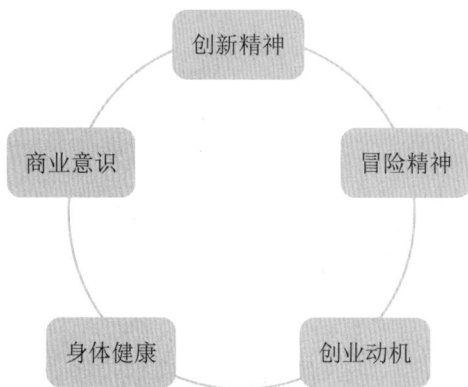

图 2-3　能创业阶段的素质

等变化趋势的判断。

②拥有较多创业资源。充分考虑自身的家庭状况，能通过各种路径获得充足有效的资源，包括资金、房屋、原材料、设备和人员等。

③善于人际管理。有良好的沟通能力、人脉经营和管理能力。

④具有风险控制能力。对风险有预见性，并能找到方法减轻或规避风险（见图 2-4）。

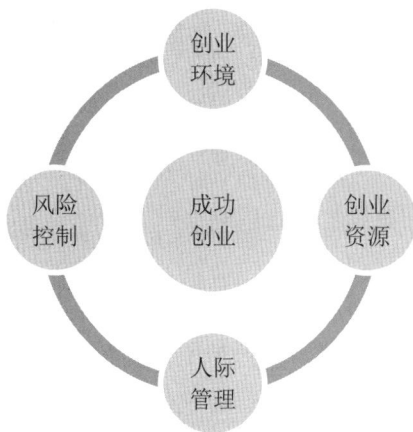

图 2-4　成功创业阶段的素质

（4）企业家阶段的素质

①有诚信。做事重信誉，积累良好的口碑。

②具备学习与洞察力。善于学习新知识，有发现因果关系的能力，富有全局观、远见和洞察力。

③具备自制力。应对环境变化的自制力，不放弃、坚韧不拔。

④团队协作与协调能力。发现、善用和整合团队成员优势，解决团队成员冲突与

矛盾。

⑤行动力。在各方面条件具备或成熟的情况下，敢于按正确的方向前进（见图 2-5）。

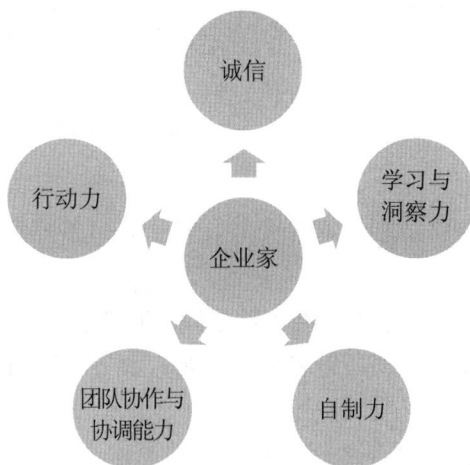

图 2-5　企业家阶段的素质

2. 大学生创业者的素质类型与评估

大学生创业者要能够承担起创业的重任，除了具备上述基本素质外，面对各种具体的创业项目，还需具备包括思想素质、心理素质、知识素质和能力素质在内的综合素质。大学生对自身是否具备创业的素质进行评估时，通常可以参照这些素质类型加以判断。

（1）思想素质

具体体现在以下几个方面。

①事业心。即热爱自己的学业、学生工作以及社会活动，积极去学习和工作；充分了解自身各方面的能力，制定合适的目标并努力完成；注重自我价值和人生理想的实现。

②职业道德。了解学校规章制度并严格遵守；遵循创业行业道德；寻求创业契机的时候以国家、社会利益为重。

③人格魅力。善于控制和支配自己的情绪，乐观开朗，真诚热情；严格要求自我，进取、自谦；有强烈的正义感和责任心，有创新意识。

④文化素养。积极参加学校开设的文化类课程；明白文化背景对企业生存和企业竞争的意义，善于研究企业案例。

⑤勤奋敬业。为自己的目标努力奋斗；恪守自己的职责，注重团队的利益。

（2）心理素质

心理素质可从创业意识和品质两个方面来体现。

①创业意识方面，具体包括以下几点。

第一，创业动机。对自己想开创的事业有充分的认识和分析，有热情和激情，能够不畏惧挫折、自我激励并激励他人。

第二，创新意识。能够探究事物发展的内在联系，利用各种信息激发自己的灵感，并将之转变成新颖的创意；勤于思考，发掘创新；善于分析行业缺陷和行业发展趋势，努力培养自己在开发新产品、引进新技术或新方法、实现新颖的发展战略等方面的素质。

第三，竞争意识。敢于竞争，有勇气，有魄力；善于竞争，善于发现竞争对手的缺陷并指导自己的竞争策略；能够审时度势，综合运用各种竞争策略，提高竞争效益和成果。

第四，冒险意识。有风险意识，能理智分析、准确评估风险报酬和驾驭风险。

第五，忧患意识。关注国家命运和改革前景；要意识到特定行业发展状况的缺陷和创业的艰辛。

第六，团队协作意识。与同事和谐相处、谦虚谨慎，善于与人合作；有感染力，善于协调人际关系。

②品质方面，具体包括以下几点。

第一，自信。清楚自我的优缺点，发挥优势，规避劣势。

第二，果敢。勇敢果断，不过分犹豫；有魄力、敢担当、乐观，越挫越勇。

第三，坚韧。遇到困难不退缩，能迎难而上，敢于挑战权威，挑战强者，应变能力强。

第四，独立自主。有自己的思维方式和获取信息的方式；好胜进取，不断提高自己的能力；思考全面，能够明确自己的计划并主动执行。

第五，责任心。对工作兢兢业业，不推脱自己的责任。

（3）知识素质

积极学习，对兴趣行业技术知识、行业知识有充分的了解，努力学习管理、营销、资本运作、财务、法律等方面的知识，并将所学知识应用于实践过程。

（4）能力素质

能力素质包括基本素质和经营管理的素质。

创新创业的基本素质如前面所述，而经营管理的素质主要体现在以下方面。

第一，激励。能够自我肯定，激励自己，保持饱满的热情；能够激励创业团队，使团队充满战斗力。

第二，用人。在创业过程中善于用人，最大限度地发挥人的主观能动性，善于抓住决策时机，及时下达正确的指令，使团队成员步调一致。

第三，表达。能够与合作者很好地交流，表达得体、流畅；书面表达能力好，能够起草报告和商务合同等。

第四，交际。能够在创业团队内部、投资者和其他合作伙伴间建立良好的合作关系；能够与政府部门良好地沟通，做好创业的对外工作。

第五，分析与决策。要客观地分析自身的创业条件，冷静地分析创业环境，选择适合自己学生身份的行业进行创业。

第六，灵活应变。对市场敏感，能灵活应对变化，及时更新创业计划。

第七，协调控制。能够协调好创业和学习的关系。

第八，资源整合。能够较好地将人脉、人才、信息、技术、资产、行业等进行周密整合，能够充分利用所拥有的资源。

第九，计划与组织。能够提出明确可行的创业构想；能够根据创业计划、目标和战略选择具体方案，加以组织实施。

第十，判断与预见。能够敏锐地预见该行业的发展动向，主动争取对自己有利的机会。

大学生可根据自己的情况，对自身的素质进行全面剖析，发挥优势、弥补劣势、克服威胁、规避风险、抓住机会、迎接挑战，使自己的创业计划更为实际可行，更多一份胜算的把握。

(5)大学生创业者的素质评估

可以利用四方格，结合自身情况，分为自身的优势、劣势、面临的机会和威胁四个因素写下来，每个因素都罗列出主要的几条。

①大学生自身的素质优势。经过大学的综合训练，大学生一般都具有较高的文化素养；由于身处知识和智力都相对密集的群体，具有较强的创新意识；由于年龄和生活环境的特点，大学生还有一些优点——对事物有领悟力，接受新鲜事物快，自主学习能力强，有冒险意识，独立自主、果敢、自信等。

②大学生创业的素质劣势。大多数大学生由于缺乏社会历练，人格魅力较低；事业心不足，心理承受能力较差，遇到挫折易于放弃，缺乏经验和创业资金。除此之外，有些大学生眼高手低，好高骛远，喜欢纸上谈兵；有的大学生创业设想大而无当，对市场预测过于乐观；有的急于求成，缺乏市场意识。

③大学生创业的机会。政策环境良好，各级、各地政府均有政策明确鼓励大学生创业，工商、税务、卫生等部门对应届大学生创业实施了多项优惠政策；宏观经济由高速发展转入高质发展，为创业提供了大量机会；社会整体价值观对创业越来越认同；科学技术迭代迅速，带来众多的创新创业点。

④大学生创业面临的威胁。当前人才市场的竞争日益激烈，劳动力供大于求；我国市场机制还不完善，国家宏观调控也存在无法触及的地方，这对于刚走出校门还没有太多社会经验的大学生来说，存在很大的创业威胁。同时，个人身体健康、家庭因素、融资困难等，也都是制约大学生创业的不利因素。

以 T 学生为例：

T学生的优势——家人经商，自小在父母身边耳濡目染，对创业有浓厚兴趣；经过几年勤工俭学也积累了一些实际经验；当过学生干部，组织领导能力得到了锻炼；有几个朋友，但没有形成创业团队；产品独一无二，有市场竞争力。

T学生的劣势——个人性格内向，与人打交道较困难；没有资金支持，还指望毕业后还清教育贷款；没有团队，可能要单打独斗；社会经验严重不足；准备创业的产品成本高，要委托加工。

T学生的机会——大学生创业基金成立，自己的科技项目可以申报，有导师的强力推荐；国内市场目前发生变化，形成有利于己的巨大需求；一些企业正与我方洽谈，个别有签约前景；政府循环经济鼓励政策出台，更是利好消息。

T学生的威胁——市场竞争不规范，假冒伪劣商品盛行，自己的真东西卖不出去；目前市区店铺租金越来越高，利润率越来越低；消费风潮变动很快，自己可能赶不上流行趋势。

典型案例

"我快乐，我拥有"，这是郑州某服饰有限公司总经理王建伟的座右铭。他大二开始创业，大三买房，大四毕业结婚，之后成立服饰公司，可谓硕果累累。

王建伟大二就已经立志创业。艺术设计专业毕业的他和同学开了一家设计工作室，为企业设计 Logo。凭借独特的眼光和专业的鉴赏力，他终于获得了一家服装企业的认可，成功获得 800 元酬劳，这是王建伟与他的团队获得的第一桶金。

有了这样的鼓励，他的创业愿望更加强烈。他敏锐地觉察到身边的同学对兼职的渴望，于是成立了一家服务部，主要业务就是给同学介绍工作，每次成功介绍一份工作后就收取 50 元介绍费，这让王建伟积累了很多创业资本。

服务部成功经营后，王建伟做了北京一家饮料公司的区域代理，凭借积极主动的营销，做出了区域第一的佳绩，但是他对创业的热情从未减少。毕业之后，王建伟进入一家广告公司，每个环节他都亲力亲为。频繁地与服装企业打交道，使他积累了许多客户和经验，为创业奠定了人脉基础。

几年的工作积累，王建伟觉得可以成立自己的公司了。于是，他和朋友共同创建了柏胜服饰有限公司。该公司是集设计、生产、销售为一体的女裤企业，线上、线下同时展开销售，如今在郑州已经小有名气。

"我快乐，我拥有"，一直是王建伟深信不疑的一句话，无论是在创业阶段还是公司运营阶段，快乐的心情、积极的态度、良好的心态都会互相影响。在快乐的环境中，工作会取得事半功倍的效果，生活的压力也会减轻很多。快乐着，工作着，且乐且行，且行且乐。

第二节　创业者的能力与培养途径

一个优秀的创业者，应拥有出色的规划才能和管理能力。通过了解创业者的能力，可进一步明确自己是否适合创业，以及创业成功的可能性有多少，自己还有哪些差距，针对差距完善发展目标，制定提高措施，进而具备初创企业的成功管理者能力。

1. 创业者应具备的能力

成功的创业者应该具备的能力是多方面的。对于创业者来说，要想成为一个成功的企业家，必须具有不同于普通人的特殊能力，才有可能大展宏图。

(1)洞察人和环境的能力

领导者很重要的一个能力就是要具有对人和事深入领会的洞察力。

洞察人的能力，即领导者要善于发现和开发人才，刘邦就是因为懂得知人善任，用人所长，充分发挥部下的才能，网罗了张良、韩信、萧何等人才组成一支强大的团队，最终才统一天下。钢铁大王卡内基的墓志铭上写着：一位知道选用比自己能力更强的人来为他工作的人安息于此。卡内基所用的人之所以能力都比他本人强，是因为卡内基能够看到他们的长处，运用他们的长处为自己工作。慧眼识人才，并让有能力的人来为你效劳，才是一个卓越的管理者。

洞察环境的能力，即通过洞察力识别商业机会。领导者要能察觉局势变化，收集信息来预测局势变化，决定企业下一步的方向。

例如，华为通常以十年为周期制订发展计划，而爱立信和摩托罗拉等竞争对手通常按财季或财年制订发展计划。这就表明华为领导者能用批判的眼光审视过去的成功，同时也能洞察未来十年将面临的挑战，制定最为有效的战略，带领华为通过三个阶段（每个阶段约为十年）的发展，让华为成长为一家全球领先的企业。在实现企业愿景的过程中，华为不断证明自己的战略规划能力，根据公司面临的挑战适当调整愿景。其管理有一点至关重要，即通过环境的洞察推崇灵活应变的理念，最终获得了成功。

再如，奇虎360公司的董事长周鸿祎很早就预见到国内杀毒软件市场的未来趋势必定是免费，于是他找了国内的杀毒软件大公司谈合作，希望他们能够推出免费的杀毒产品。但是当时他们都觉得周鸿祎很荒唐，已经确定收费的杀毒软件只需要有几百万用户就能为他们带来可观的利润，为什么要做免费？周鸿祎只好带领自己十几人的团队请了专家一起研究，结果一年后将杀毒软件市场完全颠覆，奇虎也成了中国最大的互联网安全公司之一。

周鸿祎作为创业者所具备的能力，显然是远见和概念思考的能力。创业者需要远见来提出未来发展愿景和公司战略，思考采取长期行动和决策的能力。有远见的领导者往往能意识到目前做的事情会为公司带来什么长期的竞争优势，而短视的观点则只会主张满足眼前的需要。

（2）学习的能力

要创业，创业者需要发现一个痛点，一个未被满足的需求，而这样的创业项目在很大程度上并不是自己熟悉的领域，因此，创业者是在做别人没有做过的事情。要在打仗中学会打仗，要学会随时总结和提炼，发现事件之间的因果关系。因此，不断学习新的东西、适应新的环境、更新自己是非常重要的。

▸▸ 典型案例

民营经济的代表刘永好，已过而立之年，毅然辞去了来之不易且令人羡慕的政府部门公职，下海自谋职业，筹办起一家小良种场，专门孵化小鸡和鹌鹑，公司几经风险。1988年，刘永好出差到广州，偶遇广东农民排着长队购买泰国正大颗粒饲料，令他惊奇不已。他观看了饲料，索要了说明书，与排队客户摆起"龙门阵"。

回到成都后，他向几位兄长介绍生产猪饲料的前途。于是，刘氏兄弟经过认真研究，决定放弃养鹌鹑而转产饲料，并做了详细的战略部署。刘氏兄弟将资金全部投入到这个项目中，并聘请30余名动物营养学专家重点攻关。1989年4月，公司自行研发的"希望牌"乳猪全价颗粒饲料问世，一下子打破了正大集团洋饲料垄断中国高档饲料市场的局面。事业的发展给刘氏兄弟带来了无限生机。1997年，正当成都的房地产业刚刚完成第一轮开发的积累，开始对已有的产品进行检点与反省，并准备进入由卖方市场向买方市场转变的"微利"时代的时候，刘永好又一次抓住了机会，进入房地产业并取得了实质性的成果。据说，他最成功的地方正是"学习"。他每天用1/3时间来学习和研究企业发展问题。刘永好有个随身带笔和本子的习惯，凡找人谈话或接受采访，只要对方说得有道理，他便记下来。

正是这种勤奋与孜孜不倦的追求，使得新希望的房地产开发再一次取得了成功。2019年，美国《福布斯》评定刘永好兄弟财产为57亿美元。这位曾赤脚走路的创业者，终于用他的勤奋和努力踩出了一条成功之路。

（3）沟通与谈判能力

一个好的创业者都是一个好的演讲家。企业不是一个封闭独立的组织，而是需要和社会各界交流信息、互通有无的团体。创业者在企业成长发展过程中，对外要和供应商、消费者、政府、媒体、同业竞争者处理好合作与竞争的关系，对内要和上级、下级、兄弟部门处理好分工与合作的关系。尤其是在企业遇到某些问题或者危机的时候，创业者的沟通协调、危机化解能力显得至关重要。沟通协调能力强的创业者可以帮助企业化解危机、解决问题，获得新的发展机会；而缺乏协调与社交能力的创业者却会在问题面前无所作为，企业可能因其不当言论或者不当的沟通行为而加重危机。

正如李嘉诚在给创业者98条建议时说：今日如果没有那么多人替我办事，我就算有三头六臂，也没有办法应付那么多的事情，所以成就事业最关键的是要有人能够帮助你，乐意跟你工作。这就是我的哲学。

一个成功的企业必然有大量的商务谈判，谈判内容可能涉及供、产、销和售后服务等多个环节。创业者必须善于抓住谈判对手的心理和实质需求，运用双赢原则，即自己和对方都能在谈判中取胜，使自己的企业获利。

谈判时需要遵循谈判的基本原则。首先，明确双方合作的基础。进入谈判之前，必须先确认自己对对方的要求是什么，希望对方至少要做好哪些项目等。谈判之初，假定基本目标已经出现对立，此时需要做到共同基础在前，对立问题居后。出现利益对立的情况，应促使对方重视整体利益。其次，"触角"灵活敏感。谈判、说服的本质在于沟通。谈判是一种"心理战"。观察对方是谈判的首要步骤，需要掌握对方的反应，从而获取对方的相关信息，在洞察对方的过程中说服对方。最后，要有诚意。诚意是谈判的基础。

在资源严重受限的情况下，创业者必须靠团队创立新事业，同时还要依靠供应商、投资人和客户。马云6分钟说服孙正义投资2000万美元的例子就表明，创业者往往需要很强的说服能力让对方相信自己。

典型案例

通过"谈判"拿到风投

知名投资人徐小平奉行的投资关键就在于：与创业者的对话。

在盛行以"商业模式"判断一个企业是否值得投资时，徐小平认为，以"人"来判断一个企业，投资的成功率更高。某互联网企业创始人刘楠，就是以这种方式获得第一笔风投的。

2013年，一家网络母婴用品大店提出高价格收购刘楠的店铺。刘楠举棋不定，就尝试给青年导师徐小平发了短信，并幸运地获得了与徐小平见面商谈的机会。这场长达三个小时的会谈，彻底改变了刘楠的命运轨迹。会谈结束后，徐小平跟刘楠说："你别卖了，我投你。"

很快，100万元过桥贷款到账了，紧随其后，刘楠拿到了800万元A轮投资，至此走上"独角兽"之路。

徐小平曾回忆："当时刘楠说了两个半小时的纸尿裤，在谈话时，我感受到她完全是出于一种母爱的本能而选择进入母婴用品行业，母爱是她的创业基因。"

通过这次对话，徐小平清晰地了解到她的行业经历、决策力、领导力以及影响力等有效信息。最后，他毫不犹豫地向刘楠伸出了橄榄枝。

（4）企业形象策划能力

在激烈的市场竞争中，在公众心中树立良好的企业形象是创业成功的主要条件。创业者应善于借助各种新闻媒体和渠道宣传自己的企业，提高企业的知名度。提升策划能力应关注以下几个方面。

①明确策划目的。做一个策划，无论是哪种类型，都只有一个目的，一切策划行为都围绕这个目的进行。比如，是提升销量、抢占市场份额，还是纯粹品牌宣传，这个目的越明确、具体越好。

②发现与目的相关的问题。明确目的之后，着手进行市场或现状调研，发现实现目的存在的问题。一般来说，一个人的策划能力越强，发现问题的能力也越强，尤其是在一些细微事物的把握上。

③找出解决问题的方法，选择组合最优方法。

④注意严谨的逻辑。策划必须一环套一环，才能让执行得到贯彻。这要充分发挥严谨的逻辑思维。

⑤学会预测。这能帮助我们做好相应的风险防范。

（5）战略管理与执行能力

战略是依据企业的长期目标、行动计划和资源配置优先原则设定企业目标的方法。因为战略是为企业获取可持续竞争优势，而对外部环境中的机遇和威胁及内部的优势和劣势做出的反应，它是对企业竞争领域的确定。所以战略就是企业的生命线，也是企业腾飞的起跳板。一个及时、果敢、英明的战略决策是企业由蛹化蝶、由小到大、由平凡到伟大的最初推动之力，错误的战略会葬送一个企业。战略管理能力包括战略思维、战略规划和设计等，是一个创业者的核心领导能力。

对创业者而言，执行是多种能力的综合、多种因素的综合，执行过程是将纸上方案和计划变为实际操作的过程，也是将创业者的诸多美好愿景和理想付诸实现的过程。执行是目标与结果之间"缺失的一环"，是组织不能实现预定目标的主要原因，是各级企事业领导层希望达到的目标与实现目标的实际能力之间的差距；它不是简单的战术，而是一套通过提出问题、分析问题、采取行动的方式来实现的系统流程；它是战略的一部分，是各级组织在一年365天中最基本的状态，创业者作为企业的领头人，必须亲自进行企业团队的组建、企业战略的制定及企业运营的引导。

（6）创新的能力

在大众创业、万众创新的时代，创业者犹如过江之鲫。只有当你的创意点子符合大众发展的潮流，能够跟上时代进步的步伐，紧抓消费者的眼球的时候，你才能够实现创业的成功。同时，一个项目是在执行的过程中不断地被补充和完善的，也需要不断地注入新点子增加活力。创业者只有关注时事政治，关注消费者的动向，才能够不断创新。

创新是知识经济时代发展的主旋律，是企业化解外界风险和取得竞争优势的有效途径。创新能力是创业能力素质的重要组成部分，它包括两方面的含义：一是大脑活动的能力，即创造性思维、创造性想象、独立性思维和捕捉灵感的能力；二是创新实践的能力，即人在创新活动中完成创新任务的具体工作的能力。创新能力是一种综合能力，与人们的知识、技能、经验、心态等有着密切的关系。具有广博的知识、扎实的专业基础知识、熟练的专业技能、丰富的实践经验、良好的心态的人容易形成创新能力。

▸▸ 典型案例

2002 年 9 月，胡启帆带着对大学生活的憧憬和从姑姑那借来的 4000 元学费，到某高校报到。大学时间相对充裕，稍不注意就会养成懒散的习惯。胡启帆是个闲不住的人，他决定提前走入社会，大一下学期就开始了自己的创业之路，比原定计划提前了半学期。

就在 2003 年春季一开学，胡启帆开始给一所中介机构贴招生海报，这是他找到的第一份兼职工作，并且交了 10 元钱会费。

"贴一份 0.2 元，贴完了来结账。"中介递给他一沓海报和一瓶糨糊，胡启帆美滋滋地开始往各大校园里跑。"贴海报，看起来容易，其实很难做的。"胡启帆没想到贴份海报，还要受人管，一些学校的保安轻则驱赶一下，严重的会辱骂甚至动手。3 天后，胡启帆按规定将海报贴在了各个校园，结账获得 25 元报酬。同行的几人嫌少，都退出了，而胡启帆却又领了一些海报，继续干起来。不过，他心里也开始在想别的门道了。

一次，他在贴海报时，看到一家更大的中介公司，就走了进去，在那里遇到一位姓王的年轻人。王某是附近一所大学的大四学生，在学校网络中心勤工俭学。几个学生商量，能不能利用网络中心的电脑和师资，面向大学生搞电脑培训。网络中心同意了，但要求学生们自己去招生。

"只要你能招到学生，我们就把整个网络中心的招生代理权交给你。"王某慷慨地说。胡启帆想，发动自己在武汉的同学帮忙，招几个人应该是没问题，就应承下来。

做招生宣传要活动经费，胡启帆没有经验，找几个要好的同学商量，结果大家都不知道要多少钱。有的说要 5000 元，有的说要 2000 元，最后胡启帆向王某提出要 1800 元活动经费，没想到王某二话没说，就把钱给了他。

胡启帆印海报、买糨糊，邀请几个同学去各个高校张贴，结果只花了 600 元钱，净落 1200 元。这是他挣到的第一笔钱。尽管只花了 600 元钱，但招生效果还不错，一下子就招到了几十个人。然而，这些学生去学电脑时却遇到了麻烦，学校叫停了网络中心的这个电脑培训班。胡启帆几次跑到网络中心，都没办法解决这个问题。他无意间发现网络中心楼下有个培训班，也是搞电脑培训的，能不能把这些学生送到那里去呢？

对方一听说有几十个学生要来学电脑，高兴坏了，提出给胡启帆按人头提成，每人 200 元。非常意外地，胡启帆一下子拿到了数千元。在 2005 年，"胡启帆会招生"的传闻开始在关山一带业内传开了。一家大型电脑培训机构的负责人找胡启帆商谈后，当即将整个招生权交给他。

随着这家培训机构一步步壮大，胡启帆被吸纳成公司股东。但他并不满足，他注册成立了自己的第一家公司——一家专门做校园商务的公司。胡启帆谈起成立第一家公司的目的时说："校园是一个市场，很多人盯着这个市场，但他们不知道怎么进入。成立公司，就是想做这一块的业务，我叫它校园商务。"

同时，胡启帆发现很多大学生通过中介公司找兼职，上当受骗的较多，就成立了一家勤工俭学中心，为大学生会员提供实实在在的岗位。他的勤工俭学中心影响越来越大，后来发展到 7 家连锁店。高峰时，每个中心能有 10000 元左右的纯收入。

这个成功的创业案例中，胡启帆表现出了一个成功创业者怎样的素质与能力？请尽可能地列举。

2. 提升创业能力的途径

创业教育在我国尚处于萌芽阶段，加强大学生创业教育势在必行。大学生的创业能力潜藏在每个学生身上，通过创业教育有可能把潜在的能力转化为现实的能力。提升学生创业能力可通过以下途径。

(1)培养创业意识

创业意识对创业能力的形成和创业实践活动具有能动作用。创业意识绝非心血来潮，也不能一蹴而就，是创业者在创业实践活动中培养、积累和升华的结果。首先，它是创业主体应创业需要而产生的，这是创业活动最初的诱因和动力。在这一过程中，外在的教育和社会客观需要对其有促进和决定作用。其次，创业意识是一种竭力追求并获得最佳效果的心理动力，可促进个体把创业需要转化为创业动机，最后，创业理想的树立是创业意识基本形成的标志。有了创业意识，就会形成坚定的创业理想，从而促使创业者提高创业能力，积极投身于创业实践活动，这种创业意识越强，效果越好。

(2)培养良好的创业心理品质

心理学研究表明，非智力因素及情商在个体活动中具有决定性的作用。在创业能力的形成中，必须重视发挥创业心理优势，消除创业心理障碍。

从肯定方面看，根据有关调查结果，独立、敢为、坚韧、克制、适应、合作 6 种要素对创业能力的形成有积极的调控作用。从否定方面看，有三种心理障碍不利于形成创业能力，即人格障碍，如依赖、自卑、畏缩；情绪障碍，如抑郁寡欢、过度焦虑；行为障碍，如急于求成、目标多变。以上障碍应尽力克服。

大量实例表明，心理承受力具有至关重要的作用。企业家的成功率与其心理承受力呈正相关，心理承受力越强，成功的系数越大，反之越小。总之，大学生要修炼良好的创业心理品质，就要把创业当作一种人生态度，把创业作为一种生活方式，从不同的角度观察世界。

（3）构筑网络化的创业知识结构

知识本身是个体创业基本素质的重要组成部分。美国管理学权威人士彼得·德鲁克认为：在现代经济中，知识正成为真正的资本与重要的财富。这在一定程度上反映了现代知识经济的特点。正是这个信息时代的知识经济特点，在客观上为个体提供了掌握知识的压力与动力。传统的线性知识结构已不能满足现代社会发展的需要，个体只有形成广博的网络化知识结构，才能形成较强的创业能力，走上成功的创业之路。

一个创业者首先要具有与其所创事业相关的专业知识，还应该学习经营管理知识和综合知识。在社会关系越来越复杂的情况下，创业者的综合知识的作用日益突出。

（4）通过创业活动形成创业能力

无论是培养创业意识、创业心理品质，还是系统构建创业知识网络，都要通过创业活动才能转化为现实，因此，创业实践活动是创业能力的整合机制。在传统的教育中，学生在学校的活动并不是创业活动，这就需要在教育中注意创造各种条件，使学生能直接参加社会实践活动，积极走向社会，走向生产、经营第一线，形成真正的创业能力。这就要求学校结合学生创业能力的培养设计教学内容和教学活动，特别是应当开展创业活动，使学生的在校学习过程同时成为创业实践的演练过程。

（5）积极参加各种创业实践活动

①参与大学社团。学校社团的每一项活动，从策划到最后实施都是一个综合的过程，参与全局、体验全局，可以锻炼组织、协作、利用资源等能力。这是锻炼综合能力的基本途径之一。

②利用课余时间和寒暑假打工。现代社会为大学生提供的打工机会很多，通过打工可以锻炼综合能力。市场调研、销售、人力资源管理、财务管理、物流管理等岗位所需的各种能力都可以在打工中得到或多或少的锻炼，积累一定的经验也是完全可能的。大学生在打工过程中做的往往都是烦琐或者重复性强的工作，但不能小看这些工作。例如，在做销售的过程中，大学生可以观察消费者的消费能力、消费观点、对公司产品及市场相关产品的评价等，掌握市场消息，预测市场需求，洞察市场空白，以市场指导生产。如果担任市场销售的学生团队领导，还可以借机向相关的销售人员学习经验，申请到生产现场参观等。学生团队领导可以带领学生充分发挥团队协作精神，积累人员管理、物流管理、财务管理等方面的实践经验，以后从事相关的项目创业便有了对照和参考。在打工实践中，同样可以通过简单的工作积累相关经验。

③参与学校的科研项目。参与学校科研项目的学生，有更多接触项目导师的机会。项目导师与社会的接触往往很密切，从导师处能学到很多实践经验。参与科研项目，可以通过实验充分锻炼动手能力，找到创业的"金点子"，锻炼策划能力。

④参加大学生科技比赛。大学生在校期间，可以参加的创新创业类大赛及项目主要包括三大类。第一类是由各高校教务处组织实施的大学生创新创业项目，分国家级和省级两个级别，这是在校大学生获得国家级和省级项目的最佳机会。第二类是由各高校团委组织实施的科技文化节项目，以及各专业挑战杯赛事，也分为国家级和省级。第三类是由各高校招生就业部门组织实施的"互联网＋"大赛项目。大学生通过参加各类科技比赛等创新实践活动，有利于增强科研创新意识、提高创新创业能力，为大学生创业奠定良好的技术和实践基础。通过参加竞赛的系列培训和相关活动环节，有利于学生深化对创新创业的认知，挖掘创新创业潜能，提高创新创业素质。

⑤学习创业教育课程。通过学习，掌握捕捉创业机会、整合资源、控制企业风险以及初步创建企业等方面的知识体系，同时掌握新创企业管理方面的知识，如商业计划书的编写、可行性分析、市场营销和成本分析等。

⑥毕业后在企业中进行实践锻炼。企业是一个实际创业的团队，在这个团队里，锻炼能力、积累经验都是可取的。但要想独立创业，还要善于发现全新的创业"金点子"，或从所在企业的市场空白中找到创业契机，那么独立创业才会有成功的可能。眼高手低、纸上谈兵是一些急于创业的学生的通病。经验不足，缺乏从职业角度整合资源、进行管理的能力，是大学生创业失败的一个重要原因。因此，要做成一个项目，没有实践经验就不可盲目尝试。

⑦积极参与政府和社会推进大学生创业的培训工作。创业培训是创业者获得创业能力的重要方式。创业培训工作需要政府、创业培训机构及创业者共同努力推进，灵活开展形式多样的创业培训。通过参加创业培训提高创业者素质，培养其创业精神，提升其创业能力。

总之，大学生要培养创业能力，必须遵循创业能力的形成规律，注意增强创业意识，培养良好的创业心理品质，形成良好的创业知识结构，并通过实践活动转化为现实的创业能力。

▸▸ 典型案例

杨某是某高校工商企业管理专业的大二学生。失恋的刺激让他意外发现"单身文化"的巨大商机，创立了"单身派"服装品牌。随着首款主打产品"光棍 T 恤"一炮打响，他在半年内卖出 2 万多件 T 恤，销售额达 40 多万元，在网上被称为"最牛专科生"。把"光棍无罪，单身有理"奉为人生格言的杨某，目前已申请注册了商标，誓将"单身文化"进行到底。

恢复单身，萌生"光棍"创意。杨某在 2008 年年末找到了女朋友，可惜恋爱只维持了短短一个月，双方便因性格不合而分手。情人节浓厚的甜蜜氛围给了他不小的刺激，市面上到处可见情侣装、情侣表等商品。刚恢复单身的杨某感觉这种日子对"打光棍"的同胞来说简直就是"末日"，如果有标榜单身的商品出售，这种"仿佛被全世界抛弃的感觉"或许会被冲淡。商科出身的他马上抓住这个瞬间闪现的灵感，萌生了创立"单身派"服装品牌的想法。有了创意，杨某立刻行动起来，2009年3月，他在网上了解到：全国的大龄未婚男女超过6000万人，但目前市场上还没有一款为这个庞大的客户群体量身定做的文化产品。杨某决定，要率先占领这个空白的市场。

考虑到制作成本，杨某选择制作最简单、便宜的T恤作为"单身派"的主打产品。为了对消费者心理"把脉"，他开始"招兵买马"，说服了5名志同道合的同学，罗列了类似"你愿意穿'光棍'主题的T恤吗?""你喜欢以张扬还是含蓄的方式表示单身身份?"等12个问题的调查问卷，在西华大学校园里进行了一次市场调查。通过120份问卷的"摸底"，杨某惊喜地发现，有80％的被调查者愿意购买这种T恤。得到认可后，杨某找来几个常做兼职、有些经济实力的同学，集资了几千元，到成都附近一家小工厂代工，生产500件白色T恤。最初的销售采取"两条腿走路"的方式，以校园上门推销为主，周边小店寄售为辅。首批500件"光棍T恤"上市两周，全部售罄。初战告捷的杨某看到了"单身派"品牌的生命力，马上到当地工商部门注册了"单身派"商标，准备乘胜追击，推出系列产品。

"光棍"论资排辈，设计网上竞标。为了不让"光棍T恤"失去消费者，杨某在细分市场上下了功夫，开始给"光棍"们论资排辈。"光棍"中的"金领"当属才子佳人型，他们自封为"单身贵族"，很享受自由的现状；"白领光棍"表面心高气傲，实则凡心已动，在观望徘徊中；"蓝领光棍"则在感情中比较脆弱，有的苦苦等待，有的为情所伤，还有的看破红尘，拒绝"脱光"。杨某一边念叨他的"光棍经"，一边总结道："不同心理的光棍对T恤的需求是不同的，我们在产品中设计的文字也不尽相同。"对于非诚勿扰的执着型，适合"光棍之路有多远走多远"的字样；为情所伤，不敢主动出击的保守型，则有"无情却似有情"T恤相配；至于顺其自然的乐天派，则只有"我来自1111年11月11日"这种自嘲方式才能彰显个性。有了产品细分，接下来的工作就是设计。虽然自己包办的第一款"光棍T恤"可以热卖，但杨某还是很有自知之明地请来了四川大学、四川师范大学等高校服装系的学生为自己设计，并把他们设计出来的样稿挂在学校和成都各类论坛里，让消费者自己把关，网上"竞标"中人气最旺的设计才能拿去生产。经过层层把关，"光棍T恤"越卖越火，小工厂逐渐承担不了庞大的订单，杨某找到广东一家较大规模的制衣厂赶工，每单衣服都有上千件。同时，他利用网络寻找代理商，每个代理商负责一个区域的销售。他通过QQ联系的代理商已达500多个，除了青海、西藏外，其他各省(自治区、直辖市)均有代理。

第三章　履霜冰至

很多人认为王语嫣是金庸"群美"中的傻白甜，充其量就是一个搜索引擎。但每每临敌之时，娓娓道来，外行听来"梦里真真，语真幻"，行家听来却总是己方听了精神振奋，敌方听了心惊胆寒。这是因为王语嫣和搜索引擎的本质区别在于不但识得对方招法，还提供解决方案，处处料敌先机。不过，单独存在的王语嫣并没有实际意义，只有走在慕容复、段誉这样的创业者身边才具备使用价值。一份合格的创业项目策划书犹如一个王语嫣。这个"王语嫣"的底层要件包括：产品生成、团队分析、市场分析、商业模式建立、营销策划、财务分析、风险管控等。创业者有了这样一个全能美女常伴左右，行走江湖，乍遇强敌，才能知己知彼，扬长避短，霸业雄图才有了主心骨。一招履霜冰至就可以打造一个属于自己的"王语嫣"，帮助我们厘清思路，眼观六路、耳听八方，助推项目落地。

在自主创业蓬勃发展的时代，越来越多的人选择各种创业项目。大学生创业，一定要选择符合自己的实际情况和特长爱好的创业项目。创业过程中一定要保持良好的心态。大学生创业，最需要的是谦逊的态度和坚持不懈的韧劲。我们要着眼长远、把握大势、开门问策、集思广益，研究新情况、作出新规划。

功法

确立明确的商业逻辑、使用通用的分析工具、完成简洁的商业策划。

身法

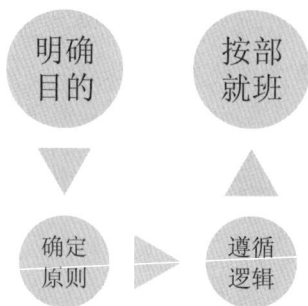

明确目的 → 确定原则 → 遵循逻辑 → 按部就班

兵刃

盈利导向、创新原则、清晰逻辑、思维方法。

词云图

第一节　创业项目策划书编写的目的和原则

在"降龙十八掌"中，"履霜冰至"的名声不比亢龙有悔、见龙在田，却也是郭靖在宝应刘氏宗祠中得的洪七公真传。此招刚柔并济，正反相成，实是妙用无穷。

此招式名称源自《易·坤》卦："初六，履霜，坚冰至。"其寓意为有了薄薄的霜，之后天气渐凉，阴气汇集，才有厚厚的坚冰。"履霜冰至"告诉我们凡事要循序渐进，大凡事物发展都有其内在逻辑。

大多数创业者创业的第一步就是先拿着策划书，对着精明的投资者和变化多端的市场，实战此招，以如履薄冰的心态、刚柔相济的行动、正反相成的手段，获得良好的结果，即将薄霜一样的策划书变成坚冰一样的事业。编写一份精良的创业项目策划书实乃起跑助推器，创业融资、项目落地第一步的不二之选。

创业项目策划书就是一份创业项目的书面摘要，描述了创业项目的内外部环境条件、自身创业要素，为项目落地和发展确定方向，其本质就是创业者对自己的创业项目商业化的深入分析和思考。

1. 创业项目策划书的编写目的

创业项目策划书的功能不仅是一份说明书，好的策划书更应该是一个行动指南，能够为创业项目提供落地方向和运营战略。项目策划书编写的目的主要有两个。

（1）正本清源——厘清创业思路

苏格拉底有一句名言：认识你自己。对一个创业者来说，编写创业项目策划书的过程也是一个认识自己的过程。创业者是自己创业项目策划书的第一个读者，通过创业项目策划书的编写，如果自己都无法说服自己，甚至发现无法用商业逻辑进行"自洽"，这个项目一定无法落地，不做也罢。

编写创业项目策划书首先能够帮助创业者建立合理的商业逻辑，梳理各项创业要素与创业项目的契合程度，明确创业思路和经营理念，最终确定创业项目的商业模式。一份好的创业项目策划书可以大幅提高创业过程中的决策效率。

（2）信息说明——让投资者看到盈利

创业项目策划书编写之后不仅能够提升创业者的创业信心，明确的商业模式还有助于在"纸上谈兵"阶段就获得投资人的青睐和信任，预见可靠的产品或服务、巨大的盈利潜力、有效的市场策略，以及项目的成长性、核心竞争力、投资回报率和回报周期。

2. 创业项目策划书编写的原则

为了发挥正本清源、信息说明的作用，提高实用性，创业者在编写和使用创业项目策划书过程中应当遵循以下原则。

（1）创新性原则

不同于一般的项目策划，创业项目策划书为了规避激烈的市场竞争、提高项目对投资者的吸引力，创业者要在创业项目的产品研发、市场细分、营销策略等方面不断寻求创新，做到既能吸引眼球又符合商业规律，纵向上要保证产品或服务品质的差异化，横向上要保证产品或服务特色的差异化。

（2）目的性原则

无论何种创业类型都应把解决现有市场痛点或填补市场空白作为创业项目策划书的总体目标，这是构思阶段的第一步。有了明确的目标，整个项目中的模块设计才能有的放矢。在体系上，设定总体目标和子目标；在时间上，设定长期目标和短期目标；在项目管理上，设定团队目标和个人目标。让团队成员和投资人都能够感受到项目的成长性和可实现性。

（3）系统性原则

一旦确定目标，创业项目策划书作为一个商业系统就要体现出对各种要素和资源的整合。通过确定各项目模块的相关性、目标的层级性、目标与途径的适应性，产生协同创新，从项目策划初期的混沌、无序状态转向明晰、有序状态，最终服务于实现目标的整体价值。

（4）经济性原则

这里的经济性有两层含义：首先，要在创业项目策划书中体现项目"赚钱能力"，即"四高"——盈利能力高、资金回报率高、产品或服务品质高、市场占有率高；其次，要体现出项目的"赚钱效率"，即"四低"——市场投入风险低、生产研发成本低、组织运营成效低、资金回报周期低。

拓展阅读

创业项目策划书的商业模式

司马迁《史记·货殖列传》有曰：天下熙熙，皆为利来；天下攘攘，皆为利往。

在这句冷眼看破世态炎凉的金句之后，其实还有一句："夫千乘之王，万家之侯，百室之君，尚犹患贫，而况匹夫编户之民乎！"这句话是对人类不断追求财富自由的肯定。财富本身没有道德属性，但追求财富的手段是有道德与不道德之分，所以又有了"本富为上，末富次之，奸富最下"的结论。创业项目策划书可以以盈利最大化为导向，但应该以双赢、多赢为目的。所以创业项目策划书中的商业模式的设计至关重要。

（5）主导性原则

主导性也可以从两个方面理解：方向性和概括性。方向性指的是创业项目策划书确定了项目开展的指导方针，是项目执行、控制、收尾阶段的依据和基础；概括性是指策划书只负责概念性策划，无须对项目所有指标进行详细定量，保证项目实施的弹性。

（6）动态性原则

创业项目从策划到落地，生命周期长则数年、短则数月，项目环境经常处于变化之中。因此，项目的策划不仅要能够随环境和条件的变化而调整和修改，还要注意留有余地，在人力资源、物力资源、时间与空间设计上保持适当的弹性，从而提高项目的动态管理能力，利于有效实施。

对于创业者来说，在了解了创业项目策划书的主导性地位之后，确定合理的目标、设计科学的系统、明晰高效的商业模式、进行富有弹性的项目管理和充满创造性的商业设计就成为创业项目策划书的编写原则。这些原则不仅是检验创业项目策划书合格的标准，更是衡量创业项目商业合理性的标准。

第二节　创业项目策划书编写的逻辑与创新思维

"逻辑"不等同于思路，而是一种利用概念、判断、推理等思维形式，运用比较、分析、综合、抽象、概括等思维方法开展的思维过程。逻辑是创业项目策划书编写中的一条主线，逻辑思维可以保证项目的商业线路前后一贯、商业模式清晰明了，避免模棱两可、自相矛盾。

1. 创业项目策划书的编写逻辑

按照逻辑性思维来厘清创业项目策划书的商业逻辑是编写创业项目策划书的第一步，其中包括设定情况、交代策划背景、分析产品市场现状、明确提出解决问题的对策等部分。

（1）编写创业项目策划书的一般逻辑

逻辑是我们的思维规律，创业项目策划书编写需要创造性，也需要用一定的商业逻辑来整合其中的各个模块。具体可以按照是什么、为什么、怎么办的逻辑顺序进行编排（见图3-1）。

理顺逻辑可以帮助我们像做填空题一样编写创业项目策划书。

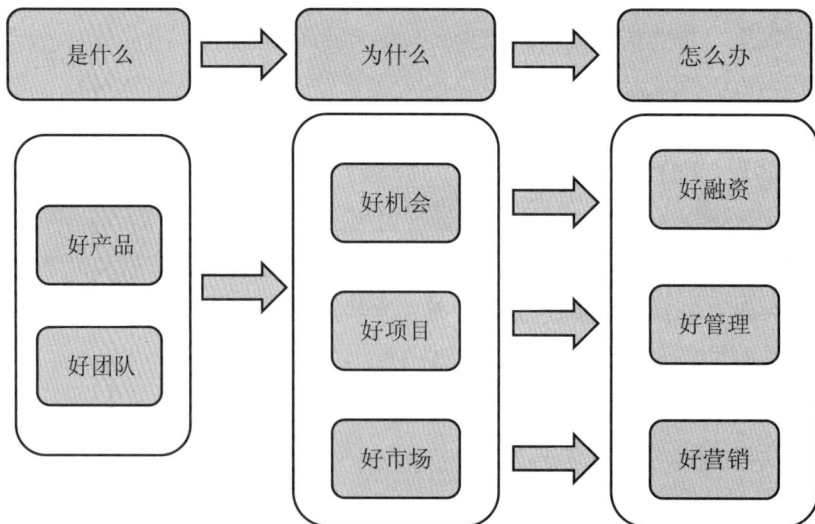

图 3-1　编写创业项目策划书的思维逻辑

是什么，这里要说明我们的产品或服务是什么、我们的团队是什么。

为什么，这里要分析我们的创业点（痛点、热点、空白点），各种外部环境条件是否支持。

怎么办，那在证明我们有了一个好团队，能够开发出一个好产品或服务并投入到一个好市场之后，就要开始思考"怎么办"的问题。包括怎么提升项目商业品质、怎么开拓市场、怎么应对外部竞争、怎么进行资本扩容、怎么规避或降低风险，项目落地之后实施什么样的企业战略（见图3-2）。

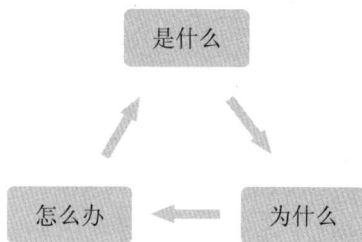

图 3-2　创业项目策划书要解决的问题

(2)编写创业项目策划书的流程

简单地说，创业者要通过创业项目策划书说明通过对外部条件的分析发现市场痛点，针对痛点找到解决方案，能够为自己的产品或服务找到市场和资金，当面对竞争和风险时也能够从容应对，从而证明创业者的产品或服务可以赚钱并具有商业成长性。创业者能认识自己、认识市场、自我成长(见图3-3)。

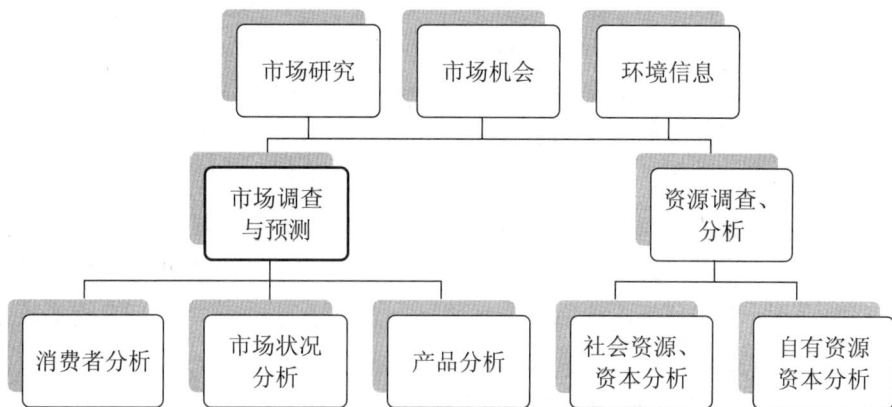

图 3-3　编写创业项目策划书的流程

具体来讲，编写的流程可以考虑按以下步骤来进行思考。

①企业基本情况。包括企业名称、企业性质、企业股东构成、主要业务、员工组成、企业财务状况、近期或中长期发展目标。

②企业的管理。包括：企业高层人员及其简介，高层领导的分工，企业的管理体系，融资后企业设立的机构及其人员配备，管理层及关键人员拟采取怎样的激励机制和奖励措施，管理层的薪酬，是否有员工持股计划，企业如何设立人事管理制度，对有关知识产权、技术秘密采取的保护措施。

③行业情况。包括：所处行业总体情况，市场前景，谁在使用你的产品、使用的目的，为何购买，购买产品位列前三的客户群体类型，购买力高低，所投资产品的行业发展阶段，是否拥有专门技术、专利、版权、配方等，本产品是否有国家或行业标准，与同类产品相比具有哪些新颖性、先进性和独特性，产品在性能、价格、售后服务和技术支持等方面的优势有哪些，竞争对手情况如何，过去3～5年全行业销售情况，对未来发展趋势的预测数据等。

④产品研发与制造或运营。产品研发包括产品功能演示、已经研发出的成果的先进性以及未来发展趋势、企业研发费用投入、研发模式、研发队伍、研发趋势等。产品制造或运营包括企业的生产能力、面积、员工数量及其构成、设备、采购计划、生产方式、工艺流程、制造成本、产品质量管理体系、关键质量监测设备、成品率控制方法、原材料、元器件等采购情况、产品质量监控情况等。

⑤市场运行方案。包括产品定价方式、定价依据、销售成本构成、销售网络、广

告促销、售后服务、市场竞争优势、对销售人员的约束和激励机制、销售方案、销售目标、营业额预测、市场占有率预测等。

⑥财务与风险状况。说明企业主营业务的营业成本、利润、管理费用、财务费用、净利润、总资产、资产负债、盈亏表等各项财务数据，说明财务预测数据编制的依据，以及企业可享受的优惠政策等。

在风险方面，详细说明创业中可能遇到的政策风险、研发风险、市场开拓风险、运营风险、财务风险、企业关键人物依赖风险等。要思考如何量化这些风险，分析潜在风险发生的可能性，并制定降低或规避风险的应对策略。

⑦融资计划。主要说明融资的总体概况，包括：融资的额度和目的，拟向投资者以什么样的价格出让股权，出让多少、出让依据、资金用途和使用计划，融资后的项目实施计划，投资者可以享有哪些监督和管理的权力；说明企业将为投资者提供怎样的投资报告，包括年度损益表、资产负债表、年度审计报告；投资的变现方式和项目的进度安排，大致列明项目实施的计划和进度，注明起止时间，已经完成的成果，计划完成目标，各项目资金投入以及支出的详细情况，如上市、转让、回购等。

2. 创业项目策划书编写的创新思维模式

"履霜冰至"告诉创业者们要"顺理成章"，但创业项目的目的、原则、逻辑、流程都是一般性工具，只掌握这些，最多能和体育评论员一样，"懂球"但无法在场上"赢球"。体育比赛中讲究势均力敌和规则，双方参赛人数一样、适用规则一样，如果违反规则是犯规，要受到处罚。而在商业江湖中，创业者面对的是一场时长无限制、体量不分差别的较量。创业不是"成功学"，只有"套路"肯定不够。

《孙子兵法》告诉我们"十则围之，五则攻之，倍则分之，敌则能战之，少则能逃之，不若则能避之"，强调用实力获胜，但创业之初，蚂蚁就要随时随地和大象同场竞技，蚂蚁要在大象的足下舞蹈。还好，《孙子兵法》又告诉我们要"奇正相生"，取胜，一定要有奇，以奇破正。多数大学生创业者没资金、没技术、没人脉，自然要"出奇制胜"。《战争论》的作者克劳塞维茨也说"权谋对于弱者更重要"，这是同样道理。

在创业的过程中，无论是产品类的还是服务类的创业项目，只有有了"创新点"的项目才是具有灵魂的项目。创新往往是创业的第一步，带有创新色彩的产品或服务是创业者开展业务、开拓市场的重要助力。

进行创新首先要走出一个误区：创新并不完全等同于发明创造。发明蒸汽机、实现电气化、开发互联网技术这样的革命性成果是创新；创业者们对现有产品的优化和微调也是创新；新的商业模式是创新，新的营销方式是创新，新的生产要素组合是创新，新的企业组织模式也是创新。一份创业项目策划书中无处不可以创新，创新并非一定要实现革命性的突破。

创业者们可以利用逻辑思维、形象思维、发散思维、逆向思维、否定思维、质疑思维、求异思维、模仿思维、优化思维、求易思维、博弈思维等思维模式，在探索型、否定型、差异型、优化型四种类型的创新之中选择突破口(见图3-4)。

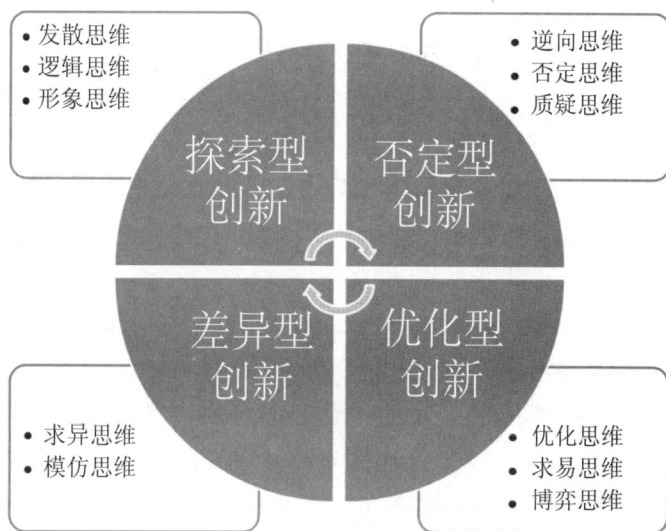

图 3-4 创新思维模式

（1）探索型创新

所谓探索创新，可以简单理解为按照一定步骤，通过感性与理性相结合的创新思维模式，可以采用发散思维、逻辑思维、形象思维三种思维方式，分三个步骤开展创新活动。

①进行发散思维。可以采用头脑风暴、策划会等形式开展，确定扩散点，如材料、功能、结构、形态、组合、方法、因果、关系等，然后绘制思维导图，进行发散和重新聚焦。例如，我们可以以"因果"作为扩散点进行发散思维，分析龟兔赛跑中兔子输掉比赛的原因。从乌龟的角度来说，乌龟可能使用了高科技产品、自身锲而不舍的精神、借助外力干扰了兔子等；从兔子的角度来说，兔子可能中途受伤、受到家庭拖累、中途发生意外、宿醉未醒等。

②逻辑思维。发散思维可以帮助我们看到无限可能，但也容易"失焦"，这时我们要使用逻辑思维，即借助概念、判断、推理等思维形式，避免出现天马行空的"创新"，以降低试错的成本。逻辑思维的重要特点就是考虑条件、步骤依据等要件进行渐进思维。为了提高乌龟在赛跑中获胜的概率，我们就要把发散思维中的低概率事件全部排除，其中"高科技装备"最靠谱，在研制"助跑器"时我们必须严格按照设计、建立、测试、调整、生产的流程进行研发。

③形象思维。形象思维可以帮助我们把抽象的内容通过思维和想象转化成具体内容，并能够用最形象的方法表述出来。比如，在产品设计的时候要对"助跑器"的大小、使用方法、放置位置、是否便携等有着比较清晰的预设，避免研发过程中走回头路。如第二次世界大战末期，太平洋战场上，美国政府进行发散思维，预设了多种进攻日

本本土的方案，最终聚焦到投放原子弹迫使日本投降，之后开展了规模浩大的"曼哈顿工程"。在科研工作中，一度竟然没有考虑到体积问题，原子弹体积过大根本无法使用飞机投放，造成了时间、物质的浪费。

（2）否定型创新

这里可以采用逆向思维、否定思维和质疑思维，要求创业者对现有产品类别和服务模式进行否定或重新思考，突破既有的思维定式，由结果入手，从功能、结构、因果、状态、关系等方面做反向思维，反其道而行之，往往会获得意想不到的结果。

（3）差异型创新

差异型创新是指以类似产品或服务为模板，利用求异思维和模仿思维，进行差异化设计或研发。求异思维并非异想天开，要做到"意料之外，情理之中"。切忌为了避免竞争而盲目"求异"。钻石由于透明度和硬度而被赋予"爱情恒久远"的含义，石墨与钻石的原子构成一样，如果一定要将其作为饰品进行加工和推广，虽然形成了差异，但由于其外观和文化价值与大众审美不符，则只能失败。反过来，例如，百事可乐无法在口味上和可口可乐形成显著差异，那就从品牌定位上寻求差异——自己是一种年轻人喝的饮料。红色包装的可口可乐和蓝色包装的百事可乐在广告中互相调侃，在相互"求异"的过程中为两个品牌都注入了活力。

建立在模仿思维基础上的差异创新则可以大大降低创新门槛。模仿思维并非一味抄袭，其第一步往往是"蹭热点"，邯郸学步、东施效颦是必经阶段，先跟着1.0版本的热点走，然后再做自己的2.0版本，也就是我们常说的"模仿创新"。中国智能手机产业超越式发展就是很好的例子，2000年之后，国产手机厂商开始形成核心竞争力：小米的物美价廉、华为的自主知识产权、vivo和OPPO的超高颜值，这些大厂商无不先从模仿做起，从"微创新"入手，最终立足"差异化"，在智能手机市场中逐步形成了后发优势。

（4）优化型创新

在现有竞品基础上进行产品优化，实现创新。进行优化创新就要培养优化思维。当汽车保持未熄火静止状态时，方向盘抖动得厉害，我们都知道这是火花塞老旧或者积碳过多造成的。按照常规思路，我们会马上想到去哪家4S店进行维修保养更便宜，但具有优化思维的人则会立刻想到能否通过原油精炼、提高燃烧效率来解决问题，甚至在优化的基础上开始思考"换代"，将新能源汽车的研发提上日程。

面对庞大的组织系统或精密产品，优化是一个复杂的过程，此时可以采用求易思维，批亢捣虚，直指本源，将问题简单化。这里引用一个著名"伪案例"，冷战期间，美苏两国进行激烈的太空竞赛，当美国科学家在实验室中苦思冥想，解决在失重条件下钢笔无法书写问题的时候，铅笔已经成为苏联太空舱中的标配。

在创业过程中抓住要害，寻找市场痛点，重点突破，求易思维虽然能简化思路，但新的苦恼是"办法总是比困难多"，过多的解决方案也会干扰决策的制定。这就必须合理利用博弈思维，可分三步解决问题：第一步，诊断问题，提出目标；第二步，探索和拟订多种备选方案；第三步，从利益角度进行决策。大家都听说过狐狸分饼的故事：一张饼、一把刀，两只小熊要求均分，这是一个典型的博弈思维应用场景。问题在于如何尽可能地平均分配，方案无非两种——请第三方参与分配，利益双方一个人切、一个人选。第一种方法会增加成本，第二种方法可能会产生不公。当然，还存在第二种分法的优化案，就是以利益为导向，采用"分饼的人后选"的方法，这就是博弈思维。

创业项目策划书是融商业性、前瞻性、科学性、可行性、创新性于一体的发展蓝图，是一个动态的、反馈的过程。在这个过程中科学思维和超常思维并行不悖，除了履霜冰至的逻辑思维、形象思维等常规方式，创业者还需要培养发散思维、逆向思维、否定思维、质疑思维、求异思维、模仿思维、优化思维、求易思维、博弈思维等思维模式。

思维方式可以通过日积月累的训练成为一种思维本能，这里的思维方式训练和应用不是让创业者去使用"三十六计"，商场绝不能等同于战场，战场要分输赢，商场则要实现双赢，乃至多赢。创业有法，创新无限，思维方式是我们解决问题、进行创新的手段，其思维结果也因人、因时、因地而论。创新思维也是一种艺术，"运用之妙，存乎一心"。

第四章　神龙摆尾

　　"履霜冰至"，如履薄冰，如临深渊，只能求稳，却不能争胜。一招"神龙摆尾"却是霸气十足，是"降龙十八掌"中败中求胜的一招。丐帮弟子黎生反复施用这招就能在武功远胜于己的欧阳克手下死里逃生。一个创业者在拥有了引以为豪的产品或服务之后，在创业之前还必须建立优秀稳定的团队，进行充分的市场调研，进行充满智慧的营销和财务评估，应对纷繁复杂的竞争，依靠多样化的融资手段扩大生产，最终才能在市场上获得一席之地。即便是"纸上谈兵"，一份合格的创业项目策划书还是要抓住关键节点；就像"神龙摆尾"原名的"履虎尾"一样，踩住老虎尾巴，虽然可能被反噬，但只要工具合适，一样可以击败创业道路上的"拦路虎"。

　　要创业，就要开门问策、集思广益、扎实有效、精心谋划各项工作。任何时候做任何事，一定要制订好计划，尽最大的努力，作最坏的准备，这才是成功的根本。

功法

　　确定模块、掌握工具、科学分析、做好填空题。

身法

兵刃

　　PEST、SOWT、STP、4P、4C、4I、安索夫矩阵。

词云图

第一节　创业项目策划书编写的模块与禁忌

根据创业项目策划书编写的一般逻辑，创业者只需要把具体措施填进不同的模块中就可以初步完成一个创业文本了。一份相对完整的创业项目策划书一般包括项目简介、团队说明、商业模式、市场分析、整合营销、成本匡算及财务测算、融资计划、风险管控、发展战略、附录等模块。

1. 创业项目策划书的模块内容

在编写创业项目策划书时，首先要在"前言"部分有一个明确的项目执行概要，即分别用一句话来概括说明企业拟经营的产品或服务、团队组合、拟解决的市场痛点、商业模式、市场规模或潜在的远景、竞争优势、投资规模、盈利模式、风险控制等，然后再进行详细阐述。

（1）项目简介与产品定位

①项目简介。要交代清楚项目的基本情况，在什么样的背景下诞生的，为什么要做这个项目。如果做，目标是什么。为了目标，团队尤其是创始人是否有不到黄河不死心的精神，没有这样的精神的话就建议不要创业了。这个环节可再附上项目周期以及进度表单。

②产品的定位。相信《定位》这本书很多创业者都看过，没有把产品定位分析清楚，

是很多创业者都犯过的错误。有了清晰的定位就能锁定人群，做针对性的产品开发、推广以及市场预估，一旦定位错误或者不准确，创业前期的努力都是在白费工夫。比如一个创业公司是做心理咨询的，其定位很简单，由于当前阶段工薪阶层承担的压力太大，刚好就可以来做这类人群的心理咨询，简单讲这就叫定位。在产品定位中，至少要说明自己的产品或服务能解决什么市场痛点，能为哪些消费者提供特色服务。

产品定位后，就要通过介绍产品体现出来，在介绍时，需要把握五个要点：第一，简明扼要。用几句话概述该产品或服务可以填补的市场空缺，以及解决这个空缺问题的重要性。第二，方案明确。即现有解决问题的方案思路清晰、目标明确、逻辑合理、成果显著。切忌不能模棱两可。第三，有明确的目标用户群体。阐明产品将面对的用户群包括哪些，一定要有一个目标用户群的认定。第四，阐明竞争力。重点说明该项目为什么你能做，为什么要投资给你，你的核心竞争力是什么。第五，论证产品的市场容量。分析该项目在未来发展中的市场有多大，以及如何保证产品的市场占有率达到一定的比例。

（2）团队说明

①团队核心成员介绍。团队核心成员人数在 4 至 7 人。在策划书中主要使用表格，简介核心成员的岗位、最高学历、特长、专业、从业经历，反映项目中的责权分配、思维能力、技术专长、行业经验等内容。创业项目策划书中，团队说明重点在于创业团队的人力资源情况，可以围绕责、学、才、识四个方面展开，最好能体现出团队成员的亲密关系，如同学、亲戚、朋友、师长等"熟人网络"，如果再能进一步体现出成员之间的专业互补、能力互补就是锦上添花了（见图 4-1）。

图 4-1 创业团队成员说明

②团队管理。主要是说明职位层级，也就是公司的管理结构。"职级"一般是与"绩效"挂钩，绩效就要与薪酬挂钩，但初创企业人少事多，基于薪酬的绩效评估很难开展，甚至容易导致团队冲突，应尽量采用股权激励的方式。这里建议采用简单的层级设置，一般两到三级即可（见图 4-2）。

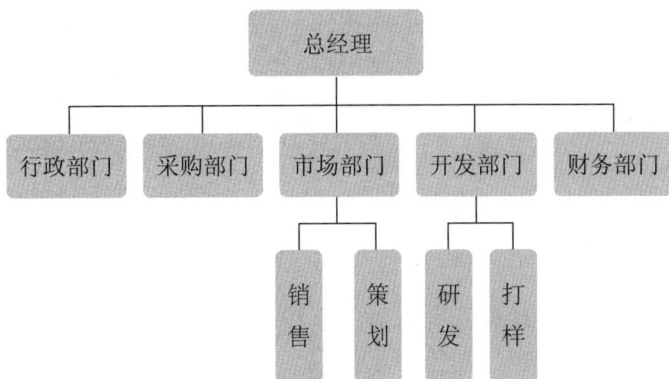

图 4-2　公司管理层级结构图

③岗位职责。这个部分主要是确定人员职责，也就是团队中每个人分别要干什么。初创企业人少，比如行政事务，基本上是谁闲着谁去做，有时候CTO还要做人力资源的工作，但至少核心岗位应该是专人专岗，CEO就是要去找资金、拉资源；CTO在产品服务一体化的趋势下，不一定就只负责技术、产品研发，要向产品经理转型；售前、售后、维护这些基层岗位最好也都有专人顶岗。

④学历说明。此处要体现团队的专业知识水平，团队成员的受教育水平越高对高速发展的新兴行业的适应能力越强。高学历不一定带来创业的成功，但没有高学历，尤其在新兴行业中，竞争一定失败。

⑤行业经历。这里不是指专业知识或行业经历，也不一定是与大学所学的专业对应的"行业"，而是与创业者所处的行业见识和经验有关。任何一个行业经过数十年，甚至数百年的发展都形成了严密的运行体系，如果一个创业团队所有人都没有相关行业经验，这个团队就很难快速适应这个行业并培养出相应的行业敏感度和与之相适应的商业技能。例如，曾经有一个做共享体育设施APP的团队，所有人都来自名牌大学的相关专业，具有较强的技术研发能力，产品整体做得不错。这个项目的成败高度依赖用户数量的增长速度，但是这个团队认为自己做的是空白市场，在岗位说明中也设立了一个营销经理，把岗位职责"抄"的很详细，事实上团队中没有一位成员具有营销经验，营销是一门实践性很强的学问，至少要有一定的实战经验。该创业团队认为可以在干中学，但市场不会等待，等到人员培养出来了，项目早就被市场淘汰或被竞争对手吞噬掉了。

表 4-1　团队核心成员说明样表

姓名	学历	专业	专长	职务	岗位说明	从业经历

姓名	学历	专业	专长	职务	岗位说明	从业经历

(3)商业模式与盈利模式

①商业模式。商业模式是创业项目策划书中的核心，简单来说，就是公司通过什么方式来赚钱，如饮料公司通过卖饮料来赚钱，快递公司通过送快递来赚钱，网络公司通过点击率来赚钱，超市通过平台和仓储来赚钱。商业模式必须将公司主营业务内容、业务开展流程、盈利模式说清楚，建立起一个可持续盈利的结构。比如，某在校大学生创业者有意向开办一个校园兼职信息网上发布平台，用一张图来进行说明其主营业务及其他盈利业务(见图 4-3 和图 4-4)。

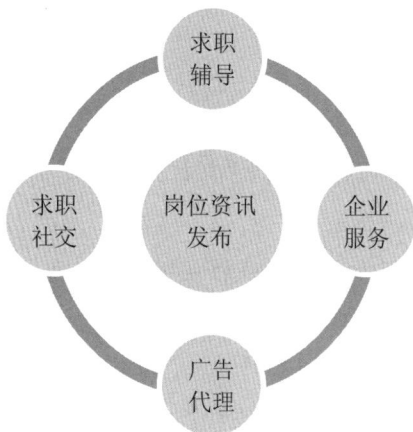

图 4-3　公司主营业务构成

②盈利模式。盈利模式就是通过业务发展获得利润的方法。一个切实可行的盈利模式是投资人关心的事情，可根据目标用户的数量做出预测，说明盈利途径和数额，让投资者对创业项目更加有信心。主要包括向谁提供产品或服务，产品或服务的主要内容是什么、怎样获利，一环扣一环具有严密的逻辑性。

常见的盈利模式有服务收费、产品销售、租赁、增值、分销、租赁、投资增值等。结合在上面的案例创业者可以对自己的盈利模式做出如下说明。①信息发布服务：向企业按照页面占用时长进行标准化收费。②广告费用：按照浏览量、位置、大小、时长、内容多少等进行标准化收费。③就业辅导：为求职者提供各种类型的有偿就业辅导。④企业服务：为注册中小企业提供人力资源等有偿培训、咨询。最好有一张业务流程图来说明业务的开展流程方便理解业务内容。

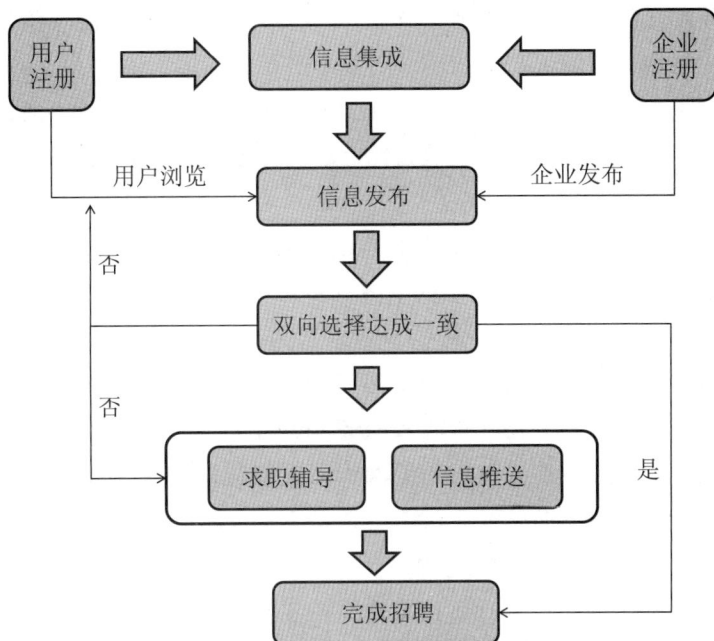

图 4-4　公司主营业务流程图

（4）市场与竞争分析

项目简介证明了创业者有了好想法，团队说明证明了创业者有好支撑，商业模式证明了创业者有好方法，之后要证明创业者有一个"好市场"，就要对市场与竞争情况加以分析。

①市场细分。创业初期，创业者完全可以根据特定消费群体的不同需求，如年龄、职业、心理、行为等特征，为其生产不同的产品，而不用担心对企业造成不良影响。缩小目标市场范围，能够让企业更专注、更有效地开展竞争。近几年流行的"订制营销"就是企业对市场进行完全细分的结果。比如将电脑市场可以细分为笔记本电脑市场和台式机电脑市场，笔记本电脑市场还可以按价格继续细分为高、中、低端市场。

②市场定位。在市场细分完成之后，创业者就需要结合自己的资源、技能等进行市场定位。对于选定的目标市场，创业者一定要表现出自己的优势，不要去选择那些已经被占领或充分竞争的细分市场，不仅市场空间小而且建立优势的难度极大。

③竞争优势。确定了目标市场之后，下一步要做的就是在目标市场中建立自己独特的位置和竞争优势，也就是形成差异化，让自己迅速和其他企业鲜明区分开来，给目标市场中的客户一个选择自己的理由。例如酒类市场可以分为果酒、啤酒、白酒，其中白酒又可以按口味细分为酱香型、清香型和浓香型，泸州老窖作为浓香型代表，为迎合部分市场需求，继续深度细分，开发出了带有绿茶口味同时又不失口感的"茗酿"，将中国古老的茶文化与酒文化有机结合，形成产品的独特定位。

④竞争力。竞争力分析主要是进行同类产品比较。知己知彼百战不殆，重点是能让自己和投资人知道竞争对手是谁，优劣势在哪里，这个环节很重要。很多创业者在

创业开始的时候都觉得自己没有对手，而进入市场后发现自己之前预估或者定位不够准确，造成人力财力物力的浪费，给团队造成不必要的损失。

竞争力分析一定要通过市场看消费者的选择，以及消费者选择产品的价格，行业的市场容量是多少，不能光看网上的数据，可以选择创业者所在的城市作为原始数据，分析行业交易额。

在竞争力分析时，应尽量避免出现如下误区：第一，自己的产品或服务是一个新开辟的领域，没有竞争对手。第二，竞争力分析就是走个过场，投资人要看，就随便写写。第三，竞争力分析就是要贬低竞争对手，抬高自己给投资人看。第一种姿态，太过自大，有这种态度的人没有认真研究过行业和市场。在创投市场上，持这种态度的创业者不在少数。第二种姿态，根本没有意识到竞争力分析的实际价值和意义，以及投资人为什么要看。第三种姿态，剑走偏锋，反而透露自己的不自信。投资人不会投钱给创业者自己都不相信的项目。

（5）成本匡算、财务测算及融资计划

①成本匡算。包括场地成本、生产成本、人工成本、销售成本、管理成本、研发成本等。

②财务预测。包括主营业务净利润率预测、主营业务预计毛利率预测、净资产收益率预测、资本保值增值率预测、现金流预测等。

③融资计划。资金是初创企业所有资源中最特殊也最急需的资源。从企业外部融资不仅需要胆量更需要技巧。在融资计划中，创业者要对融资规模（用量、期限），融资路径，融资分配（使用计划及进度），融资归还与退出（回报与偿还），融资抵押与担保，股权构成，投资者介入公司管理程度等几个方面进行设计和说明。

（6）风险管理及应对措施

风险管理是指如何在一个肯定有风险的环境里把风险减至最低的管理过程。风险管理通过对风险的认识、衡量和分析，选择最有效的方式，主动地，有目的地，有计划地处理风险，以最小成本争取获得最大安全保证的管理方法。进行风险管理可以维持企业生产经营稳定，减少企业对风险的恐惧与忧虑。避免社会各经济单位的波动，减少社会资源浪费，改进社会资源的分配和利用。

①风险识别。这是风险管理的重要环节之一，只有在创业前期识别充分、到位，后期风险才会在一定程度上降低。风险管理的成效取决于风险识别的准确性，风险识别的重点就是要根据公司的特点和行业环境，来分析风险的来源和种类。

②风险监控。就是要建立一套统一的控制程序和有效的风险控制机制，设置风险指标预警系统，跟踪已经识别的风险，监视残余风险，识别新的风险，实施风险应对计划并评估其有效性。风险监控的方法。第一，风险再评估。即定期对新风险进行识别。第二，风险审计。第三，储备金分析。即确定剩余的储备金是否足以抵御风险。第四，建立状态审查会制度。根据已经识别的风险不定期召开风险状态审查会，就风

险进行讨论。

③风险应对。每种风险的影响不同，因而企业以降低风险发生的可能性和风险造成的影响程度为目标，针对不同的风险，采取不同的措施。

（7）企业发展战略

企业发展战略能够指引企业长远发展方向，明确发展目标，指明发展点，并确定企业需要的发展能力，能够说明企业据此可以快速、健康、持续发展。主要说明未来企业的经营范围、资源配置、竞争优势以及如何进行协同管理等内容。

在企业战略制定环节，要从终点思维转向旅途思维，用旅途思维不断更新战略的最好方法是定期和管理层沟通。最好把沟通讨论安排为每月管理会议的固定环节。为了让讨论更有效，可以列出一个议题清单。这个清单包括了企业要解决的重要战略问题、规划中的大动作、保证落地的激励手段等。

制定三年战略规划常常是各个业务部门争取本年度预算的幌子。两三年后的事情看起来很重要，但还是第一年决定了经理人的去留。因此，也就不难理解为什么这样制定出来的战略跟企业利益有冲突。

因此，企业发展战略的制定最好是分阶段考虑。在起步阶段，产品分析要能细分到自己一年内做的事，列出自己超越对手的关键点以及一年期的工作要点。发展阶段，即未来1至3年，分为短期、中期、长期，对业务和计划进行调整；未来3—5年，进行商业模式的不断粘贴和复制，产品做出来以后怎么推广，打算用多少时间做到多少的用户量，企业会怎么扩展，希望占有多少的市场份额，这一步做好以后，下一步会怎么做……这些关乎一个企业长远的发展。毕竟投资人投资的不只是产品，而是这家企业，需要了解这家企业长远的发展规划。

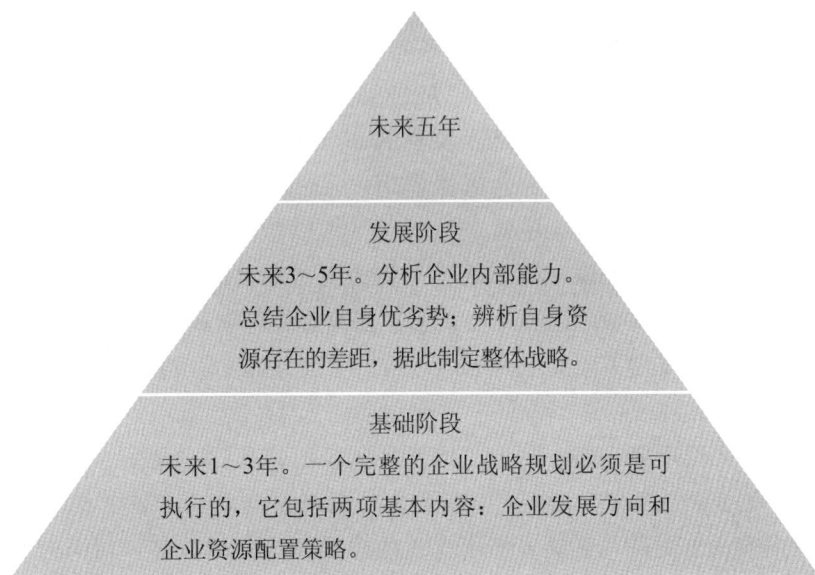

```
                    ╱╲
                   ╱  ╲
                  ╱未来五年╲
                 ╱_____╲
                ╱          ╲
               ╱ 发展阶段    ╲
              ╱ 未来3~5年。分析企业内部能力。╲
             ╱ 总结企业自身优劣势；辨析自身资 ╲
            ╱ 源存在的差距，据此制定整体战略。 ╲
           ╱_____╲
          ╱                              ╲
         ╱ 基础阶段                        ╲
        ╱ 未来1~3年。一个完整的企业战略规划必须是可╲
       ╱ 执行的，它包括两项基本内容：企业发展方向和 ╲
      ╱ 企业资源配置策略。                         ╲
     ╱_____╲
```

图 4-5　企业发展的阶段性战略规划

（8）附录

附录同样是商业计划书的一个重要部分。为了使正文言简意赅，许多不能在正文叙述的内容可以放在附录部分。附录包括专利证书、资质、图纸、效果图、相关审批文件、正文中提及的数据报表等辅助说明文件等。

一般附录包括：重要合同、信誉证明、图片资料、分支机构表、市场调查结果、主要领导人履历、技术信息、生产制造信息、宣传资料等。

附录部分的撰写原则，一是商业计划书必须与附录分开，附录多时应按功能分类。二是附录部分为商业计划书提供必备的补充资料，不必把所有东西都放入附录，只放能真正增加正文说服力的。三是附录要尽可能短，避免长篇大论。

2. 创业项目策划书编写的禁忌

大多数成功的商业项目都是一个"试错"的过程，能够获得投资人青睐的"创业项目策划书"总是各出奇谋，但内容的创新并不能代替格式的规范。

（1）创业项目策划书编写的要件

一份成型的创业项目策划书的主体要件一般包括。第一，封面，包括项目名称、主办单位或负责人、日期、编号。第二，前言，包括目的、主要构思、策划层次。第三，目录，包括体现到各模块二级子模块。第四，主体，包括项目简介、团队说明、市场分析、营销策略、预算说明、融资数量及方法、风险管控、发展战略等。第五，进度表，包括阶段性项目进度管理。第六，附录，包括附表、附图、索引、证书复印件、参考书目等。第七，配套文件，包括各种必要项目补充商业说明、政府审批文件、资质证明、权威背书等，如项目商业计划书、项目投资价值分析报告、专家项目建议书、项目立项报告、各政府职能部门审批文件。第八，配套 PPT 文件。

（2）编写创业项目策划书的禁忌

美国作家约瑟夫·海勒的《第二十二条军规》，是黑色幽默文学的代表作，故事讲的是一个美军飞行大队里的荒唐事。以"第二次世界大战"为背景，通过对驻扎在地中海皮亚诺扎岛上的美国空军飞行大队所发生的一系列事件的描写，揭示了一个非理性的、无秩序的、梦魇似的荒诞世界。这里借用《二十二条军规》来说明，如果前提是错误的，那么结果一定是混乱、无序的。

对大多数初次创业者来说，由于缺乏一般性商业知识储备或者对融投资市场的了解，在编写创业项目策划书的过程中经常会在创业要素和创业信息的表达上出现问题，通过对大量创业项目策划书的文本分析，总结出七大方面 22 条容易产生的问题，作为编写策划书的禁忌。

①语言表述方面。第一条，忌语言混乱冗长。语言表述应简短、准确。为节约投资人、客户和创业团队的阅读时间，一份创业项目策划书最好控制在 6000 字以内。如果项目涉及内容比较复杂，建议多使用直观的图表和量化的数字，用语言对其进行辅助说明。第二条，忌项目目标模糊或难以量化。目标设定应当明确，可衡量。在行文

中，避免频繁使用长期、短期、多数、大量等词语，以及我认为、可能、也许等词，也不要过多引用行业权威的语录，争取做到言之有物，行之有效，在使用定量分析时，做到所言必有出处，行必有规范。第三条，忌忽略项目执行的可操作性。创业项目能够落地是因为其可盈利性，因此，不要用过多的篇幅强调产品技术的先进性或服务内容的创意，避免忽略项目实施的商业可行性，最好能清楚地解释商业机会与执行能力。

②项目简介方面。第四条，忌对产品或服务描述专业性不足。一般情况下，创业者由于缺乏商业知识也许无法准确预测产品或服务市场规模和抗风险能力，但在策划书中必须展现对自己产品或服务所在行业的了解，拿出的数据不要与行业标准相去甚远或缺乏基础数据，出现分析过于简单，缺乏最基本的说服力的问题。第五条，忌对自己的核心业务缺乏细节设计和深入思考。产品的创新性能够吸引投资者眼球开拓市场，服务的创意可以构建社群带来流量，但一味追求创新很可能会降低产品质量和服务体验，追本溯源，策划书中应突出创业者行业门槛和核心商业细节的设计和思考。第六条，忌故意隐瞒项目的事实真相。创业者为了获得投资人的青睐，对项目的短板轻描淡写，甚至避而不谈，其中包括团队组成、产品成熟度、市场规模、成本预算、风险预测等商业项目要件的分析。第七条，忌产品或服务卖点过多。亮点说明要避免泛而不精。创业者当然要有"王婆卖瓜"的自信，但成熟的创业项目策划书只要体现一两个亮点即可，市场占有率高、资本回报率高、抗风险能力强这些并不是产品或服务本身的卖点，应当突出现有市场空白、生产（运营）成本低、竞争门槛高等产品或服务本身的优势。第八条，忌过分夸张的名称。多数创业项目策划书都处于起步阶段，还不具备股份化、集团化的条件，企业或项目名称包含主营业务或项目亮点即可，一个面向国内市场的初创企业如果起名为某某国际集团只会贻笑大方。第九条，忌过多地做表面文章或文字游戏。选取最能说明问题的支撑材料即可，如发明专利证书，有一定级别的科研创新立项，团队专业背景，项目现有运营亮点等，而领导关怀、名人背书、挂名顾问、低级获奖证书的过度堆砌则会画蛇添足。第十条，忌对管理团队实力言过其实。管理经验和商业经验往往是创业者所不具备的，过分强调管理团队的能力并不能起到锦上添花的作用，反而会让投资者产生怀疑。

③商业模式方面。第十一条，忌预设产品或服务的客户不科学。客户或市场过于单一，导致抗风险能力弱，产品或客户过于分散则容易导致专注度、集中度不够。第十二条，忌无法说清楚怎样销售自己的产品。创业项目策划书的纸上谈兵经常会误导创业者对市场规模过于自信，片面强调自己产品或服务的市场容量或生产能力，缺乏对市场门槛、市场渠道等具体问题的思考。第十三条，忌盈利模式过于单一。过于依赖"销售"，导致所制定的销售目标缺乏弹性，却没有切实可行的具体计划和模式，建立可行、可靠的盈利模式是一份商业策划书的核心部分。第十四条，忌过于强调依赖某一渠道关系。"渠道为王"，说明渠道的重要性，强大的渠道商是产品或服务销售的重要保证，但过于依赖某一渠道会受制于渠道商，反之，多元化的渠道管理，可以提

升项目运营的抗风险能力。

④市场分析方面。第十五条，忌对市场和竞争对手的描述缺乏具体资料和数据。第十六条，忌缺乏对产品或服务市场的理性分析。创业者可以借助各种模型、工具对现有或未来市场进行科学分析，避免选择规模太小甚至是偶发性的市场，以提高市场容量和市场份额估算方法的科学性。第十七条，忌低估竞争对手的实力。这是对竞争风险没有清醒认识的表现，而对市场竞争进行冷静思考，如何暂时规避竞争、降低竞争烈度是一个商业策划书在产品或服务投放市场之前就应该思考的问题。

⑤财务管理方面。第十八条，忌缺乏基本财务管理知识。财务管理是关于企业投资、筹资和营运资金以及利润分配的管理，创业者在策划书中对财务管理的模糊处理往往导致资金预算描述不清楚或不合理，资金使用方向模糊；出现不切实际的开支项，甚至收入模式不明确。第十九条，忌财务数据使用不当。在匡算了产品或服务的成本、利润、资金等基本数据之后，创业者还需要在这些基础数据之间建立一定钩稽关系，一旦财务数据不准确、不合理将会导致投资、筹资不合理，甚至无法建立有说服力的盈利模式。

⑥战略与风险管理方面。第二十条，忌缺乏对企业战略的思考。一份创业项目策划书中即便没有细化到品牌、融资、技术开发、人才开发、资源开发等层面的战略，至少也要体现出对发展战略、竞争战略、营销战略等事关企业长远发展的思考。第二十一条，忌将企业发展战略进行简单化、模糊化处理，口号过多，缺乏实现战略目标的手段和路径。很多策划书将企业发展战略等同于融资规划，甚至用融资时间表代替企业阶段性发展规划，认为种子轮、天使轮、A 轮、B 轮、最终 IPO（首次公开募股）就是企业发展战略。

⑦风险意识方面。第二十二条，忌过于乐观，对经营困难及内外部风险预计不足。出于各种原因，很多策划书没有涉及企业的风险管控，从项目选择到市场预判出现重大失误，导致项目融资困难，运营效率低下，甚至产品或服务还未落地就胎死腹中。

创业项目策划书编写的二十二条禁忌，罗列了策划书编写过程中经常出现的错误、失误以及容易忽略的事项，熟悉这七类共二十二条问题既有助于创业者编写相对完善的创业项目策划书，同时也是审视策划书的标准，更有助于发现项目自身的不足和缺陷。

第二节　创业项目策划书编写的法宝

无论是作为创业项目，还是作为创业大赛项目，一份好的创业项目策划书的撰写，需要对策划书中涉及的内容逐一进行解析，并通过路演 PPT 将其展示出来。

1. 创业项目策划书的前期准备

好的创业项目策划书是一块敲门砖，必须事先做好相应的准备。首先是考虑产品，产品有什么核心竞争力是重点，是否能够在市场上立足，是不是伪需求？通过数据来做需求调查，提供可行性分析报告。其次就是进行竞品分析，认清产品在市场中的优势和劣势，所谓知己知彼百战不殆。再次就是风险预估和方案。最后是财务预算以及周期。具体来讲，重点需要在以下几个方面做好准备。

（1）创业项目的宏观背景分析

项目的产生和落地总是发生在一定的社会环境中，一些创业者不可控制的力量会给创业项目带来机会或威胁，其中主要包括政治（Politics）、经济（Economic）、技术（Technology）和社会（Social）。一个顺势而为的项目必然事半功倍，反之则会事倍功半，甚至无法落地。因此，在创业项目策划书中必然要对项目的外部宏观条件进行分析，以此来论证项目的必要性和可行性。

①政治。政治制度、体制、方针政策、法律法规等方面的政治条件会对创业项目的监管、市场规模以及其他与项目有关的商业活动产生重大的影响力。对于初创企业来说，尤其要关注两点：第一，长期的外部政治条件。如政治环境是否稳定、各级政府所持的市场道德标准。第二，直接影响项目落地与运营的政治条件，其中包括不可逆的各种法律条款以及不可预期的政府政策变化；现有政府产业政策的引导和支持，可重点关注税收减免、补贴、行业监管、行业标准等。

②经济。除政治因素外，创业者还要关注经济因素，其中重要的有当前宏观经济状况（通货膨胀率、贸易差额和汇率、失业率、利率、信贷投放等）、经济发展水平（国内生产总值、国民收入、人均国民收入和经济增长速度等）、社会经济结构（产业结构、分配结构、交换结构、消费结构和技术结构等）、一般经济条件（工资、供应商及竞争对手的价格变化等）。

③技术。科技不仅是生产力水平提升的驱动力，也是企业的竞争优势所在。创业者要把握社会技术总水平及变化趋势、技术变迁、技术突破对企业的影响，还要对技术与政治、经济社会环境之间的相互作用有敏锐的嗅觉。需要思考自己的产品或服务是否降低了成本并提高了质量，是否为消费者和企业提供了更多的创新产品与服务，科技是如何改变分销渠道，是否为行业提供全新的盈利模式。另外，还应及时了解国家对科技开发的导向和支持重点及该领域技术发展动态、技术转移和技术商品化速度、核心专利及其保护情况等。

④社会。社会各要素对于企业发展影响不尽相同，主要包括人口因素，如市场的地理分布及密度、年龄、教育水平、性别比例、人口平均寿命、结婚率等、社会流动性，如社会分层情况、阶层差异阶层转换、人口内部各群体的规模、财富构成变化，以及不同区域（城市、郊区及农村地区）的人口分布，生活方式（传统、时尚、闲暇时间等），文化传统（宗教、节事、审美等），价值观念（审美取向、消费观念、民族观念等）等要素。

（2）创业项目的 SWOT 分析

创业者通过 PEST 分析宏观环境，可以发现市场商机、证明项目生成的合理性，除此之外，还要结合自身条件进行战略分析，要知道自己劲往何处使，力往哪里出，怎样利用外部条件和自身优势把项目做大、做好、做强。常用的一个简单分析工具就是 SWOT 分析。

SWOT 分析其实就是对企业的外部环境（机会和挑战）和内部资源（优势和劣势）进行交互分析，然后得出结论。

其中"优势"包括技术水平、市场门槛高、先发优势、生产成本低、资源整合能力高、资金充裕、企业形象好、管理效率高等；"劣势"则是技术水平低下、市场门槛低、竞争激烈、生产成本高昂、各种社会商业资源枯竭、资金流运行不畅、产品品牌价值低、内部管理混乱等；"机会"我们可以把 PEST 的分析结果移植过来，其中包括市场机会、竞争机会、政策机会、社会机会、新的市场、新的需求；"威胁"是强大的竞争对手、产品老化、跟不上市场需求、缺乏政策扶持、消费者偏好改变、市场紧缩、替代产品增多等。

把机会、优势、挑战、劣势进行两两组合，就会产生四种不同类型战略组合：优势—机会（SO）组合、弱点—机会（WO）组合、优势—威胁（ST）组合和弱点—威胁（WT）组合。

优势—机会（SO）战略是将企业内部优势与利用外部机会相结合的战略，是一种理想的战略模式。

劣势—机会（WO）战略是利用外部机会来弥补内部弱点，帮助企业扭转劣势，获取优势的战略。

优势—威胁（ST）战略是指企业利用自身优势，回避或减轻外部威胁所造成影响的战略。

劣势—威胁（WT）战略是一种旨在减少内部弱点，回避外部环境威胁的防御性技术。

用 SWOT 矩阵对某创业团队针对超重女士以虚拟 3D 试衣为卖点的购衣平台建设项目进行分析（见表 4-2）。

表 4-2　SWOT 分析表举例

| | 优势因素（Strength）：
已经获得技术专利转让；具有先发优势，在大型网络购物平台运营过，已经积累一定客户群；树立了良好的品牌形象，产生品牌价值；目前产品利润空间较大；创业团队满怀抱负、团结一致、凝聚力强、有活力…… | 劣势因素（Weakness）：
资金短缺，技术研发升级受限，难以产生技术门槛；对供应商和销售平台依赖度较高，有一定风险；人才短缺，尤其缺乏技术开发和维护人员；由于供应商因素，目前可供选择服装种类还未形成系列化；受制于团队人数，计划中有针对性服务未全面展开…… |

机会(Opportunity)	SO战略:	WO战略:
国家对创新创业有一定扶持政策;中国超重、肥胖人口呈连年增长趋势,胖衣市场潜力巨大;经抽样问卷调研多数超重女性选择网上购衣;虚拟试衣技术不断发展成熟……	利用现有扶持政策,增加专利数量、创新商业模式;利用科技发展的优势继续投入创新研发,从而形成高品质、低价格的优质产品;强化品牌优势,在现有市场基础上继续抢占细分市场;充分利用团队活力与向心力,扩大团队规模,完善公司管理……	大力寻求政策性补贴,寻找融资伙伴解决资金问题;吸引技术人才,共同创业,迅速形成技术门槛;争取形成自产、自销、成衣采购为辅的模式;拓宽引流渠道,加大宣传推广力度,创新推广方案,务必做到"未闻其形,先闻其声",逐步提高市场占有率……
挑战(Threat)	ST战略:	WT战略:
外部竞争压力较大;虚拟影像技术升级较快,技术替代成本较大;市场规模扩大,带来消费者行为差异较大,难以满足细分市场;用户议价能力逐步增强,压缩利润空间;受政策影响较大,孵化周期受到限制……	提高服务质量,增加服务种类,增加现有用户黏性;在现有专利技术基础上进行微创新、微改造,降低技术成本、为保住无差异市场,降低利润,保证出货量;提高自身品牌的质量,重视对胖人顾客的消费者分析,利用更优质的产品来降低消费者讨价还价的欲望与能力……	迅速进入超重、肥胖人群的细分市场,实行差异化战略;用多样化的有针对性的人工服务,弥补技术不足;专注某一细分市场,降低用户议价能力;在孵化期内寻找新的政策支持,用股权融资取得外部资金支持……

表4-2表明,基于对项目发展的内外部环境中的优势与劣势因素与目前的实际情况进行对比分析,最后该创业团队选择了稳中求进的"劣势—机会(WO)战略",为团队日后的发展指明了方向。一方面,结合自身技术、创新、营销等方面的优势,推出有竞争力的胖人在线虚拟试衣服务,取得业绩的高效增长,同时扩大市场占有率;另一方面,提升产品与服务科技含量,利用自营店、引流以及供应商的竞争来降低成本,以弥补产品和服务的研发成本,提升利润空间。

SWOT分析法又称优劣分析法或道斯矩阵,用以在制定发展战略前对自身进行深入全面的分析以及竞争优势的定位。SWOT分析并不是目的,在此之后还需要用USED技巧来产出解决方案,对应四个汉字就是——用、停、成、御,也就是说,创业者在对自身条件与外部环境进行交互分析之后,还要回答以下四个问题:

如何善用每个优势? How can we use each strength?

如何停止每个劣势? How can we stop each weakness?

如何成就每个机会? How can we exploit each opportunity?

如何抵御每个威胁? How can we defend against each threat?

2. 制作一份完美的路演 PPT

路演已成为创业过程中的必要技能，从融资路演到招聘路演，从产品路演到招商路演，无一不影响着创业的成功概率，而一份精彩的路演 PPT，决定着你的成功与否，相信不少学生一开始对于大学生创新创业比赛的路演 PPT 的制作是困惑的。一份好的比赛路演 PPT 应该具备讲述了一个令人信服且逻辑通顺的故事、通过实验和研究数据有力验证了的商业模式、结尾有经充分研究推导出的明确未来战略规划等。要制作一份完美的路演 PPT 需要做到以下几个方面。

（1）做好 PPT 的前期准备工作

前期准备的重点是确定 PPT 的主题和大致内容。

①确定表达的对象。即确定 PPT 演讲的时间，确定 PPT 的思路和流程，对 PPT 的脉络先做简单的设置。

②整理素材。事先建立文件夹进行分类，再把素材根据分类逐一的塞入文件夹中，方便制作 PPT 时利用。

③选择合适的 PPT 模板。要符合商业策划书的色调设计，整体大气高端上档次。

（2）页数、文字的要求（15＋30）

①PPT 尽量不超过 15 页。创业者需要通过不多于 15 页的 PPT，向投资人展示要表达的全部内容，或许会有很多人觉得不可能，那么该如何充分利用这 15 页 PPT 呢？15 页内容应该包括几方面。

第一，你是谁。你要充分展现你是谁，也就是简单做个自我介绍，包括品牌名称、创始人等，让投资人大致了解你的团队和产品的基本情况。

第二，直奔痛点。简单做完自我介绍，就要告诉投资人你解决的是什么问题，你是如何发现这个问题，是否有研究数据支持，你打算为谁解决这个问题。

第三，解决方案。在向投资人表明某一群体有亟待解决的问题之后，就可以讲述你将如何解决这个问题，你的解决方案是什么，在整个解决的过程中，你推出了什么样的产品，这个产品是怎样把问题解决掉的，产品是否成熟，整个业务流程是否通畅，是否遇到了难以跨越的障碍，在这个讲述的过程中，可以结合数据进行验证，增强说服力。

第四，核心竞争力。几乎所有的创业者都会被问到核心竞争力的问题，在这个问题上，你可以向投资人展示你在适应市场和获得市场份额上的信息，同时展示客户满意度和忠诚度。讲清楚为什么是你能解决这个问题。到目前为止，你们已经做了什么，你们的团队是什么样子，是否各司其职、人尽其才。

第五，融资需求。适当表明你进行融资的目的，你需要多少资金来进一步验证你的商业模式，资金将如何分配，融资后能在半年或者一年内实现什么样的增长等。

②PPT 字号要在 30 字号及以上。当我们有了一份完美的商业路演 PPT，也有了一位相当优秀的路演演讲者，我们注意了 PPT 的页数，也保证了演讲的时间，这样我们

就万无一失了吗？当然不是，我们需要注意的还有很多。首先，PPT字号不要太小，最好在30号以上。因为演讲的过程中，投资人会关注你PPT的内容，如果这个时候PPT字体过小，投资人看起来会很费劲，这样会使投资人，没有心情继续听你演讲。其次，PPT的风格尽量避免五颜六色、花里胡哨，这会让投资人觉得你的团队不够成熟稳重。

(3)PPT必要板块介绍

早期创业者的路演PPT，真正缺少的不是信息而是对信息的梳理。一个好的路演PPT应该具备以下几个特质：讲述了一个令人信服且逻辑通顺的故事；通过实验和研究数据有力验证了的商业模式。如何写出一份完美的融资路演PPT，必须做到一下几个方面。

幻灯片1：问题/痛点。这可能是你路演PPT中最重要的幻灯片之一。太多创业者在推销他们的解决方案上用力过度，却没有让潜在投资人明白他们要解决的问题是什么。在此张幻灯片中你需要尽可能简洁地说明以下几点：

第一，问题/痛点是什么？第二，你怎么知道这是一个问题？你有一手或者二手的研究数据来支持这个问题吗？第三，你要为谁解决这个问题？

幻灯片2：解决方案。现在你已经告诉投资人某群体中有一个重要的问题需要解决，并且它也已经通过你的研究得到验证，这时候就可以开始讲述你将如何解决这个问题了。

以下是你需要回答的问题：

第一，人们现在正在使用的解决方案是什么？为什么这些解决方案都没有真正解决问题？第二，你的解决方案是什么？第三，你的方案为什么比其他解决方案更好？最终能带来什么好处？第四，你的方案有什么专利或者独特之处吗？

幻灯片3：数据验证。前两张幻灯片后，听众都想看到你解决方案的数据验证。我们称这张幻灯片为"关键幻灯片"，因为它决定了听众是否会继续看下去，你应该思考如何回答下列问题：

第一，你有多少付费客户或用户？第二，你每月/每年产生多少收入？第三，你每月的增长是多少？第四，你实现盈利了吗？第五，你有重要的合作伙伴吗？第六，你有来自客户的嘉奖吗？

幻灯片4：产品。在幻灯片2中，你表达了你的解决方案能提供的好处。在这张幻灯片中，你要给听众一个产品的快速演示，在不透露过多细节的同时向他们解释产品是如何工作的。尽量用简洁的语言来解释并放上几张产品截图。

第一，你的产品是如何工作的？第二，它如何为你的客户带来价值？幻灯片1~4是让听众上钩的"钩子"。这几张幻灯片的唯一目的就是让投资人对你的业务感兴趣，这样他们才会想要更多地了解项目。在幻灯片5~8中，你要说服听众你的项目是充满市场潜力的。

幻灯片 5：市场分析。TAM（市场总量），SAM（可服务市场总量）和 SOM（实际可服务市场总量），如果你的市场细分，谈一谈你如何可以成为小池塘里的大鱼。第一，TAM、SAM、SOM 有多大？第二，用户的画像（ICP）是什么？谁是你的早期使用者？第三，你的产品生命周期价值和获得成本是多少？你的客户流失率是多少？

幻灯片 6：竞争分析。创业者可能听到的最受打击的问题之一就是："如果某某（某行业巨头）用更多的资源进入你的市场，你怎么应对呢？"这个问题没有真正的答案，因为除非某某真的这样做，否则没人知道会发生什么。这里你可以展示的是你在适应市场和获得市场份额上的信心，同时展示你当前的客户满意度和忠诚度。你需要考虑下列这些问题：

第一，你的市场定位是什么？第二，如何防止竞争对手夺走你的市场份额？第三，你的秘诀是什么？你将如何变得比竞争对手更优秀？

幻灯片 7：商业模式。一个创业者的真正产品不是解决方案，而是一个行得通的商业模式。创业者真正该做的是随着时间的推移系统性地降低商业模式的风险。在这张幻灯片中，你应该展示商业模式的工作原理以及它如何通过早期试用者得到了验证。这里要解答的关键问题是：

第一，你如何赚钱？第二，你的商业模式如何通过实验或案例研究获得了验证？

幻灯片 8：市场推广策略。现在你已经确定了你的目标市场和商业模式，你想让投资人知道你将如何获得这个市场。你的市场推广策略应该已经在小范围内得到了验证，你也已经确定了最有效的客户获取渠道。这里你需要回答：

第一，你将如何让你的产品出现在客户面前？第二，基于你当前的资源，你将关注哪些渠道？你做了什么来验证这些是最有效的渠道？第三，你的分销策略是什么？

幻灯片 9：融资需求＋财务数据。为了支持你刚才提出的获客策略，你需要提出融资需求。你的整个演讲都是为了这一时刻。到这里，投资人应该明白了为什么你的公司会是一个好的投资机会，现在他们想知道你需要多少资本来实现这一点。你要回答：

第一，你需要多少资金来进一步验证你的商业模式？第二，你手上的钱能花多久？你还需要多少钱？第三，资金将如何分配？钱会花在什么上面？第四，获客成本是多少？你有多大的信心能够让它保持在一定范围内？

幻灯片 10：团队。在这张幻灯片中，你要介绍你的团队，成员各自的职务和过去的经历。你要向投资人解释为什么你的团队是执行这个点子的最佳选择。

第一，你的团队成员是谁？他们有什么相关技能和经验？第二，你是如何认识你的联合创始人的？你们过去一起做过什么可以表明你们能一起顺利工作的事情？第三，你有哪些顾问？他们的经验与你正在解决的问题有什么关系？

幻灯片 11：愿景。你的愿景应该在标题幻灯片中作为重要的宣传标语或者在 PPT 最后，提醒你的投资人为什么他们应该关心你的项目。

向投资人提供了所有事实、数据和检验信息后，如果这些都达到了他们的标准，他们接下来会想知道为什么你能把你的项目做成。

第一，你的愿景是什么？第二，什么在激励着你实现这个愿景？

（4）PPT如何更好编排向评委、创投展示

①讲解时间的控制为"5＋3"原则——讲解时间5分钟＋3分钟答辩。简明扼要的融资路演PPT可以直指投资人最关注的问题，能透明地剖析产品的核心逻辑，瞬间抓住观众的眼球。

当然，一份好的路演PPT也需要一位表述得当的讲解人配合才能充分展示其作用，在进行路演讲解时，时间最好控制在5分钟以内，这样能使投资人集中注意力，跟随讲解人的思路一直往下走。

这就要求讲解人在讲解每一个模块的时候分配好时间，针对每个模块的精髓进行重点剖析，以此体现创业者清晰的思路和顺畅的逻辑。

②展示幻灯片注意事项。第一，头像。在幻灯片中一定要使用公司成员的头像，不要只列出一堆人的名字。第二，尽量简单，少用文字。努力让每张幻灯片只包含一点重要信息。如果文字太多，投资人的注意力会被分散。第三，确保你的幻灯片能讲个好故事。你的产品和团队都很出色，但重要的是你要让投资人跟你一起分享并加入这个精彩的故事中。第四，不要读幻灯片。评委需要了解你，看你怎样推销自己的愿景。读幻灯片只能让路演了无生趣。第五，幻灯片提供的只是辅助性数据，你所说的才是最重要的。第六，最重要的一点是要有眼神交流。用眼神交流来推销你的愿景、激情和热情，最重要的是用眼神与评委分享你的创意。

③团队介绍PPT制作的禁忌。

PPT设计时，PPT中对照片的设计最好不要使用粗方框装饰，因为粗方框比较丑。主流PPT以衬线不明显的圆形裁剪设计居多，越简洁越好。不要超过1页PPT。

团队介绍在整个商业计划书中没有特别固定的位置，常见的一般是在商业模式等重点内容的后面，融资计划前面。

如果你的团队优势特别明显，可以作为亮点，优先展示到前面，用团队亮点吸引评委的注意。

（5）秒变PPT达人的9个技巧

①要牢记文字不是用来读的。PPT的本质在于可视化，可视化有三个好处：便于理解、放松身心和容易记忆。有人问，如果PPT没有文字怎么讲。的确，演示习惯的改变不是一朝一夕的事情，它依赖演示者对内容的熟悉程度和演示技巧的掌握程度，因而，带着观众读PPT的文字是大忌。

②要牢记20分钟是关注的极限。无论是领导还是客户，时间极为宝贵，没有人愿意阅读百页报告，也没有人愿意听长篇大论。浓缩的才是精华，演示的核心内容是观点。在观众容易困惑的地方和你认为重要的地方做一些说明，不要担心演示过短，如果演示足够精彩，会给观众留下期待和回味。

③清晰比什么都重要。PPT有个致命弱点，就是观众容易迷失思路。因为PPT不是电影，其逻辑结构是抽象的；PPT是一页页翻下去的，前面内容只能靠记忆。因此，解决的办法有两个，第一，事先给每位观众发一份演说纲要。第二，给你的PPT建立清晰的导航系统。

④一定要有精心设计。没有设计，形象就会减分。PPT，特别是对外的PPT，正成为识别系统的重要组成部分。设计，正成为PPT的核心技能之一，也是PPT水准高低的基本标准。内容的好坏标准不同，但形式的优劣却显而易见。

⑤增加动画效果，提升PPT表现力。动画可以使PPT更加生动。第一，片头动画，需要有精美和富有创意的片头，给观众带来震撼。第二，逻辑动画，确认先后、主次顺序，帮助观众梳理线索。第三，强调动画，通过放大、缩小、变色等，实现强调效果。第四，片尾动画，实现演示结束＋呼应片头＋强化记忆。第五，情景动画，把故事情节和过程表现得栩栩如生。

⑥将图标作为PPT的脉络。商业演示的基本内容是数据，图标必不可少。Power Point软件就像为图表而生，强大的绘图功能加上清晰的操作界面，简单的操作模式，让人能轻而易举地掌握。如果你的PPT还在受大段文字的困扰，还在为逻辑混乱而发愁，那就需要赶快学习PPT图标。

⑦要对PPT做精心策划。好的PPT是策划出来的。不同的演示目的，不同的演示风格，不同的受众对象，不同的使用环境，决定了不同的PPT结构。色彩、节奏、动画效果等，从观众到领导，演示者需要作多重标准的审视。一个好的PPT作品是基于对以上要求的准确把握。

⑧为PPT添加声音元素。通常情况下PPT无声的原因有两种情况，要么是商务会议场所，人们集中精力思考，声音会带来干扰；要么就是缺乏声音素材，缺乏声音编辑技术等。但是，PPT早已不再限于汇报演示，企业宣传、婚庆场所等场景。声音已经成为PPT中不可或缺的元素，是增强画面冲击力的绝佳武器。

⑨要用新版PPT软件。即要用Power Point最新版提供的更多更新的PPT软件模板，其切换效果较好，有优化PPT的各种功能工具，任务窗口更符合用户的使用习惯。如Presenter View(演示者视图)帮助准备演示，Ink Tool(墨水工具)可实时对幻灯片进行标注。

第五章　见龙在田

段誉是个典型的创业青年，初入江湖手无缚鸡之力，书至中段却成为一代高手、高高手；除了胆大心细脸皮厚的求爱神功之外，段誉的武学成就大概来自奇书、奇遇、奇人；他学了凌波微步是因为爱上了神仙姐姐，用一千个响头换来的；吃了莽牯朱蛤因为被点了穴道动不了；吸了鸠摩智内力因为脖颈被扼住，危在旦夕，小宇宙爆发；段誉其实遇到了"自己喜欢的、形势所迫的、机缘巧合的"三种机会。对于创业者来说，像段誉这种被机会找上，只能叫作"运气"，如果靠碰运气来寻找创业机会无异于守株待兔。"见龙在田"不仅要寻找伯乐，还要判断伯乐带给创业者的是哪一种机会，对机会类型的准确判断有助于寻找机会、发现机会。

作为创业者，在自己的领域深耕，把新技术、新商业思想和模式为己所用，让自己具备一定的专业优势，只有这样，创业的机会才会如期而至。

功法

认识机会、了解机会、创造机会。

身法

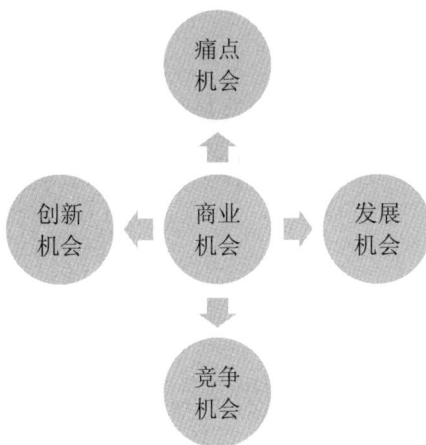

兵刃

机会内涵、机会特征、机会分类、机会评价。

词云图

流程 产生 管理层 时间 来源 发展
识别 分析 **创业** 产业 价值 类型
认知 投资 产品 市场 企业
技术 改变 **机会** 顾客 服务 想法
把握 不同
创新 窗口 情况
消费者 意外 发掘 特征 现象
段誉 需要 寻找
不协调 创业者 汽车 问题
成功 开发 阶段 中国 提高

第一节　创业机会的类型

金庸小说中的青衫磊落险峰行，就带有"创业的商业机会"类型和识别的意思。题中的"青"字和"险"字，以及"磊落"二字，一如百无一用的段誉如何闯荡江湖，不懂武功、不通江湖却还要嬉笑怒骂武林，固然有几分呆气，但这份勇者的"磊落"实非常人能及，更有其可爱之处。段誉作为《天龙八部》中的线索人物，其发现机会、识别机会、把握机会，是引发整个故事的契机。拥有创业机会发现、识别与评估的能力，也是段誉江湖创业的第一步。

见龙在田，为降龙十八掌的招式之一，出自《易经》：乾卦九二：见龙在田，利见大人。词意是龙出现在田间，有利于大德之人出来治事。

在我们身边的很多"真龙"都是靠敏锐的机会识别淘到第一桶金。

▸▸ 典型案例

王传福的韧和狂造就成功

从贫寒的身世到中国首富，从一家深圳小厂到行业翘楚，从电池大王到汽车大王、新能源大王，从一名普通的中国企业家到巴菲特眼中"真正的明星"，王传福成长的道路充满传奇和艰辛。王传福发现，作为自己研究领域之一的电池面临着巨大的投资机会。当时要花2万至3万元才能买到一部"大哥大"，而欲买者趋之若鹜。王传福意识到手提电话的发展对充电电池的需求会与日俱增。在他看来，技术不是什么问题，只要能够上规模，就能做出大事业。

王传福上项目有他的独到之处。与国内很多企业盲目追求现代化而不切实际地花大价钱引进国际领先水平的生产线相比，王传福从头到尾都是自主开发研制产品。不仅如此，王传福在工艺、原料和质量控制、降低成本等方面也投入了大量的精力。此外，王传福直接介入供应商的材料开发环节，利用企业强大的科研能力，共同制定降低成本的方案。如镍镉电池需用大量的负极制造材料钴，如果进口国外性能较好的钴，成本极高。王传福选择与深圳某公司合作，在明确了国内外钴的品质差距之后，制定了提高国产钴品质的详细办法，终于使国产钴达到国际品质要求，同时较国外产品成本低40%。由于负极材料应用极广，仅此一项，一年就可以节省数千万元。

这个故事充分说明，创业是一件非常艰辛的事情，铸就伟大的公司，每迈出坚实的一步都离不开机会的识别和把握。

1. 创业机会的概念和特征

创业本身就是一个发现和捕捉机会并由此创造出新的产品或服务，实现其潜在价值的过程。寻找创业机会，确定有价值的创业机会的特征，有助于创业者做出正确的创业选择。

（1）机会的概念

一位教营销学的老师问学生："什么叫机会？"学生的回答五花八门，有的说"机会就是你碰到了别人碰不到的那种特别的运气"，有的说"机会就是别人对自己的关照"，还有的说"机会就是你平时经营的种种关系"。这位老师未置可否，只是给学生讲了他出国考察时了解到的一件事情。

泰国许多地方盛产椰子，而椰树高十几米，且树干光滑没有枝杈，采摘椰子难度非常大，每年摘椰子都会发生一些安全事故。一位高中毕业的椰农开办了一所驯猴学校，主要是训练猴子采摘椰子的技术。然后把这训练有素的猴子卖给那些园主或者是想以出租猴子为业的农民。因为猴子摘椰子的工效比人高了三四倍，结果，他训练的猴子供不应求。短短几年，这位农民就成了当地首屈一指的富翁。

老师接着阐述了自己的见解："那个泰国农民如果不了解椰农摘椰子的艰辛，没有一双善于寻找的眼睛，机会永远不会来到他的面前。"

可见，机会是指具有时间性的有利情况，从而给人提供有力动机；也指尚不明确的市场需求，或者未被利用的资源和能力。

（2）创业机会的概念

创业机会就是技术、经济、政治、社会及人口环境等因素发生变化，使新产品、新服务、新原材料和新组织方式出现的新的情境。简单地说，创业机会是一个有吸引力的、投资者能够收回投资的想法或主张，即有利可图的想法。这样，创业机会就成为创业者可以利用的商业机会。

大多数成功创业者都比较准确地把握了创业机会。如蒙牛的牛根生看到了乳业市场的商机；好利来的罗红看到了蛋糕市场的商机等。

（3）创业机会的特征

有的创业者认为自己有很好的想法和点子，对创业充满信心。有想法、有点子固然重要，但是并不是每个大胆的想法和新奇的点子都能转化为创业机会的。许多创业者因为仅仅凭想法去创业而失败了。因此，作为创业者，还需要了解创业机会的特征。杰夫里·A.第莫斯提出，好的商业机会有以下四个特征。

①它很能吸引顾客，具有较强的吸引力。

②它能在你的商业环境中行得通，具有一定的持续性。

③它必须在机会之窗存在的期间被实施。

④你必须有资源（人、财、物、信息、时间）和技能才能创立业务，即通过提供有价值的产品或服务来实现目标。

此外，也有人把创业机会的特征概括为以下几个：

①普遍性。凡是有市场、有经营的地方，客观上就存在着创业机会。创业机会普遍存在于各种经营活动过程之中。

②偶然性。对一个企业来说，创业机会的发现和捕捉带有很大的不确定性，任何创业机会的产生都有"意外"因素。

③消逝性。创业机会存在于一定的时空范围之内，随着产生创业机会的客观条件的变化，创业机会就会相应地消逝和流失。

（4）机会窗口

机会窗口，也叫机会之窗，或叫机会窗，是指将商业想法推广到市场上去所花的时间，若竞争者已经有了同样的构想，并已经把产品推向市场，那么机会之窗也就关闭了。

机会经常被称为一个"窗口"，它是真实存在的，但不是永远都敞开的。有的机会窗口打开时间很长，有的则非常短。一项对创业投资的研究调查发现，当机会窗口的时间少于三年，新事业投资失败率高达80％以上；如果机会窗口的时间超过七年，则几乎所有投资的新事业都能获得丰厚的回收。也就是说，随着时间的推移，市场以不同的速度在增长，市场变得更大，确定市场面的难度就更大。

根据机会窗口的开启和关闭的情况，可将其经历的时期划分为不同的时段（见图5-1）。

其中，第一个阶段是机会窗口尚未开启的阶段，市场发展不快，前景也不明朗，

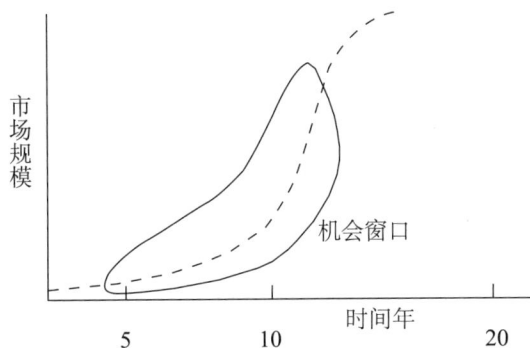

图 5-1 机会窗口时间图

创业者往往拥有先入者优势，但风险较大。第二个阶段是机会窗口开启到关闭的阶段，这时，市场进入了快速增长阶段，市场规模不断扩大，盈利稳定，但市场竞争比较激烈，进入门槛逐渐提高，利润率逐渐降低。第三阶段市场已经基本成熟，趋向稳定，市场规模增长放缓，外部企业很难再进入，机会窗口关闭了。

比如，现在互联网的搜索引擎市场已经被百度、谷歌等瓜分完毕，机会窗口实质上已经关闭。这就意味着现在新创建的搜索引擎企业获得成功非常困难，除非它有异常丰富的资本支持，并具备超越竞争对手的明显优势。

创业者在机会窗口开启的哪个阶段进入市场，很大程度上决定了创业的成败。认识机会窗口可以给创业者以下启示：

第一，机会窗口敞开时间的长短对于创业成功十分关键。进入市场太早或太晚都不明智。成功的创业者往往能在机会窗口尚未开启的第一阶段就先人一步地抓住它，并毫不动摇地坚持发展。

第二，市场规模和机会窗口的长度构成了风险和回报的基础。不同产业存在不同的机会窗口，动态的产业能创造市场机会。一个产业的变化越大，创造市场机会就越大，市场进一步偏离均衡状态的程度也就越大，因而适度的前瞻性是创业者必备的素质。

举例来讲，假设你在资金不是很充足的创业初期，要从事一份与花卉相关的事业，请问你会如何选择？

A. 在附近的自由市场租个摊位，摆个花摊。

B. 到附近乡村承包一个花卉大棚，创办运输花卉的物流公司。

C. 与某生物研究所合作，投资花卉培植新项目，力求提升花卉产量和知名度，获取高额利润。在选择答案的时候，就要去判断机会窗口显示的机会。

除了把握上述创业机会的特征外，还必须把握创业机会的延伸特征，如有价值、有市场、有可能。

例如，三只松鼠的创始人章燎原，敏锐地感受到中国人消费观念的变化——中国人的收入在提高，更在意自己的健康。

从线下渠道来看，之前消费者去买坚果有两个渠道：第一个是超市，坚果不是很新鲜价格也高；第二个是农贸市场，价格便宜但用户体验差。

当有一个消费升级的机会，但并没有被现有渠道很好满足的时候，就是一个巨大的机会。

三只松鼠之所以能够快速崛起，除了创始人、团队有能力外，很重要的原因就是抓住了消费升级的机会。

所以当你跟投资人沟通的时候，尤其在讲你的创业方向和模式的时候，需要想一想，创业背后是不是有一个时代的大趋势在支撑着你。

2. 创业机会的来源

创业机会的来源是多方面的，有明显的机会，也有潜在的机会。通常情况下可以通过以下几个途径来寻找。

（1）寻找问题

创业的根本目的是满足顾客需求，而顾客需求在没有满足前就是问题。寻找创业机会的一个重要途径是善于发现自己和他人的需求或生活中的难处，典型的例子就是代驾。

价值创造的核心在于，如何以用户为中心，识别用户痛点，提供解决方案。每一个痛点都是一个机会，痛点越大，机会越大。如上海有一位大学毕业生发现远在郊区的师生往返市区交通十分不便，创办了一家专线客运公司，也是把问题转化为创业机会的成功案例。

（2）发现变化

创业的机会大都产生于不断变化的市场环境，环境变化了，市场需求、市场结构必然发生变化。著名管理大师彼得·德鲁克将创业者定义为那些能寻找变化，并积极反应，把它当作机会充分利用起来的人。

这种变化主要来自产业结构的变动、消费结构升级、城市化加速、思想观念的更新、政府政策的调整、人口结构的变化、居民收入水平提高、全球化趋势等方面。比如居民收入水平提高，私家车的拥有量将不断增加，这就会派生出汽车销售、修理、配件、清洁、装潢、二手车交易等诸多创业机会。

（3）延伸创造发明

创造发明提供了新产品、新服务，更好地满足顾客需求，同时也带来了创业机会。比如随着电脑的诞生，电脑维修、软件开发、电脑培训、图文制作、信息服务、网上开店等创业机会随之而来，即使不发明新的东西，你也能成为销售和推广新产品的人，从而给你带来商机。

（4）对标竞争对手

如果你能弥补竞争对手的缺陷和不足，这也将成为你的创业机会。看看你周围的公司，你能比他们更快、更可靠、更便宜地提供产品或服务吗？你能把产品做得更好吗？若能，你也许就找到了机会。

（5）利用新知识或新技术

互联网技术的发展带来了O2O的商业模式，移动支付的出现，美团外卖的繁荣，新零售的迭代。新技术也会带来新观念，如随着健康知识的普及和技术的进步，围绕"水"就带来了许多创业机会，上海就有不少创业者加盟"都市清泉"而走上了创业之路。

（6）其他来源

①不断收集想法。从工作、与朋友交流、陪伴孩子们玩耍、驾车旅行、看电视和购物中都能得到启发，收集到不同的想法。浏览商店、街道集会和欣赏一些反传统的小饰物等都是值得投入时间的。无论你身在何处或在做什么，请记住保持开放的胸怀，随时准备拥抱每一个可能会满足顾客需要的产品或服务的点子。同时留意方法，改进市场上已有的商品或服务也可带来意想不到的机会。

②从给人烦恼的事情中发现商机。如果有什么事情让你心烦，那就表示还有很多人也感同身受。烦人的事情是能量和创造力的来源。它让人们不满，因此激发你提出一些能带来财富的商业构想。

③逆向思维。有两个人去闯荡东京，发现东京街上到处卖水。一人感言，东京这个鬼地方，连水都要买。另一个人感言，东京这个地方真好，连水都可以卖钱。应如何看待故事中的两个人？逆向思维，指人们沿着事物的相反方向，用反向探求的方式对产品、项目或方案进行逆向思考，提出新的课题设计或完成新的创造的思维方法。

▸▸ 拓展阅读

德鲁克的七种创新机会来源

德鲁克认为有目的及有系统的创新从分析各种机会开始。他把机会细分为七种来源。前四种存在于企业或产业之内，基本上是一些"征兆"，但却是已出现改变或只需少量工作便能促成改变的可靠指示。

（1）意外的成功及失败

意外的成功是最好的创新。要开发它只需分析这种现象，因为意外的成功是一个征兆。比如，有一条产品生产线远远胜过其他产品，又或者竞争者在某个市场得到意外的成功。在这种情况下，管理层一定要找出他们成功的理由，然后考虑是否要开发这个机会及其对企业带来的后果，管理层如果要把它变成自己的机会要做什么工作？怎样去做？

意外的失败也能引出机会。比如，福特汽车公司在1957年研制成一款Edsel汽车。

Edsel 是基于对顾客做出的大量研究，找出他们对汽车外观及设计的偏好而设计出来的。但 Edsel 一推出市场就失败了，几乎没有人选购这款汽车。福特的管理层没有责怪消费者的选择"不理智"。他们认为错出在汽车业对消费者行为的一些一般假设上。福特在重新研究市场后发现了一个新的消费者"生活形式"市场，然后迅速地生产另一款设计超卓的雷鸟汽车。后来，雷鸟型号成为美国汽车业有史以来最成功的型号之一。

(2)不协调现象

不协调是一种差距，不一致的现象。这种差距存在于现实的情况跟人们的假设不符，无论是好的或是坏的差距，都是一种变动征兆。它意味改变已经发生，或可以主动造就改变的发生。德鲁克把它归纳为下列三种不协调。

①经济成果与产业的不协调。如果市场对某种货物或服务的需求正在稳定增长，该产业的经济成效理应随之稳定增长。在市场大势推动下，这个产业内的企业应该容易出现盈利。如果这种企业没有盈利，那就出现经济成果不调和的情况。

这种情况往往出现在整个产业之内，也为一个小而高度聚集的新企业、新制造过程，或新的服务带来一个创新的大好机会。开发一个不调和现象的创新者可以预期在一段较长时间内不会有大量竞争者出现。固有的从业者需要一段时间才会发现他们正面对一位新的竞争者。

小型炼钢厂的兴起是开发不调和现象的一个例子。美国大型炼钢厂要在小型炼钢厂兴起之后才真正了解产业内发生的改变。在中国，现在的产业内有哪些不调和现象是我们可以开发的？

当一个产业的管理层对产业的实际情况发生误解，然后做出错误的假设，企业的努力就会被引导往错的方向。他们把资源放在不会产生结果的地方，把真正的机会忽略了，让创新者有机可乘。

比如，20 世纪 50 年代时被认为正在迅速没落的航运业。当时业内一般假设是一艘船最大开支存在于船从 A 点到 B 点的旅途中。航运业当时尽很大努力制造更快，更有效率，需要更少船员的货轮。但有一位创新者认为这种假设是错的。航运最大的成本是船泊在港内，等待装卸货物的时候。这个发现带来集装箱及集装箱轮船，将整体成本减低了 60%，自此航运业重新迅速增长。

②产业认知的价值与顾客认知的价值的不协调。在所有不协调的情况之中，这种是最普遍的。生产或供货商一般都不能正确认知顾客买的是什么。他们假设生产商的价值等同顾客的价值，但其实顾客的指望往往与生产商有很大的差别，顾客认为自己购买的往往与生产商认为的不一样。

在这种情况下生产商可能认为顾客的行为"不理智"，但这中间其实存在创新的机会。能创新的创新者便能掌握这些潜在的机会。

这方面的例子很多。其中之一是爱德华·琼斯，一家财经服务公司。他们利用华尔街一般财经服务公司对顾客价值观点的误解，最后成为全美最大的财经服务公司之一。

③流程内逻辑上的不协调。这是在一项流程内不协调之处，尤其是消费者使用产品时的不协调。例子之一是斯格特肥料喷撒器的发明。这种机器能帮助消费者平均地把肥料撒在目标上。

（3）基于流程需要的创新

这种创新源于寻找一个现存流程内较弱或缺少的一环。如果消费者认为有需要，或觉得有"较好的方法"，这种创新将被消费者乐意接受。

（4）产业或市场结构的改变

这种改变一般来自顾客偏好、口味的改变或新的价值观。另外，个别产业的迅速增长也是产业结构改变的可靠指针。20世纪70年代，日本汽车制造业利用当时燃油价格大幅度上涨的机会，用小型及耗油量低汽车打入美国市场，令他们从消费者喜好的改变中增加汽车销量。

（5）人口的改变

德鲁克认为人口统计要素的改变（年龄、教育、可支配收入、地域上的转变等）是预测未来最可靠的指针之一，也为创新带来机会。中国的人口老龄化趋势，家庭可支配收入的变化，均可为创新带来大量机会。

（6）观念及意义的改变

意外成功及失败背后藏匿着人们在观念上的改变。福特汽车公司雷鸟型汽车的成功及Edsel汽车的失败被归结于人们观念上的改变。汽车市场当时一般以顾客收入划分，但在顾客选购汽车时，顾客们却以个性化特征来选购汽车。在这种情况下寻找创新机会须把握时机做出准确判断。例如，创新者需要判断人们的观念是否真正发生变化，或只是一种短期的潮流？中国的消费者是否正经历观念方面的改变？

（7）新知识

新知识虽可成为创新机会的来源，但却需要较长的时间。新的知识要变成科技需要很长的时间，然后再需要一段时间才发展成产品，进入市场。知识型的创新的特点是他们不会基于一个单一的因素而产生，很多时候他们的出现是集中了几种不同的知识而成。

第二节　创业机会的分类与把握

创业机会是一种亟待满足的市场需求，随着世界经济与科技的发展进步，创业活动作为创新与企业家精神的集中体现，对经济增长、科技进步与国际竞争力的提高发挥着越来越重要的作用，创业活动也日益成为经济发展的强劲推动力。认识不同的创业机会，并适时把握创业机会，对于创业者来讲是非常重要的环节。

1. 创业机会的分类

对创业机会的分类，有多种不同的理解，无论是哪种分类方式，目的都是为了帮助创业者对创业机会进行全面的认识和把握。

（1）区分创业机会类型的依据

在对创业机会进行分类时，学者的依据不同，将创业机会区分为不同类型。通常有两种依据。

①创业机会的来源。依据创业机会的不同来源，将创业机会分为：问题型机会、趋势型机会和组合型机会。问题型机会指的是由现实中存在的未被解决的问题所产生的机会。趋势型机会就是在变化中看到未来的发展方向，预测到将来的潜力和机会。组合型机会就是将现在的两项以上的技术、产品、服务等因素组合起来，以实现新的用途和价值而获得的创业机会。

②创业机会的特征。根据机会的特征，机会可以划分为模仿型机会、识别型机会和发现型机会。

模仿型机会，即通过模仿别人的技术、优化产品、降低成本形成竞争力，或者利用自己已有的用户群。比如腾讯则利用已有的庞大用户群对其依赖盈利。

识别型机会，即通过已有技术和已知需求成为供给方，比如百合网利用中国的庞大人口和当前找伴侣难的契机，结合科学心理分析，将生活背景、兴趣爱好、性格气质、学历知识水平、世界观价值观接近甚至相同的人搭配在一起，提高配对率。

发现型机会，即将新技术应用到不同领域，与其他行业融合，例如，阿里巴巴将网络和商业融合到一起，改变了我们的消费观念。

其实机会一直都在我们身边，就看我们怎么去看待了。每一个变化都是一个机遇，只是你看待这个问题的角度要跟别人不一样。

在现代社会，一个人在工作岗位上已经显露才干，要学会等待和寻找创业机会，尤其重要的是当机会出现时，我们要认出来，千万不可错过。正所谓机不可失，时不再来。

（2）创业机会的类型细分

上述不同类型的创业机会分类方法，为我们了解创业机会的类型提供了一定的参考，而在创业机会的选择时，通常可以使用下面更直接的分类方法。

①现有的市场机会。市场中明显未被满足的市场需求，就是现有的市场机会。对创业者来说，在现有的市场中发现创业机会，是很自然和较经济的选择。一方面，它与我们的生活息息相关，能真实感受到市场机会的存在；另一方面，由于总有尚未满足的需求，在现有市场中创业，能减少机会的搜寻成本，降低创业风险，有利于成功创业。依据有三点：

第一，是不完全竞争下的市场空隙。不完全竞争理论或不完全市场理论认为，企业之间或者产业内部的不完全竞争状态，导致市场存在各种现实需求，大企业不可能完全满足市场需要，必然使得中小企业具有市场生存空间。中小企业与大企业互相补充，满足市场上不同的需求。大中小企业在竞争中共同存在，市场对产品差异化的需求是大中小企业并存的理由，细分市场以及系列化生产使得创业成为可能。

第二，是规模经济下的市场空间。规模经济理论认为，无论任何行业都存在企业的最佳规模或者最适度规模的问题，超越这个规模，必然带来效率低下和管理成本的提升。产业不同，企业所需的最经济、最优成本的规模也不同，企业从事的不同行业决定了企业的最佳规模，企业最终要适应这一规律，发展适合自身的产业。

第三，是企业集群的存在。企业集群，是一组在地理上靠近的相互联系的公司和关联的结构，它们同处于一个特定的产业领域，由于具有共性和互补性而联系在一起。集群内的中小企业彼此之间发展高效的竞争与合作关系，形成高度灵活专业化的生产协作网络，具有极强的内在发展动力，依靠不竭的创新能力保持地方产业的竞争优势。

②潜在的市场机会。潜在的创业机会来自新技术应用和人们需要的多样化。成功的创业者能敏锐地感知社会大众的需求变化，从中捕捉市场机会。

潜在市场机会不易被发现，识别难度大，往往蕴藏着极大的商机。

③全面市场机会与局部市场机会。全面市场机会是指在大范围市场出现的未满足的需求，如国际市场或全国市场出现的市场机会，着重于拓展市场的宽度和广度。而局部市场机会则是在一个局部范围或细分市场出现的未满足的需求。在大市场中寻找和发掘局部或细分市场机会，见缝插针、拾遗补缺，创业者就可以集中优势资源投入目标市场，有利于增强主动性、减少盲目性，增加成功的可能。

④目前市场机会与未来市场机会。那些在目前环境变化中出现的市场机会称为目前市场机会，而通过市场研究和预测分析它将在未来某一时期实现的市场机会称为未来市场机会。如果创业者提前预测到某种机会，就可以在这种市场机会到来前早做准备，从而获得领先优势。

⑤行业市场机会与衍生的市场机会。行业市场机会是指某一个行业内的市场机会，而在不同行业之间的交叉部分出现的市场机会被称为边缘市场机会或衍生的市场机会。一般而言，人们对行业市场机会比较重视，因为发现、寻找和识别的难度系数较小，但往往竞争激烈，成功的概率也低。而在行业与行业之间出现"夹缝"的真空地带，往往无人涉足或难以发现，需要有丰富的想象力和大胆的开拓精神，一旦产品或服务开发出来，成功的概率也较高。比如，人们对于饮食需求的改变，创造了速食、健康食品等新兴行业。

▸▸ 典型案例

"二战"后，一位名叫安藤百福的日本人，他每天下班要乘坐电车回家，在车站旁的拉面摊上，他经常看到人们要排长长的队，等着吃刚出锅的面条。一开始，他对这一司空见惯的事并未在意，但久而久之，他开始思考这样一个问题：既然大家都爱吃面条，那我做面条的生意一定会很好吧？

吃一碗面条需要在饭馆等很久，在家煮挂面也同样费时、费力，味道也不好。这样，安藤百福就开始琢磨，如果研究生产出一种面，用开水一泡就可以食用，而且自身配好了调料，一定会受人欢迎。这就是后来的方便面。

方便面的出现，在食品行业掀起了一股热潮，众多企业都争先恐后地投产。安藤百福作为方便面的发明者，他把目光投向了海外市场。

有一天，一个情景引起了他的兴趣。他发现一个小职员很随意地把方便面弄碎放在玻璃杯里，冲上开水就吃。这给他一个启示：如果生产一种碗装方便面，用开水一泡就能吃，那该多么方便。安藤百福立即命令他的日清公司研制碗装方便面。

成功人士之所以能抓住机会，其实并没有什么特别原因，无非是因为他练就了"火眼金睛"，善于从生活中发现人们的潜在需求，比普通人更注意观察细节，善于联想、善于思考，并抓住不放、马上行动。

由此可见，识别和评估商业机会不是一项简单的工作，它与降低风险和减少失败是相关的。

2. 创业机会的发掘和把握

创业者不仅要善于发现创业机会，更要正确把握创业机会，并果断采取创业行动，将创业机会转化为现实的创业成就。

(1)发掘创业机会的方式

①经由分析特殊事件来发掘创业机会。例如，美国一家高炉炼钢厂因为资金不足，不得不购置一座迷你型炼钢炉，而后竟然迷你型炼钢炉的获利率要高于前者。再经分析，才发现美国钢品市场结构已产生变化，因此，这家钢厂就将未来的投资重点放在能快速反应市场需求的迷你炼钢炉技术上。

②经由分析矛盾现象来发掘创业机会。例如，金融机构提供的服务与产品大多只针对专业投资大户，但占有市场七成资金的一般投资大众未受到应有的重视。这样的矛盾显示，提供一般大众投资服务的产品市场必将极具潜力。

③经由分析作业程序来发掘创业机会。例如，在全球生产与运输体系中，就可以发掘极多的信息服务与软件开发的创业机会。

④经由分析产业与市场结构变迁的趋势来发掘创业机会。例如，在国营事业民营化与公共部门产业开放市场自由竞争的趋势中，我们可以在交通、电信、能源产业中发掘极多的创业机会。在政府刚推出的知识经济方案中，也可以寻得许多新的创业机会。

⑤经由分析人口统计资料的变化趋势来发掘创业机会。例如，单亲家庭数量增加、

妇女就业的趋势、老龄化社会的现象、受教育程度的变化、青少年国际观的扩展……必然提供许多新的市场机会。

⑥经由价值观与认知的变化来发掘创业机会。

⑦经由新知识的产生来发掘创业机会。例如，当人类基因图像获得完全解决，可以预期必然在生物科技与医疗服务等领域带来极多的新事业机会。虽然大量的创业机会可以经由系统的研究来发掘，不过，最好的点子还是来自创业者长期观察与生活体验。

总之，善于发现机会，把握机会，对于创业者来讲是非常重要的。

▸▸ 典型案例

韦小宝并不比同僚们强，出身还要低得多，但他能抓住一次次稍纵即逝的机会，充分发挥自己的特长，从加入天地会、进宫结交康熙、当上青木堂主、神龙白龙使到成为一等鹿鼎公，最终完成了人生的多级跳。

现在如果创业的话，会面对很多的机遇和挑战，也许我们学历没有人高，但我们需要勤奋和努力，更要有机会意识和把握机会的能力。也许，你的一个决定就可以改变你的现状，关键在于你是怎样看待现状和未来的，培养善抓机遇善用机遇的能力，才可能实现人生的质变。

这个过程中需要与人合作、交流，更需要精通各种人际关系。人际关系处理得好，许多事可以事半功倍；处理得不好，则是事倍功半，甚至付出十倍、百倍努力也可能一无所获。

可以说金庸的武侠世界中，没有人比韦小宝更能把握机会、化解危机了。韦小宝的故事或许说明了一个道理，把握好每一个机会，就算没有绝世武功也能过出多彩的一生。

(2)把握创业机会的方式

①着眼于问题把握机会。机会并不意味着无须代价就能获得，许多成功的企业都是从解决问题起步的。所谓问题，就是现实与理想的差距。比如，顾客需求在没有满足之前就是问题，而设法满足这一需求，就抓住了市场机会。

②利用变化把握机会。变化中常常蕴藏着无限商机，许多创业机会产生于不断变化的市场环境。环境变化带来产业结构的调整、消费结构的升级、思想观念的转变、政府政策的变化、居民收入水平的提高，等等。人们透过这些变化，会发现新的机会。在国营事业民营化的过程中，创业者可以在交通、电信、能源等产业中发掘创业机会。私人轿车拥有量的不断增加，将产生汽车销售、修理、配件、清洁、装潢、二手车交易和代驾等诸多创业机会。任何变化都能激发新的创业机会，需要创业者凭着自己敏

锐的嗅觉去发现和创造。许多很好的商业机会并不是突然出现的，而是对"先知先觉者"的一种回报。聪明的创业者往往选择在最佳时机进入市场，当市场需求爆发时，他已经做好准备。

③跟踪技术创新把握机会。世界产业发展的历史告诉我们，几乎每一个新兴产业的形成和发展，都是技术创新的结果。产业的变更或产品的替代，既满足了顾客需求，同时也带来了前所未有的创业机会。比如，个人电脑上市后，软件开发、电脑维修、图文制作、信息服务等创业机会随之而来。任何产品的市场都有其生命周期，产品会不断趋于饱和达到成熟直至走向衰退，最终被新产品所替代，创业者要能够跟踪产业发展和产品替代的步伐，通过技术创新不断寻求新的发展机会。

④在市场夹缝中把握机会。创业机会存在于为顾客创造价值的产品或服务中，而顾客的需求是有差异的。创业者要善于找出顾客的特殊需要，盯住顾客的个性需要并认真研究其需求特征，这样就可能发现和把握商机。时下，创业者热衷于开发所谓的高科技领域，但创业机会并不只属于"高科技领域"，在金融、保健、饮食、流通这些领域也有创业机会。随着打火机的普及，火柴慢慢退出了人们的视线，而创业者沈子凯却在这个逐渐被人淡忘的老物件里找到了新商机，他创造的"纯真年代"艺术火柴红遍大江南北。

还有为数不少的创业者追求向行业内的最佳企业看齐，试图通过模仿快速取得成功，结果使得产品和服务没有差异，众多企业为争夺现有的客户和资源展开激烈竞争。所以，创业者要摆脱从众心理和传统习惯思维的束缚，寻找市场空白点或市场缝隙，从行业或市场在发展中形成的空白地带中把握机会。

⑤捕捉政策变化把握机会。中国市场受政策影响很大，新政策出台往往引发新商机，如果创业者善于研究和利用政策，就能抓住商机站在潮头。如国家出台了新的汽车产业政策，鼓励个人、集体和外资投资建设停车场。停车场日益增多的同时，对停车场建设中的智能门禁考勤系统、停车场管理系统、通道管理系统的需求也随之增多，专门供应停车场所需的软硬件设备就成为一个重要商机。事实上，从政策中寻找商机并不仅仅表现在政策条文的字面上，随着社会分工的不断细化和专业化，政策变化所提供的商机还可以延伸，创业者可以从产业链在上下游的延伸中寻找商机。

⑥弥补对手缺陷把握机会。很多创业机会是缘于竞争对手的失误而"意外"获得的，如果能及时抓住竞争对手策略中的漏洞而大做文章，或者能比竞争对手更快、更可靠、更便宜地提供产品或服务，也许就找到了机会。为此，创业者应追踪、分析和评价竞争对手的产品和服务，找出现有产品存在的缺陷，有针对性地提出改进方法，形成创意，并开发具有潜力的新产品或新功能。

第六章　羝羊触藩

　　身处金庸先生的江湖中的主角们时常处在进退两难的尴尬境地中，郭靖夹在黄蓉和华筝之间、杨过夹在世俗和爱情之间、萧峰夹在汉族人和契丹人之间。《水浒传》中的"逼上梁山"式的"羝羊触藩"多用于烘托情节，金庸先生则讲了摆脱"羝羊触藩"的过程。这里的机会不等同于巧合，而是一个能产生正能量的连锁反应契机，之后还要经历一个由契机到平台，由平台到成功的"变现"周期。张无忌掉下悬崖，练成了《九阳神功》；杨过掉下悬崖，练成了《玉女心经》；段誉掉下悬崖，练成了《凌波微步》，此时创业者站在商业江湖的岸边，面对各种祸福难料的机会，跳还是不跳，这是一个有关机会识别的问题，也是摆脱"羝羊触藩"的第一步。

　　抓创新就是抓发展，谋创新就是谋未来。不创新就要落后，创新慢了也要落后。一个人再有本事，也得通过所在社会的主流价值认同，才能有机会有更大的发展空间。

功法

　　机会在哪里、什么是好机会、怎样发现机会。

身法

兵刃

　　SWOT 分析、五力模型、判断市场空隙、分析市场规模。

词云图

第一节　创业机会识别类型

羝羊触藩，出自《周易·大壮》卦，辞曰："羝羊触藩，羸其角。不能退，不能遂。"公羊的角卡在篱笆中，找不到发力点，进退两难。降龙十八掌中，用于脱困的一招，但运用不当则反受其噬。羝羊触藩与创业机会识别有什么关系呢？一头体格健壮的公羊，头上挺立着一对粗大的犄角，骄傲地踱着步，迎面一道竹木编成的篱笆横在路中。它斜着眼睛看了看，便低下头，呼一声撞了上去，想把篱笆撞倒。结果篱笆纹丝不动，自己反倒被卡住。和风车作战的堂吉诃德一样，不是公羊清除路障的决心不足，也不是堂吉诃德的理想不够崇高，而是他们两个都选错了对手、找错了机会，就只能贻笑大方了。

1. 机会识别的内涵与影响因素

机会识别是创业过程的起点，也是创业过程中一个重要的阶段。创业机会的识别，是一个创业者与外部环境（机会来源）互动的过程。"见龙在田"告诉我们"机会"有很多，但一个令创业者头疼的事情不是发现不了机会，而是找不到属于自己的机会，经常陷入"羝羊触藩"的境地，纷繁复杂的商业社会，一味地模仿他人，肯定不行，但是不学习他人的成功经验，自己的创业机会又在哪里？作为一个新人，必须学会如何对创业机会进行识别和分析。

(1)机会识别的概念

创业机会识别是从各种创业机会中筛选出最具创业可行性的机会。只有那些最能满足客户需求的、成本最低、见效最快的机会才是创业机会。

对于创业者来说，如何识别商业机会，有效地利用商业机会生存和发展是至关重要的。比如美国著名的"牛仔大王"李维斯的发迹史堪称传奇。

▸▸ 典型案例

当年，这位德国移民像许多年轻人一样，带着梦想前往美国西部追赶淘金热潮。一日，一条大河挡住了他前往西部的路，苦等数日，被阻隔的行人越来越多，于是有人向上游、下游绕道而行，也有人打道回府，对李维斯来说"过还是不过"成了一个问题。李维斯想起了曾有人传授给他的一个"思考制胜"的法宝，是一段话："太棒了，这样的事情竟然发生在我身上，又给了我一个成长的机会。凡事的发生必有其因果，必有助于我。"于是，他来到大河边，兴奋的不断重复着对自己说："太棒了，大河居然挡住我的去路，又给我一次成长的机会，凡事的发生必有其因果，必有助于我。"

果然，他真的有了一个绝妙的创业主意——摆渡。没有人因吝啬一点小钱儿不坐他的渡船过河。他人生的第一笔财富居然因大河的挡道而获得。一段时间后，摆渡生意开始清淡，他决定放弃，并继续前往西部淘金。来到西部，他找到一块合适的空地，买了工具便开始淘金。

李维斯发现来西部淘金的人，衣服极易磨破，又发现西部到处有废弃的帆布帐篷，又一个绝妙的主意诞生了——把那些废弃的帐篷收集起来、洗干净、剪裁成裤子。就这样，他制作了世界上第一条牛仔裤。

由于牛仔裤耐磨耐穿，深受矿工、农夫和西部牛仔们的欢迎，产品供不应求，订单也源源不断地涌来。

从此，李维斯的事业一发而不可收，以他名字命名的牛仔裤品牌至今享誉全球。

可见，好的商业机会并不是突然出现的，而是对"有准备的头脑"的一种"回报"，只有当一个识别市场机会的机制建立起来之后才会出现。

机会识别，即评估商业机会不是一项简单的工作。在机会识别阶段，创业者首先需要弄清楚影响机会识别的影响因素。

(2)影响创业机会识别的因素

成功的机会识别是多种因素综合作用的结果。首先，需要有创业的需要。没有创业的意愿，再好的创业机会也可能视而不见或失之交臂；其次，要具备识别机会的能力。机会只垂青有准备的人，没有这种准备，是很难在瞬息万变的市场中捕捉到机会的。影响创业机会识别的影响因素是很多的，包括经验、社会关系网络、创业者的商业嗅觉等。

①经验。即在特定产业中以往经验有助于专业者识别机会。

②社会关系网络。个人社会关系网络的深度和广度影响着机会识别。如胡润的富豪榜的产生。胡润，出生在卢森堡，在英国杜伦大学读书，中文专业，1990年在中国留学，后在上海安达信会计师事务所工作。每当他回英国休假，总有人问他中国怎么样？他却回答不出来。1999年，他对自己认为最成功的50个中国人进行了介绍，以此帮助外国人了解中国的变化，之后就有了著名的"胡润百富榜"。

③创业者的商业嗅觉。如指甲钳大王梁伯强。

梁伯强通过调研指甲钳市场，发现这个市场存在巨大利润空间。于是果断进入该市场，不断尝试，终于取得成功。

④创业愿望。创业愿望是机会识别的前提。创业愿望是创业的原动力，推动创业者去发现和识别市场机会。研究表明，多数创业者希望通过创业实现自己的理想和抱负，包括改变现状、成就一番事业等。一方面，是改变现行生活方式的愿望。在现实中，因不满足现状的创业不计其数，许多创业者期望通过创业来改变现有的生活方式。另一方面，是自主创业的意愿。自主创业是创业的主流。GEM（全球创业观察）指出，全球创业中2/3是机会创业，创业者因有更好的机会而选择创业。

⑤创业能力。创业能力是机会识别的基础。如果说创业愿望与创业者的性格特征有一定的关联，那么识别创业机会则在很大程度上取决于创业者的个人（团队）能力。其一，是财务管理经验与能力，创业者的重要任务之一就是确定价值。这对创建企业并试图估算企业未来价值的创业者十分重要。其二，是远见与洞察能力，成功地发现并利用创业机会是由机会本身的特性和企业家所拥有的创业信息与认知能力共同决定的。其三，是模仿与创新能力。研究发现，创业榜样影响周围的创业活动。创业者有意愿和能力去借鉴成功的实例。

此外，市场竞争，资金，技术和环境（政治、经济、法律、政府法规等）都会影响到对创业机会的识别。

2. 创业机会识别的基本原则

对于创业投资者来说，创业机会的识别类似于投资项目的评估，这对投资能否取得收益无疑是十分重要的，同时，这也帮助创业者从另一角度来分析此机会是否具有继续发展成为一个企业的实际价值。事实上，有60%至70%的创业计划在其最初阶段就被否决，就是因为这些计划不能达到创业投资者的要求，根据这些要求可评判一个创意的市场前景是否具有潜力。在创业机会的识别和筛选时应遵循以下原则。

（1）市场原则

以满足市场需要为前提，重点发展需求量大、发展前景广阔的产业或项目。

（2）效益原则

投资项目应该有较高的投入产出比，即投资要有一定的回报率。

（3）符合国家产业政策原则

重点发展国家产业政策鼓励、支持的产业或项目，回避国家产业投资明确限制和压产的项目。

（4）充分利用当地资源优势和创业者自身优势的原则

选择创业者熟悉并拥有资源优势的项目，不盲目追求社会经济热点，以避免决策失误，浪费资源。

第二节 创业机会识别的过程与评估准则

创业者在对创业机会识别的基本问题了解之后，还需要进一步了解创业机会识别的一般过程，以及对创业机会进行评估的准则。风险投资者和精明老练的企业家们在筛选创业机会时往往都利用一系列的评估准则。

1. 创业机会识别的一般过程

针对不同类型的创业机会，一般都需要经历如下识别环节。

（1）创业机会的商业价值分析

所谓分析商机的商业价值，就是分析特定商机所对应的市场需求规模与结构，特别是该商机刚刚形成时的需求规模与结构（简称"起始规模与结构"）、可能的客户群、客户群的人文特征，以及哪些客户有可能成为新创企业的"目标客户"，哪些客户有可能成为目标客户中的"领先客户"。领先客户是新创企业应该首先开发的客户，并需要借助领先客户的"示范效应"进一步去开发其他目标客户。商机总是针对细分市场而言，不同细分市场上的商机的商业价值是不同的。成长性行业中的商机，未来会有较大的商业价值。而萎缩行业中的商机，不管该行业是"相对萎缩"还是"绝对萎缩"，对创业者而言，这样的行业中的商机多数是不可取的商机。因为既然行业在萎缩，具体商机对应的市场需求也不会有多大的价值。

（2）创业机会持续时间与市场成长性分析

适合创业的商机，一定要有持续性和成长性。商机的时效性分析，也就是分析特定商机的持续时间与市场需求的成长性。所谓商机的持续时间，即特定商机所对应的市场需求有可能持续多久。无疑，相应的市场需求持续越久，新创企业越是值得去追逐这样的商机。所谓商机的成长性，实际上是指特定商机所对应的市场需求的成长性。仅当创业者所面对的市场需求从长期趋势上看，会持续成长的情况下，市场上才可能容纳较多的企业，从而新创企业才会有较大的成长空间。一般而论，新创企业在市场需求成长最快的时间段向市场推出自己的产品或服务，才有可能尽快在市场中立足，进而为未来的成长奠定基础。

（3）创意机会中商机、创新、资源、能力要素的匹配性分析

创业机会是适当的商机、有价值的创新、可得的资源、团队的能力四者的有机组合，当且仅当这四种要素处于匹配状态时，对特定的创业团队而言，相应的商机才能够被称为"创业机会"。基于此，创业机会的识别还需要进行四类要素的匹配性分析。如果商机与创意之间是匹配的，就需要分析创业者的能力是否与自己的创新相匹配，即创业者是否有能力实施相应的创新，以及创业者是否能掌握实施该创新所需的资源。如果自己的能力、掌握的资源不足以实施相应的创新，则这时的商机也不构成创业机会。

（4）机会的风险收益性分析

多数创业机会都是风险与收益并存。因此，如果前述三个环节的考察、分析，创业者都得出了肯定（即"这是一个适合本团队的创业机会"）的判断，这时就需要进行机会的风险收益分析，当且仅当机会的风险收益大到某种程度，创业者才值得启动创业。否则，就得回到第一个环节，寻找、发现更具价值、更为恰当的创业机会。

例如马云起步创业时的机会。

▸▸ 典型案例

从高尔夫到搜索引擎

1991年，李彦宏来到美国布法罗纽约州立大学读研究生，第一次接触到了高尔夫。自从李彦宏爱上了高尔夫，他开始坚持每周下一次练习场。一次打球的间隙，导师说了一句看似漫不经心的话，"搜索引擎技术是互联网一项最基本的功能，应当有未来。"这时的美国，互联网还没开始普及，但李彦宏已经开始行动——从专攻计算机转回来，开始钻研信息检索技术，并从此认准了搜索。

从1996年开始，李彦宏利用每年回国的机会悄悄进行考察，到各地去看高科技公司在做什么，大学里在研究什么，老百姓的电脑在干什么。直到1999年，大家的名片上开始印e－mail地址了，街上有人穿印着"．com"的T恤了，李彦宏断定，中国互联网的发展机会就在眼前，是时候回国创立一番事业了。

于是，1999年年底，几乎是在互联网最后的热浪时期，李彦宏抱着复杂的心情辞去道琼斯公司高级顾问的职业，从美国硅谷回国创业，决定做中文搜索引擎。这是他人生中最钟爱的一件事。创业初期的繁忙工作让他无暇顾及运动休闲，他被迫离开了高尔夫球场，而他创办的企业逐渐成长为全球高科技公司。

2. 识别创业机会的评估准则

好的创业机会至少要在产业和市场、资本和获利、竞争优势、管理班子中的一个

或几个方面拥有其他竞争者望尘莫及的优势或巨大潜力。

（1）产业和市场

①市场。一个好的创业机会，必然具有特定市场利益，专注于满足顾客需求，同时能为顾客带来增值效果。客户应该能够从产品或服务的购买中获得利益；或可降低成本；或可获得较明显的、可衡量的和确定的价值。

因此评估创业机会的时候，可通过市场定位是否明确、顾客需求分析是否清晰、顾客接触渠道是否流畅、产品线是否持续衍生等，来判断创业机会可能创造的市场价值。

有较高潜力的企业应能确定产品或服务的市场定位，其产品或服务能够满足消费者的需求，或能够满足某些重要客户的需要，能够为客户提供高附加值和高增值的收益。

用户或客户在得到产品或服务后有可能在 1 年甚至不到 1 年的时间内，获得附加值或增值而得到可以识别和证实的回报，回报时间如果超过 3 年，而且又是低附加值或低增值的话，这样的产品或服务是缺乏吸引力的。

另外，企业也要有能力在单一产品之外进一步扩展业务。一个企业如果无力在单一产品之外扩展业务也说明该机会的低潜力。

②市场结构。市场结构是指进入障碍，上游原料厂商、顾客、经销商的谈判力量，替代性竞争产品的威胁以及市场内部竞争的激烈程度。由市场结构分析可以得知新事业未来在市场中的地位，以及可能遭遇竞争对手的反击的程度。

每一市场都有一定的市场结构，市场结构的特征主要由以下因素所决定：销售者的数目；销售者的规模、结构；产品的判别化；进入和退出市场的障碍；购买者的数目；成本条件和市场需求对于价格变化的敏感程度。

一个分裂的、不完善的市场或正在形成的产业常常会产生未满足的市场空缺，这对于市场机会的潜力大小具有重大影响。例如，在可以获得像资源所有权、成本优势这类好处的市场上，即使存在竞争，其盈利的可能性还会相当大。另外，一个存在信息缺口的市场也可能带来巨大的盈利机会。纽约一家大公司准备卖掉位于波士顿商业区的一小幢旧办公楼，这幢建筑物的账面价值大约为 20 万美元，当地一位企业家通过财务公司对其评估后，认为该办公楼属于"低价值资产"。这位企业家由于事前评估充分，与纽约卖家形成了"信息不对称"，立刻决定以 20 万美元买了这幢建筑，过了不到 6 个月就以 800 多万美元重新卖掉了这幢建筑物。

一般来说，无吸引力的产业通常具有这样的特征：高度集中，一个或几个企业垄断市场；完全竞争性，使得企业无法获得足够的利润；已经成熟的甚至进入衰落期的产业。

③市场规模。市场规模大小与成长速度，也是评价创业机会的重要指标。如果一个创新企业进入的是一个市场规模巨大而且还在发展中的市场，那么即便在这个市场

上占有份额不大也可以拥有相当大的销售量。一般而言，市场规模大，进入障碍相对较低，市场竞争激烈程度也会下降。例如，进入一个拥有千亿元规模的计算机外设产品市场，如果你预期只占到5%的市场份额，那么对于产业内原有领导厂商的威胁就不大，因此不容易遭遇激烈的反击。然而，如果面临一个几十亿美元的市场，这个市场可能就不太稳定了，即便只有5%的市场份额也有可能将面对来自世界500强这样的大公司竞争。

④增长率。一个有吸引力的市场应该是既有较大规模而又不断成长的市场。如果要进入的是一个十分成熟的市场，利润空间必然很小，因此这项新事业就不值得投入。例如，如今的个人电脑市场，就不再是适合创业者选择的对象。反之，一个正在成长中的市场，通常也是一个充满商机的市场，所谓水涨船高，只要进入时机正确，必然会有获利的空间。例如，网络游戏市场就非常具有成长的潜力。在这样的市场上，新创企业即便占有很大市场，由于市场的成长性，却不会对竞争对手构成很大威胁，同理，企业占有市场份额不大，但只要能够保持运转，也会由于市场不断扩大而不断增加销售额。

⑤市场份额。如果一个新创企业在未来能够占有20%的市场份额，表明这个企业的潜力是十分巨大的，因为较高的市场份额将为一家企业创造非常高的价值，否则该企业的价值可能比其账面价值高不了多少。对于大多数寻求一家具有较高潜力企业的投资者来说，一个只占有市场不到5%份额的企业是没有吸引力的。

⑥成本结构。成本结构是指产品成本中各项费用所占的比例或各成本项目占总成本的比重，反映出产品的生产特点。从各项费用所占比例看，有的大量耗费人工，有的大量耗用材料，有的大量占用设备引起折旧费用上升等。成本结构在很大程度上受产品类别、技术发展、生产类型和生产规模的影响。低成本可能源于行业中存在的规模经济性，对于刚刚创业的企业来说，要在起步阶段就利用规模经济来实现低成本恐怕是困难的，但低成本也可以来源于技术和管理，这大概是新创企业的希望所在。

(2) 资本和获利能力

①毛利。单位产品的毛利是指单位销售价格减去所有直接的单位成本。对于创业机会来说，高额和持久地获取毛利的潜力是十分重要的。毛利率高的创业机会，相对风险较低，也比较容易达到损益平衡。反之，毛利率低的创业机会，风险则较高，遇到决策失误或市场产生较大变化的时候，企业很容易遭受损失。一般而言，理想的毛利率是高于40%，当毛利率低于20%的时候，这个创业机会就不值得再给予考虑。例如，电脑软件业的毛利率通常都很高，只要能找到足够的业务量，从事电脑软件创业遭受严重损失的风险相对会比较低。

②税后利润。高而持久的毛利通常转化为持久的税后利润。有吸引力的创业机会一般具有取得至少10%至15%或更高比例的持久利润的潜力。那些产生不到5%税后

利润的企业则是十分脆弱的。

③取得盈亏相抵和正现金流量的时间。达到合理的盈亏平衡时间应该在两年以内，如果 3 年还达不到，恐怕就不是一个值得投入的创业机会。不过有的创业机会确实需要经过比较长的耕耘时间，并经由这些前期投入，创造进入障碍，并因此保证后期的持续获利。在这种情况下，可以将前期投入视为一种投资，较长的损益平衡时间，就可以容忍。例如，联邦快递创立之初，为克服美国航空货运法规的限制，也曾连续经历 5 年的大幅亏损。

④投资收益潜力。创业投资的最重要目标必然是取得投资收益。考虑到新事业开发可能面临的各项风险，合理的投资回报率应该在 25％以上。假定以一般风险程度衡量，每年低于 15％至 20％的投资收益潜力是没有吸引力的。资金需求量较低的创业机会，一般比较受投资者欢迎。事实上，许多个案显示，资本额过高其实并不利于创业成功，有时还会带来稀释投资报酬率的负面结果。通常，越是知识密集的新创业机会，对于资金的需求量越低，投资报酬反而会越高。因此在创业开始的时候，不要募集太多的资金，最好通过盈余积累的方式来创造资金。如果能够每年产生 25％或更高的投资收益，这样的投资机会无疑是非常有吸引力的。

⑤价值。以战略价值为基础的新企业是具有吸引力的，而那些只有较低的或根本没有战略价值的企业就没有太大的吸引力。一家初创公司至少应该拥有一项或几项具有重大战略价值的核心技术或服务项目。例如，对于施乐公司具有极大战略价值的一项产品技术，是由一家销售额仅为约 1000 万美元且当时处于亏损状态的一家小公司所拥有的，为了这项战略性技术，施乐公司以 5600 万美元购买了这家公司。

⑥资本需要量。有较少或者中等程度的资本需要量的投资机会是有吸引力的。一般来讲，大多数有较大潜力的企业需要相当大数量的资金——几十万元或更多的资金来启动。只要少量资金或没有资本就可以启动的企业是罕见的，但是它们的确存在。在如今的风险资本市场上，一个新办企业的第一轮融资一般为 100 万元到 200 万元或者更多。

⑦退出机制。所有投资的目的都在于回收，因此退出机制与策略就成为评估创业机会的又一项重要指标。企业的价值一般也要由具有客观评价能力的交易市场来决定，而这种交易机制的完善程度也会影响投资的退出。由于退出的难度普遍要高于进入，所以一个具有吸引力的创业机会，应该要为所有投资者考虑退出机制以及退出的策略。资金的退出主要有企业被收购或出售、公开发行股票等途径。有吸引力的创业机会应该能够拥有或者想象一种获利和退出的机制，而没有一种退出机制的创业机会就没有太大的吸引力。

(3)竞争优势

①成本优势。成本优势是竞争优势的主要来源之一。成本可分为固定成本和可变成本；也可分为生产成本、营销成本和销售成本。产品的成本结构也可以反映该创业

机会的前景。例如，由物料与人工成本所占比重的高低、变动成本与固定成本的比重以及经济规模产量大小，可以判断这项新事业能够创造附加价值的高低以及未来可能的获利空间。

②控制程度。如果能够对价格、成本和销售渠道等实施强有力的控制，这样的创业机会就较有吸引力，这种控制的可能性与市场势力有关。例如，一个对其产品的原材料来源或者销售渠道拥有独占性控制的新企业，即使它在其他领域较为薄弱，它也能够取得较大的市场优势。如果对于像产品开发和零部件价格这类因素失去控制，就可能使一个机会变得没有吸引力。占有市场份额40%、50%，甚至60%的主要竞争者通常对供应商、客户和定价都拥有足够的控制力，从而能够对一个新企业形成重大的障碍。在这样一个市场上创办一家企业几乎没有什么发挥空间。然而，如果一个主要竞争者已经开足马力进行生产，而这个市场又是一个容量很大且在成长的市场，特别是，如果这个主要竞争者在革新方面和扩大生产能力方面均十分迟缓，或者总是怠慢或伤害客户，那么这样的市场就可能有进入的机会。在实践中，企业家很难在充满机会、不断发展和新兴的产业中发现这样懒散的竞争对手。

③进入障碍。一个很容易被忽略的问题是企业能否扩大它的产品销售的能力。这听起来很简单，但以风险资本作为后盾的企业也可能成为这个市场问题的牺牲品。例如，佛罗里达航空公司虽然已经拥有一些必备的条件，包括大量的资金，但它却不能够保证它的飞机有充足的通道，甚至即使售出了乘客座位，它也没有地方接乘客上飞机。这就对公司的经营产生重大的障碍，而这种障碍也可以视为一种市场进入障碍。

资本需要量和在市场上销售与营销的成本可能使人望而却步，从而成为市场进入的障碍。此外，削价行为和在高度集中性市场上的其他竞争性策略也可能成为进入市场的重大障碍。

政府对市场的管制也是市场进入障碍的重要原因。当市场因政府原因而无法进入时，其障碍是无法克服的；而当市场的进入完全不受限制时，对市场竞争也未必是一件好事。例如，自从解决了进入管制，航空业已成为一个几乎是完全竞争市场的例子，在这个市场中许多新加入者没能生存下去。

（4）管理团队

一支强大的、拥有一些行业"超级明星"的管理队伍，对于创业机会的吸引力是非常重要的。这支队伍一般具有互补性和一致性的技能，以及在同样的技术、市场和服务领域里被证明具有丰富的经验。英特尔的成功和它拥有一个很好的管理团队密切相关。从1999年开始，英特尔中国区就开始实施"未来领袖培训计划"，从有发展潜力的中层经理中甄选一批人，提供相关的培训。在整个英特尔中国公司中，除了某些特殊的技术岗位以外，外籍员工已经越来越少。现在担任英特尔中国区的总经理、市场总监、人力资源总监、OEM总监、渠道与品牌事业部经理等都具有本土的背景，他们共同组成了英特尔中国高层管理团队。

▶▶ 典型案例

爱普生公司的目标管理

1997 年 4 月，爱普生电子有限公司（后来更名为 EPSON 中国公司）成立的时候，只是在北京有分支机构，那时在管理上更多的是对员工们的激励，给他们鼓舞士气，让他们看到希望，换句话说，是员工的激情保持了企业的快速发展。随着事业的不断发展，爱普生公司后来又扩大为广州、上海、成都等 12 个分支机构。管理的难度随着分支机构的逐渐增多而增加起来，员工人数大大超过从前，很难保证每一个员工都有自觉性和主动性。这个时候最重要的办法就是设立明确的目标管理制度。

在爱普生，目标管理具体是怎样实施的呢？这种管理方式具有细致、可操作的特点。一个明确的管理目标一旦确定，那么每一个目标不只是明确到团队，更重要的是落实到个人。任何一个分支机构都有明确的目标管理，产品销售有目标、售后服务有目标，一切工作都有章可循。

总之，虽然有很多项目需要管理，但通过设立目标，进而对这些目标进行严格的执行和实施，为公司的快速成长奠定了基础。实践经验证明：明确的目标管理是治疗"大企业病"的最好方法。

（5）致命缺陷问题

有吸引力的企业不应该有致命的缺陷，一个或更多的致命缺陷使一个创业机会变得没有吸引力。通常，这些缺陷涉及上述种种准则之中的一个或几个。例如创业者的动机不良，尤其在人格特质上具有明显的瑕疵；创业团队缺乏相关产业经验与企业管理能力；市场太小、市场竞争极其激烈、进入市场的成本太高、竞争者不能以有竞争力的价格进行生产等，无法显示创造顾客价值的能力，在市场竞争中也不具有明显优势；创业的资源能力有限，无法达到可以形成竞争优势的经济规模；看不出能够获得显著利润的机会，包括毛利率、投资报酬率、损益平衡时间等指标，都无法达到合理的底线目标。

第七章　亢龙有悔

最大的爱情悲剧不是君生我未生，我生君已老，而是萧峰遇上阿朱，塞上牛羊空许约。作为金庸笔下最具英雄气概的主角，萧峰雁门关外自戕，有着古希腊悲剧般的宿命感，但其爱情悲剧却完全是自己一手造成。杏子林中，马夫人敌意百出，萧峰却只顾"商略平生义"，低估了风险；信阳马大元家里，马夫人识破阿朱乔装，将计就计，萧峰也是专注于"烛畔鬓云有旧盟"，忽视了风险；雷雨夜，石桥头，萧峰赴所谓"仇家"之约，又犯了早发先至的大忌，不能平心静气，没有任何对质就痛下杀手，结果永失我爱。萧峰自恃武力，无法有效识别风险，连续三次错过挽救自己和阿朱的机会，爱情和仇恨这些最让人情绪化的因素让萧峰降低了对风险的判断力。创业之路上的风险远比江湖中的爱恨情仇更加复杂，初入商业江湖，只有对各种不召即来却又挥之不去的风险进行有效合理的识别、分析和预测才能避免成为"亢龙"而"有悔"。

面对风险，既要高度警惕"黑天鹅"事件，也要防范"灰犀牛"事件。企业发展随时都将可能面临灭顶之灾的风险。因此，大学生要保持积极的心态，多学习，多汲取优秀经验，结合自身既有的特长优势，让创业的步伐越走越远、越走越稳。

功法

风险危害、创业风险、发现风险。

身法

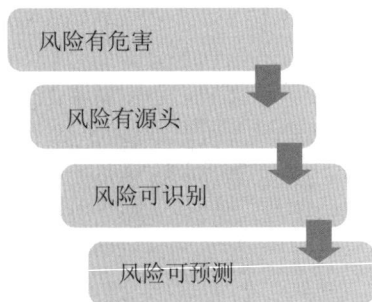

兵刃

风险要素分析、风险类型判断、风险识别方法。

词云图

第一节　创业风险的识别

创业风险的识别是创业者有效规避风险的前提，应掌握风险、创业风险的内涵、创业风险特征与分类以及创业风险的识别方法，进而实现对创业风险的识别。

1. 风险与创业风险

（1）风险

风险，在词源学上看，可以追溯到拉丁语，意为"在海上遭遇损失或伤害的可能性"或"应避免的东西"。损失或收益发生的不确定性，即风险，由不确定性和损失（或收益）两个要素构成，是在一定条件下、一定时期内某一事件其预期结果与实际结果间的变动程度，变动程度越大，风险越大；反之，风险则越小。

比较早研究风险的美国学者威雷特（Allan H. Willett）在其博士论文《风险与保险经济理论》（Economic Theory of Risk and Insurance，1901）中就提出"风险就是不愿发生的事件发生的不确定性的客观体现。"20 世纪 90 年代，美国学者斯凯博（Harold D. Skipper）提出"风险就是预期结果与实际结果之间的相对变化。当结果存在几种可能且实际结果不能预知时，我们就认为有风险。"因此，风险就是在特定期限内和特定环境下，某种随机事件发生后给个人或社会利益造成损失的可能性。

所以，不确定性是风险的本质。这种不确定性表现在两个方面，一方面是风险是否发生的不确定，另一方面是风险造成损失大小的不确定。其中所谓风险是否发生的不确定，是指对某一具体风险而言，其是否发生是不确定的，是一种随机现象；所谓的风险发生概率，是对社会中所有同类型风险的发生概率统计而不是对某一具体风险是否发生的预测。

(2)创业风险

创业风险，是指在创业过程中，由于创业环境的不确定性、商业机会的模糊性、创业者和创业团队能力和实力的有限性、创业企业管理的复杂性，导致的创业活动结果的不确定性。

创业风险一般与创业过程中的创业缺失或缺口有关，创业过程中常见的创业缺失或缺口主要有以下几个方面。

①融资缺口。融资缺口存在于学术支持和商业支持之间，是研究基金和投资基金之间存在的断层。其中，研究基金通常来自个人、政府机构或公司研究机构，它既支持概念的创建，还支持概念可行性的最初证实；投资基金则将概念转化为有市场的产品原型(这种产品原型有令人满意的性能，创业者对其生产成本有足够的了解并且能够识别其是否有足够的市场)。创业者可以证明其构想的可行性，但往往没有足够的资金将其实现商品化，从而给创业带来一定的风险。通常，只有极少数专门进行早期项目的风险投资人以及政府资助计划基金愿意鼓励创业者跨越这个缺口。

②研究缺口。研究缺口主要存在于仅凭个人兴趣所做的研究判断和基于市场潜力的商业判断之间。当一个创业者最初证明一个特定的科学突破或技术突破可能成为商业产品基础时，他仅仅停留在自己满意的论证程度上。然而，在将预想的产品真正转化为商品的过程中，即具备有效的性能、低廉的成本和高质量的产品，能从市场竞争中生存下来的过程中，需要大量复杂而且可能耗资巨大的研究工作(有时需要几年时间)，从而形成创业风险。

③信息和信任缺口。信息和信任缺口存在于技术专家和管理者(投资者)之间。也就是说，在创业中，存在两种不同类型的人：第一，技术专家；第二，管理者(投资者)。这两种人的教育背景不同，对创业有不同的预期。技术专家知道哪些内容在科学上是有趣的，哪些内容在技术上是可行的，哪些内容根本就是无法实现的。在失败类案例中，技术专家要承担的风险一般表现在学术上、声誉上受到影响，以及没有金钱上的回报。管理者(投资者)通常比较了解将新产品引进市场的程序，但涉及具体项目的技术部分时，他们不得不相信技术专家，可以说管理者(投资者)是在拿别人的钱冒险。如果技术专家和管理者(投资者)不能充分信任对方，或者不能够进行有效的交流，那么这一缺口将会变得更宽，带来更大的风险。

④资源缺口。资源与创业者之间的关系就如颜料和画笔与艺术家之间的关系。没有了颜料和画笔，艺术家即使有了构思也无从实现。创业也是如此。没有所需的资源，

创业者将一筹莫展，创业也就无从谈起。在大多数情况下，创业者不一定也不可能拥有所需的全部资源，这就形成了资源缺口。如果创业者没有能力弥补相应的资源缺口，要么创业无法起步，要么在创业中受制于人。

⑤管理缺口。管理缺口是指创业者并不一定是出色的企业家，不一定具备出色的管理才能。进行创业活动主要有两种：第一，创业者利用某一新技术进行创业，他可能是技术方面的专业人才，但却不一定具备专业的管理才能，从而形成管理缺口；第二，创业者往往有某种"奇思妙想"，可能是新的商业点子，但在战略规划上不具备出色的才能，或不擅长管理具体的事务，从而形成管理缺口。

比如，管理缺口导致公司倒闭。王先生研制出一种矿泉水直饮机，水质好，使用方便且成本低，并自建销售渠道。由于没有一个好的营销策略，又缺乏营销渠道的建设经验及资金，市场始终没有打开，勉强坚持了两年，最终企业还是倒闭了。

2. 创业风险的主要特点与构成要素

(1)创业风险的主要特点

创业风险种类颇多，贯穿整个创业过程，研究发现风险具有以下一些共同特点。

①客观性。是指创业风险不是以人的意志为转移，是由客观存在的自然现象和社会现象引起的。

②不确定性。是指创业风险发生的条件、风险的程度和种类都是不确定的，有时候就是防不胜防。

③相对性。是指创业风险因为面临的对象不同，基于时间和空间的差异，不同的对象面临的风险大小不完全相同。

④可测量性。随着科技的进步和人们对风险认识的加深，企业可以通过定性或定量的方法对风险进行评估和测量，为风险管理提供可靠依据。

(2)创业风险的主要构成要素

创业风险主要由创业风险因素、创业风险事件及创业风险损益构成。

①创业风险因素，指能够引起或增加创业风险事件发生的机会或左右损失程度的因素，是创业风险事件发生的潜在条件，一般又称为创业风险条件。

创业风险因素从形态上可以分为人的因素和物的因素两个方面。

人的因素方面如：意识风险、道德风险、心理风险等。

物的因素方面如：技术的不确定性，经济条件恶化等。

②创业风险事件，是创业风险因素综合作用的结果，是创业风险损失产生的媒介物。创业风险事件是指创业风险的可能性变成现实，以致引起损失的事件。如经济条件的恶化导致销售下降、产品被测试含有致癌物质导致产品收回等。

③创业风险损益，指由于创业风险事件的出现给创业者或创业企业带来的能够用货币计量的经济损失或收益。包括直接损益和间接损益。如由于产品研发失败引起的损失或由于无法及时将产品投放市场带来的损失。

第二节　创业风险的类型与识别方法

创业企业最大的特殊性是其从无到有的成长过程，在成长过程中充满了各种不确定性。可能给企业带来损益的不确定性就是风险，所以创业企业是一个风险集中的组织。创业的过程就是对各种风险进行有效的防范，把不确定性变为确定性的过程。创业企业面临比大企业更多、危害更大的风险。要对创业企业面临的多种风险进行有效的防范，必须在对其识别的基础上进行分类，以便针对不同种类的风险采取不同的防范办法。

1. 创业风险的类型

创业风险根据标准不同，有不同的分类方式。

（1）按照风险的性质划分

按照风险的性质划分，可以分为纯粹风险、投机风险。

纯粹风险是指只有损失可能性而无获利可能性的风险。纯粹风险所导致的结果只有两种：有损失或无损失。如地震、火灾、水灾、车祸、坠机、死亡、疾病和战争等，都属于纯粹风险。

投机风险，或称机会风险，是指既存在损失可能性，也存在获利可能性的风险。投机风险导致的结果可能有三种：有损失、无损失、获利。如股市波动、商品价格变动、风险投资等。

（2）按照风险的状态划分

按照风险的状态可分为静态风险和动态风险。

静态风险是指在社会政治经济环境正常的情况下，由于自然力的不规则变动和人们的错误行为导致的风险。静态风险造成的后果主要是经济上的损失，而不会因此获得意外的收益，一般属于不可回避风险。如地震、洪水、飓风等自然灾害，交通事故、火灾、工业伤害等意外事故均属静态风险。

动态风险是指与社会变动有关的风险，主要是社会经济、政治和技术、组织机构发生变动而产生的风险。动态风险造成的后果是难以估计的，但通常是可以回避的。如通货膨胀、汇率风险、罢工、暴动、消费偏好改变、国家政策变动等均属于动态风险。

（3）按照风险的来源划分

按照风险的来源可分为主观风险和客观风险。

主观风险是指在创业阶段，由于创业者的思想意识、心理素质等主观方面的因素导致创业失败的可能性。如认知偏见带来的风险。

客观风险是指在创业阶段，由于客观因素导致创业失败的可能性。如市场的变动、政策的变化、竞争对手的出现、创业资金缺乏等。

（4）按照风险的影响范围划分

按照风险的影响范围可分为系统风险和非系统风险

系统风险是指外部经济社会的整体变化，这些变化包括社会、经济、政治等创业者和企业难以控制的事实或事件。这类风险对企业影响的程度不一，但所有的企业都要面对。如商品市场风险、资本市场风险等。

非系统风险是指由企业内部因素导致的风险，是源于创业者、创业企业本身的商业活动和财务活动引发的风险。这种风险只造成企业自身的不确定性，对其他企业不发生影响。可以通过一定的手段进行预防和分散。如团队风险、技术风险和财务风险等。

（5）按照风险在创业过程中出现的环节划分

按照风险在创业过程中出现的环节可分为机会识别与评估风险、团队组建风险、创业资源风险、创业计划风险和企业管理风险。

机会识别与评估风险是指在机会识别和评估过程中，由于信息缺失、推理偏误、处理不当等各种主客观因素影响，使得创业面临方向选择和决策失误的风险。如在学校附近办服装店（未充分了解学生在服装消费上的心理）。

团队组建风险是指在团队组建过程中，由于团队成员选择不当或缺少合适的团队成员导致的风险。如团队中缺乏管理人才或技术专家。

创业资源风险是指由于存在资源缺口，无法获得所需资源或获得资源成本较高给创业活动带来的风险。如"长江野生鱼庄"所需长江野生鱼经常缺货或成本高。

创业计划风险是指创业计划制订过程中未排除一些不确定因素的存在，以及制定者自身能力的限制导致的创业风险。如对市场需求规模缺乏调查分析。

企业管理风险是指企业文化、管理模式、细节管理方面不当引发的风险。如粗暴管理或拖欠员工工资可能引发的事件。

（6）按照风险内容的表现形式划分

按照风险内容的表现形式可分为机会选择风险、环境风险、人力资源风险、技术风险、市场风险、管理风险和财务风险。

机会选择风险是指创业者由于选择创业而放弃自己原先从事的职业，所丧失的潜在晋升或发展机会的风险。如学者辞职开办个体网吧，影响自己的职称评定、职位晋升和所学专业上的建树。

环境风险是指由于创业活动所处的社会、政治、经济、法律环境等变化或由于意外灾害导致创业者或企业遭受损失的可能性。如战争、国际关系变化或有关国家政权更迭、政策改变，宏观经济环境发生大幅度波动或调整，法律法规的修改，创业相关事项得不到政府许可，合作者违反契约等给创业活动带来的风险。

人力资源风险是指由于人的因素对创业活动的开展产生不良影响或偏离经营目标

的潜在可能性。如创业者自身的素质和能力有限，创业团队成员的知识和技能水平不匹配，管理过程中用人不当，关键员工离职等因素是人力资源风险的主要诱因。

技术风险是指由于技术方面的因素及其变化的不确定性而导致创业失败的可能性。如技术成功的不确定性、技术前景的不确定性、技术寿命的不确定性、技术效果的不确定性、技术成果转化的不确定性等，都会带来技术风险。

市场风险是指由于市场情况的不确定性导致创业者或创业企业损失的可能性。市场风险包括产品市场风险和资本市场风险两大类。如市场供给和需求的变化、市场接受时间的不确定、市场价格的变化、市场战略失误等。

管理风险是指管理运作过程中因信息不对称、管理不善、判断失误等影响而带来的风险。如水平低下的家庭式管理：管理者素质低下、缺乏诚信、权力分配不合理、管理不规范、随意决策等。

财务风险是指创业者或创业企业在理财活动中存在的风险。如对创业所需资金估计不足，难以及时筹措创业资金，创业企业财务结构不合理，融资不当，现金流管理不力等可能会使创业企业丧失偿债能力，导致预期收益下降，形成一定财务风险。

(7)按照标的不同划分

标的是合同当事人双方权利和义务所共同指向的对象。它是合同成立的必要条件，是一切合同的必备条款。合同标的是多种多样的，一般有四类：一是有形财产，指具有价值和使用价值并且法律允许流通的有形物，如生产资料与生活资料，货币和有价证券等；二是无形财产，指具有价值和使用价值并且法律允许流通的不以实物形态存在的智力成果；三是劳务，指不以有形财产体现其成果的劳动与服务，如运输合同中的运输行为；四是工作成果，指在合同履行过程中产生的体现履约行为的有形物或无形物。

按照标的不同可分为财产风险、人身风险、责任风险和信用风险。

财产风险是指导致财产损毁、灭失和贬值的风险。如由于火灾、水灾等带来的财产损毁风险，由于经济因素带来的财产贬值风险等。

人身风险是指导致人的死亡、残疾、疾病、衰老及劳动能力丧失或降低的风险。人身风险通常又可分为生命风险、意外伤害风险和健康风险三类。

责任风险是指由于个人或团体的疏忽或过失行为，造成他人财产损失或人身伤亡，依照法律或契约应承担民事法律责任的风险，如煤矿失事、工伤事故等。

信用风险是指在经济交往中，权利人与义务人之间由于一方违约或违法致使对方遭受经济损失的风险。如债务人不能或不愿履行债务而给债权人造成损失的风险；交易一方不履行义务而给交易双方造成损失的风险。

2. 创业风险识别的方法

创业风险识别，指创业者依据创业活动的迹象，在各类风险事件发生之前运用各种方法对风险进行的辨认和鉴别，是系统地、连续地发现风险和不确定性的过程。系统性是指风险识别不能局限于某一部门和环节，而应对整个企业各个方面的风险进行识别和分析。不仅包括识别实物资产风险、金融资产风险，还包括识别客户资产、雇员、供应商资产和组织资产的风险。连续性是指风险识别不可能是一成不变、一劳永逸的，随着企业及其经营环境的不断变化，风险管理者必须时刻关注新出现的风险和各种潜在的风险。制度性是指风险管理作为一项科学的管理活动本身需要有组织上和制度上的保障，否则就难以保证此项工作的系统性、连续性。把握上述风险识别的特点，有助于正确选择风险识别的方法。

（1）环境分析法

环境分析法是指以环境为对象进行分析，发现机会和威胁，区别优势和劣势，把握不确定性和变动趋势，明确相互作用和影响，找出环境中可能引发风险的要素。企业宏观环境主要包括：自然、经济、政治、社会、技术等；企业微观环境主要包括：投资者、消费者、供应商、政府部门和竞争者等。如市场是否有新的竞争对手介入？竞争对手变动趋势是什么？市场需求对企业产品销售将产生什么影响等。

（2）组织结构图分析法

组织结构图分析法是指利用组织结构图分析和描述风险发生的领域和环节。描述企业活动性质和规模，反映企业各部门所承担的责任和风险以及各部门之间的内在联系和相互依赖程度，揭示企业内部关键人物对本企业经营管理的影响，反映存在的可能使风险状况恶化的薄弱环节。

通过组织结构图，可以初步确定风险管理的重点。这对于组织结构复杂、分支机构众多的企业识别内在风险、估计风险严重程度有一定意义。

（3）财务报表分析法

财务报表分析法是指以企业的资产负债表、损益表和现金流量表为依据，通过采取水平分析法、垂直分析法、趋势分析法、比率分析法等，以发现其潜在的风险。

这些风险主要包括3种：资产本身可能遇到的风险、因遭受风险引起生产或业务中断可能带来的损失、造成人身伤害和财物损毁应支付的赔偿金。

（4）流程图分析法

流程图分析法是指将生产、经营、管理过程按其内在逻辑绘成作业流程图，针对流程中的每一阶段、每一环节进行调查分析，以此识别风险。流程图的类型有多种：简单和复杂流程图、内部和外部流程图、实物形态和价值形态流程图、生产和资金流程图等。该方法便于发现容易引起风险和损失的环节和部门。

（5）标准化调查法

标准化调查法又称风险分析调查法。是指通过风险管理部门、保险企业、专业咨询企业、行业协会、研究机构等，就企业可能遇到的问题加以详细调查与分析，形成报告文件供企业经营管理者使用的方法。

（6）幕景分析法

幕景分析法是指利用数字、图表、曲线等，对企业未来的状态进行描绘，从而识别引起风险的关键因素及其影响程度。

幕景分析法研究的重点是：当引发风险的条件和因素发生变化时，会产生什么样的风险，导致什么样的后果。幕景分析法既注重描述未来的状态，也注重描述未来某种情况发展变化的过程。

（7）事件树分析法

事件树分析法是指选择某一风险因素作为开始事件，用逻辑推理的方法推论其各种可能的结果以及产生这些结果的途径，从而了解事故发生的原因和条件。

任何事故的发生都是一系列事件按时间顺序相继出现的结果，前一事件的出现是随后事件发生的条件，在事件的发展过程中，每一事件有两种可能的状态，即成功和失败。

事件树分析法对掌握事故的发生规律、控制事故的发生是很有益的。若每一事件发生的概率是已知的，则可以计算出各种后果发生的概率，能进行定性、定量分析，但需要大量资料和时间，故一般只在风险很大或隐患很深的系统中才采用。

（8）故障树分析法

故障树分析法是指以故障为分析对象，描述故障发生的因果关系，借此识别风险。

故障树分析法是安全系统工程的重要分析方法之一，它能对各种系统的危险性进行辨识和评价，不仅能分析出事故的直接原因，而且能深入揭示出事故的潜在原因。既可定性分析，又可定量分析。

（9）专家调查法

专家调查法是指应用专家的经验、知识和能力，发挥专家的特长，对风险的可能性及其后果做出估计。

专家调查法的基本步骤是：选择主要的风险项目，选聘相关领域的专家；专家对各类可能出现的风险进行评估、打分；回收专家意见并整理分析，再将结果反馈给专家；把专家的第二轮意见汇总，直到比较满意为止。专家调查法是一种重要而又广为应用的风险识别方法。

第八章　突如其来

　　"突如其来"说明了风险的不可预测性，出乎意料，不期而遇。面对风险也无非三种方法——风险识别、风险控制、风险规避。《天龙八部》中，萧峰、段誉、虚竹三人面对"突如其来"的风险有着不同的应对方法。萧峰自视坦荡，从不进行风险识别，无论来者何人，都是一招"亢龙有悔"，一力降十会，最终铸成人生悲剧，为之下下；段誉除去爱情一则，难耐寂寞，无事生非，自寻风险，风险来时却又往往手足无措，浮想联翩，见招拆招，虽抱得佳人，人生却无法自洽，只能取之中者；虚竹笃信释教，初时谨守戒律，以原则破解风险，之后，遭逢突变，入得灵鹫宫，由佛入道，看似随遇而安，实则群策群力，风险识别、风险控制、风险规避，三管齐下，家庭、事业双丰收，功德圆满。

　　风险管理时，既要有防范风险的先手，也要有应对和化解风险挑战的高招；既要打好防范和抵御风险的准备之战，也要打好化险为夷、转危为安的战略主动战。

功法

　　防微杜渐、内外兼修、重点防范、来则能战。

身法

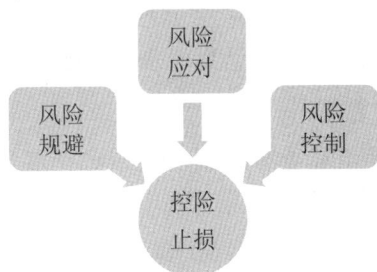

兵刃

　　风险防范、风险抑制、风险控制、风险应对。

词云图

创业者 单位
目标 组合 避免 活动 企业经营
培训 损失 企业 措施
方法 技术 筛选 建立
团队 抑制 防范 管理 识别
分析 员工 采取
经营 创业 风险 回避 资产
调整 控制 决策
剥离 预防 程度 方案
多元化 降低 突如其来 投资 应对
危机 计划 终止 发展 文化

第一节　创业风险的应对

降龙十八掌第六式"突如其来"，其名出自《易经·离卦》，九四：突如其来如，焚如，死如，弃如。人的一生，总不会是一帆风顺的，婴儿伴着哭声呱呱降生到这个陌生的世界上，陌生中自然就带着一丝畏惧，但逐渐成人之后，哭泣并不是我们解决问题的手段，人生确确实实需要磨炼，我们需要经历坎坷，这降龙十八掌第六式，说的便是这种坎坷，只不过这种坎坷，突如其来，毫无征兆，也无法规避。

创业风险控制就是在风险识别、风险评估基础上，针对企业存在的风险因素，采取各种控制技术，尽量减小企业的风险，降低损失。创业风险控制的方法主要包括风险回避、损失预防、损失抑制、风险因子管理和多元化投资等。

1. 创业的风险回避方法

创业的风险回避是指考虑到影响预定目标达成的诸多因素，结合决策者自身的风险偏好和风险承受能力，从而做出的中止、放弃某种决策方案或调整、改变某种决策方案的风险处理方式。

风险回避是一项有意识不让人或者企业面临特定风险的行为。从某种意义上讲，风险回避是将风险发生的概率降低为零。风险回避是各种风险应对技术中最简单的方式，同时也是较为消极的一种方式，可以在事前、事中使用。在事前放弃某项活动，从而避免该活动可能带来的风险，或在计划进行过程中变更某项计划，从而避免原计划可能带来的损失。如果企业已经开始某项经营活动，给企业造成了重大损失或破坏，而且这种情况还将继续下去，因没有有效的补救措施而主动终止这一经营活动，以免产生更大的损失，这就属于事中采取风险回避措施。风险回避常用的方法有剥离、禁止、终止、锁定、筛选和消除。

（1）剥离

剥离是指通过退出某市场或地域，出售、清算、分离某产品类别或业务等措施进行资产剥离。

（2）禁止

禁止是指企业通过适宜的企业政策、风险限额架构及标准，禁止企业从事风险性大的或产生财务损失和资产缺口的活动和交易。

（3）终止

终止是指企业通过重新确立目标，调整战略和政策或者改变资源配置方向，终止某些已进行的活动和交易。

（4）锁定

锁定是指企业提高业务发展和市场扩张的针对性，避免追逐偏离企业战略的机会。

（5）筛选

筛选是指通过对企业的资本项目和投资活动进行筛选，回避低收益、偏离企业战略重点或高风险的行动计划。

（6）消除

消除是指通过规划和实施内部预防流程，从源头上消除风险，使风险事件的发生概率降低为零。

2. 创业风险的防范

创业的风险防范是在风险发生之前调整或重组企业经营过程中的某些方面，通过一定的手段预防和分散风险，以降低风险发生的概率和带来的损失。通常情况下，进行风险防范的内容包括以下几个方面。

（1）机会选择风险的防范

创业者在创业准备之初就应该对创业的风险和收益进行全面权衡，将创业目标和目前的职业收益进行比较，结合当下的创业环境、自己的生涯规划进行权衡分析。先就业，再创业。

（2）人力资源风险的防范

创业者应不断充实自己，持续提高个人素质，使自己的知识和能力与创业活动相匹配。通过沟通、协调、激励、奖惩、评价、目标设定等多种手段管理团队，并在创业团队发展的不同阶段确定相应的管理内容，科学合理地对成员进行绩效评价。招聘那些具有良好职业道德和团队合作意识、拥有与岗位相匹配技能的员工，在合同中明确权利义务关系和适当授权。

（3）技术风险的防范

加强对技术创新方案的可行性论证，减小技术开发与技术选择的盲目性，并通过建立灵敏的技术信息预警系统，及时预防技术风险。可通过组建技术联合开发体或建立创新联盟等方式来分散技术创新的风险。提高企业技术系统的活力，降低技术风险发生的可能性。高度重视专利申请、技术标准申请等保护性措施的采用，通过法律手段减小损失出现的可能性。

（4）管理风险防范

提高核心创业成员的素质，树立其诚信意识和市场经济观念，并以此为基础搞好领导层的自身建设，建立能够适应企业不同发展阶段变革的组织机构；实行民主决策与集权管理的统一，将企业的执行权合理分配，避免不规范的家族式管理影响创业企业发展；明确决策目标，完善决策机制，减小决策失误。

（5）财力风险防范

要对创业所需资金进行合理估计，避免筹资不足影响企业的健康成长和后续发展。学会建立和经营创业者自身和创业企业的信用，提高获得资金的概率。学会在企业的长远发展和目前利益之间进行权衡，设置合理的财务结构，从恰当的渠道获得资金。管好企业的现金流，避免现金断流带来的财务拮据甚至破产清算的局面。

第二节　创业风险的因子管理与损失抑制

创业风险的因子管理是指通过降低风险因素的水平、改变其分布或企业对风险因素的敏感性来调整可能引起潜在损失的经营环境。损失抑制是指采取措施使事故发生时或发生后能减小损失发生的范围或损失严重的程度。这两者也是创业者必须考虑的问题。

1. 创业风险的因子管理

风险因子管理既可能降低损失的频率，也可能减小损失的程度。常见的风险因子管理技术包括质量管理、员工筛选、培训、企业风险文化管理等。

（1）质量管理

质量管理是指通过改善企业生产过程中投入和产出的可获得性、质量、相关性、灵活性、可靠性、一致性和连续性来改变企业经营运作和资源的风险状况。如使用ISO 9000质量体系认证。

（2）员工筛选

员工筛选是指用工的合适程度，主要取决于员工特点和工作特点的匹配程度。要对员工的任用和晋升进行有效筛选，必须对求职者所需完成的工作任务进行彻底分析，可参考以往胜任此项工作人员的素质和表现。如编订具体岗位的任职条件。

（3）培训

培训是指经常对员工进行风险管理方面知识的培训，增强员工风险意识，培养衡量、分析和管理风险技能。如进行上岗培训、案例教育等。

（4）企业风险文化管理

企业风险文化管理是指良好的企业风险文化不仅可以提高员工的道德标准，从长远来看，还可以提高生产力和降低经营风险。企业应该在各级员工中强调风险意识，保证企业的每一名员工都能做到积极地辨识企业的主要风险；认真思考各自负责的风险会产生什么后果；在内部传达这些风险信息，确保引起其他人注意。如在企业网络主页设置风险管理栏目。

2. 创业风险的损失抑制

在实际生活中，完全避免损失是不可能的，因此，企业必须考虑一旦风险事故发生所能采取的损失抑制措施，重点是降低损失幅度，此方法通常适用于外部事件，因为企业往往难以预料外部事件是否发生及其频率。

（1）应急计划

应急计划是指针对可能造成企业经营中断的小概率事件，事先进行必要的安排（相当于第二方案），确保企业在事故发生后，恢复正常运作前保持生产的连续性，从而降低中断经营、客户关系、商誉等方面的损失。如制订突发事件应急预案。

（2）危机管理

危机管理是指危机管理者通过危机信息分析，执行危机应对计划、组织、控制、领导等职能来最大限度地降低企业和各个利益相关者可能遭受的损害，最终保障企业整体安全、健康和持久运行。如有条不紊地进行遭遇地震灾害后企业的抢救工作，恢复生产。

（3）风险隔离

风险隔离是指将一风险单位分割成许多独立的、较小的单位，通过限制每一可能的最大损失来实现减少损失的目的。隔离法不但可以减小直接损失，而且风险单位的增加可以提高企业对未来损失预测的准确程度，使得实际损失程度和估测程度大致相当，从而达到控制的目的。如禽流感爆发后，对感染者、疑似感染者的隔离。

（4）风险组合

风险组合是指通过兼并、扩张、联营，集合多个原来各自独立的风险单位于同一企业之下，增加同类风险单位的数目来提高未来损失的可预测性，以达到降低风险的目的，属于一种简洁的损失控制措施。

除此之外，还要考虑多元化投资，正所谓"不要把鸡蛋放在一个篮子里"，企业适度的、恰当的投资组合(或项目组合)可以降低机会成本并能分散风险。

在投资多元化理论出现以后,人们认识到投资多元化可以降低风险。当增加投资组合中资产的种类时,组合的风险将不断降低,而收益仍然是各个资产的加权平均值。当投资组合中的资产多元化到一定程度后,唯一剩下的风险便是系统风险。

第九章　密云不雨

"江南七怪"是《射雕英雄传》中非常值得玩味的组织，说话嗓门很大，但话语权很小；群殴人数很多，但胜绩很少。烟雨楼头，甫一出场，与其说是大隐于市的江湖侠士，倒更像一个杂耍戏班，遇到高手连谈判的资本都没有，往往是一番义正词严之后要么束手就擒，要么横尸当场，可笑之余看来有些可怜。究其原因，除了武功硬实力低下之外，更悲催的是，七怪闯荡江湖竟然没有任何资源可以整合，属于无实力、无背景、无目标的三无团队；通观全书，七人庙堂之高没"天线"，江湖之远没"朋友"；有武功，却没有门派可以倚仗；有名声，却没有人脉能够铺路；血灌瞳仁，全凭意气之勇。"密云不雨"为广聚资源，引而不发，但"江南七怪"聚而成云，却内无雨水可降，外无风势可借，创业者当学会整合资源，方能"风云际会"，否则也只能如"江南七怪"，干打雷不下雨了。

一个创业者，必须坚决摒弃惯性思维，只要符合中央精神、有利于加快发展、有利于保障企业和群众利益，就要事不避难、义不推责，及时疏"堵点"、攻"难点"、强"弱点"，把一个个"不可能"变成"可能"，全力破解制约高质量发展的矛盾问题，充分激发全社会创新创业活力。

功法

发掘核心资源、拓展短板资源、以我为主、高效配置。

身法

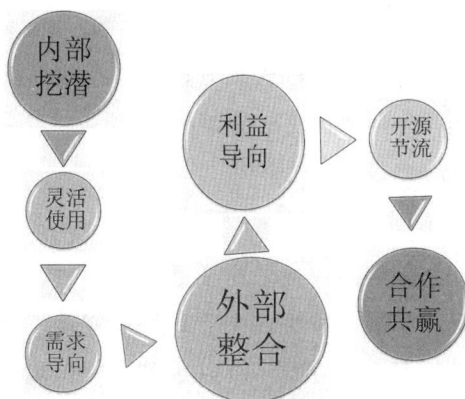

兵刃

资源特征、资源种类、整合原则、整合机制。

词云图

第一节　创业资源的整合

密云不雨，来自《周易·小畜》："密云不雨，自我西郊。"意思是西郊一带浓云密布，但雨没有下来。用下雨的过程来比喻创业再合适不过了。大家都看过《西游记》，天要下雨，需要有雷公、电母等，还需要龙王行云，创业者创业需要资源，要有资金、技术和人才等，而且这些资源需要整合，这样创业才能成功，雨才能下的来。

资源是我们用来实现自己目的的所有要素和条件的总和。大学生创业需要对人才、人脉、资本、技术等各种创业资源进行认真分析，并在此基础上进行有效整合，从而让它们发挥出最大的效能，以便取得更好的创业成效。

1. 创业资源及其分类

（1）创业资源的概念

创业资源是指企业在初创与后续成长中所需要的各种生产要素和支撑条件，包括有形资产和无形资产的总和。从某种程度上看，创业就是不断地投入人、财、物等资源以生产市场上所需要的产品与提供服务，从而实现价值增值的过程。因此，创业资源充足与否是企业能否成功运转的基础，在企业生产经营的各个环节都不可或缺，是大学生创立企业和顺利运转的保证。

（2）创业资源的类型

结合大学生创业的特点以及资源在企业初创过程中所发挥的作用，可将创业资源分为物质资源、人才资源、资金资源、技术资源、社会资源、管理资源六大类。

物质资源包括企业的有形资产，如厂房、软硬件设备、原材料等。除了某些稀缺资源，物质资源的缺乏一般可以通过资金来解决。

资金资源是指企业运营所需要的资金支持状况。开发新的产品、产品的营销以及市场推广活动需要充足的资金支持，并需要完备的财务预算。在创业之初，几乎所有企业都面临资金匮乏这个难题。大学生在校期间几乎没有收入来源，虽然有些学生利用业余时间兼职，但对于创立企业来说远远不足，很多情况下都需要通过融资渠道获得。

人才资源，也是创业成功的重要资源，是指企业在生产、销售、物流、财务、管理等环节中素质较高的那一部分人的拥有量。创业成功离不开人才，企业持续发展更需要人才。对于一些技术含量高的新兴产业，特别是高科技的创业企业，知识与技术在竞争中起着决定性作用，人才资源往往更为重要。

企业的竞争就是人才的竞争，结构优化、种类齐全的人才群是企业生产力的源泉。大学生在创业过程中需要通过整合管理，科学利用人力资源，实现人尽其才，才尽其用。人才获取和开发既可以通过外部招募获得，也可以通过内部的筛选与培养获得。技术资源，是指对企业具有商业价值的科技成果、生产工艺过程或作业程序等。在创业初期以及企业运行中，技术资源指与解决实际问题、软硬件设备等有关的知识。大学生思维活跃，有较强的创新动机，有专业的学科背景，在技术创新方面具有较强的优势。

社会资源，也叫社会资本，是指企业所拥有的各种社会关系，包括创业者个体以及创业成员的社会关系。大学生的社会关系网络相对较弱，大学生在校期间与社会的联系较少，所拥有的企业与社会资源较为匮乏。因此，他们在创业之初主要依靠亲戚、朋友以及学校的支持，社会资源形式比较单一。

管理资源，是指企业中的组织运行机制、管理制度以及创业者或管理者所拥有的管理经验、知识和管理能力。企业的运转以及各部门之间配合高效与否的关键在于管理，拥有完善的管理资源，可以较好地调度与使用资源。大学生接触社会较少，在校偏重于专业知识的学习，缺乏对企业的运营和管理方面的经验，在企业创立之后，如果不能及时转换角色，在管理企业的过程中会表现得过于理想化。

2. 创业资源的获取途径

和普通创业者相比，大学生这一创业群体在资金、技术、经验方面的劣势较为突出。大学生缺乏资金积累，创业的资金更多依靠外界获得，而且大学生的社会经历较少，管理经验和资信相对缺乏，在初创时可能面临较大的风险。因此，获取较多的资源与外界的支持，可以大大提高大学生创业的成功率。大学生获取创业资源的途径有下列几个方面。

（1）以大学生的特殊身份获取创业资源

为鼓励大学生创新创业，政府和高校制定和完善了各项创业政策。相对于一般的中小企业，大学生创业者申请小额创业贷款更加容易；也可通过参加创业大赛获得相关创业基金的资助支持；各高校开展的创业活动以及创业教育课程通过理论教学与模拟实战的方式进行创业知识的普及，培养大学生的创业精神与能力；通过社会实践、在班级社团担任干部等方式，大学生既可以锻炼组织与管理能力，又可以积累个人的人才资源与管理资源，获得潜在的信息、资金、知识；受教育程度高也是大学生创业者的优势，大学生创业者具有分析与总结问题的能力，在对创业资源进行分析和辨认时较一般创业者更清晰、理性。

（2）积极开拓社会资源以获取创业资源

社会资源的形式多样，包括亲友、合作伙伴、创业联盟、代理、导师等。由于初创企业的缺陷和规模过小等问题，在很大程度上无法获得企业发展所需的资源或需要付出较高的。如果创业者具有良好的个人信誉并且企业已经初步取得成功，拥有丰富社会资源的创业者容易获得更多有价值的创业资源。大学生的社会资源比较简单，大学生的人脉资源主要是在校学生，几乎没有政府关系、商业关系。大学生在创业过程中如果能不断开拓社会资本，对其获取创业资源有积极的促进作用。

（3）将初创企业的初始资源作为创业资源

设立企业需要的是初始资源，企业后续的生存、发展需要运营资源。企业如果具有良好的初始资源，可以不断地吸引外界新的资源，并与初始资源结合。在对新创企业所需资源的识别和获取中，已具备的初始资源是至关重要的，初始资源可以作为工具性资源从而撬动其他资源。如世纪佳缘网站在 2007 年初步发展时期，就曾获得新东方 4000 万元天使投资的资金支持。尚处于开拓阶段的私家车短租平台背后也都有风投的身影。所以大学生要通过培养良好的商业思维与捕捉机会的能力，将已有的优势不断扩大并获得社会认同，以便获得更多资源。

第二节　创业资源整合的原则与整合机制

从一定意义上来说，创业就是一个整合资源的过程。只有有效整合和管理创业资源，大学生创业才有可能取得成功。有效的资源整合有利于创业者明确企业资源需求情况，制定切实可行的战略规划，为新创企业成长打下坚实的基础，也有利于让创业者对企业未来的变化趋势进行正确预测，从而有效的识别和配置潜在资源，保持和促进企业健康发展。资源整合和管理的过程也是对大学生创业能力进行培养和锻炼的过程，要进行有效的资源整合就必须把握一定的原则与方法。

1. 创业资源整合的原则与方法

创业资源整合，就是指寻找并有效利用各种创业资源的过程，这一过程包含两个重要环节：一是尽量多地发现有利的创业资源；二是以效率最高的方式来配置、开发和使用这些资源。资源是整个创业活动的主线，大学生创业成功与否，关键因素之一就是能否有效的整合资源。一般情况下，进行创业资源整合要把握以下原则。

(1)创业资源整合的原则

①以我为主，挖掘潜力。作为创业者，由于资源有限，应该充分挖掘那些别人不用或者轻视的资源，围绕着自己的需求寻找被市场低估的资源，让资源的潜力充分显现，并且发挥到极致。

▸▸ 典型案例

比尔·盖茨招秘书的故事一直被人津津乐道。盖茨当年为新成立的微软挑秘书的时候，在众多应聘者中挑了年龄42岁，有4个孩子的中年妇女露宝。

为什么选了她呢？比尔·盖茨说露宝做过文秘、档案管理和会计员等不少工作，有着丰富的经验，公司初创之际需要以一敌十的多面手，而且她年龄大，就业不易，对这份工作会格外珍惜。后来露宝的表现也证明了比尔·盖茨的判断。

②针对机会，组合创造。有些资源在某些场景下毫无用处，对另一些场景却是至关重要。创业者应该让资源"搬家"，将各自优势资源组合在一起实现新的价值。

比如说果园里面的一些被鸟啄过的水果，这些果子是不能拿去卖的，常规只能拿去喂猪，但是对于果汁厂来说，被鸟啄过的水果成熟度很好，甜度也足够，收购价格还低，用来榨果汁刚好。这就是对一项资源赋予新的意义，立刻使其身价倍增。

③不求所有，但求所用。创业公司刚起步时资金实力弱，不太可能像大公司一样什么都拥有，某些物资可以通过租赁或者借用，不求拥有，只要可以使用它完成工作即可，当然如果是核心竞争要素，还是要尽量获得。

④步步为营，逐步发展。一家创业公司应该分阶段、有目标、有重点地获取资源，这就是为什么创业企业融资都会有好几轮的原因。因为每个阶段都有不同的发展目标，创业者为实现这个阶段性目标可以逐步融资，不至于稀释太多股份。

(2)创业资源整合的方法

在创业中，大学生要根据不同的创业过程和环节，运用不同的整合方法进行资源整合。

①寻找式资源整合。初创企业者在创业时，存在许多共性问题，比如管理经验不足、市场狭窄、创业资源匮乏。大学生创业之初，创业所需资源主要依靠自身的努力来获取，但是仅仅依靠从自己的身边获取创业资源很难维持企业的发展，要想使企业继续发展，就不得不从外界寻找创业资源。寻找式资源整合主要是结合自身创业团队的资源情况，分析资源储备存在的不足，提出整合外界资源的方案，进行积极地寻找和整合所能利用的创业资源。这就要求创业者具备较强的预见力和洞察力，较强的预见能力可以让创业者准确地把握自己所在行业的发展热点和竞争焦点，洞察力是一种从不同类型的信息中获得知识的能力，只要拥有较强的预见能力和洞察能力才能在诸多的资源中获得对自己创业有所帮助的资源。

②累积式资源整合。创业中期，企业得到了一定的发展，也积累了一些企业赖以生存发展的创业资源。这段时期，企业正处于发展关键期，创业资源需要不断累积和增加。这需要创业者掌握累积式的资源整合方法。为了使已获得的创业资源发挥其最大的效能，创业者必须在初创企业的发展过程中，进一步了解创业资源的特征，以便更好地整合利用。也就是说，为了有效利用已获得的创业资源，对其进行分析、归类。只有对已有的资源进行准确的分析定位，才能在此基础上进一步的整合利用，才能发挥资源的最大效能，不断提高企业的核心竞争力。

③开拓式资源整合。企业取得初步发展之后，创业者要想使企业继续快速发展，那就必须采用开拓式创业资源整合。开拓式创业资源整合强调创新能力，当今社会的竞争，与其说是人才的竞争，不如说是人的创造力的竞争。创新是一个企业发展的动力和灵魂，没有创新的企业是很难成长和发展的。开拓式创业资源整合要求我们不断地把创新式思维注入创业过程中，用创新的视角去寻找具有创新点的创业资源。特别是继续寻找企业的新的增长点，在新的增长点上充分开拓和整合利用资源，这一点对创业基础较为薄弱的大学生创业者来说尤为重要。

2. 创业资源整合机制的构建

创业资源整合能力的强弱，不仅成为衡量创业者、企业家能力的主要指标，更直接关乎企业的成长与发展，通过构建创业资源整合的机制，可以化解大学生创业者在资源整合时遇到的困境。

(1)创业资源整合的现实困境

①定位不准导致的整合泛化。我国越来越重视大学生创新创业工作，但各类资源主体并不清楚自己的优势所在，定位不准从而导致创业资源的整合泛化。一些资源主体一味地追求功能多元而透支自身，其最终结果只能是事倍功半。创业项目的资源整合是需要多方协作完成的，如果能够找准定位，以优势互补的机制展开工作，一定能够缓解此类问题。

②合作不深导致的效率低下。大学生创业者是创业群体中的新生力量，高校是他

们最先获取创业资源的载体，但不少高校在践行创业教育时，各机构缺乏深度合作从而导致创业教育效率低下。例如，高校所设创业课程止步于课堂，缺乏与企业的产学研合作；高校未重点打造创业项目，无法在全国大赛中崭露头角；前景良好的创业项目缺乏对接的孵化平台，难以推广至社会。

③重点不明导致的盲目建设。为了追赶"大众创业、万众创新"的潮流，社会各层面在助力创新创业的过程中出现了"眉毛胡子一把抓"的现象，政校企等资源主体各自为政，导致创业者的自主性缺失现象严重。资源主体若能够确立重点，针对性地扶持大学生创业者，那么资源同质化问题和大学生创业者面临的棘手问题都能得到极大的改善。

(2)创业资源的整合机制

大学生创业资源的整合不是简单地将各方资源进行累加，而是以"联系"与"发展"的思想为基础，建立起政府、高校、企业、社会公益组织等资源主体之间的非线性的整合机制。分析与研究各资源主体的优势所在，发挥各自的内在动力，盘活各类创业资源使其充分融合，全方位地整合调配，才能产生真正意义上的"联系"与"发展"，实现创业资源整合价值的最大化。

①明确优势所在，打造资源互补的整合机制。在高校大学生创业资源的整合过程中，必须明确各类资源主体的优势、长处，妥善处理资源短板和资源合作的问题。冲破传统的简单粗放式的叠加方式，打造资源互补的整合机制，实现"1＋1＞2"的整合效应。该机制的实现路径有以下几方面。

第一，梳理各类优势，制作资源清单。高校在培育大学生创业者能力的过程中起着重要的引导和教育作用。同时，高校自身有着丰富的科研成果以及创业人才优势，可与创业资源中的其他优势类型进行融合，如政府资源、企业资源、家庭资源等。例如地方政府拥有吸引力强的优惠政策以及有利的社会关系网络资源，高校应该融合这些有利资源，将其具体化，整合形成资源清单。政府的优惠政策可以留住一部分创业人才，政府对创业项目的注资入股可以推动高校大学生创业与地方经济建设的同步发展。

第二，梳理课堂类型，形成资源合力。高校大学生的创业资源主要由三要素构成，课堂教学、课外实践和网络教程。各高校已将创业教育纳入专业教学体系，课堂教学成为大学生创业人才培养的重要渠道。创业教育必须融入实践育人环节，理论离开了实践，就如同无根之木。随着时代的发展，网络资源成为最方便、快捷的教育方式，可以通过网络教程学习到丰富、直观的创业知识。

第三，梳理部门工作，确立联动机制。高校部门众多，与创业资源相关的部门也是错综复杂，如学工处、教务处、人事处、后勤处、校友办公室等。各部门虽各司其职，也需要协调合作，例如涉及创业教学资源时，教务处需要安排学分资源和教室分配，学工处和人事处需要协调创业导师资源；涉及校园创业园选址时，后勤处需积极配合提供校内的房屋资源，校方也需主动争取当地政府和社会各界的场地支持；涉及创业资金资源时，财务处需全力配合设立相应的经费机制，校友办需积极争取创业成功的校友等社会资源设立高校创业启动基金、风投基金等。此外，二级学院的支持和协作也是必不可少的。学院起着上传下达的作用，学院大部分的辅导员老师同时担任创业课程任课教师，对创业学生更为了解，是大学生创业过程中不可或缺的指导者。

②依托合作关系，打造资源累加的整合机制。高校创业资源整合的累加机制要点在于，创业教学与创业实践的累加、创业大赛与创业训练的累加、创业项目与孵化平台的累加。

第一，立足创业教学，强化实践育人。创业教学与创业实践的累加，简要描述为将实践贯穿创业教育的全过程。高校在开展创业教学过程中可以考虑在产学研合作的基础上深化实践，与企业协作共建创业见习基地、就业工作室等，将大学生的创业项目与企业进行对接，推进项目的进行。此外，也可以依托政校协同关系，共建校内外大学生创业实践基地，推行创业普及教育，开展丰富的创业培训活动，如 SYB 创业培训、创业模拟实训等。

第二，立足创业大赛，实现训练覆盖。高校应突出团中央牵头的"创青春"创业大赛，挖掘学校优势项目并进行重点打造，力争在全国高校竞争激烈的创业赛事中占有一席之地。除了"创青春"，还有"互联网＋"创业大赛、中国青年创新创业大赛等，为大学生创业者提供了锻炼的机会和模拟的平台。

第三，立足创业项目，引至孵化平台。我国不少高校已建设对在校大学生开放的创业实验平台，针对有前景的创业项目进行校内系统培训和辅导，后期可引导至校外孵化平台进一步发展。如江南大学充分利用地域资源，联合学校附近的大学生科技园，形成"高校—园区"互动型创业模式，推动创业项目的校内外无缝对接孵化。此外，还可与当地政府、企业等资源进行对接，有助于推动政校企创业孵化平台的深入合作。

③解决重点问题，打造资源针对的整合机制。高校在整合创业资源时需明确工作的重点，将资源用在关键点上解决复杂问题。高校大学生在创业过程中面临的最大困难，除了如何获取资金资源外，就是创业师资的问题。高校必须汇聚优势资源，针对难点问题，逐个解决。

第一，构建支持体系，缓解资金压力。高校大学生创业群体相较于社会中其他创业者，缺乏创业经验和启动资金，但这一群体对于资金的需求也是大不相同，有的仅需要解决创业场地问题，有的需要小部分启动资金，还有的需要大笔的资金投入等。所以，从高校层面出发，需要构建资金支持体系，制订系统规范的支持方案，建立资金资源针对的整合机制以缓解大学生创业者的资金压力。

第二，构建咨询体系，获取创业经验。高校已基本做到为大学生创业者、创业团队配置校内指导老师，但是这还不足以缓解大学生缺乏实践经验的难题。围绕这一难题，政校企可以联合为大学生创业者、创业团队配置校内与校外双导师，定期开展创业讲座，并为有需要的创业团队提供咨询服务，使大学生得到多方位的指导。

第十章 时乘六龙

"江南七怪"，《射雕》三部曲中出场最早也是团灭最早的团队，丘处机一战单挑七怪，大漠黄沙遇到铜尸铁尸折了张阿生，桃花岛上让欧阳锋打到七怪变一怪；人在江湖，七怪与四大恶人相比，单挑能力低下；与全真七子相比，群殴又是有组织无纪律；武功上，七怪两个较强，五个较弱，决定水桶容积的不是长板而是短板，这样的团队注定无法形成强大的团队竞争力；性格上，七怪要么简单粗暴、要么油嘴滑舌、要么木讷内向，全是极端人格，搞搞行为艺术还好，明明有性格却偏偏要靠武功吃饭；血淋淋的事实告诉我们：不怕神一样的对手，也不怕猪一样的队友，只怕有性格的三无团队；江南七怪武功不互补、性格不互补，没有资源整合，最后团灭也是命运使然；"剧饮千杯男儿事"这叫朋友，不叫团队，组建创业团队的目的不是交朋友，而是"指点群豪戏"；如何组建有效的团队和整合关键资源就成了每个创业者的必修课。

人才是创业的第一资源。古往今来，人才都是富国之本、兴邦大计。要把我们的事业发展好，就要聚天下英才而用之。要干一番大事业，就要有这种眼界、这种魄力、这种气度。优秀团队具备先进的理念、共同的追求、资源的整合和强烈的团队意识，这是成功创业的必要保证。

功法

找好人、找对人、塑造人、激励人。

身法

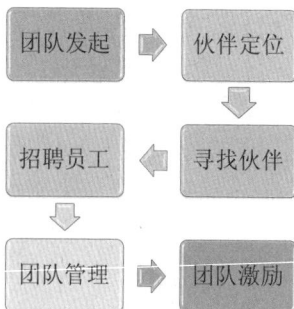

兵刃

组团渠道、员工招聘、团队凝练、激励机制。

词云图

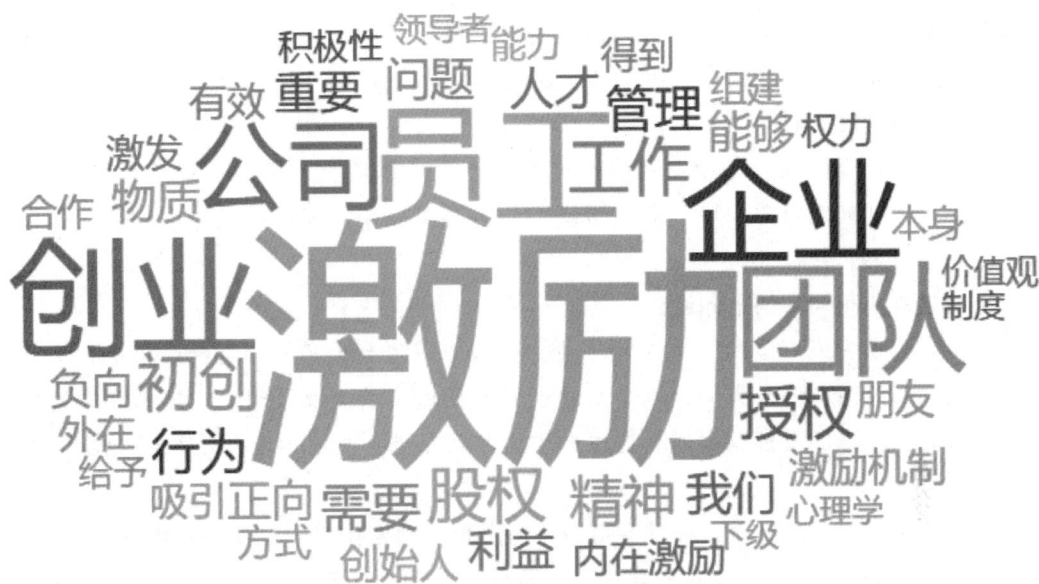

第一节　创业团队的组建与管理

"大明终始，六位时成，时乘六龙以御天。"全句是说，天道的运行适应六个不同的时空环境，遵循由始到终的发展程序，表现出不同的方式，好比驾驭着六条巨龙在浩瀚的天空自由翱翔，如何将六只神物整合成一个团队就是我们本章需要学习的内容。

对大学生创业者而言，需要根据创业环境、创业目标和创业任务的需求差异，借助或发挥创业团队核心成员的能力与特长，以完成相应的创业目标或创业任务。因此，组建一个优秀的创业团队就十分必要。

1. 创业团队及其组建

创业维艰，九死一生，在创业这条道路上，能活到最后、笑到最后永远不是一个人，必须有一个团队。很多人只知道李彦宏，以为该搜索引擎公司是李彦宏一个人成立的公司，实际上并非如此。公司最早成立的时候，有 7 个创始人，分别是李彦宏、徐勇、刘建国、雷鸣、郭眈、崔姗姗、王啸，他们被业内称为"七剑客"。

（1）创业团队的概念

创业团队是指在创业初期，包括企业成立前和成立早期，由一群才能互补、责任共担、愿为共同的创业目标而奋斗的人所组成的特殊群体。

创业团队的形成虽然具有一定的偶然性，但一般主要表现为两种模式。

①"领袖企业家"推动。往往是一个人首先有了事业设想或创业的渴望，进而吸引、招募其他人加入进来组成创业团队共同努力。

②"团队"努力。一开始创业团队就成立起来，此时可能还并未形成创业理念，进而团队共同寻求创业机会，这样的团队组建可能源于共同的观念、相似的经历或者友情关系。大学生创业团队的形成也主要是这两种形式。

（2）创业团队的组建

①寻找创业合伙人。在创业之前你首先要想清楚你是要个人创业还是合作创业，不过在面对创业初期资源不足、资金短缺、公司稳定性差、人员不足等问题时，很多同学都希望能够合作创业。

所以现在必须回答两个问题：

第一，你认为该不该和朋友一起创业？在这个问题上很多人会走两个极端，一种叫作"无兄弟，不创业"，另一种则是对和朋友合伙做事情充满了恐惧，认为如果关系处理不好，回头连朋友都没得做。这里的重大问题是如何处理好感情和利益分配的平衡关系。

东方人的一个重要特点是经常会把个人情感带入到工作当中，比较难做到"在商言商""对事不对人"，会把很多做事方式与利益分配上的不同意见归结为"对方对我这个人有看法"上，而且很多人会觉得和朋友谈钱是很没面子或者是很伤感情的事情。在是否该和好朋友一起创业这件事情上，其实，无论是多好的朋友，基本的利益框架还是应该明白地先说清楚，在此有了共识之后，再来探讨合作的其他细节。如果你觉得和朋友谈利益是一件特别纠结的事情，那可能就不太适合和朋友一起做事。

第二，创业合作伙伴应该找个互补的，还是相似的？对于这个问题的回答通常会比较简单：理念和价值观上要相似，能力和经验上要互补。

理念和价值观上的相近，可以保证创业者在重大原则问题上的判断是一致的，不至于出现根本性的冲突，这些重大的原则问题包括企业的战略方向、利益分配机制、做事的底线等。在这些问题上出现不同意见，通常很难取得共识，因为这些个性和价值观的形成，通常不是一朝一夕的事情，也就是我们常说的"江山易改，本性难移"。

寻找创业伙伴你需要一个大概的构想，但前提必须是你们要有相同的价值观，而他还是个创新方面的人才。

②寻找合作伙伴的渠道

第一，兔子要吃窝边草。你身边的朋友、同事、同学是天然的资源，他们了解你，和你有天然的信任关系，只要利益谈清楚，比较好达成合作。因此说到创业的准备，创业者其实是时刻准备着，口碑的建立不是一朝一夕的事情。

第二，职业投资人的推荐。做得好的投资人会帮助所投企业去搭建核心的班底，他们在投资之前，也会有意识地进行这种人员和项目的组合。投资人都有丰富的业界资源，会见各种"创业爱好者"，在这当中会发现合作机会。而且投资人在进行创业团队组合时，是非常理性的，他们更多地只会从是否能够帮助企业增值的角度来考虑团队的搭配，听听他们的意见还是有价值的。

第三，资深的猎头。这也是可选的渠道之一。猎头每天都在与人打交道，实时了解很多候选人的动态，当中就有不少是在寻找创业机会的，借助猎头是团队组建有益的补充。不过创业者需要关注猎头的成色，毕竟很多猎头的从业经验并不丰富，看人看事并不深入准确。

第四，多参加有质量的业界聚会，你也会发现一些不错的合作伙伴。把你寻找创业伙伴的需求尽可能多地告诉周围的人，经常和他们交流进展，他们会记得你的事情，遇到合适的人会帮你介绍。

③招募合适的员工

招募合适的人员也是创业团队组建关键的一步。关于创业团队成员的招募，一般而言，创业团队至少需要管理、技术和营销三个方面的人才，只有这三个方面的人才形成良好的沟通协作关系后，创业团队才可能实现稳定高效。除了团队分工之外，还要考虑团队规模，适度的团队规模是保证团队高效运转的重要条件，团队成员太少无法实现团队的功能和优势，而过多又可能会产生交流的障碍，团队很可能会分裂成许多较小的团体，进而大大削弱团队的凝聚力。因此，创始人要避免盲目招聘，扩大公司规模，应该出于团队效率考虑每一个项目或工作最少需要多少人，尽可能地控制团队人数，不要为了招聘而招聘。一般认为，创业团队的规模控制在 2～12 人为佳。

另一个重要的问题是招募时如何吸引你的目标员工？建议是你要以真诚打动对方、以远景吸引对方。对于求职者来说，初创企业往往因为薪资待遇低、工作繁杂而缺乏吸引力。把你看中的人才招募进来，靠的不是你能给多少钱，而是以你的热情、真诚、公司的远大前景、广阔的发展空间来吸引求职者。因此，首先，你要尊重他人、充满热情，在谈论合作细节时要尽量表现你的真诚，毕竟大学生创业是一个艰难而漫长的过程，刘备三顾茅庐请到诸葛亮，你不拿出点诚意怎么让对方信任你和你一起拼搏呢？其次，作为企业创始人你需要把你创业的初衷、价值观、理念和企业远景告诉对方，同对方做深入的交流，吸引那些和你相同价值观、理念和理想的求职者，让他们本着对企业的期望和成功的期待加入你的公司。

(3)创业团队组建的关键点

寻找一流的创业伙伴和组建一个优秀的创业团队并非易事，不仅有许多工作要做，有时还有一定的运气成分。通过对成功创业团队的综合分析，组建创业团队至少有三个关键点。

①尽量找那些适应力强的团队成员。在互联网时代，创业团队的成员要有很强的适应力，不能拖累整个创业团队的发展。这就要求团队成员具备可塑性、情绪稳定、

具有创造力和服务意识。

②团队中要有有一些创业经验的成员。一个创业团队，不仅要熟悉项目运作、行业分布、市场现状等务实的工作，还要完善团队内部的人际关系，在如何凝聚团队精神，提高团队协作力和战斗力方面花心思。团队中只要有一个或几个有丰富创业经验的成员，就可在很大程度上减少摩擦，促进整个创业团队的快速成长。

③要确定你和团队成员同舟共济。也就是说，能够和团队成员共同进退，共同承担后果。在创业团队中，大家要目标一致。

2. 创业团队的整合与管理

马化腾的腾讯公司，是成功的案例。其最大特点是在企业迅速壮大的过程中，保持创始人团队的稳定合作。而保持稳定的关键因素，就在于搭档之间的"合理组合"。五位创始人中，马化腾的长处是能够把很多事情简单化，而张志东更多是把事情做得完美化，另外三位创始人一位非常随和，但也有自己的独立的观点。

在中国的民营业中，能够像马化腾这样，既包容又拉拢，选择性格不同、各有特长的人组成一个创业团队，并在成功开拓局面后还能依旧保持着长期默契合作，是很少见的。其成功之处在于从一开始就很好地设计了创业团队的责、权、利。能力越大，责任越大，权力越大，收益也就越大。如今他们每个人的身价都达到了数十亿元人民币，是一个皆大欢喜的结局。

另外一个是失败的案例。曾经的世界能源巨头安然公司的 CEO Jeffrey Skilling，经常辱骂团队成员，尤其在意见不同时，因此就连员工 Watkins 告发财务造假都只敢用匿名的方式。

由此可见，团队的整合是非常重要的。创业团队的凝聚力、合作精神、立足长远目标的敬业精神会帮助新创企业渡过危难时刻，加快成长步伐。另外，团队成员之间的互补、协调以及与创业者之间的补充和平衡，对新创企业起到了降低管理风险、提高管理水平的作用。

(1)创业团队整合的核心

只要是办企业，谁都希望自己的企业越做越强、越做越大。老板如何才能把企业做强做大呢？个人的力量是有限的，团队的力量是无穷的。企业只有充分发挥团队的力量，才能把企业做大。可是团队又如何打造呢？每个老板都说重视人才，可有了人才却又用不好。问题出现在哪里呢？打造高团队到底需要哪些要点呢？

完美组合的创业团队并非创业一开始就能建立起来，多数是在企业创立一段时间后随着企业发展逐步形成的。随着团队的运作，团队组建时在人员匹配、制度设计、职权划分等方面的不合理之处会逐渐暴露出来，这时就需要对团队进行调整融合。问题的暴露是一个过程，因此团队调整融合也应是一个动态持续的过程。团队调整融合应专门针对运行中出现的问题不断修正，直至满足实践需要为止。在进行团队调整融合的过程中最重要的是保证团队成员间有效的沟通与协调，培养强化团队精神，提升团队士气。

（2）创业团队的管理

任何组织的发展，都离不开一个优秀的团队，进行团队管理，打造优秀团队，对一个组织来说，至关重要。对于一个成立不久的创业团队来说，尤为重要。

很多中小企业一直在思考的问题是如何吸引并留住人才。企业初创时期，企业的资金是有限的，因而在对员工进行激励时，就不能以金钱为主，而是以下面几种方式。

第一，股权激励员工。即有条件地给予激励对象一部分股东权益，使其与企业结成利益共同体，从而实现企业的长期目标。实施股票期权，对于企业可以规范企业的治理机制，提高企业整体效率和凝聚力。对"员工"来讲，从心理上实现了从"打工仔"到"主人翁"的转变，提高了工作积极性。如仁会生物，为了确保公司在 2015 年 12 月 31 日前能够实现"三证齐全"，提出了上述股权激励的方案。员工为了获得股权，势必为实现该目标付出更多的努力，股权激励发挥了稳定创业团队的作用。

对非上市公司来讲，股权激励有利于缓解公司面临的薪酬压力。由于绝大多数非上市公司都属于中小型企业，他们普遍面临资金短缺的问题。因此，通过股权激励的方式，公司能够适当地降低经营成本，减少现金流出。与此同时，也可以提高公司经营业绩，留住绩效高、能力强的核心人才。除了能固定并约束现有人才外，还能吸引外来人才。当其他人才知道，一个公司有着巨大的股权激励力度，会被吸引而来，这样也就为公司的加速发展提供了源源不断的动力。

第二，适当授权管理。授权指领导将部分事情的决定权由高阶层移至低阶层。

管理学家史蒂文·希朗认为，对于凡是在吃午饭和上下午喝咖啡时必须给自己的办公室打电话的经理，测试成绩都不及格。

一般来说，一个称职的经理离开办公室一天，公司是不会出乱子的。而打电话的人肯定是不懂得授权的人，他们即使自己如老牛负重荷，也不让下级通过解决问题获得经验，从而使下级失去了提高的机会，所以将他们判为不及格。一个成功的老板应该懂得：一个人权力的应用在于让他们（下级）拥有权力，掌握授权这一领导艺术。需要注意的是授权虽然重要，但并不是人人都会授权，授权不当将会造成严重损失。

例如，诸葛亮是一代英杰，赤壁之战广为世人传诵，莫不显示其超人智慧和勇气。然而他的鞠躬尽瘁却是因为事事躬亲，乃至"自校簿书"，留给后人诸多感慨。三国鼎立，蜀汉早亡，这与诸葛亮不善授权不无关系。试想如果诸葛亮将众多琐碎之事合理授权下属处理，而只专心致力于军机大事、治国之方，运筹帷幄，决胜千里，又岂能劳累而亡，导致刘备白帝城托孤成空，阿斗将伟业毁于一旦。

从诸葛亮身上，我们可以将阻碍授权的认知因素归纳为：对下属不信任，害怕削弱自己的职权，害怕失去荣誉，过高估计自己的重要性等。条条大路通罗马，只要问题能够有效解决，领导人大可不必亲自处理所有事务，而应授权下属全权处理。也许在此过程中，下属能够创造出更科学、更出色的解决办法。有效开展授权工作可以提升员工的个人责任感及对公司的忠诚度。并且，只要保持沟通与协调，采用类似"关键会议制度""书面汇报制度""管理者述职"等手段可以大幅降低权力失控的可能性。

从授权内容看，一是将上级的某些职能转交给下级；二是针对某事把某项特殊任务的处理权交给下级，下级完成任务后，上级将权力收回。

在合理授权时也应注意到领导者可以把职权授予下级，但责任不可下授；工作可以让下级干，但出了问题领导者还要对自己的上级负责。同时还要保证得到权力的下级也要对授予自己权力的领导者负责。

第三，自我管理提升满意度。冯仑曾举过一个例子，对于一家公司来讲，客户投诉是紧急的事，员工没有权力解决，老板可以做主。老板出马，一下就把问题给解决了，虽然老板有成就感，但他却做了别人应该去做的事。

实际上，对于一家企业的管理者来讲，只是做紧急的事，那都是管理别人或代替别人做事。重要的事是建立企业的各项制度，设定企业的服务章程。管理者要学会管理自己，在学会了管理自己之后，管理者会变得很从容，因为他把重要的事（企业战略、员工培训、制度建设）都做好了，剩下的事员工自己就能处理好。几年前万通公司客户投诉比较多，局面很乱，决策层下决心建立了三层次的客户系统，开始顺利分流客户反馈意见。现在，80％的客户投诉问题在部门以下的机构里就得到了解决，需要进入经理层面解决的问题占20％左右，而需要万通董事长直接处理的特别客户、紧急事件所剩无几。企业领导者管理自己永远比管理别人重要，企业行为管理、行为矫正的关键是矫正自己的行为。

通过自我管理，时刻严格要求自我，在员工面前做好带头作用，传播企业文化，在企业价值观、公司制度规定、流程运作等方面做表率，同时也为授权做标杆。

第二节　构建初创企业的激励模式

东方不败身为《笑傲江湖》中第一高手，实非朝夕之功，却错将日月神教放于杨莲亭之手。平心而论，杨莲亭之失也不全在小人得志，全因只爱权力，不懂权术；没有经过基层历练，缺乏管理经验。

一朝得势，如村野莽夫骤获宝藏，琳琅满目，自然不知所措。在他看来，在日月神教的科层制之下，所谓管理无非如何"驭下"。司马光的爵、禄、废、置、生、杀、予、夺的权谋"八柄"，只用了"废、杀、置、夺"，简单的顺昌逆亡，不服就是三尸脑神丹伺候，杀不了就请东方不败摆平一切。结果，在任我行等人突袭黑木崖时，不完善的激励机制所导致的离心离德就被放大了，一场教内火拼，东方不败和杨莲亭双双身败名裂。

1. 洞悉初创企业的激励繁局

《笑傲江湖》中，东方不败纵然武功天下第一，但在如何构建激励机制方面却不得要领。他只懂得威胁式激励，以恐惧之心威慑教众，最终落得葬身黑木崖的结局。以此我们透过名目繁多的激励措施，洞悉激励的本质，破解初创企业激励机制建设的困局，为初创企业构建简洁有效的激励机制。

美国心理学之父威廉·詹姆斯的实验研究表明，在缺乏激励的情况下，人的能力只能发挥20%～30%；而经过充分激励，其能力则可发挥80%～90%。也就是说，通过有效激励，人的产出可以提高三四倍。激励的重要性可见一斑。

在管理实践中，绝大多数企业都非常重视员工激励，通过推出形式各异的激励措施提高员工的主动性和积极性。高薪酬、特殊津贴、业绩提成、晋升、荣誉、弹性工作时间、生日礼券、股权、带薪假期、员工内部价等都是激励措施的实际运用。那么，如此繁多的激励措施到底有哪些类型？激励措施的本质又是什么？

(1)激励的本质

激励(Motivation)源自心理学，指心理上的驱动力，意为激发动机，鼓励行为。我们从心理学角度对这个概念进行深入解读。

首先，"鼓励行为"中的行为是特定的指向性行为，具有明确的指向性或者目的性，是激励者所期望看到的行为。也就是说，任何一项激励措施的实施都是为了鼓励被激励者表现出某种特定的行为。比如，企业之所以设置业绩提升，是为了鼓励员工努力开拓市场。

其次，这种行为是激励者所期望看到的，但可能并非是被激励者自身所想要做的。那么，被激励者为什么要做？这就要求激励者要洞悉行为背后的心理规律。心理学研究表明，人的行为由动机决定，而动机由需要引起。也就是说，动机是人类行为的直接原因，而需要是人类行为的起点。因此，只有准确识别和满足被激励者的需要，并创造条件激发动机，方能有效的引导和控制所期望的行为，实现"要我做"到"我要做"的转变。

(2)激励的主要类型

按照不同的分类标准，激励可以划分为不同的类型。

第一，以激励内容划分，可划分为物质激励和精神激励。物质激励就是通过满足物质需要来引导和控制员工行为。如加薪、发放奖金、股票期权等。而精神激励则通过满足人们的精神需要以激发行为。如认可、晋升、成就感等。

在管理实践中，应如何运用物质激励和精神激励？

①物质激励被多数企业家视为最基本的激励手段。比如，松下电气创始人松下幸之助，始终坚持松下员工应有较高的薪酬水平。1971年，松下员工的薪酬水平就已比肩欧洲薪酬最高的国家联邦德国，1972年，松下员工的薪酬水平已经接近美国的水准，

大约是日本国内同行的 1.5 倍。这极大地激发了松下员工的工作热情。被誉为"全球第一 CEO"的杰克·韦尔奇认为，对于员工激励，首先还是应该考虑金钱激励，那些轻视"金钱"作用的想法是愚蠢的。因此，想要激励你的员工吗？那就给予他们"看得见"的利益。

②物质激励固然重要，精神激励亦不可或缺。人不仅仅有物质需要，还有精神需要，精神需要同样具有巨大的推动力。并且，精神激励是非报酬性激励，可以降低企业的激励成本，摆脱加薪、再加薪的怪圈。每个人都有被尊重的需要，都期望得到认可和赏识。因此，领导者的一次热情握手，一句鼓励的话语，甚至是一个赞许的眼神，都可能会让员工热血沸腾，进而激发其创业的不竭动力。

对于物质激励和精神激励，前政协副主席王选先生如是说："对员工只有物质激励，没有精神激励，这是害民政策，反过来只有精神激励，没有物质激励，那是愚民政策。"因此，物质激励与精神激励，就像你的左右手，只有当你把两只手握在一起的时候，才是最有力的。

第二，以激励作用角度划分，可划分为正向激励和负向激励。正向激励是通过给予行为积极的刺激，使得行为得到强化和持续；负向激励是通过给予行为消极的刺激，使得行为得到抑制和消除。正向激励通常采取奖励、褒扬的方式，比如奖金、表扬、晋升等。而负向激励通常采取惩戒、教育的方式，比如批评、罚款、降职等。在管理实践中，如何运用正向激励和负向激励是非常重要的。

尽管作用力角度不同，正向激励和负向激励都可以获得同样的激励效果。

在"三个和尚没水喝"的故事中，如何让三个和尚有水喝呢？你可以采取正向激励，任命挑水最积极的和尚为寺庙住持；你也可以采取负向激励，对于挑水不积极的和尚予以罚款。不管是采取正向激励措施，还是负向激励措施，都可以使得三个和尚有水喝。

在管理实践中应坚持"正向激励为主，负向激励为辅"的原则。人多少有着虚荣心和功利思想。正向激励可以让人备受鼓舞，焕发热情。不要吝啬你对他人的赞美、鼓励，它会催人奋进，"好话一句三冬暖，恶语半言六月寒"。当然，适度的负向激励也是激励机制的重要组成部分，是约束员工行为的一条隐性"止步线""高压线"，是维护企业规章制度的必要手段。适度运用负向激励，可以起到"惩前毖后，治病救人""处分一个人，教育一大片"的目的。因此，不管是胡萝卜加大棒，还是恩威并用，都是胡萝卜在前，大棒在后，恩在前，而威在后。

第三，以激励实施主体划分，可以划分为外在激励和内在激励。根据员工的绩效，给予一定的奖金、福利、提升机会以及各种形式的表扬、认可和荣誉等。这些激励都与工作本身并不直接相关，只是作为对于员工付出劳动的补偿，因而被称为"外在激励"。而员工对工作本身的兴趣，以及从中得到的快乐，比如，工作挑战性、工作成就感等。这些激励来自工作本身，可以激发人们内在的积极性，因而被称为"内在激励"。

在管理实践中，如何运用内在激励和外在激励？我们通过一个有趣的故事来诠释。这个故事有很多版本，源自美国心理学家狄西所做的一个心理实验：有几个小孩，每天都乐此不疲地在一处院子前嬉闹。院子主人很是苦恼，后来他想出一个办法。第一天，院子主人拿出 25 元分给这几个孩子，感谢他们让院子充满热闹。第二天，院子主人分给孩子们 15 元，第三天只拿出 5 元，解释说积蓄花光了，希望孩子们可以无偿来玩。孩子们感到很失望，从此再也没来玩耍，院子恢复了安静。

在这个故事中，"到院子嬉闹"本身能够给孩子们带来乐趣，属于内在激励。而院子主人给予孩子们的奖励，属于外在激励。随着外在激励的施加，孩子们由"为了快乐而嬉闹"转变为"为了报酬而嬉闹"，于是，当外在激励减少后，孩子们居然对原本乐此不疲的"嬉闹"失去了兴趣，再也不去嬉闹了。

企业对于员工的激励也同样如此。为了有效激励员工，需要采用一系列外在激励以使员工优异的工作表现得到认可和表扬。然而，最重要的还是内在激励，应该通过合理分配工作和大胆授权，让员工对工作本身产生兴趣，从工作中体会到价值和意义。如果员工对工作本身丧失了兴趣，再好的外在激励也不能有效地激励员工。

2. 构建初创企业的激励简式

"望梅止渴"给予我们的启示是：激励是一种艺术，并非投入巨资才能鼓舞士气，低成本激励同样可以成效显著，并非即时利益才能让人心潮澎湃，美好愿景、远期利益同样可以让人砥砺前行。

带兵如此，管理企业亦然。初创企业处在企业发展的起步阶段，资金匮乏、财力有限。在此阶段，如何构建有效的激励机制以凝聚人心、鼓舞士气？根据初创企业特征，可以从四个方面构建初创企业的激励简式：物质激励——用公司股权留住人；精神激励——用共同愿景凝聚人；正向激励——用赞美和宽容鼓励人；内在激励——用合理授权激发人。

(1)物质激励——用公司股权留住人

物质激励是企业最常用且最基本的激励手段，但是初创企业往往存在着巨大的资金压力，现金流捉襟见肘。此时，若要求初创企业给员工支付丰厚的薪酬和奖金，对企业的财务状况无疑是雪上加霜。如何解决？股权激励是初创企业实施物质激励的最有效途径。

股权激励就是公司以赠送或低价出售公司股票的方式作为激励手段，以达到奖励和敦促员工工作的目的。业绩股票、股票期权、虚拟股票、限制性股票等都是常见的股权激励形式。通过股权激励，初创企业可以获得诸多好处。

首先，股权激励可以凝聚人心。利用股权作为桥梁，把公司和员工的利益联系在一起。从雇员到股东的身份切换，员工不再单纯为他人打工，而是自己做"老板"。员工与企业"一荣俱荣，一损俱损"，员工与公司创始人休戚与共、利益统一。

其次，股权激励可以吸引并留住人才。军无财，士不来；军无赏，士不往。人受利益驱使，有利则聚，利尽则散。合适的股权激励制度，不仅能够提高企业原有人才的忠诚度，还能吸引外部人才，为企业不断输送新鲜血液。

最后，股权激励可以缓解初创企业的资金压力。一方面能够适当降低给员工的现金奖励，另一方面又给了员工远期的可期待经济利益。

▸▸ 典型案例

股权激励最大的价值

所有股权激励最大的价值就是让员工的收入能随着时间在公司慢慢沉淀，收益越来越多，自己的收益和公司的发展紧密相连，有一种"共存"感和责任感，而不再是每个月拿点固定的工资，感觉只是在为公司打工，自己没什么太大的牵挂，随时可以想着走人。提到华为的股权激励，稍稍了解华为一点的人应该就会想起"TUP"这个词。"TUP(Time Unit Plan)"即"时间单位计划"，是一种对员工的中长期物质激励，也称奖励期权激励，是现金奖励型的递延分配计划，属于中长期激励模式的一种：先给你一个获取收益的权利，但收益需要在未来 N 年中逐步兑现。古往今来，中长期物质激励的兑现方式从时间维度上可分为两种：一种是即时兑现，另外一种就是延期兑现。华为采取"TUP"模式，完全是基于企业文化和发展战略在激励机制上的配套变革。其中最大的获益者就是那些长期奋斗的人才，既包括优秀的新员工，也包括优秀的老员工。而最大的受损者就是躺在股票上数钱的人，主要包括拥有大量股票但不能拉车或不想继续拉车的老干部。至于提前退休人士，华为会让他们继续享有股权收益，但是会控制好收益额度的上下浮动区间，相当于高息型的存款收益。任何长期激励的制度设计，都是利弊兼有的阶段性安排，一旦发现其开始背离企业的核心价值观，该制度就到了需要改革的时候了。

(2)精神激励——用共同愿景凝聚人

愿景类似人们常说的理想，是人们为此奋斗并希望达到的前景。企业共同愿景就是全体成员一致认可并愿意共同为之奋斗的未来景象。物质利益固然是激发积极性的基本因素，但精神需求是较物质需求更高层次的需求，可以持久地发挥作用。愿景激励作为精神激励的一种措施，对处于蹒跚学步阶段的初创企业来说，与股权激励相辅相成，构成全面的激励体系。

蔡崇信在加入阿里前在一家瑞典投资公司工作。1999年蔡崇信放弃70万美元的年薪，千里迢迢投奔马云，而领着500元人民币的月薪。蔡崇信在接受《福布斯》采访时回忆道："与马云见面时，他一直都在谈论伟大的愿景，谈论如何帮助数百万中国工厂接触西方世界，我被他所描绘的企业愿景所深深吸引。"初创企业没有资金去招募顶尖人才，但通过描绘伟大的愿景同样能够吸引志同道合的优秀人才加入。

IBM公司在1911年刚成立的时候只是个名不见经传的小公司，它的支柱产品是屠夫专用秤和钟表。为了激发团队的斗志，雄心勃勃的创始人沃森毅然将公司名称从计算制表记录公司(CTR)改为国际商业机器公司(IBM)，并总是表现出这是一个"规模更大、结构更复杂、也更成功的企业"。事实上，在这一共同愿景的激励下，IBM通过乐观向上和坚持不懈的追求，成为全球最大的信息技术和业务解决方案公司。

(3)正向激励——用赞美和宽容鼓励人

奇虎360科技有限公司创始人周鸿祎认为，对于初创企业而言，又没有名气，又没有钱，也没有用户基础，唯一的出路就是要持续地创新。缺钱少人的初创企业如何激发员工的创新行为？多用赞赏（正向激励），少用惩戒（负向激励）是一个初创企业激励机制的重要原则。

一方面，要善于发现员工的进步，哪怕是微小的进步，都要及时予以肯定和赞美。人性最深刻的原则就是希望别人对自己加以赏识。赞美是每个人都渴求的东西。无论你取得的成绩很大还是微不足道，只要有人给予真诚的赞赏，都会让你心花怒放，都会让你有再接再厉的动力。

另一方面，宽容员工在创新过程中的错误，创新本身就是一个不断试错的过程。从创立之初起，索尼公司就一直秉持对员工宽容的态度。公司创始人盛田昭夫说，放手去做好你认为对的事，即使你犯了错误，也可以从中得到经验教训，不再犯同样的错误。在这样的文化氛围下，索尼员工不会因一时之错而担惊受怕，从而使他们安心工作，并敢于大胆去探索。微软公司同样容许员工犯错误，让员工从错误中学习，因为微软相信犯错者能够从中汲取教训。微软前副总裁曾说："如果解雇了犯错的人，也就是等于否定了这个教训的价值。"这种宽容的态度使微软员工不轻易放弃任何争取进步的机会，大大地激发了他们的想象力，从而推动微软公司不断地创新与发展。

(4)内在激励——用合理授权激发人

20世纪50年代后期，美国心理学家赫茨伯格提出双因素理论，认为工作以外的因素仅仅是保健因素，即外在激励，而真正发挥激励作用的激励因素源于工作本身，对工作本身的兴趣以及从中得到的快乐才对人具有根本性的激励作用，即内在激励。初创企业组织结构往往比较精简，员工数量不多，从 CEO 开始，每个人都是"一人多职"。有些创业者对员工不信任、不授权，喜欢事必躬亲，把握所有决策权。这样做的结果更可能是累死自己，并且企业发展不好。因此，基于授权的内在激励是任务多、人手不足的初创企业的必要激励手段。通过适当授权，赋予员工更大的工作自由度和更强的工作挑战性，能极大地激发员工的潜力，激励他们为企业更多地奉献。而且，可以使创始人摆脱日常管理事务而专注于企业战略的思考。当然，这也是培养员工领导能力和管理能力的一个重要途径，可以满足企业在不断发展壮大过程中的管理人才需要。

小家电制造商美太格公司重新设计了洗衣机的生产过程，通过授权，让员工可以组装整个抽水马达，而不是一小部分。这样一来，每个参与组装的员工都有了参与工作的积极性和主动性，生产效率和产品品质均得到了明显提升。

综上所述，初创企业在创业初期资金相对匮乏，没有办法像大企业那样可以推出一揽子琳琅满目的丰厚诱人的激励措施以吸引人、留住人、激励人。但是，走在创业路上，也请不要忽视激励机制的重要性。只要你把握"化繁为简"的招式心诀，同样可以构建有效的激励简式——用公司股权留住人；用共同愿景凝聚人；用赞美和宽容鼓励人；用合理授权激发人，同样可令三军士气高昂，怀揣创业梦想而砥砺前行。

第十一章　震惊百里

作为初创企业，准确地进行市场细分，选择目标市场，确定市场定位，制定适当的营销战略组合，是企业成功的关键。

创业者通过市场分析，可以更好地认识市场的商品供应和需求的比例关系，采取正确的经营战略，满足市场需要，提高企业经营活动的经济效益。当代青年要围绕中国精神、中国价值、中国力量，从政治、经济、文化、社会、生态文明等多个视角进行深入研究，站在世界市场的角度，搜集有关资料和数据，采用适当的方法，分析研究市场变化规律。

功法

精准市场细分、确定细分市场战略、进行市场定位、确定营销战略。

身法

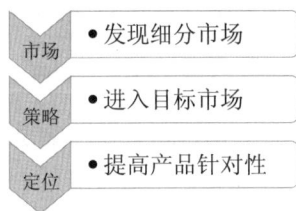

兵刃

市场细分方法、市场定位方法　市场策略选择方法。

词云图

第一节　目标市场的 STP 范式分析

降龙十八掌中的"震惊百里"源自《易经·震卦》，借雷震的震，衍生出震动、震撼、震惊、震慑的综合意思。震上震下，震惊百里。震为雷，两震相叠，反响巨大，可消除沉闷之气，亨通畅达。平日应居安思危，怀恐惧心理，不敢有所怠慢，遇到突发事件，也能安然自若，谈笑如常。如何"震惊"市场，让方圆百里的消费者找到初创企业的产品，这就需要通过一系列的市场营销活动来明确企业为何种需要而服务？为谁的需要服务？

这就需要使用 STP 工具，即第一步，市场细分（Market Segmentation），第二步，选择目标市场（Market Targeting），第三步，进行市场定位（Market Positioning）。

1. 目标市场的细分

市场营销的第一步，就是进行市场细分，市场细分对初创企业尤为重要。市场细分有利于创业者为自己的产品或服务发现最好的市场机会，集中人力物力提高市场占有率，能够用较少的经营费用取得最大的经济效益，提高企业在细分市场上的竞争力。

（1）市场细分的定义

市场细分就是企业根据自身条件和营销目标，以顾客需求的某些特征或变量为依据，区分具有不同需求的顾客群体的过程。经过市场细分，同一细分市场的顾客具有较多的相似性，不同细分市场之间的需求具有较多的差异性。企业应当明确有多少细分市场及各细分市场的主要特征。

（2）市场细分的作用

①有利于发现市场机会。在卖方市场条件下，企业营销决策的起点在于发现具有吸引力的市场环境机会。这种环境机会能否发展成为市场机会，取决于两点：与企业战略目标是否一致；利用这种环境机会能否比竞争者具有优势并获取显著收益。这些必须以市场细分为起点：通过市场细分，可以发现哪些需求已经得到满足，哪些需求只满足了一部分，哪些需求仍是潜在需求；相应地可以发现哪些产品竞争激烈，哪些产品竞争较少，哪些产品亟待开发。

与实力雄厚的大企业相比，初创企业资源有限，技术水平相对较低。通过市场细分，可以根据自身的优势，选择不被大企业关注的细分市场，集中力量满足该特定市场需求，在整体竞争激烈的市场条件下，在某一局部市场取得较好的经济效益，求得生存和发展。

②有利于选择目标市场。不进行市场细分，企业选择市场就可能是盲目的；不认真甄别各个细分市场的特点，就不能进行有针对性的市场营销。麦当劳刚进入中国市场时大量传播美国文化和生活理念，并以美国式产品牛肉汉堡来征服中国消费者的胃。

但是与其他洋快餐相比，鸡肉产品更加符合中国人的口味，更容易被中国人接受。针对这一情况，麦当劳改变了原来的策略，推出了鸡肉产品。

③有利于制定市场营销组合策略。市场营销组合是企业综合考虑产品、价格、促销形式和销售渠道等各种因素而制订的市场营销方案。就每一特定市场而言，只有一种最佳组合形式，这种最佳组合必须通过市场细分来制定。

④有利于提高企业的竞争力。企业的竞争能力受客观因素的影响而存在差异，通过有效的市场细分可以改变这种差异。市场细分以后，每一细分市场上竞争者的优势和劣势会明显地暴露出来，企业只要看准市场机会，利用竞争者的弱点，同时有效地开发本企业的资源优势，就能用较少的资源把竞争者的顾客和潜在顾客变为本企业的顾客，提高市场占有率，增强竞争能力。通过市场细分，中小企业把力量集中用于选定的细分市场，可以让整体市场上的相对劣势转化为局部市场上的相对优势。

⑤有利于提升顾客的忠诚度。企业在了解不同细分市场需求特征的基础上开发出新产品，更好地满足消费者的需求，消费者会感到有一个特定的企业更理解他们，因此更加忠实于这个企业的产品或服务。例如，宝洁公司生产了11种洗衣清洁剂。该公司还出售8种香皂、6种洗衣香波、4种液体碗碟清洁剂、4种牙膏、4种咖啡、3种地板清洁剂、3种卫生纸、2种除臭剂、2种食用油、2种织物柔软剂、2种一次性尿片，这种有针对性的多品牌战略保证了宝洁产品在每个细分市场上均有可能获得用户较高的忠诚度。

(3)市场细分的基础

市场细分的基础是市场需求具有差异性。具体来说，就是社会、经济、文化和其他环境因素的不同以及顾客需求的不断变化，顾客需要、欲望和购买行为等呈现较大的差异，企业需识别不同消费者的偏好进行需求满足。根据消费者对不同产品属性的重视程度，可以分为同质偏好、扩散偏好和集群偏好3种不同的偏好模式。以奶茶消费者对牛奶和茶这两种产品属性的不同偏好组合来说明这个问题。

①同质偏好(Homogeneous Preferences)。市场上的多数消费者都有大致相同的偏好，并相对集中于一个区域。在这种情况下，消费者对奶茶中牛奶和茶含量的需求类似，因而各品牌奶茶的特性必然比较集中，处于消费者偏好集中的区域(见图11-1)。

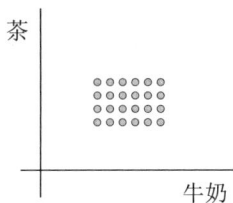

图 11-1　消费者对奶茶中牛奶和茶含量的需求同质偏好

②扩散偏好(Diffused Preferences)。市场上所有消费者对牛奶和茶这两种产品属性

偏好分散在整个空间，偏好极其分散。在这种情况下，进入该市场的第一品牌可能定位于中央位置，满足数量最多的消费者的需求。因此，定位于中央位置的产品品牌显然可以将消费者的不满足感降到最低水平。而进入该市场的第二品牌既可以定位于第一品牌附近，与其展开竞争；也可以避其锋芒，远离第一品牌，形成具有鲜明特征的定位，吸引第一品牌未能满足的消费者。如果该市场具有较大的潜力，会逐步出现几个竞争品牌，定位于不同的区域，以体现与其他竞争品牌的差异性，吸引特定的消费者群体(见图 11-2)。

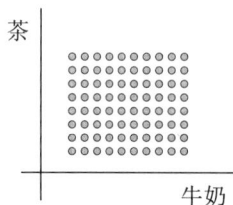

图 11-2　消费者对奶茶中牛奶和茶含量的需求扩散偏好

③集群偏好(Clustered Preferences)。市场上同时出现几个具有独特偏好的密集群，从而形成自然的细分市场。在这种情况下，进入市场的企业有 3 种选择：定位于中央，尽可能赢得大多数消费者(无差异营销)；定位于某一子市场(集中性营销)；开发多个品牌，满足不同消费者(见图 11-3)。

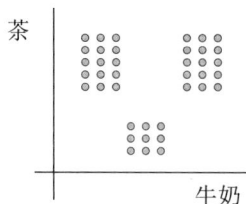

图 11-3　消费者对奶茶中牛奶和茶含量的需求集群偏好

(4)市场细分的依据

根据市场的主体不同，通常可以将市场区分为消费者市场和生产者市场，不同的市场类型，就有不同的市场细分依据。

①消费者市场细分的依据。通常，企业是组合运用有关变量来细分市场，而不是单一采用某一变量。概括起来，细分消费者市场的变量主要有地理变量、人口变量、心理变量、行为变量四大类。以这些变量为依据来细分市场就产生了地理细分、人口细分、心理细分和行为细分四种市场细分的基本形式。

第一，按地理变量细分市场。即按照消费者所处的地理位置、自然环境来细分市场。例如，根据国家、地区、城市规模、气候、人口密度、地形地貌等方面的差异将整体市场分为不同的小市场。地理变数之所以可作为市场细分的依据，是因为处在不同地理环境下的消费者对于同一类产品往往有不同的需求与偏好，他们对企业采取的营销策略与措施会有不同的反应。

第二，按人口变量细分市场。即按人口统计变量，如年龄、性别、家庭规模、家庭生命周期、收入、职业、教育程度、宗教、种族、国籍等为基础细分市场。

性别：由于生理上的差别，男性与女性在产品需求与偏好上有很大不同，例如在服饰、发型、生活必需品等方面。

年龄：不同年龄的消费者有不同的需求特点，例如青年人对服饰的需求与老年人的需求就有差异。

收入：低收入和高收入消费者在产品选择、休闲时间的安排、社会交际等方面都会有所不同。

职业与教育：消费者职业的不同、所受教育的不同也会导致所需产品的不同。例如，农民购买自行车偏好载重自行车，而学生、教师则喜欢轻型、样式美观的自行车。

家庭生命周期：一个家庭，按年龄、婚姻和子女状况，可分为单身、新婚、满巢、空巢和孤独五个阶段。在不同阶段，家庭购买力、家庭成员对商品的兴趣与偏好也会有很大的差别。

第三，按心理变量细分市场。即根据购买者所处的社会阶层、生活方式、个性特点等心理因素细分市场。

社会阶层，指在某一社会中具有相对同质性和持久性的群体。处于同一阶层的成员具有类似的价值观、兴趣爱好和行为方式，而不同阶层的成员对所需的产品也各不相同。识别不同社会阶层消费者所具有的不同特点，对于很多产品的市场细分将提供重要依据。

生活方式，人们追求的生活方式的不同也会影响他们对产品的选择。例如有的追求新潮时髦，有的追求恬静、简朴，有的追求刺激、冒险，有的追求稳定、安逸。西方的一些服装生产企业为"简朴的妇女""时髦的妇女"和"有男子气的妇女"分别设计不同服装；烟草公司针对"挑战型吸烟者""随和型吸烟者"及"谨慎型吸烟者"推出不同品牌的香烟，均是依据生活方式细分市场。

个性，指一个人比较稳定的心理倾向与心理特征，它会导致一个人对其所处环境做出相对一致和持续不断的反应。一般地，个性会通过自信、自主、支配、顺从、保守、适应等性格特征表现出来。因此，个性可以按这些性格特征进行分类，从而为企业细分市场提供依据。在西方国家，对诸如化妆品、香烟、啤酒、保险之类的产品，一些企业以个性特征为基础进行市场细分并取得了成功。

第四，按行为变量细分市场。即根据购买者对产品的了解程度、态度、使用情况及反应等将他们划分成不同的群体。很多人认为，行为变数能更直接地反映消费者的需求差异，因而成为市场细分的最佳起点。

②生产者市场细分的依据。很多用来细分消费者市场的标准同样也可用于细分生

产者市场。例如根据地理、追求的利益和使用率等变量加以细分。不过,由于生产者与消费者在购买动机与行为上存在差别,所以,除了运用前述消费者市场细分标准外,还可用一些新的标准来细分生产者市场。

第一,用户规模。在生产者市场中,有的用户购买量很大,而另外一些用户的购买量则很小。企业应当根据用户规模大小来细分市场,并根据用户或客户的规模不同,制订不同的营销组合方案。例如,对于大客户,宜于直接联系、直接供应,在价格、信用等方面给予更多优惠;而对众多的小客户,则宜于让产品进入商业渠道,由批发商或零售商去组织供应。

第二,产品的最终用途。产品的最终用途不同也是生产者市场细分的标准之一。如工业品用户购买产品,一般都是供再加工之用,对所购产品通常都有特定的要求。

第三,消费者购买状况。即根据消费者购买方式来细分市场。如前所述,消费者购买的主要方式包括直接重购、修正重购及新任务购买。根据不同的购买方式的采购程度、决策过程等可将整体市场细分为不同的小市场群。

(5)市场细分的方法

市场细分的方法主要有单一变量法、主导因素排列法、综合因素细分法、系列因素细分法等;市场细分作为一个比较、分类、选择的过程,应该按照市场细分的程序来进行。

①单一变量法。所谓单一变量法,是指根据市场营销调研结果,把选择影响消费者或用户需求最主要的因素作为细分变量,从而达到市场细分的目的。这种细分法以公司的经营实践、行业经验和对客户的了解为基础,在宏观变量或微观变量间,找到一种能有效区分客户并使公司的营销组合产生有效对应的变量而进行的细分。例如:玩具市场需求量的主要影响因素是年龄,可以针对不同年龄段的儿童设计满足不同需要的玩具。除此之外,性别也常作为市场细分变量而被企业所使用,妇女用品商店、女人街等的出现正反映出性别标准为大家所重视。

②主导因素排列法。是指一个细分市场的选择存在多因素时,可以从消费者的特征中寻找和确定主导因素,然后与其他因素有机结合,确定细分的目标市场。如在女装市场上,年龄与收入是影响服装选择的主导因素,职业、婚姻、气候等因素则居于从属地位。这种方法简便易行,但难以反映复杂多变的顾客需求。

③综合因素细分法。综合因素细分法即用影响消费需求的两种或两种以上的因素进行综合细分,例如用生活方式、收入水平、年龄三个因素可将女装市场划分为不同的细分市场。

④系列因素细分法。当细分市场所涉及的因素是多项的,并且各因素是按一定的顺序逐步进行,可由粗到细、由浅入深,逐步进行细分,这种方法称为系列因素细分法。目标市场将会变得越来越具体,例如某地的皮鞋市场就可以用系列因素细分法进行细分(见图11-4)。

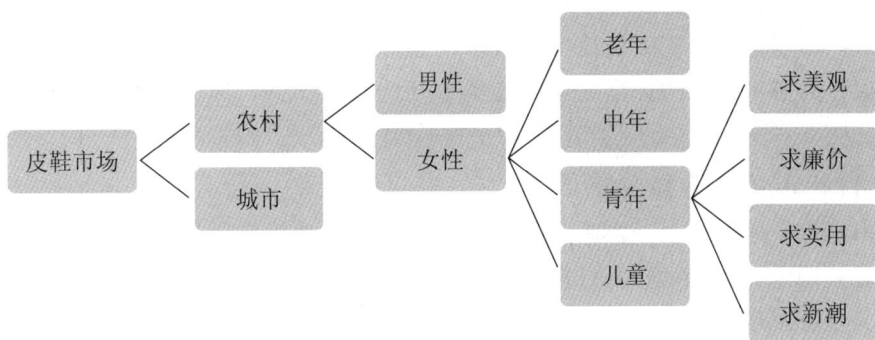

图 11-4 皮鞋市场系列因素细分图

（6）市场细分的原则

企业进行市场细分的目的是定位消费者的需求差异，来取得较大的经济效益。众所周知，产品的差异化必然导致生产成本和推销费用的相应增长，所以，企业必须在市场细分所得收益与市场细分所增成本之间做权衡。因此，有效细分市场必须遵循一定的原则。

①可衡量性。可衡量性是指用来细分市场的标准和变数及细分后的市场是可以识别和衡量的，即有明显的区别，有合理的范围。如果某些细分变数或购买者的需求和特点很难衡量，细分市场后无法界定，那么市场细分就失去了意义。一般来说，一些带有客观性的变数，如年龄、性别、收入、地理位置、民族等，都易于确定，并且有关的信息和统计数据，也比较容易获得；而一些带有主观性的变数，如心理和性格方面的变数，就比较难以确定。

②可进入性。可进入性是指企业能够进入所选定的市场，能进行有效的促销和分销，实际上就是考虑营销活动的可行性。第一是企业能够通过一定的广告媒体把产品的信息传递到该市场中去，第二是产品能通过一定的销售渠道抵达该市场。

③可盈利性。可盈利性是指细分市场的规模要大到能够使企业足够获利的程度，使企业值得为它设计一套营销规划方案，以便顺利地实现其营销目标，并且有可拓展的潜力，以保证按计划能获得理想的经济效益和社会服务效益。如一个普通大学的餐馆，如果专门开设一个西餐馆满足少数师生的要求，可能由于这个细分市场太小而得不偿失；但如果开设一个清真饭菜供应部，虽然其市场仍然很窄，但从细微处体现了民族政策，有较大的社会效益，值得去做。

④差异性。差异性指细分市场在观念上能被区别并对不同的营销组合因素和方案有不同的反应。

⑤相对稳定性。相对稳定性指细分后的市场有相对应的时间稳定。细分后的市场能否在一定时间内保持相对稳定，直接关系到企业生产营销的稳定性。特别是大中型企业以及投资周期长、转产慢的企业，更容易造成经营困难，严重影响企业的经营

效益。

此外，市场细分的基础是消费者需求的差异性，所以使消费者需求产生差异的因素都可以作为市场细分的标准。由于各类市场的特点不同，因此市场细分的条件也有所不同。

2. 目标市场的选择与定位

在市场细分的基础上，企业要从各个细分市场中选择自己想要进入的最佳细分市场，也就是确定"目标市场"。目标市场选择是指企业在评估了不同的市场之后，决定选择哪些细分市场和选择多少细分市场作为其服务对象的决策过程。

（1）目标市场选择模式

企业在选择目标市场时，可供选择的市场覆盖模式有密集单一市场、产品专一化、市场专一化、选择专业化和市场全面化5种模式。

①密集单一市场模式。这是一种最简单的目标市场模式（见图11-5）。企业选取一个细分市场，生产一种产品，供应单一的顾客群，进行集中营销。选择密集单一市场模式一般基于以下考虑：企业具备在该细分市场从事专业化经营或取得目标利益的优势条件；限于资金、能力，只能经营一个细分市场；该细分市场中没有竞争对手；准备以此为出发点，取得成功后向更多的细分市场扩展。如"海尔"起步时，7年内专注于冰箱生产；"娃哈哈"由儿童饮料起步，后来逐步成长为纯净水、乳酸菌饮品、茶饮品的饮料巨无霸；"苏宁"从空调销售小店开始，成长为全面的家电销售和服务企业。

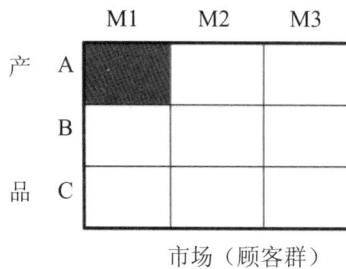

图11-5　密集单一市场模式

②产品专一化模式。指企业生产一种产品向各类顾客销售（见图11-6）。产品专一化模式的优点是企业专注于某一种或一类产品的生产，有利于形成和发展生产和技术上的优势，在该领域树立形象。其局限性是当该领域被一种全新的技术与产品所代替时，产品销量可能会因此而大幅度地下降。如某一厂商仅生产光学显微镜，可以提供给大学实验室、政府实验室和工商企业实验室，但当电子显微镜出现后，其换代成本将会大幅提高。

③市场专一化模式。指企业专门经营满足某一顾客群体需要的各种产品（见图11-7）。

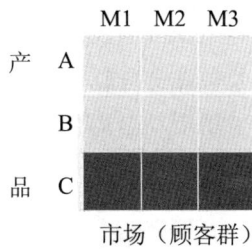

图 11-6 产品专一化市场模式

比如某工程机械公司专门向建筑业用户供应推土机、打桩机、起重机、水泥搅拌机等建筑工程中所需的机械设备。市场专一化经营的产品类型众多，能有效地分散经营风险。但由于集中于某一类顾客，当这类顾客的需求下降时，企业也会遇到收益下降的风险。如"耐克"和"阿迪达斯"专注于体育用品市场，为各种运动项目和不同层次的运动者提供从头到脚的运动装备。

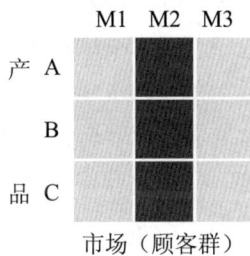

图 11-7 市场专一化市场模式

④选择专业化模式。指企业选取若干具有良好的盈利潜力和结构吸引力，且符合企业目标和资源的细分市场作为目标市场，其中每个细分市场与其他细分市场之间较少联系(见图 11-8)。优点是可以有效地分散经营风险，即使在某个细分市场盈利情况不佳，仍可在其他细分市场取得盈利。采用选择专业化模式的企业应具有较强的资源和营销实力。如"海尔"产品组合为家庭、企业提供冰箱、冰柜、空调等电器。

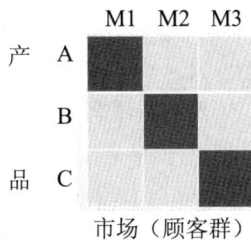

图 11-8 选择专业化市场模式

⑤市场全面化模式。市场全面化是指企业生产多种产品去满足各种顾客群体的需要(见图11-9)。一般来说，实力雄厚的大型企业在一定阶段会选用这种模式，以求收到良好效果。例如，美国可口可乐公司在全球饮料市场、宝洁在全球消费日用品市场、通用汽车公司在全球乘用车市场都采用市场全面化的战略。

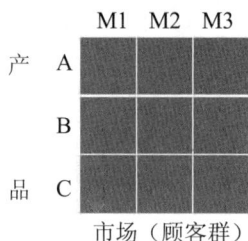

图11-9 市场全面化市场模式

(2)目标市场选择的步骤

①收集市场数据。依靠数据选择细分市场，可提高企业成功的概率。因此，全面、准确地收集相关数据与信息是目标市场选择的基础。其中，数据是指消费者的基本信息及关于消费者与企业发生商业活动的历史记录等，大数据时代极大地提升了上述数据获取的便利性。从长远角度来看，建立顾客信息数据库已成为企业的一项基本工作，数据为企业营销活动提供客观依据。没有顾客信息数据库的企业可以通过消费者调研、统计数据等方式获得一手和二手数据。当前，越来越多的咨询公司从事专业的顾客信息调查和收集工作，企业可以向这类公司购买数据或委托他们展开市场调研。

②对顾客群体进行科学分类。根据所收集的现实顾客与潜在顾客的信息和数据，企业就可以依据一定标准对顾客进行分类，并对数据进行处理。而这种分类标准既可以是单一细分变量，也可以是一系列细分变量的组合。具体而言，为选取适当的细分变量，企业需要找出对顾客购买决策起决定性作用的变量。

③选择目标顾客。充分掌握顾客相关数据的企业，通常采用顾客终身价值指标的定量计算方法来选择核心顾客。顾客终身价值是每个顾客在未来可能为企业带来的收益总和。每个客户的价值都由三部分构成：历史价值(到目前为止已经实现了的顾客价值)、当前价值(如果顾客当前行为模式不发生改变的话，将来会给公司带来的顾客价值)和潜在价值(如果公司通过有效的交叉销售可以调动顾客购买积极性，或促使顾客向别人推荐产品和服务等，从而可能增加的顾客价值)。

顾客终身价值的复杂性和变化性，使得采用何种方法准确地测量和计算成为企业面临的最大挑战之一。目前，比较流行和具有代表性的顾客终身价值预测方法为DW-YER方法和顾客事件预测法。

首先，DWYER方法。该方法将客户分为两大类：永久流失型和暂时流失型。永久流失型客户要么把其业务全部交给现在的供应商，要么完全流失交给另一供应商。

究其原因，要么是其业务无法分割，只能交给一个供应商；要么其业务转移成本很高，一旦将业务交给某供应商则很难转向其他供应商。这种客户一旦流失，便很难再回来。暂时流失型指的是这样一类客户，他们将其业务同时交给多个供应商，每个供应商得到其总业务量的一部分。这类客户的业务转移成本低，他们容易在多个供应商之间转移业务份额，有时可能将某供应商的份额削减到零，但对该供应商来说不一定失去了这个客户，客户也许只是暂时中断购买，沉寂一段时间后，有可能突然恢复购买，甚至带来更多的业务份额。

DWYER方法的缺陷是，它只能预测一组客户的终身价值或每个客户的平均终身价值，无法具体评估某个客户对于公司的终身价值。

其次，顾客事件预测法。这种方法主要是针对每一个客户，预测一系列事件发生的时间，并向每个事件分摊收益和成本，从而为每位顾客建立一个详细的利润和费用预测表。顾客事件预测可以说是为每一个顾客建立了一个盈亏账户，顾客事件档案越详细，与事件相关的收益和成本分摊就越精确，预测的准确度就越高。但是，顾客未来事件预测的精准度并不能完全保证，主要有两个原因。其一，预测依据的基础数据不确定性很大，顾客以后的变数、企业预计的资源投入和顾客保持策略，以及环境变数等都具有不确定性。其二，预测的过程不确定性很大，整个预测过程是一个启发式的推理过程，涉及大量的判断，需要预测人员具有丰富的经验，所以预测过程和预测结果因人而异。

（3）目标市场战略选择的影响因素

①企业实力。如果企业实力雄厚，规模较大，技术力量和设备能力较强，资金雄厚、原材料供应条件好，则可采用差别营销策略或无差别营销策略。我国许多大型企业，基本上均采用这两种策略。反之，规模小、实力差、资源不足的企业宜采用集中市场营销策略。

②产品特性。对于具有不同特性的产品，应采取不同的策略。对于同质性商品，虽然由于原材料和加工不同而使产品质量存在差别，但这些差别并不明显，只要价格适宜，消费者一般无特别的选择，无过分的要求，因而可以采用无差别营销策略。而异质性商品，消费者对产品的质量、价格、包装等，常常要反复评价比较，然后再决定购买，这类产品就必须采用差别营销策略。

③市场特性。当消费者对产品的需求欲望、偏好等较为接近，购买数量和使用频率大致相同，对销售渠道或促销方式也没有大的差异，就显示出市场的类似性，可以采用无差别营销策略。如果各消费者群体的需求、偏好相差甚远，则必须采用差别营销策略或集中营销策略，使不同消费者群体的需求得到更好的满足。

④产品生命周期。产品所处的生命周期不同，采用的营销策略也是不同的。

若产品处于介绍期和成长期，通常采用无差别营销策略，去探测市场需求和潜在顾客；当产品进入成熟期或衰退期，无差别营销策略就完全无效，须采用差别营销策略，才能延长成熟期、开拓市场、维持和扩大销售量，或者采用集中营销策略来实现上述目的。

⑤竞争企业的营销策略。企业生存于竞争的市场环境中，对营销策略的选用也受到竞争者的制约。如果竞争者采用差别营销策略，而本企业采用无差别营销策略，就无法有效地参与竞争，很难占有有利的地位，除非企业本身有极强的实力和较大的市场占有率。如果竞争者采用的是无差别营销策略，则无论企业本身的实力大于或小于对方，采用差别营销策略，特别是采用集中营销策略，都是有利可图、有优势可占的。

总之，选择适合于本企业的目标市场营销策略，是一项复杂的，随时间变化的，有高度艺术性的工作。企业本身的内部环境，如研究开发能力、技术力量、设备能力、产品的组合、资金是在逐步变化的；影响企业的外部环境因素也是千变万化的。企业要不断通过市场调查和预测，掌握和分析这些变化的趋势，与竞争者各项条件进行对比，扬长避短、把握时机，采用恰当的、灵活的策略，去争取较大的利益。

(4)目标市场选择的策略

①无差异性市场策略。企业把整体市场看作一个大的目标市场，不进行细分，用一种产品，统一的市场营销组合对待整体市场。企业选择无差异性市场策略，主要是基于两种不同的指导思想：第一，从传统的产品出发，强调消费者需求的共性，忽略消费者需求的差异性。因此，此时的企业总是为整体市场生产标准化产品，并实施无差异性的市场营销战略。在产品导向观念占据主导地位的时代，大多数企业采用这种策略开展经营活动。第二，经过市场调查之后，企业认为某些特定产品的消费者需要大致相同或存在较少差异，因此选择无差异性的策略。

无差异性市场策略最大的优点是成本的经济性；最大的缺点是顾客的满意度低、适用范围有限。

在相当长的一段时间内，可口可乐公司仅生产一种口味、一种规格的瓶装可口可乐，连广告词也只有一种。它所实施的就是无差异性市场战略，期望凭借一种产品来满足所有消费者对饮料的需求。

②差异性市场策略。企业把整体市场划分为若干个需求与愿望大致相同的细分市场，然后根据企业的资源及营销实力选择不同数目的细分市场作为目标市场，并为所选择的各目标市场制定不同的市场营销组合策略。其最大优点是可以有针对性地满足具有不同特征的顾客群的需求、提高产品的竞争能力、能够树立良好的市场形象、吸引更多的购买者；最大缺点是市场营销费用大幅度增加。

美国爱迪生兄弟公司经营了900余家鞋店，分为4种不同的连锁店形式，每一种形式都是针对一个不同的细分市场，有的专售高价鞋，有的专售中等价鞋，有的专售廉价鞋，有的出售时髦鞋。在芝加哥斯泰特大街的3个街区内就有该公司的3家鞋店。尽管这些商店彼此很近，但并不影响各自的生意。因为它们是针对女鞋市场上的不同细分市场。

③集中性市场策略。把企业资源集中在一个或几个小型市场，不求在较多的细分市场上得到较少的市场份额，而要求在较小的市场上得到较大的市场占有率。这种策略适合资源薄弱但愿意承担较大风险的企业。

典型案例

有一家小规模的制鞋公司，在皮鞋市场上的竞争力较弱。通过市场调查和细分后，了解到皮鞋市场上有各种不同的皮革制成的皮鞋，款式有 150 多种。但有很多消费者喜欢在家穿轻便舒适的皮便鞋，该公司决定以此消费者群体作为目标市场，集中企业的一切资源，专门生产这种皮便鞋，使公司在竞争激烈的皮鞋市场上站住了脚，获得了很大的经济效益。

（5）目标市场定位的概念与作用

在目标市场中寻找到自己独特的位置和竞争优势后，还要让自己的产品或服务与其他产品或服务鲜明地区分开来，这就要根据目标市场上同类产品或服务的竞争状况，做出明确的定位。

从目标市场定位的概念看，"定位"（Position）一词，是由艾尔·里斯和杰克·特兰特在 1972 年提出的。他们对定位的解释是：定位起始于产品，一件商品、一项服务、一家公司、一个机构，甚至是一个人。定位并不是对产品本身做什么事，而是针对潜在顾客的心理采取的行动，即把产品在潜在顾客的心中确定一个适当的位置。他们强调定位不是改变产品本身，而是改变名称和沟通等要素。

在市场经济条件下，定位主要包括：第一，产品定位。进行细致的产品定位，要通过详细的市场调研，充分结合市场上的人口分布、经济状况及消费者习惯等来实现。第二，消费者定位。这主要是根据消费者的心理与购买动机等寻求不同的购买差异。第三，价格定位。价格定位应跳出价格战的误区，商品价格高低主要取决于厂商的战略定位与未来产品及市场发展的动向等。第四，广告定位。广告定位应遵循的原则是：对谁说，即选择目标顾客；说什么，即广告的内容与创意；怎么说，即广告的艺术风格及表现形式。第五，目标市场定位，也被称为产品定位或竞争性定位，就是塑造一种产品在细分市场的位置，是产品成功走向市场的基础，也是产品在市场上"所向披靡"的保证。

目标市场定位的作用，主要表现在以下方面。

①强化产品针对性。如今人们消费越来越注重个性化。因此，企业要确定具体的服务对象。对服务对象定位的前提是对市场进行细分。通过合理、精确的市场细分，企业可以对各细分市场中的消费需求和市场竞争状况加以对比，这样既可以根据对比结果了解和掌握各细分市场中服务对象的需求满意度，同时可以发现自身所具有的优

势和劣势，有利于企业制定正确的营销策略。

②增强企业产品在市场上的竞争力。任何企业都有自己的长处和短处、优势和劣势，在市场上盲目出击，极有可能导致营销失败。确定企业相对于竞争者的市场位置，企业要准确分析自己产品与竞争对手产品在成本及品质上的优势，以优势对劣势，打击竞争产品，占领市场，进而增强企业产品在市场上的竞争力。

③开拓新市场。越来越多的企业家感到一种产品几十年仍然能保持垄断地位的日子已经一去不复返了。现在产品的市场寿命越来越短，产品两年一升级四年一换代的现象屡见不鲜。真正的市场定位是在市场细分的基础上做出的。企业通过市场细分，可以掌握消费者的不同需求情况，从而发现未被满足或未被充分满足的需求市场。企业根据市场细分和企业自身优势正确确定自己的市场，开发新产品，开拓新市场。

④确定事业领域。由于人的需求是多样的，因此，任何企业都不可能满足购买者的全部需要，而只能满足其需求的一部分。也就是说，企业必须充分认识自身的优势和劣势为自己确定一个恰当的市场定位，即确定企业的事业领域。市场定位是企业及产品确定在目标市场上的位置。

（6）目标市场定位的方式

①避强定位。避强定位是指企业避免与强有力的竞争对手发生直接竞争，而将自己的产品定位于另一市场内，使自己的产品在特征或属性方面与强势对手有明显的区别。避强定位的优点是使企业快速的在市场上站稳脚跟，并能在消费者或用户心目中树立起一种形象；市场风险较小，成功率较高。缺点是企业放弃某个最佳的市场位置，很可能使企业处于最差的市场位置。

②迎头定位。迎头定位又称竞争性定位、对峙性定位、针对式定位，是指企业根据自身的实力，为占据较佳的市场位置，不惜与市场上占支配地位、实力最强或较强的竞争对手发生正面竞争，从而使自己的产品进入与对手相同的市场位置。由于竞争对手强大，这一竞争过程往往相当引人注目，企业及其产品能较快地被消费者了解，达到树立市场形象的目的。尽管迎头定位策略是一种非常危险的战术，但不少企业还是认为这是一种可以激励自己奋发上进的定位尝试，一旦成功就会获得巨大竞争优势。例如，在摩托车市场上，本田与雅马哈一直是直面竞争。

③重新定位。这种策略是企业对销路少、市场反应差的产品进行二次定位。初次定位后，如果由于顾客的需求偏好发生转移，市场对此企业产品的需求减少，或者由于新的竞争者进入市场，选择与此企业相近的市场位置，这时，企业就需要对其产品进行重新定位。一般来说，重新定位是企业摆脱经营困境，寻求新的活力的有效途径。此外，企业如果发现新的产品市场范围，也可以进行重新定位。例如，早期专为儿童设计的迪士尼乐园，经过重新定位，成为面向所有年龄段消费者的主题公园。

（7）目标市场定位的步骤

企业市场定位的全过程可以通过以下三大步骤来完成。

第一步，识别潜在竞争优势。这一步骤的中心任务是要回答以下三个问题：一是竞争对手产品定位如何？二是目标市场上顾客欲望满足程度如何以及确实还需要什么？三是针对竞争者的市场定位和潜在顾客的真正需要企业应该及能够做什么？要回答这三个问题，企业市场营销人员必须通过一切调研手段，系统地设计、搜索、分析并报告有关上述问题的资料和研究结果。通过回答上述三个问题，企业就可以从中把握和确定自己的潜在竞争优势在哪里。

第二步，核心竞争优势定位。竞争优势表明企业具有能够胜过竞争对手的能力。这种能力既可以是现有的，也可以是潜在的。选择竞争优势实际上就是一个企业与竞争者各方面进行实力比较的过程。比较的指标应是一个完整的体系，只有这样，才能准确地选择相对竞争优势。通常的方法是分析、比较企业与竞争者在经营管理、技术开发、采购、生产、市场营销、财务和产品七个方面究竟哪些是强项，哪些是弱项。借此选出最适合本企业的优势项目，以初步确定企业在目标市场上所处的位置。

第三步，战略制定。这一步骤的主要任务是企业要通过一系列的宣传促销活动，将其独特的竞争优势准确传达给潜在顾客，并在顾客心目中留下深刻印象。首先，应使目标顾客了解、知道、熟悉、认同、喜欢和偏爱本企业的市场定位，在顾客心目中建立与该定位相一致的形象。其次，企业通过各种努力强化目标顾客形象，加深对目标顾客的了解，稳定目标顾客的态度和加深目标顾客的感情来巩固与市场相一致的形象。最后，企业应注意目标顾客对其市场定位理解出现的偏差或由于企业市场定位宣传上的失误而造成的目标顾客模糊、混乱和误会，及时纠正与市场定位不一致的形象。企业的产品在市场上定位即使很恰当，但在下列情况下，还应考虑重新定位，一是竞争者推出的新产品定位于本企业产品类似，侵占了本企业产品的部分市场，使本企业产品的市场占有率下降。二是消费者的需求或偏好发生了变化，使企业产品销售量骤减。

总的来说，企业需要避免三种主要的市场定位错误。第一种是定位过低，即根本没有真正为企业定好位。第二种错误是定位过高，即传递给购买者的企业形象单一。第三种是企业必须避免定位混乱，否则会给购买者一个模糊的企业形象。

(8)目标市场的差异化战略定位

差异化是市场定位的根本战略，具体表现在以下几个方面。

①产品差异化战略。产品差异化战略是从产品质量、产品款式等方面实现差别。寻求产品特征是产品差异化战略经常使用的手段。在产品差异化战略实施过程中，由于产品或服务具有特色，顾客对它们具有很高的忠诚度，可以构筑起强有力的进入壁垒，使竞争者难以进入。另外，由于产品差异性很大，与同类企业相比，可以处于更加有利的位置，因而产品差异化战略还可以有效防止替代产品的威胁。例如，在全球通信产品市场上，苹果、华为等具有强大实力的跨国公司，通过自己遥遥领先同类企业的技术优势，在智能手机领域持续地为自身产品注入新的特性，源源不断地推出具

有差异性的产品，不断吸引着大量的客户，赢得了持续竞争优势。

通常而言，产品差异化战略定位的主要形式包括：a. 产品情感形象定位，以情感为媒介，让消费者在消费者过程中体验不同的情感，一些老字号产品通常以情感定位维持消费者的忠诚。b. 产品消费感受定位，在产品中融入一些特殊的元素，让消费者从中获得别样的心理和生理感受。例如，可口可乐让消费者感受到可口和愉悦，品牌历史虽然超过百年，仍十分畅销。c. 产品等级或属性相关定位，指通过定位策略，将产品与某一特定属性联系起来或区别开来。如宜家产品的风格为新颖和简洁，这一品牌形象深入人心。d. 价格和质量定位，也有些生产商和零售商因高质量的产品和昂贵的价格而闻名。例如，一些奢侈品牌的服饰和手表定位于高昂的价格和较高的质量。e. 产品形式定位，以产品的形式和状态来进行的市场定位。例如王老吉的定位是"红罐""降火"。

②服务差异化战略。服务差异化是指向目标市场的顾客提供与竞争对手不同的优质服务的战略。服务差异化可以提高顾客的总价值，建立与顾客的良好关系，击败竞争对手。当企业竞争优势越是体现在对顾客的服务水平上，由服务差异化而带来的市场差异化就越容易实现。因此，如果将差异化的服务因素融入产品支撑体系，则企业就可以在主要竞争领域建立进入壁垒。服务差异化战略的适用范围较广，尤其适用于需求饱和的市场。如餐饮巨头海底捞，从餐前排号到餐后送行，以全面的服务取得巨大的成功。

③人员差异化战略。人员差异化定位是指通过聘用和培养比竞争对手更为优秀的员工以获得竞争优势的战略。由于企业所有的竞争行为都是通过"人"的载体所实现的，因而人员差异化战略运用得当，确实可以提升竞争优势。例如，新加坡航空因为拥有一批优雅且服务周到的空中小姐而享誉全球；迪士尼乐园以员工的精神饱满著称。一个受过良好训练的员工应具有以下基本的素质和能力：第一，能力。具有产品知识和相应技能。第二，礼貌。尊重顾客，友好待人。第三，诚实。第四，可靠。具有强烈的责任心，能够高质量完成工作。第五，反应敏锐。对顾客的要求能够迅速做出反应。第六，善于交流。可以理解顾客的诉求，并准确将信息传递给顾客。

④形象差异化战略。形象差异化定位指的是在产品的核心部分与竞争者产品相似的情况下，塑造不同的产品形象，以获取差异优势的市场策略。通常，差异化形象主要有：知名度、美誉度、信誉度及特色等。对于采取形象差异化定位的企业来说，其所要做的就是激发创造性思维，进行创造性设计，并采用各种传播手段进行持续不断地传播。例如，塑造形象的方法有名称、颜色、标识、标语、环境、活动等。以色彩来说，淘宝的橙色、娃哈哈的白红色、百事可乐的蓝色都能够让消费者在众多的同类产品中很轻易地识别开来。

⑤促销方式差异化战略。促销方式差异化战略是企业试图采用不同的宣传方式，以求占领不同的细分市场，或在原有市场获得更大的市场份额。企业要持续保持促销

方式的差异化，就需要不断抓住客户需求，并恰当地利用先进技术手段。例如，为了促进电商平台销售，淘宝商城（天猫）创办"双十一"购物狂欢节，举办网络促销活动，在促销时间节点上与竞争者形成差异，虽然起初参与的商家数量和促销力度有限，但营业额远超预想的效果。如今，"双十一"已成为中国电子商务行业的年度盛事，并且逐渐影响到国际电子商务行业。

第二节　目标市场组合营销策略与原则

进行了市场细分、明确了目标市场、完成了市场定位之后，由于各种外部因素的阻隔，还必须让目标用户能够知道自己的存在，找到自己，最终购买自己的产品，这就需要使用一系列的组合营销策略。组合营销策略有很多种，这里主要对传统的 4P 和当下风行的 4I 两种策略进行说明。

1. 目标市场的 4P 组合营销策略

4P 策略是围绕产品（Product）、价格（Price）、促销（Promotion）和渠道（Place）四项要素，针对目标市场实施的组合策略。

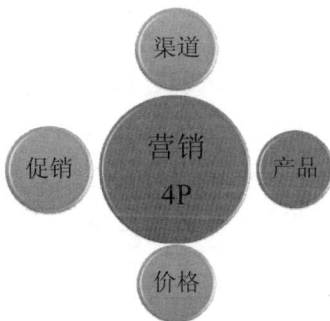

图 11-10　4P 组合营销策略图

（1）产品策略（Product）

每个新企业都将面临新产品获得用户认可的挑战，这里首先要注重产品的功能开发，要求产品有独特的卖点，把产品的功能诉求放在第一位，为目标用户创造能够感知的价值。如 M&M 作为一个全球知名巧克力品牌，其"只溶在口不溶在手"不仅仅是一句广告语，更强调了其产品给用户带来的独特体验；"飘柔"洗发水也是把品名和功能完美地结合起来的典范。

产品策略除了有针对性的产品或服务研发、质量、效用等硬条件之外，更多的是指企业提供给目标市场的货物、服务的集合，因此还包括产品的外观、式样、品牌、包装和规格，还包括服务等因素。比如苹果手机的成功主要在于其独特的产品外观以及为苹果品牌注入的创造力、科技感等因素，形成了巨大的"产品力"。

强大的产品要素确定之后还要有一个恰当进入市场的时机。有机食品、生态食品现在是一个巨大的市场，其实 20 世纪 90 年代就已经有创业者进入这个市场，但当时国人的食品安全意识和环境意识比较淡薄，对价格如此之高的食品并不认同，企业需要花费大量的成本说服消费者，所以市场规模一直无法做大。

（2）价格策略（Price）

主要指产品定价。产品定价一般采用两种思路——成本加成法和感知价值法。

成本加成法是指在产品单位成本上加上一定比例的利润加成以确定产品价格。这种定价方法主要使用在工业品领域，一个产品的成本结构容易被拆分，也足够透明，但这种做法利润有限。感知价值法则是以消费者感知到的价值作为定价基础，估算消费者愿意支付的价格。

对于创业者来说其产品定价建议采用感知价值法，典型的就是奢侈品定价，消费者在购买产品时几乎忽略了产品的制造成本和使用价值，但购买过程本身就会产生成就感、优越感以及身份认同感。如果初创企业初入市场定价较低或迅速降价就会对品牌价值、产品价值产生难以逆转的负面影响。

（3）促销策略（Promotion）

就是"促进销售"的策略，是指企业利用各种信息载体与目标市场进行沟通的传播活动的一系列举措，利用包括广告、人员推销、营业推广与公共关系等各种有效的方法和手段，使消费者了解和注意企业的产品、激发消费者的购买欲望，并促使其实现最终的购买行为。初创企业没有经济实力进行长时间的折扣促销和广告宣传，口碑营销和名人效应可以降低硬广告成本，前者可以通过口口相传，利用客户向其周围人推广而扩大知名度，更容易使受众相信。后者则可以通过"蹭热点""抱大腿"的方式迅速成为公众关注焦点，以极低的成本达成广告效果。

（4）渠道策略（Place）

就是产品从生产端转移到客户端的具体通道，一般分为直销和分销两种路径。前者由厂家直接面对客户终端，后者则经过一层或多层的分销商到达客户。

直销优势是能够控制产品从企业到消费的整个过程，能够及时得到市场反馈，例如小米手机一般只在自己官网上销售产品，不依赖中间商，将利润空间让渡给消费者，产品性价比高。但直销方式也会迫使企业承担本来要由中间商承担的风险、资金去进行渠道建设。

分销模式虽然能够分担企业风险，降低企业渠道建设成本，但企业也失去一部分产品销售控制力，尤其是初创企业很依赖中间商，话语权小，容易受到压榨。

直销或分销各有利弊，创业者应该权衡多项要素，结合自己的战略方向选择合适的渠道策略，进行科学的渠道管理。

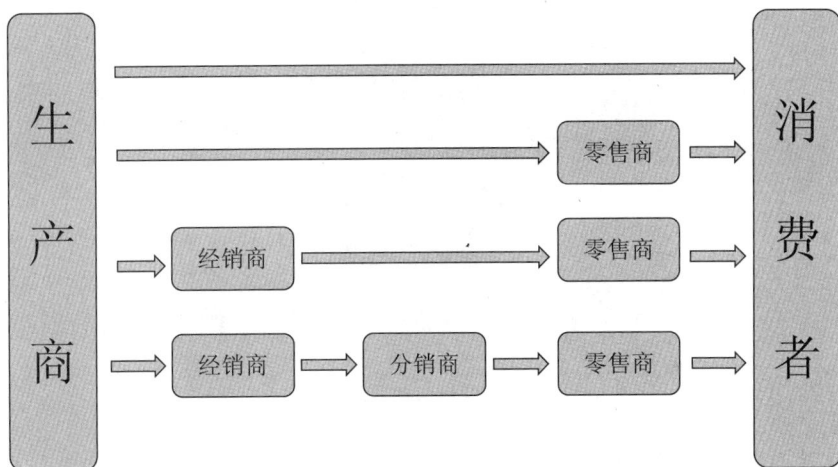

图 11-11　产品销售渠道示意图

2. 目标市场的 4I 组合营销原则

4I 组合营销原则，即将趣味（Interesting）、利益（Interests）、互动（Interaction）、个性（Individuality）四个要素在营销过程中进行整合的策略。

进入互联网时代后，现实生活和网络生活的界限不断模糊，营销策略也在不断发生改变，如果 4P 营销策略是以企业为出发点，那么 4I 组合营销则是以互联网思维为出发点，改变了传统信息传播自上而下，单向线性流动，消费者只能被动接受的模式。互联网的世界是扁平的，一切信息传播方式是立体多维的，信息传播多向、可复制，传播过程不容易失真、互动频繁。每个消费者既是产品的使用者同时也是产品信息的传播者，消费者的"耳朵"和"嘴巴"在"自媒体"的催动下都得到了无限放大，企业营销也要尝试从"精准射击"的围猎者向"愿者上钩"的垂钓者转变，网络整合营销的 4I 原则给出了很好的营销方向选择。

（1）趣味原则

早在 20 世纪 80 年代波兹曼就振聋发聩地喊出了美国人正在"娱乐至死"，几十年过去了，人类不仅没有死，而且在互联网上"娱乐"被发挥得淋漓尽致，营销活动想要玩转瞬息万变的互联网时代，在消费者注意力成为稀缺资源的条件下，营销活动的形式和内容的趣味性及娱乐化成为先决条件。例如，为"甜心摇滚沙拉"打响知名度的"斯巴达事件"就是营销推广自带娱乐属性的代表，高颜值、好身材的外国帅哥成功吸引了女性消费者的注意力，在与"斯巴达勇士"互动的过程中即可品尝到他们手中的沙拉，充满趣味性兼具参与感的活动被全球超过三百家媒体头条报道，并持续引爆销量。传统的打折、让利也变成了各种参与游戏换取积分、奖品。

但在追求娱乐属性的同时，也应该认清恶俗、矫情、逐丑等负面价值，切忌喧宾夺主，让消费者认为产品噱头大于产品价值，甚至对品牌产生负面评价。

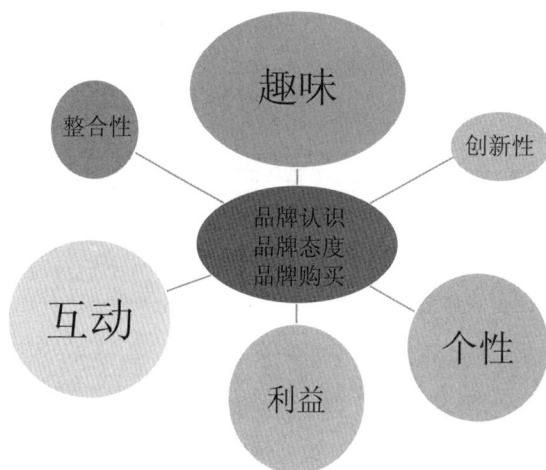

图 11-12 4I 组合营销原则图

(2)利益原则

对于消费者利益的满足能够有效激发消费者购买的热情而且有助于品牌好感度和忠诚度的提升。随着消费形态的升级，消费者精神及心理层面欲求的重要性得到凸显。普通的打折、让利等很难让当下的消费者产生持久的购买动机。

互联网的营销可以采用社会化媒体分享的方式以充分满足消费者社交需求。对于当下"90后"为主体的年轻消费群体，社交媒体上的分享数量、关注度、各种勋章、等级成为重要的"社交货币"。当年轻的消费者排队拿到各种限量产品、新奇产品之后，首先要做的往往不是使用而是拍照，发朋友圈或微博，消费者通过"晒产品"的方式满足自身融入时尚主流人群的心态，同时满足社交需求，获得精神层面的满足，同时充当了产品品牌的推广者。当商家向消费者喊出"抖音超百万，终身免单"口号时，他们就是在用"眼球经济"套现，以心理利益驱动用户进行营销。

(3)互动原则

互动原则是社交媒体时代网络营销最重要的特征，也是网络营销区别于传统营销的最基本特点和最大优势。互动能够加强用户对品牌的了解程度，消除用户对品牌的疑虑。网络营销活动的互动一般包括用户与用户之间的互动，潜在用户与电商平台之间的互动，这里的用户不单单指产品的用户，而是所有的互联网使用者，每一次的社交都可能变成一张截图、一段视频被传播。大量的所谓互联网产品就是通过亲自参与互动与创造从而留下品牌印记，各种网红食物、直播工厂、网络认养都是互联网互动营销的体现。除此之外，线上线下互动活动，推送各种分享活动，编写互动故事都是很好的做法。

把消费者作为一个主体，发起其与品牌之间的互动交流，可以为营销带来独特的竞争优势。未来的品牌将是半成品，一半由消费者体验、参与来确定。当然，营销人找到能够引领和主导两者之间互动，进而形成社群的方法很重要。

（4）个性原则

大数据时代，基于详尽的数据分析，企业可以更好地进行精准定位与营销，为某一类消费者提供产品或服务，满足其个性化需求，个性化更容易俘获人心。网络媒体中，数字流的特征让精准定位变得简单、便宜，细分出一小类人，甚至一个人，做到一对一销售都成为可能。品牌想要创造出新的基因就必须与同质化的品牌区隔开来，互联网的个性化营销有助于向潜在用户精准渗透，也就是让一百万个用户看到你，不如让一万个用户喜欢你。

总的来说，基于互联网特点的4I组合营销原则的逻辑可以概括为，在文案和视觉趣味化和游戏化设计的基础上，让用户获得更多的社交满足感，通过不断地互动达到对消费者个性化的价值实现，最终实现产品销售。其具体实施要点无外乎满足消费者的社交需求，赋予其身份标签；制造话题让消费者成为品牌的免费推手；以 UGC（用户生成内容）的内容生成方式提升用户黏性；以用户驱动品牌建设获得更多地参与和共鸣。

第十二章　龙战于野

　　《射雕英雄传》中，江湖刀光剑影，东邪西毒、南帝北丐、中神通，五绝各胜所长，拼的也是硬实力。《笑傲江湖》中，封禅台一战，左冷禅被岳不群刺瞎双眼。法家讲求"术势法"三道并行，左冷禅只得术与法，自身竞争策略选择出现失误，岳不群虽只得一"势"，而"辟邪剑法"却是江湖中的顶级核心竞争力，后发制人、泰山压顶、雷霆万钧、破网而出，"伪君子"是真，这硬实力倒不是假的。武林江湖中的习武之人和商业江湖中的创业者都还是要选择准确的竞争策略，打造核心竞争力，双管齐下，方能在群龙战于野的乱局中脱颖而出。

　　创新是企业经营最重要的品质，也是我们爬坡过坎必须要做到的。关键核心技术必须牢牢掌握在我们自己手中。机会永远属于强者。能力强，意志也要强。遇到竞争者，要敢于较量，要学会把这种良性竞争当成自己每天积极进取的动力源泉，以乐观向上的态度投入竞争。

功法

　　找到对手、分析对手、后发制人、形成优势。

身法

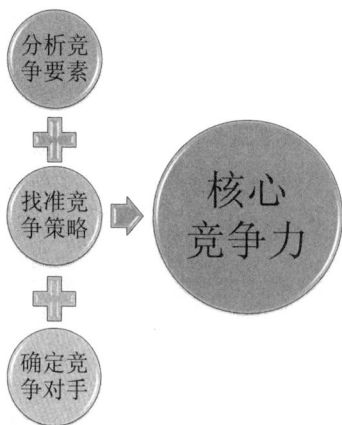

兵刃

识别竞争者角度、发现竞争者策略方法、提升自身竞争力途径。

词云图

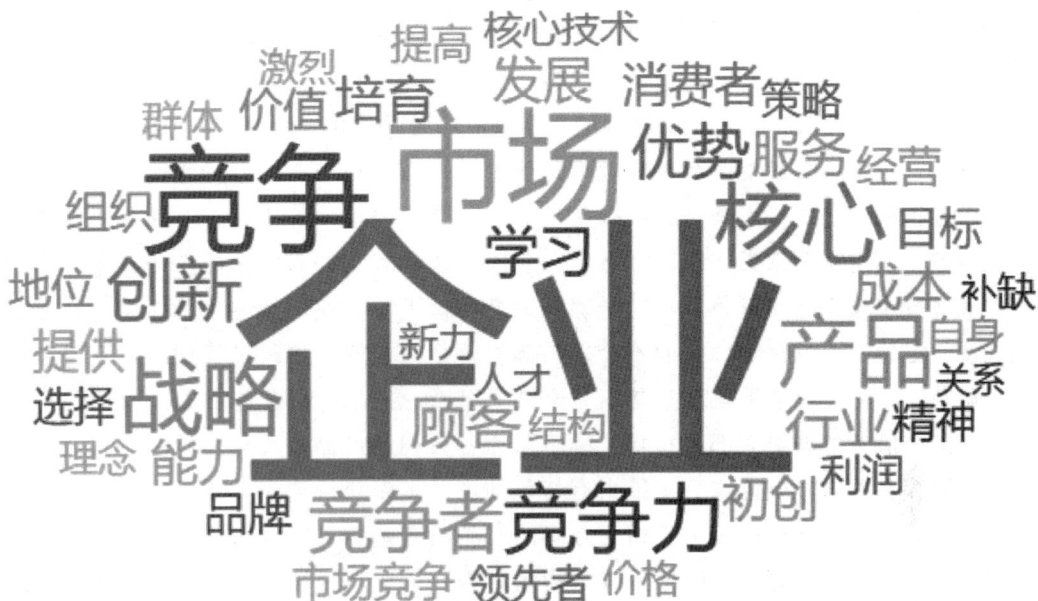

第一节 企业竞争的策略分析

"龙战于野"为《易经·坤卦》第六爻中的爻辞。坤卦上六爻为阴盛之极的物象，阴盛之极而逼阳与之交战，有龙战于野之象。三国魏晋之际，司马氏身为人臣，权倾天下，威逼魏主，发生交战，结果以司马氏篡国，魏主身亡失国而结局。此爻爻义及故事告诉世人，在矛盾双方力量悬殊时，较弱的一方一定不要轻易行动，避免以卵击石，而应变等待和创造时机，审势以后动。

知彼知己，百战不殆，初创企业要制定正确的竞争战略和策略，就要深入地了解竞争者。需要了解的主要内容有：谁是竞争者？他们的战略和目标是什么？他们的优势与劣势是什么？他们的反应模式是什么？企业应当攻击谁？回避谁？确定竞争战略后，初创企业就要着力培育和提升自身核心竞争力，在市场上争夺生存空间。

1. 识别竞争者的方法与目标

企业参与市场竞争，不仅要了解谁是自己的顾客，而且还要弄清谁是自己的竞争对手。从表面上看，识别竞争者是一项非常简单的工作，但是，由于需求的复杂性、层次性、易变性，技术的快速发展和演进、产业的发展使得市场竞争中的企业面临复杂的竞争形势，一个企业可能会被新出现的竞争对手打败，也可能因新出现的需求变化而被淘汰。企业必须密切关注竞争环境的变化，了解自己的竞争地位及彼此的优劣势，为自身寻求合适的竞争战略。企业通常从行业角度和市场的角度识别竞争者。

（1）识别竞争者的方法

①从行业视角识别竞争者。行业是一组提供一种或一类密切替代产品的相互竞争的公司群。经济学家认为，行业的动态首先取决于需求与供应的基本状况，供求会影响行业结构，行业结构又影响企业的行为，如产品开发、定价和广告等，企业的行为又决定着企业的绩效。决定行业结构的主要因素包括以下几方面。

第一，销售商数量及产品差异程度。依据销售商数量与产品差异程度，行业结构可分为五种类型。一是完全垄断，指在一定地理范围内某一行业只有一家公司供应产品或服务。二是完全寡头垄断，指某一行业内少数几家大公司提供的产品或服务，占据绝大部分市场并相互竞争，在完全寡头垄断条件下，企业间为避免恶性竞争，通常会在产品定价上形成默契，企业不会轻易调整价格，企业间将改进管理、降低成本和增加服务作为主要竞争手段。三是不完全寡头垄断，指某一行业内少数几家大公司提供的产品或服务占据绝大部分市场，顾客认为各公司的产品在质量、性能、款式或服务等方面存在差异，企业致力于推出有特色的产品，以获得消费者认可。四是完全竞争。指某一行业内有许多卖主且相互之间的产品没有差别。完全竞争大多存在于同质产品市场，如日用品等。企业竞争战略的焦点是降低成本、增加服务并争取通过产品开发扩大与竞争品牌的差别。五是垄断竞争，指某一行业内有许多卖主且相互之间的产品在质量、性能、款式和服务方面有差别，顾客对产品和品牌有特殊偏好，企业通过构建品牌差异确定竞争优势。

第二，进入与退出障碍。进入障碍指缺乏足够的资本、未实现规模经济、无专利和许可证、无场地、原料供应不充分、难以找到愿意合作的分销商、产品信誉不易建立等。退出障碍是指现有企业在市场前景不好、企业业绩不佳时意欲退出该产业（市场），但由于各种因素的阻挠，资源不能顺利转移出去。退出障碍有两种，即破产时的退出（被动或强制）和向其他产业转移（主动或自觉）时的退出。从行业利润的角度来看，最好的情况是进入障碍较高而退出障碍低，在这种情况下，新进入者将受到抵制，而在本行业经营不成功的企业会离开本行业。反之，进入障碍低而退出障碍高是最不利的情况，在这种情况下，当某行业的吸引力较大时，众多企业纷纷进入该行业；当该行业不景气时，过剩的生产能力仍然留在该行业内，企业之间竞争激烈，相当多的企业会因竞争不利而陷入困境。

第三，成本结构。成本结构是企业成本中各个成本项目的数额占全部成本数额的比重，在每个行业里从事业务经营所需的成本及成本结构不同。如软件开发产业，它最大的成本是智力，是软件开发的时间，即工资至少要占到50%或60%；其他的日常管理维护费用可能占10%～20%，利润有20%～30%。而化妆品业分销和促销成本大。公司应把注意力放在最大成本上，在不影响业务发展的前提下减少这些成本。软件开发业将主要成本用于高层次专业人才的投入比用于广告宣传更有利,化妆品制造商将主要成本用于建立广泛的分销渠道和广告宣传可能比投入生产更有利。

第四,纵向一体化。纵向一体化是指与企业产品的用户或原料的供应单位相联合或自行向这些经营领域扩展,就是指企业在现有业务的基础上,向现有业务的上游或下游发展,形成供产、产销或供产销一体化,以扩大现有业务范围的企业经营行为。当然,在产品或服务的生产或分销过程中,企业要至少参与其中两个或两个以上的相继阶段的经营,才可称为纵向一体化经营。纵向一体化有两方面的含义:第一,指组织结构现有状态,即企业在产品的加工或经销各阶段上的延伸程度;第二,指企业行为,即企业通过纵向兼并等手段进入另一加工或经销阶段的行为。带来经济性、有助于开拓技术、确保供给和需求、削弱供应商或顾客的价格谈判能力、提高差异化能力、提高进入壁垒、进入高回报产业、防止被排斥是企业推行纵向一体化所获取的优势,其缺点是价值链中的部分环节缺少灵活性,维持成本比较高。

②从市场方面识别企业的竞争者。第一,品牌竞争者。品牌竞争是指满足相同需求的、规格和型号相近的同类产品的不同品牌之间,在质量、特色、服务、外观等方面所展开的竞争。因此,当其他企业以相似的价格向同一顾客群提供类似产品与服务时,营销者将其视为竞争者。如家用空调市场中,格力空调、海尔空调、三菱空调等厂家之间的关系。品牌竞争者之间的产品相互替代性较高,因而竞争非常激烈,各企业均以培养顾客品牌忠诚度作为争夺顾客的重要手段。

第二,行业竞争者。企业把提供同种或同类产品,但规格、型号、款式不同的企业称为行业竞争者。提供同一类产品或服务的企业,或者提供可相互替代产品的企业,共同构成一个行业。所有同行业的企业之间存在彼此争夺市场的竞争关系。如家电行业、食品行业、运输行业等。由于同行业企业产品的相似性和可替代性,彼此间形成了竞争的关系。在同行业内部,如果一种商品的价格变化,就会引起相关商品的需求量的变化。例如,如果滚筒式洗衣机的价格上涨,就可能使消费者转向购买其竞争产品如波轮式洗衣机,这样,波轮式洗衣机的需求量就可能增加。反之,如果滚筒式洗衣机的价格下降,消费者就会转向购买滚筒式洗衣机,使得波轮式的需求量减少。因此,企业需要全面了解本行业的竞争状况,制定企业针对行业竞争者的战略。

第三,需要竞争者。提供不同种类的产品,但满足和实现消费者同种需要的企业称为需要竞争者。如航空公司、铁路客运、长途客运汽车公司都可以满足消费者外出旅行的需要,当火车票价上涨时,乘飞机、坐汽车的旅客就可能增加,相互之间争夺满足消费者的同一需要。

第四,消费竞争者。提供不同产品,满足消费者的不同愿望,但目标消费者相同的企业称为消费竞争者。如很多消费者收入水平提高后,可以把钱用于旅游,也可用于购买汽车或购置房产,因而这些企业间存在相互争夺消费者购买力的竞争关系,消费支出结构的变化，对企业的竞争有很大影响。

（2）识别竞争者的战略和目标

从识别竞争者的战略看，各企业采取的战略越相似，他们之间的竞争就越激烈。在多数行业中，根据所采取的主要战略不同，可将竞争者划分为不同的战略群体。例如，联想、华硕、戴尔等都提供中等价位的各种电脑，因此可将它们划分为同一战略群体。

根据战略群体的划分，可以归纳出三点：一是不同战略群体的进入与流动障碍不同。比如，某公司在产品质量、声誉和纵向一体化方面缺乏优势，则进入低价格、中等成本的战略群体较为容易，而进入高价格、高质量、低成本的战略群体较为困难。二是同一战略群体内的竞争最为激烈。处于同一战略群体的公司在目标市场、产品类型、质量、功能、价格、分销渠道和促销战略等方面几乎无差别，任一公司的竞争战略都会受到其他公司的高度关注并在必要时做出强烈反应。三是不同战略群体之间存在现实或潜在的竞争。不同战略群体的顾客会有交叉。比如，中低收入、中间收入、高收入顾客都可能购买华为手机。每个战略群体都试图扩大自己的市场，涉足其他战略群体的领地，在企业实力相当和流动障碍小的情况下尤其如此。

识别竞争者，是为了更好地实现企业追逐利润的目标。每个企业对利润的关注视角存在差异，有的重视长期利润，有的重视短期利润；有的企业实现预期利润后，就不会再努力与对手展开竞争；有的企业追求利润最大化，会通过各种方式，推出各种竞争策略，获得尽可能多的利润。比如，为了满足股东和维持股票价格，美国企业在经营过程中往往追求短期利润最大化，日本企业因为能够获得低息贷款，其资金使用成本较低，所以公司通常按照最大限度扩大市场占有率的模式经营，运用各种策略去识别竞争者，逐步展开市场渗透。

2. 市场竞争者的类型与竞争策略选择

（1）市场竞争者的类型

①市场领导者。指在某一行业的产品市场上占有最大市场份额的企业。一般来说，大多数行业都存在一家或几家市场领导者，他们处于全行业的领先地位，其一举一动都直接影响同行业其他厂家的市场份额，他们的营销战略成为其他企业挑战、仿效或回避的对象。如宝洁公司是日化用品市场的领导者，可口可乐公司是软饮料市场的领导者等。市场领导者通常在产品开发、价格变动、分销渠道、促销力量等方面处于主宰地位，是市场竞争的导向者。市场领导者的地位是在竞争中形成的，但不是固定不变的。处于市场主导地位的领先企业，其营销战略首先是扩大总市场，即增加总体产品需求数量。通常可以运用扩大市场需求量、保持现有市场份额、提高市场占有率三条途径实现。

②市场挑战者。指在行业中处于次要地位（第二、第三甚至更低地位）但又具备向市场领导者发动全面或局部攻击的企业。如富士是摄影市场的挑战者，高露洁是日化

用品市场的挑战者，百事可乐是软饮料市场的挑战者等。处于次要地位的企业如果选择"挑战"战略，向市场领先者进行挑战，首先必须确定自己的策略目标和挑战对象，然后选择适当的进攻策略。大多数市场挑战者的战略目标是提高市场占有率，进而达到提高投资收益率和利润率的目标。挑战者在明确战略目标时，必须确定谁是主要竞争对手。一般说来，挑战者可以选择下列几种类型的攻击目标。

第一，攻击市场领先者。这是一种既有风险又具潜在价值的战略。一旦成功，挑战者企业的市场地位将会发生根本性的改变，因此颇具吸引力。企业采用这一战略时，应十分谨慎，周密策划以提高成功的可能性。

第二，攻击与自身实力相当的企业。抓住有利时机，向那些势均力敌的企业发动进攻，把竞争对手的顾客吸引过来，夺取它们的市场份额，壮大自己的市场。这种战略风险小，若出师大捷或胜多败少的话，可以对市场领先者造成威胁，甚至有可能改变企业的市场地位。

第三，攻击实力较弱的企业。当某些中、小企业出现经营困难时，可以通过兼并、收购等方式，夺取这些企业的市场份额，以壮大自身的实力和扩大市场占有率。

③市场追随者。指在行业中居于次要地位，并安于次要地位，在战略上追随市场领导者的企业。在现实市场中存在大量的追随者。市场追随者的最主要特点是跟随。在技术方面，它不做新技术的开拓者和率先使用者，而是做学习者和改进者。在营销方面，不做市场培育的开路者，而是搭便车，以减少风险和降低成本。市场追随者通过观察、学习、借鉴、模仿市场领导者的行为，不断提高自身技能，不断发展壮大。市场跟随者不是盲目、被动地单纯追随领先者，其任务是确定一个不致引起竞争性报复的跟随战略，在不同的情形下有自己的策略组合和实施方案。其战略要求：必须懂得如何稳定自己的目标市场，保持现有顾客，并努力争取新的消费者或用户；必须设法创造独有的优势，给自己的目标市场带来如地点、服务、融资等特有的利益；还必须尽力降低成本并提供较高质量的产品和保证较高的服务质量，提防挑战者的攻击，因为市场跟随者的位置是挑战者的首选攻击目标。

第一，紧密跟随。战略要点"仿效"和"低调"。跟随企业在各个细分市场和市场营销组合，尽可能仿效领先者。以至于有时会使人感到这种跟随者好像是挑战者，但是它从不激进地冒犯领先者的领地，在刺激市场方面保持"低调"，避免与领先者发生直接冲突。有些甚至被看成是靠拾取主导者的残余市场利润谋生的"寄生者"。

第二，距离跟随。战略突出在"合适地保持距离"，在目标市场、产品创新与开发、价格水平和分销渠道等方面都追随领先者，但仍与领先者保持若干差异，以形成明显的距离。对领先者既不构成威胁，又因跟随者各自占有很小的市场份额而使领先者免受独占之指责。采取距离跟随策略的企业，可以通过兼并同行业中的一些小企业而发展自己的实力。

第三，选择跟随。战略突出在选择"追随和创新并举"。跟随者在某些方面紧跟领先者，而在另一些方面又别出心裁。这类企业不是盲目跟随，而是择优跟随，在对自己有明显利益时追随领先者，在跟随的同时还不断地发挥自己的创造性，但一般不与领先者进行直接竞争。采取这类战略的跟随者之中有些可能发展成为挑战者。

④市场补缺者。市场补缺者是指那些选择不大可能引起大企业兴趣的市场的某一部分进行专业化经营的小企业。这些企业为了避免同大企业发生冲突，往往占据着市场的小角落。它们通过专业化的服务，来补缺可能被大企业忽视或放弃的市场，进行有效的服务。市场补缺者通过生产和提供某种具有特色的产品和服务，赢得发展的空间，甚至可能发展成为"小市场中的巨人"。对市场补缺者而言，在推行补缺战略时，应该注重关系市场营销，建立市场营销网络，补缺者应着眼于长远利益，与顾客、供销商等建立、保持、加强互利交换、共同履行诺言的关系。应该把同顾客的长期关系视作核心原则，在各方都能实现自己目的的基础上保持、发展与顾客的良好关系。同时应该强调顾客让渡价值，既然同顾客的长期关系是核心，补缺者在补缺基点上应致力于为顾客服务，使顾客满意。今天价格是消费者消费时考虑的因素之一，顾客总价值与顾客总成本之间的差额即"顾客让渡价值"，才是消费者真正重视的。补缺者在补缺基点为了能吸引更多的潜在顾客，就必须向顾客提供具有更多顾客让渡价值的产品，进而使消费者购买本企业的产品。

（2）竞争者的市场反应行为

①迟钝型竞争者。某些竞争企业对市场竞争措施的反应不强烈，行动迟缓。这可能是因为竞争者受到自身在资金、规模、技术等方面的能力的限制，无法做出适当的反应；也可能是因为竞争者对自己的竞争力过于自信，不屑于采取反应行为；还可能是因为竞争者对市场竞争措施重视不够，未能及时捕捉到市场竞争变化的信息。

②选择型竞争者。某些竞争企业对不同的市场竞争措施的反应是有区别的。例如，大多数竞争企业对降价这样的价格竞争措施总是反应敏锐，倾向于做出强烈的反应，力求在第一时间采取报复措施进行反击，而对改善服务、增加广告、改进产品、强化促销等非价格竞争措施则不大在意，认为不构成对自己的直接威胁。

③强烈反应型竞争者。竞争企业对市场竞争因素的变化十分敏感，一旦受到竞争挑战就会迅速地做出强烈的市场反应，进行激烈的报复和反击，势必将挑战自己的竞争者置于死地而后快。这种报复措施往往是全面的、致命的，甚至是不计后果的，不达目的决不罢休。这些强烈反应型竞争者通常都是市场上的领先者，具有某些竞争优势。一般企业轻易不敢或不愿挑战其在市场上的权威，尽量避免与其做直接的正面交锋。

④不规则型竞争者。这类竞争企业对市场竞争所做出的反应通常是随机的，往往不按规则出牌。例如，不规则型竞争者可能会对市场竞争的变化做出反应，也可能不

做出反应；他们既可能迅速做出反应，也可能反应迟缓；其反应既可能是剧烈的，也可能是柔和的。

基于初创企业大多为中小企业，难于同市场领导者展开竞争，所以对初创企业而言，市场追随者和市场补缺者是切实可行的竞争战略。

(3)初创企业的竞争策略选择

企业要求生存、求发展，就一定要形成优势，哪怕是暂时的、局部的优势，在市场竞争中占据一席之地，从而实现由劣势向优势的转化。对于初创企业来说，要想形成自己的战略优势，就必须从承认自己是弱者开始，抓住各种市场机会，走在环境变化的前头，选择正确的战略目标和战略重点，才有把握逐步走上成功之路。

①成本领先战略。成本领先战略分两个层次：第一是低价低值战略，看似没有吸引力，但很多公司按此战略经营取得成功。这时企业应关注对价值非常敏感的细分市场，面对收入水平低的消费群体，低价低值是一种很有生命力的战略，是一种成本领先的战略。第二是低价战略。这是企业寻求成本领先战略时常用的典型途径，在降价的同时保持产品或服务的质量不变。

②市场补缺、快速取胜战略。迅速找到那些大企业没有发现，或大企业不愿意进入，但并非没有前途和利润的细分市场作为自己的目标市场。这样，就可以避开大企业的威胁。这是根据小企业灵活、适应性较强的特点而制定的一种战略。小企业应根据"人无我有，人有我快"的原则，通过寻找市场的各种空隙，凭借自身快速灵活的优势，一举进入空白市场，进则扩大空隙，向专业化方向发展，退则迅速撤离，寻找新的空白。待时机成熟之后，再和大型企业一争高低。比如沃尔玛成立初期，就将缺乏竞争力的乡镇作为目标市场，待企业资源、能力和品牌积累到一定程度，开始进攻城市市场。

③集中优势、特色取胜战略。每个小企业都有自己的特殊性，都有自己的比较优势。小企业只要能创造性地发挥自己的比较优势便能形成自己特有的竞争能力。小企业规模小，一般不能达到规模经济的要求而保持成本水平的领先地位来取得竞争中的主动地位。但可以集中优势，通过选择能够有效发挥企业长处的细分市场进行专业化经营，把有效的资源集中在目标市场上，形成企业特色产品，提高市场占有率。

④协作配套战略。小企业要善于借助大企业的优势来发展自己，许多大型企业有着产品品牌优势和市场地位优势。但这些企业并不是万能的，它们的发展需要很多的配套工程。如非核心零部件或服务等都需外部提供。小企业在发展初期，可以与大企业、大集团建立稳定的协作配套关系，凭借大企业的优势为自己在市场竞争中谋求一席之地。

第二节　初创企业核心竞争力培育与提升

对于初创企业而言，要在市场上占有一席之地，需要有自身的"看家本领"，即核心竞争力，所以能否通过合理的方式培育自身的竞争力，对创业能否成功至关重要。企业核心竞争力能让企业在产品市场具有竞争地位，直接提升企业整体实力，为企业服务的时间比任何产品都长久，核心竞争力的建设并不是某个单一产品的研发成功所产生的成果，它依靠的是丰富的经验和知识，需要在长期的实践中有计划的构建，因此，核心竞争力对企业的持续发展又具有战略意义。

1. 初创企业竞争力的内涵与培育

（1）企业核心竞争力的内涵

核心竞争力，又称"核心能力"或"核心竞争优势"，是指一个企业拥有或控制的可持续产生独特竞争优势的资源和能力。核心竞争力的形成不是一朝一夕的结果，它需要企业长期的积累，它支撑着企业的过去、现在和未来，能够让企业始终都具有竞争优势。

通过对核心竞争力特征展开深入分析，发现企业文化力、学习力、创新力对于企业竞争优势起到了决定性的作用，核心竞争力正是这三力有机结合构成的。

第一，企业文化力。企业文化力是区别于企业物质生产力的一种精神生产能力、柔性生产能力。企业文化力是由它的核——核心价值观，以及核的外层——企业精神这两个层面构成的。

企业核心价值观是以企业中各个个体价值观为基础，以企业家价值观为主导的群体价值观念，它是企业领导者和全体员工对企业的生产经营活动和企业人的行为是否有价值以及价值大小的根本观点。核心价值观在企业文化力结构中处于核心地位。它是企业文化力结构，乃至整个企业经营运作、发展战略的导向、调节、控制与实施日常操作的文化核心，是企业生存的基础，也是企业追求成功的精神动力源。

以价值观为基础，反映企业全体员工的理想目标和优秀传统的心理定式就是企业精神。企业精神是一种个性精神，它反映了在不同企业的价值观支配和滋养下，所形成的独具个性的企业精神。企业精神又是一种团体精神，反映作为一种正式社会组织表现出的人的群体理想和目标，反映出企业全体员工在经营观念方面的有序化和一体化，反映出员工的素质水平和总体上对企业发展特殊性以及对企业所负责任的认识程度，反映企业凝聚力和活力。

第二，企业学习力。企业学习力由学习精神和学习机制、学习过程三个层面构成。学习精神是企业全体员工对于学习的一种意识，是企业学习态度、动机等综合体现。它决定了学习力的发展方向，还在很大程度上决定了学习力作用结果的质量。如果没有一种开放的，彼此信任与理解的，愿意承担风险的，鼓励对话、共享与合作的，激励个人与组织共同成长的学习精神，任何造就组织学习力的努力将化为泡影。

企业学习力的有效运行和发展，需要一定的机制来支持和推动，这种机制就是学习机制。它是企业造就学习力的内在机能，是构筑并增强学习力的保证。学习激励制度和学习型组织是学习机制的两个重要组成部分，学习激励制度是创造满足员工学习需要的条件，激发、引导、保持和规划员工的学习行为的一系列规则和规范，它是学习精神的物化体现。学习机制的另一个重要方面，就是建立适合企业进行学习的学习型组织。

企业学习的过程就是在学习精神的指引、学习机制的保证下，企业的学习型组织不断修炼的过程。

第三，企业创新力。企业创新力位于核心竞争力的外层，它承载了来源于企业文化力和学习力中最精华的部分，同时它又是对外输出其他各种专长的窗口。同样，企业创新力也具有核化结构，创新精神是企业创新力的核，创新机制、知识储备、创新过程围绕核共同构成了企业创新力。

创新精神支配和影响着创新力结构中其他因素。创新精神始于企业家，终于每个员工，如果没有企业家的创新精神，企业便不可能打破旧的、过时的模式，开创企业乃至社会生产和生活方式的新局面。

创新机制是企业造就创新力的内在机能。企业创新力的发挥是在一定的环境和条件下进行的，创新力要受到各种因素和各方面关系的激励和约束。企业创新力的发挥是企业整体的知识储备扩大并由此产生出新概念、新思想、新体系的过程。因此足够量的知识储备是企业造就创新力的基础。

创新过程是企业在创新精神的指引下，创新机制的保障下，一定知识储备的基础上在若干方面发挥创新力的过程，包括技术创新、管理创新、制度创新、组织创新、文化创新等。

（2）企业核心竞争力的特征

作为竞争优势本源，企业核心竞争力应具备以下五个特征。

①价值性。核心竞争力是富有战略价值的，它能为企业创造更高价值、降低成本；为顾客提供独特的价值和利益，最终使企业获得超过同行业平均利润水平的超值利润。

②独特性。企业核心竞争力是企业在发展过程中长期培育和积淀而成的，企业不同，它的形成途径不同，它为本企业所独具，而且不易被其他企业模仿和替代，必须是独一无二的，并能提供持续的竞争优势。

③延展性。即核心竞争力的延展使企业获得核心专长以及其他能力，它对企业的一系列能力或竞争力都有促进作用，它为企业打开多种产品市场提供支持，延展性犹如一个"能量源"，通过其发散作用，将能量不断扩展到终端产品上，从而源源不断地为消费者提供创新产品。

④动态性。企业的核心竞争力虽然内生于企业自身，但它是在企业长期的竞争发展过程中逐渐形成的，与一定时期的产业动态、企业的资源以及企业的其他能力等变量高度相关，随着彼此相关的变化，核心竞争力内部元素动态发展，导致核心竞争力动态演变，这也是一个客观必然。

⑤培育性。企业核心竞争力不是一个企业能在短期内形成的，而是企业在长期的经营管理实践中，逐渐形成并培养发展的。核心竞争力具有的独特性、动态性的特征也都与其长期培育性有直接的关系。

（3）企业核心竞争力的培育

商场如战场，发展才是硬道理，而企业要发展，必须有核心竞争力，核心竞争力相当于企业在竞争环境中的一把钥匙、一柄利剑，甚至是打遍整个市场的"硬通货"，只有拥有核心竞争力才能拥有不败地位。对于初创企业来说，核心竞争力的培育主要应聚焦于以下几个方面。

①坚持诚实守信。大多数初创企业都是开展直接与客户接触的业务，因此，在经营中能否留得住客户，获得顾客的信任，关键在于诚实守信。企业只要有一次价格欺诈、结算错误、以次充好、销售质量不合格产品等行为，就会失去顾客对企业的信任。我国先秦思想家强调"义利观"，其内涵也是强调企业在经营中应"以义为先"，不应该见利忘义。只注重利益而不讲求仁义、诚实、信任的企业，大多难以在市场立足，更别提建立像同仁堂这样的百年企业。

②培育企业的核心人才。经济的发展离不开人才，当前，我国许多城市都出台优惠政策，吸引人才到当地就业和创业，充分体现了人才对地方发展的重要性。同样，人才也是企业核心竞争力的重要组成部分。当前，企业间的竞争主要体现在人才的竞争上。在企业中，往往是20%的人才创造了80%的效益。毫无疑问，这20%的人才算得上是企业的核心人才。在产品、技术、渠道等竞争因素趋于同质化的情况下，人才成为企业之间差异化竞争的焦点，而创造了企业80%效益的核心人才，更是成为企业竞争的灵魂。企业若想在竞争激烈的市场立足，必须培育具有竞争力的人才，这样才能形成企业的核心竞争力。企业不仅需要高素质的决策者和管理者，还要培养其他领域的人才，为企业创造经济效益，由此可以看出，核心人才是企业的利润源泉。

③培育企业的核心技术。核心人才的培养带来了核心技术，只有企业拥有了核心技术，企业才会具有技术优势，在市场上站稳脚跟，技术的培育要具有创新性，结合企业自身的技术水平，最终拥有企业的专利技术。

▸▸ 典型案例

我国比亚迪汽车公司一直致力于新能源汽车的研发，经过多年努力，成功研制出具有独立知识产权的电动客车 K9，K9 搭载了多项比亚迪自主研发的先进技术。车载动力为公司自主研发生产的铁电池，行驶过程中完全无污染，同时其含的化学物质均可回收，是绿色环保电池。当前，K9 虽然售价 400 多万元人民币，但因其绿色环保特性，受到了欧美十几个国家几十个城市的青睐。

④培育独特的管理模式。管理模式指管理所采用的基本思想和方式，是指一种成型的、能供人们直接参考运用的完整的管理体系，通过这套体系来发现和解决管理过程中的问题，规范管理手段，完善管理机制，实现既定目标。企业的管理是企业运营的核心内容，培育企业的独特管理模式能够提升其核心竞争力。由于每个企业的发展情况不同，管理模式也不同，所以要培育符合本企业独特的管理模式。当前，很多企业为了提高效率，在组织设立时更多的选择扁平化组织，扁平化组织能够提高各层级人员的沟通效率，减少沟通过程信息的损耗，是初创企业的首选。当前很多新创互联网公司都是采用扁平化组织模式。

⑤培育知名品牌。品牌(Brand)是一种识别标志、一种精神象征、一种价值理念，是品质优异的核心体现。品牌已经成为企业的标志，培育知名品牌具有战略意义，它不仅能在消费者心中树立良好的形象，还能提升企业的利润。对企业而言，构建品牌至关重要。初创企业应该通过一整套科学的方法，从品牌的基础入手，对品牌的成长飞跃、管理、扩张、保护等进行流程化、系统化的运作。培育品牌是一项艰巨的工程，也是一项复杂的工程，必须采用多学科、多角度、多层次的方法。

⑥创建学习型组织。企业的发展和竞争力的培育都客观上要求企业创建学习型的组织，它是企业的隐形财产。在学习型组织中，每个人都要参与识别和解决问题，使组织能够进行不断的尝试，改善和提高它的能力。学习型组织的基本价值在于解决问题，与之相对的传统组织设计的着眼点是效率。在学习型组织内，雇员参加问题的识别，这意味着要懂得顾客的需要。雇员还要解决问题，这意味着要以一种独特的方式将一切综合起来考虑以满足顾客的需要。组织因此通过确定新的需要并满足这些需要来提高其价值。它常常是通过新的观念和信息而不是物质的产品来实现价值的提高。世界著名电商企业亚马逊为了让员工进行充分的交流，促进员工互相学习，在总部办公楼内的电梯间提供白板，让员工可以随时在白板上记录各种想法、分享心情。正是有这种持续学习的态度，亚马逊才能持续发展，成为世界电商巨头。

2. 初创企业竞争力提升的路径

对大部分企业而言，核心竞争力的培育只是企业形成竞争优势的第一步，接下来，企业还应在现有核心竞争力基础上，继续努力，进一步提升核心竞争力，使其成为竞争对手难以模仿、望尘莫及的"能力"，为企业带来领先的市场地位。那么什么是提升企业核心竞争力的关键？综观国内外成功企业发展历程，使企业核心竞争力进一步提升的法宝应是企业的创新能力。

大多数初创企业普遍存在着技术含量低、创新能力差、经济效益不高等现实问题，面临国内外大公司的激烈竞争。为此，建立初创企业创新体系，进一步增强竞争能力，可从以下六方面着手。

（1）培养企业的超竞争理念

竞争理念，是指竞争者认准了在同一条跑道上赛跑，你追我赶，谁跑得快谁才是冠军。这样的竞争可能获得更多的市场份额，但也可能由于竞争成本太高而使利润减少甚至亏损。超竞争理念则是指竞争者退出原来的跑道，自己新开一条跑道，自己同自己赛跑，这样怎么跑都是第一，从而既获得产品的市场份额，又获得超额利润。超竞争理念，就是另辟蹊径，以不同的产品或产品形式，更好地满足用户当前的需求。但超竞争理念的培养必须以市场需求为导向，而不是以产品技术为导向，是从满足某一方面的需求为出发点。如瑞士的机械钟表曾世界闻名，但却受到日本石英钟的严重冲击；同样美国的数字彩电打败了日本的模拟彩电；此外，数码相机冲击传统胶卷相机，半导体光源代替传统灯泡和日光灯等。其根本原因都是追求超竞争理念的结果。

（2）培养企业的差异化理念

在激烈的市场竞争中，初创企业面临大企业时，就要求避其锋芒，在产品研发、生产制造或营销等环节上要坚持差异化的理念。实行差异化战略要求企业在诸如产品设计和品牌形象、技术、外观、客户服务和经销网络方面中的一种或多种因素上建立起自身的独特性并能够不断地保持强化。差异化战略利用客户对品牌的忠诚以及由此产生的对价格敏感性下降来获取竞争优势进入壁垒。差异化战略要求企业具有强大的营销能力和创新能力。如在图片处理软件中，Photoshop的专业性已得到普遍认可，为了在图片处理软件市场获得一席之地，美图秀秀主打的不是专业性，而是容易操作，其软件节省了用户大量时间，确立了自己的差异化优势，获得了众多用户的青睐。

（3）培养企业的价值创新理念

与大企业和特大企业相比，初创企业由于实力有限，采用常规的竞争理念很难占到便宜。因此，要提高竞争能力，就应树立新的价值创新理念。所谓价值创新是指企业使自己的价值链与竞争对手不同，从而绕开竞争，达到无竞争境界，实现超额价值。价值创新较好地解决了竞争和利润这一对矛盾。在争取顾客的同时，避免激烈竞争，避免成本的增加，从而获得利润增长。如娃哈哈当年为跟可口可乐竞争，创办了中国可乐品牌"非常可乐"，但因口感难以和可口可乐抗衡，最终非常可乐悄无声息地退出市场，后来娃哈哈吸取教训，通过生产和推广多功能饮料来吸引消费者，不与可口可乐正面竞争，但却抢夺了可口可乐的消费者。

（4）培养企业的市场创新理念

与技术创新比较，市场创新不需要企业强大的研发能力和充足的资本，同时风险也相对较小，因而更适合中小企业。市场创新意味着市场不再只是生产过程的最终环节，而是生产过程的起点。企业在产品设计开始之前就要调查市场需求，再根据这种需要进行产品设计、开发及生产。在市场创新过程中，市场细分是研究市场的重要手段。通过对成熟市场不同变量的细分，可以发现一些隐藏在市场饱和背后的"空缺"。企业可以选择适合自己能力的空缺，改进原有产品或开发新产品，进而开拓出一块新的商业领域。

（5）大力推进非核心技术创新

由于核心技术创新难度较大，因此初创企业的技术创新应该以大型、特大型企业或企业集团为依托，注意关注并及时跟踪核心技术的发展趋势，积极地同拥有核心技术的企业建立良好的合作关系，争取比竞争对手以更优惠的条件取得核心技术的使用权。并在此基础上，特别注意以市场为导向，大力推进与核心技术相关或配套的非核心技术的创新与研发，包括产品的规格、品种、功能、款式等个性化设计及新品的开发创新，以使核心技术授权得以充分的应用。这类非核心技术方面的创新虽然技术含量相对较低，容易被竞争对手追随模仿，但关键就在于其对技术与人员的要求较低，市场进入的门槛也低，易于为多数企业所使用。因此，只要企业把它作为其经营理念及战略的重点抓紧抓好，就能不断地在竞争中保持相对领先优势。

（6）提倡与加强非技术创新

美国管理学家德鲁克就曾说过，创新不一定是技术上的，甚至可以不是一个实实在在的东西。其道理相当深刻，即企业创新并不仅仅表现为技术、工艺、产品等物质方面，还可以表现在诸如经营观念、营销手段、服务质量、管理模式等许多非物质的方面。因此，初创企业就应该在强化企业的核心技术与非核心技术创新的同时，提倡加强非技术方面的创新。国内外许多知名企业如我国的同仁堂、美国的麦当劳，其之所以成功，并非完全是其技术方面的领先，而主要是在非技术方面的不断创新发展，有其独到之处。这些非物质方面的创新，很容易成为企业文化的主要成分。从一定意义上讲，这是企业一种独特的竞争优势，也往往是其他企业所难以完全克隆的。因为它的产生具有形成的累积性、环境的匹配性和整体组合性，离开了企业的特定历史因素和环境条件，就很难发挥出其特有的效果。

（7）提升传统的核心竞争力。对企业而言，通过创新能力的培育，获得"硬实力"是最优保证的核心竞争力。

商场如战场，身处瞬息万变的商业江湖，企业应该锲而不舍的培育自身创新能力，使其在某一领域超越同行竞争者，获得竞争优势。

▸▸ 典型案例

多年来，我国不少企业都致力于创新能力的培育，取得了丰硕的成果。如格力空调，近二十年来，潜心钻研空调核心技术，不断提高核心技术竞争力。2005 年，中国家电行业首台拥有自主知识产权的大型中央空调——离心式冷水机组在格力电器正式下线，打破了此前由美国对离心机的技术垄断，并从美国企业的手中夺下多个大额订单；2011年，格力向世界同行再一次亮出了自己的"核心科技"，即"变频空调关键技术的研究及运用"，格力凭借这一成果获得国家科技进步二等奖，成为该奖项设立以来唯一获奖的专业化空调企业。

第十三章　鸿渐于陆

中国历史上，"皇权之争"这种高危项目不外乎汉高祖斩白蛇，白手起家；唐太宗兄弟阋墙，登上九五；宋太祖兵权在握，黄袍加身；无论是自下而上，自上而下，还是骨肉相残，中国的皇帝们无外乎通过这三种路径登上大宝。慕容复一心以恢复大燕为己任，不过这个有颜值、有理想、有能力、有团队的"四有"创业者最后却落得身败名裂。"鸿渐于陆"是说大雁要飞到既定地点要循序渐进，不按规矩办事，插翅也难飞，慕容复谋取复国的三大法宝却是偷学武功、挑拨离间和入赘豪门。这不仅没按规矩办事还不够光明正大。一个创业者初入江湖，至少先要通晓江湖规矩，才可以谈弱者遵守规则、强者制定规则、愚者忽视规则、妄者对抗规则、智者利用规则。

万事预则立，不预则废！创业前期的准备工作，是创业成功的开始！万事开头难，了解创业准备流程、做好创业前的准备工作是创业前期必须做好的功课！

功法

照章办事、电子商务、商务流程。

身法

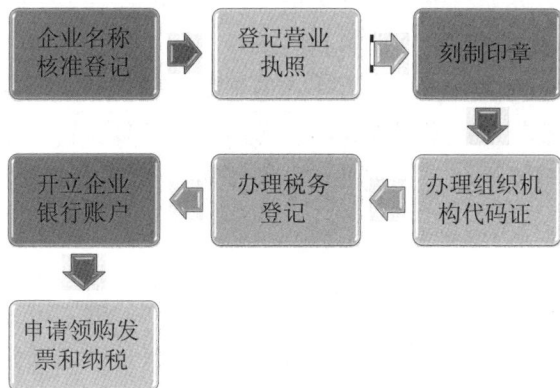

兵刃

工商注册、电子商务注册、电商类型以及税法和相关行政法规。

词云图

第一节　初创企业的条件准备

《天龙八部》中"北乔峰南慕容"让人心驰神往，这个"南慕容"指的就是慕容复。他名字中的这个"复"是复国、复辟、复兴的意思。慕容复武功高强、风度翩翩，有远大抱负，但他却屡遭复国失败或者叫作创业失败，最后落得个郁郁不得志而发疯的下场，成为"北乔峰"的陪衬。原因主要还是因为他不懂发展规律，不按规则办事。所以，我们在创业之前，必须要了解创业的相关政策和程序。

1. 大学生创办新企业的一般流程

随着社会的发展，创业成了众多青年人的梦想。但是创业的人很多，成功的人很少，特别是大学生创业失败概率很大。因为人们操之过急，导致出现意外问题没有办法解决，最终创业失败。因此，在创业前，要了解一般的创业流程，制订好计划后，再落实到行动。

（1）产生创业灵感

一个新企业的诞生往往是伴随一种灵感或创意而开始的。诺兰·布什内尔在兔岛游艺场工作过，在犹他大学玩过电子游戏机，这使他预见到电子游戏未来巨大的市场潜力，因此他开办了雅达利公司。美国著名的联邦快递（Federal ExPress）的发起人当时只是有一个隔夜传递的想法，这是个有很大风险却孕育着希望的想法。风险投资专家非常欣赏隔夜传递的想法，因此投入了大量的资金，在经历了连续 29 个月每月损失 100 万美元的痛苦过程后，联邦快递终于宣告成立。

（2）建立合作班子

企业的创办者不可能万事皆通，他可能是技术方面的天才，但在管理、财务和销售方面是外行；他也可能是管理方面的专家，但对技术却一窍不通。因此，建立一个由各方面的专家组成的合作班子，对创办企业是十分必要的。一个平衡和有能力的班子，应当包括有管理和技术经验的经理、财务、销售、工程、软件开发、产品设计等领域的专家。为了建立一个精诚合作、具有献身精神的班子，这位创业者必须使其他人相信跟他一起干是有希望的。

▶▶ 典型案例

当电子游戏公司活影 1979 年开张时，他的主要创业家是来自唱片工业的吉姆·利维。他很快招来另外四个创办人合伙创业，他们是被雅达利公司解雇的电子游戏设计师。活影公司得到了 70 万美元的风险资本，制造出了一种游戏机，风靡一时，在 1981 年，其销售额迅速达到 6000 万美元。利维说，如果他的班子里没有那四个合伙创办人，他很难得到能确保活影公司开张的风险资本。

（3）企业初步定型

通过获得关于顾客需要和潜在市场的信息，一班人马着手开发某种新产品。在硅谷，这个阶段的工作通常是在某人的家里或汽车房里完成的。如普卡特和惠利特开发音频振荡器就是在他们公寓后边的车库里开始其创业生涯的，乔布斯和沃兹尼克也是在车库里开始其创业生涯的。

▶▶ 典型案例

当 Sequoia 的合伙人麦克·莫利茨第一次造访 Yahoo 工作间时，只见杨致远和他的同伴坐在狭小的房间里，电话应答机每隔一分钟响一下，地板上散放着外卖餐盒，到处乱扔着脏衣服。在这个阶段，创业者每天工作 10 至 14 小时，每周工作 6 至 7 天。这期间，创业者往往没有任何报酬，主要靠自己的积蓄过活。风险资本公司很少在这个阶段就向该企业投资（这种最原始的创业资本叫种子资金），在这个阶段，支撑创业者奋斗的主要动力是创业者的创业冲动和对未来的美好向往。

（4）制订企业计划

一份企业计划书，既是开办一个新公司的发展计划，也是风险资本家评估一个新公司的主要依据。一份有吸引力的企业计划书要能使一个创业家认识到潜在的障碍,并制订克服这些障碍的战略对策。在硅谷,有些公司的计划书带有传奇色彩。例如,坦德姆公司在1974年制订的企业计划书中所做的销售额预测,与该公司1982年实现的销售额(2亿多美元)惊人的接近。而罗伯特·诺伊斯起草的英特尔公司计划书,仅用了一页纸。

(5)寻找资本支持

大多数创业班子没有足够的资本创办一个新企业,他们必须从外部寻求风险资本的支持。创业者往往通过朋友或业务伙伴把企业计划书送给一家或更多的风险资本公司。如果风险资本家认为企业计划书有前途,就与这个企业班子举行会谈。同时,风险资本家还通过各种正式或非正式渠道,了解这些创业家以及他们的发明情况。风险资本公司往往是2~5家进行联合投资,在硅谷,风险资本界就像一个乡村俱乐部,如果一项特别有吸引力的投资只由一个风险资本家单干,那会被认为是贪婪自私的行为。

(6)企业开张

如果创业者的企业计划书(一般是经过修正之后)被风险资本家所认可,风险投资家就会向该创业者投资,这时,创业者和风险资本家的真正联合就开始了,一个新的企业也就诞生了。之所以说创业者和风险资本家的联合是真正的联合,是因为风险资本家不仅是这个新成立公司董事会的成员,而且要参与新企业的经营管理。帕洛阿尔托的财产经营公司经理皮彻·约翰逊说"风险资本家的作用就像牧师,对创业家起了一种心理按摩师的作用"。旧金山的风险投资家比尔·汉布雷克特是37个风险企业董事会的成员,他说"我们不仅把骰子投出去,我们还吹它们,使劲地吹"。当新公司的规模和销售额扩大时,创业家往往要求风险资本家进一步提供资金,以便壮大自己,在竞争中占上风。随着时间的推移,风险减少,常规的资金来源(如银行)就会大举进军高技术公司。这时,风险资本家开始考虑撤退。

(7)上市

在一家公司开办五六年后,如果获得成功,风险资本家就会帮助它走向社会,办法是将它的股票广为销售。这时,风险资本家往往收起装满了的钱袋回家,到另一个有风险的新创企业去投资。大多数风险资本家都希望在五年内能得到相当于初始投资的10倍收益。当然,这种希望并不总是能够实现的。在新创办的企业中,有20%至30%会夭折,60%至70%会获得一定程度的成功,只有5%的新企业大发其财。

2. 创办企业的基本条件和步骤

创业是一个梦想,为了梦想的实现,就需要了解创业要具备的基本条件,以及如何才能进入实现梦想的过程。

(1)创办企业的基本条件

现在越来越多的人选择自己创业,一个富有潜力的创业项目是很有必要的,对于创业者来讲,无论选择什么样的创业项目,都需要具备一定的基础条件。

①创业的资本。创业的资本是你创业的开端，资本不单单指资金，还包括你的人脉资源。创业首先要根据自己的实际情况出发，启动资金的多少也在一定程度上决定了你的起点。而人脉则决定了你能走多远，也决定了你创业的方向。人脉资源是不断积累发展的，"在家靠父母，出门靠朋友。"说的也是这个道理。注重人脉的积累，当你展现出自己的能力与眼光时，自然不会缺少"贵人"相助。

典型案例

借钱出海　成为世界船王

包玉刚是20世纪我国非常成功的企业家之一。他是白手起家。他先向朋友借钱买了一条破船，然后用这条破船抵押去银行贷款买下第二条船。依此类推，靠着朋友们不需要抵押的借款，他一步步壮大了自己的生意。

他通过三步做到这一点：第一，和造船厂签订造船的定单。第二，拿着造船定单加上自己的信用，和货运公司签订把船租给对方的出租合同。第三，他找到银行："我订购了一艘价值100万元的新船，也和一家货运公司签好协议，船造好后他们就会租下这条船并且担保租金不会有问题。我想请贵行支持让我造好这条船。"

船造好后租金有保障，对银行而言，就是本钱和利息有了保障，自然就痛快地放款给他。

②行业的选择。有理想、有抱负、能坚持，这都是一个优秀创业者的素质，也有很多人喜欢用"不撞南墙不回头"来彰显自己的决心，但却忽略自己选择的方向路线是否正确。马云也表示，成功还需要选择好正确的方向，马云觉得自己比较幸运，阿里巴巴选择了一个正确的方向——电子商务。行业选择就是考验创业者的个人眼光，考验创业者对市场行情的敏感度。这个世界绝不缺少有能力又肯吃苦的人，而难能可贵的是他们看待事物的眼光，能否从万事万物中发现商机。

③竞争运营能力。在确定方向之后，一旦进入了行业也就意味着竞争的开始。创业者光有激情和创新是不够的，它需要很好的体系、制度、团队以及良好的盈利模式。同时，在面临激烈的竞争时，碰到一个强大的对手，不是挑战，而是去弥补它。小企业有大的胸怀，大企业要讲究细节。所有的创业者应该多花时间，学习别人是怎么失败的。创业中如何对待竞争？竞争可以分为两个方面：第一，竞争更多是为了提升自我。竞争是为了寻找乐趣，要在竞争中完善自己，让自己变得更强大。第二，竞争者和合作伙伴是伴生的。在竞争中，把敌人置于死地的方式是不可取的。

创业的时候想要成功是不容易的，创业者需要具备一定的基本条件，这样在创业的时候才能不断提升自我。

（2）创办企业的基本步骤

①工商局的流程。①查名（需1周时间）。所需材料包括：全体投资人的身份证复印件（投资人是公司的需要营业执照复印件）、注册资金的额度及全体投资人的投资额度、公司名称（最好提供5个以上）、公司大概经营范围。②验资（即办即完）。凭工商所核发的查名核准单及银行询证函去银行办理注册资金进账手续，办理完后从银行领取投资人缴款单和对账单，随后由会计事务所办理验资报告。③办理营业执照（需2周时间）。所需材料包括：公司董事长或执行董事签署的《公司设立登记申请书》。公司申请登记的委托书。股东会决议、董事会决议、监事会决议。章程、股东或者发起人的法人资格证明或自然人身份证明。董事、监事、经理、董事长或者董事的任职证明。董事、监事、经理的身份证复印件。验资报告。住所使用证明（租房协议、产权证）。公司的经营范围中，属于法律法规规定必须报经审批的项目，需提交部门的批准文件、资料齐全后报工商局审批，随后核发营业执照。

②税务局的流程。办理税务登记证（需2周时间）。①准备材料。所需材料包括：《企业法人营业执照》原件、复印件各一份。《组织机构统一代码证》原件、复印件各一份。《验资报告》原件、复印件各一份。企业章程或协议书或可行性研究报告或合同书原件、复印件各一份。法定代表人、财务负责人和办税人员的《居民身份证》原件、复印件各一份。经营地的房产权或使用权或租赁证明（加贴印花税）原件、复印件各一份。②提出登记申请，领取税务登记表及其他附表，并如实填写有关内容。③报送税务登记表，审查税务登记表及提供有关文件及证件。④案头核审并审批。⑤打印税务登记证并领取税务登记证。

③注册完毕后的后续事项。①去税务所进行税种登记，确定公司的性质（贸易型税率4%、生产型6%、服务型5%等）。②去税务所进行税种核定，确定企业所得税的征收方式（查账征收一年一交：税率为纯利3万元以下交18%，3万～10万元交27%，10万元以上交33%；核定征收一月一交，税率基本为2.31%）。③去税务所进行购买发票申请，确定公司购买发票的种类。④每月1至10日之间需进行报税，或代理或直接去都可。

第二节　电子商务业务的基本流程

5G移动通信技术的诞生，标志着移动通信用户彻底告别了"语音＋短信/彩信"的简单应用时代，移动互联网的大潮在移动通信新技术的驱动下已经向着我们奔涌而来。5G不仅仅是一种技术、不仅仅是手机访问数据业务的速度更快了，对于手机用户来讲，通过5G给自己带来了哪些便利，给自己带来了哪些好的体验才是用户最关心的。所以说，5G的核心是网络、终端与应用三者的结合而给用户带来体验的全新变化，这就是移动互联网时代的重要特征。

1. 电子商务业务的基本知识

（1）电子商务的概念

电子商务源于英文 Electric Commerce，简写为 EC，包含两方面，一是电子方式，二是商贸活动。

电子商务是以电子及电子技术为手段，以商务为核心，把原来传统的销售、购物渠道移到互联网上来，打破国家与地区之间有形无形的壁垒，使生产企业达到全球化、网络化、无形化、个性化、一体化。利用网络通信形式，达到买卖双方不谋面地进行的各种商业活动。

（2）电子商务的模式

电子商务模式根据交易双方的身份不同分为多个种类，目前应用最为广泛的电子商务模式有以下几种。

①B2B 模式，即 Business to Business。是企业与企业之间的电子商务，即企业与企业之间通过互联网进行产品、服务及信息的交换。企业可以使用互联网技术或各种商务网络平台对每笔交易寻找最佳合作伙伴，完成从定购到结算的全部交易行为。专业的 B2B 网站有阿里巴巴、聪慧网、海尔的网上订购系统等。其特征是主要从事大额网上交易，销售方式以制造企业为主，支持国内交易。

②B2C 模式，即 Business to Customer。是企业与消费者之间的电子商务，就是企业厂商直接将产品或服务推上网络，并提供资讯与接口吸引消费者选购，消费者通过网上购物、网上支付。该模式的网站分为零售型 B2C 网站和企业型 B2C 网站。其中，零售型 B2C 网站，属于在网上向消费者提供和销售的零售型专业网站，其网站是销售主体，典型网站有京东商城、当当网、苏宁易购、卓越亚马逊、淘宝商城、凡客等，其特征是销售主体是专业电子商务网站，产品质量有保证，有统一的物流和售后服务活动。企业型 B2C 电子商务网站，尝试在企业网站上向客户销售产品，是一种新型尝试。其企业网站是销售主体，典型网站有 DELL、海尔商城、联想商城等。其特征是销售主体是专业的制造型企业，有强大的电子供应链系统，产品质量有保证，有统一的物流和售后服务活动。

③C2C 模式，即 Consumer to Consumer。是消费者与消费者之间的电子商务，C2C 商务平台就是通过为买卖双方提供一个在线互动交易平台，使卖方可以主动提供商品上网拍卖，而买方可以自行选择商品进行竞价。专业的 C2C 网站是提供个人和个人之间在网上进行交易的网站。如淘宝、易趣网、拍拍网、有啊网等。其特征是交易频率很快。

④O2O 模式，即 On line To Off line。是线下商务与互联网之间的电子商务，实现线下服务，线上揽客的交易模式，消费者可用线上筛选服务，在线结算，该模式推广效果可查，每笔交易可跟踪。

（3）国内外电商的主要平台

目前我国知名的电子商务平台主要有。

①淘宝网。是中国最受欢迎的 C2C 购物网站，已经发展为较为全面、完善的电子商务生态系统，为合作伙伴和消费者提供最佳的用户体验，是全球浏览量最高的 20 个网站之一。

②天猫。是中国浏览量最高的开放的 B2C 零售网站，网购消费者选购优质品牌产品的主要目的地之一。天猫展示来自 5 万多个商家超过 7 万个国际和本地品牌，并设有多个专注不同行业的垂直商城，包括"电器城""家装馆""名鞋馆"及"美容馆"等。

③阿里巴巴。现为中国领先的小企业国内贸易电子商务平台，近年逐步发展成为网上批发及采购市场，提供信息发布、订单采购等比较完善的电子商务服务。

④京东。是中国最大的自营式电商企业。京东集团旗下设有京东商城、京东金融、拍拍网、京东智能、O2O 及海外事业部。

⑤聚美优品。聚美优品是一家化妆品限时特卖商城，其前身为团美网，由陈欧、戴雨森等创立于 2010 年 3 月。聚美优品首创"化妆品团购"模式：每天在网站推荐十几款热门化妆品。

⑥苏宁易购。苏宁易购开放平台是苏宁易购电子商务有限公司 2012 年 6 月 30 日上线的招商平台，2013 年 9 月 12 日正式更名为"苏宁云台"。开放平台的宗旨是：服务供应链。通过平台资源的开放，将供应链环节进行优化，为上游供应商、中游销售企业、下游消费者提供全面、专业的供应链服务，平台依托强大的电子技术、网络环境打造一个全面开放、全新服务的开放平台。现阶段，开放平台专为入驻苏宁易购的品类供应商提供各种自助网络服务。通过网络申请入驻，供应商可在线完成商家注册、在线资料提交、苏宁审核、在线合同签订等，并成为苏宁易购的合作供应商。

⑦聚划算。依托淘宝网巨大的消费群体，提供较全面的优质商品及本地化生活服务选择，2011 年 10 月成为独立业务，已经成为展现淘宝卖家服务的主要团购平台。

国外的主要平台主要有。

①亚马逊。亚马逊是美国零售业电子商务公司，1995 年成立于华盛顿州的西雅图，最初经营网络书籍业务，现在扩展到数百万种独特的全新、翻新及二手商品，如图书、影视、音乐和游戏、数码下载、电脑、家居园艺用品、玩具、婴幼儿用品、食品、服饰、鞋类和珠宝、健康和个人护理用品、体育及户外用品、汽车等。

②eBay。1995 年 9 月创立于美国加利福尼亚州，是一个可让全球网购者上网买卖物品及线上拍卖的电子商务平台。有来自全球 30 余个国家的卖家，涉及家具、收藏品、电脑、汽车等几百万件商品，服务及虚拟物品也在可贩售物品的范围之内，站点分布在美国、英国、中国、法国等 24 个国家。

（4）淘宝企业开店流程

如果以企业形式在淘宝经营，一般需要完成以下步骤。

第一步，注册淘宝企业账户，并绑定支付宝企业账户。支付宝账户分为个人和公司两种类型，请根据自己的需要慎重选择账户类型，公司类型的支付宝账户一定要有公司银行账户与之匹配。账户类型是不能修改的。

打开支付宝官网（www.alipay.com），点击【立即注册】。

点击【企业账户】，填入电子邮箱和验证码（公司账户只能邮箱注册），点击【下一步】。

验证手机。

点击【立即查收邮件】，进入邮箱。

在邮箱中会收到一封激活支付宝账户的邮件，点击【请激活您的支付宝账户】。

点击【继续注册】。

填写相关信息，点击【确定】。

除了填写法定代表，还需填写实际控制人信息。

申请企业支付宝账户需要进行实名认证，填写完以上信息后，请点击页面中的"企业实名信息填写"继续完成认证即可使用账户。

第二步，支付宝企业账户完成支付宝商家认证。具体步骤为：

①打开支付宝网站（www.alipay.com），直接点击【登录】。

②点击【企业实名信息填写】。

③选择单位类型。

④上传并填写资料【企业资料和单位证照】。这一项的注意事项。

第一，填写【企业名称】，应根据营业执照中的名称填写。

第二，填写【社会信用代码（或注册号）】，根据营业执照右上角【统一社会信用代码】或【注册号】填写。

第三，上传【营业执照】：上传单位证照照片（企业法人营业执照）：原件扫描件或复印件加盖公司红章。

⑤上传并填写资料【法定代表人信息 & 证件】。需注意事项包括。

第一，选择【法定代表人归属地】，应根据法人归属选择"中国大陆、中国香港、中国澳门、中国台湾、海外"。

第二，上传【法定代表人证照】法人身份证正反面原件扫描件或复印件加盖公司红章。图片仅支持 jpg、bmp 格式。

第三，勾选【实际控制人】法定代表人或非法定代表人。

第四，勾选【填写人身份】法定代表人或代理人，若为代理人则需要额外上传代理人身份证正反面照片以及代理委托书。

⑥核对并完善信息——企业信息。

⑦核对并完善信息——法定代表人信息（若填写人身份为代理人申请，则需要额外填写代理人信息）。

⑧填写【实际控股人信息】。

⑨填写【联系人手机号码】(用于通知认证审核结果，不会与账户绑定)。

⑩确认无误点击【确定】，如需修改可点击【上一步】。

第三步，进入【卖家中心】页面，选择【创建企业店铺】。温馨提醒：若"创建企业店铺"按钮显示为灰色的，是由于您账户的认证类型为个人实名认证，故无法申请企业店铺。

第四步，完成淘宝企业店铺责任人认证，上传资料。淘宝企业店铺责任人认证需上传的资料有。

①身份证正面照和身份证背面照片。

②企业店铺责任人半身照。具体要求：身份证正面照片需要确保字体头像清晰无反光和遮挡。提供有效期内的大陆身份证或港澳身份证、台胞证、回乡证，如有必要会要求提供户口本等补充凭证。

③如果页面有个性化提示，请会员根据页面提示，进行个性化认证。

第五步，创建店铺成功。

(5)淘宝个人开店流程

淘宝开店入口：登录淘宝，进入【卖家中心】，左侧菜单"店铺管理"处可看到"我要开店"字样，如果没有，说明您已创建过店铺，可以看到"查看我的店铺"字样。若您想开淘宝个人店铺，按照下面五个步骤：

第一步，注册淘宝账户。温馨提醒：会员名一旦注册成功，是无法修改的。具体步骤。

①账户未登录情况下，点击淘宝网首页左上角【免费注册】，点此立即注册。

②根据页面提示输入手机接收验证码验证。

第二步，绑定支付宝账户。温馨提醒：一个淘宝账号只能绑定一个支付宝账号。具体步骤是：登录淘宝网(www.taobao.com)，进入【我的淘宝】—【账户设置】—【支付宝绑定设置】页面绑定支付宝账户。

第三步，完成支付宝实名认证。温馨提醒：若您想要开企业店铺，所绑定的支付宝账户需为企业认证类型。具体步骤是。

①从淘宝网首页进入【卖家中心】—【店铺管理】点击【我要开店】。未进行过支付宝实名认证的，请进行支付宝认证的操作。

②在支付宝实名认证的条件项，点击【继续认证】后，会进入【支付宝实名认证】页面，请按提示，点击【立即认证】。

③点击【立即认证】后，请按照页面提示，点击【下一步】。

④请填写与您支付宝账户注册时相同身份证号码开户的，并可正常使用的银行卡信息，并按页面提示操作。

⑤请仔细阅读跳转页面上的信息，并在等待银行打款的过程中先返回淘宝开店页

面，同步做淘宝开店认证。

⑥进行中的支付宝实名认证，如需继续完成的，请在支付宝向您银行卡打款的 1 至 2 天之后进入淘宝开店页面继续支付宝实名认证的操作。

⑦点击【继续认证】后，进入支付宝银行卡打款信息页面，请将银行卡中查询到的支付宝打款金额准确输入信息项，并按页面提示操作。

⑧点击页面上【输入查询到的金额】后，进入实际输入金额页面，将金额输入后，点击【确定】。

⑨输入正确金额后，系统确认完成，支付宝实名认证即也完成，请关掉页面后，继续返回淘宝卖家中心免费开店页面。

第四步，完成淘宝身份认证。淘宝开店认证分为电脑认证和手机淘宝客户端认证两种方式，系统根据网络环境做出指定推荐，目前无法更改认证方式。详细操作流程如下：

认证方式一，电脑认证。

开店入口：请点击【免费开店】按钮。

认证流程为。

①当您完成支付宝实名认证操作之后，点击返回【免费开店】页面时，您可以进行【淘宝开店认证】的操作。

②点击【立即认证】后，您会进入【淘宝网身份认证】的页面，请点击该页面中的【立即认证】。

③请通过手机淘宝客户端【扫一扫】功能扫描二维码；若未下载【手机淘宝】客户端，请点击二维码图中的【下载淘宝客户端】进行下载，下载安装完成后使用【手机淘宝】客户端中的扫码功能进行认证。

④请根据手机页面提示依次进行操作。

⑤待手机端审核通过后，返回电脑端继续操作，点击【同意】开店协议。

温馨提醒：请务必如实填写并认真检查身份证信息、真实联系地址（经营地址）、有效联系手机，以免因信息不符或虚假信息等原因导致认证无法通过。资料审核时间为 48 小时，请您耐心等待，无须催促。

认证方式二，手机淘宝客户端认证（必须是手淘最新版）。

认证流程为。

①前期步骤与【电脑认证】操作步骤相同，当进入【淘宝身份认证资料】页面，且页面提示为【手机认证】—【手机淘宝】客户端认证时：请通过手机淘宝客户端【扫一扫】功能扫描二维码；若未下载【手机淘宝】客户端，请点击二维码图中的【下载淘宝客户端】进行下载，下载安装完成后使用【手机淘宝】客户端中的扫码功能进行认证。

②请根据手机页面提示依次进行操作。

③请填写有效联系手机号码，接收并填写验证码后，完成手机号码验证。

温馨提醒：若您之前填写过支付宝绑定手机，则系统会自动显示该号码；若未填写过，可以输入您目前使用的有效手机号码进行验证。

④填写真实联系地址（经营地址）。

温馨提醒：可使用淘宝默认收货地址。

⑤根据要求完成拍照。手机淘宝客户端认证只需上传手势照片＋身份证正面照片，示例照请按示例要求进行拍摄。

⑥凭证提交成功后提醒。审核时间为48小时，请耐心等待，期间无须催促。

温馨提醒：

第一，请务必如实填写并认真检查身份证信息、真实经营地址（联系地址）、有效联系手机，以免因信息不符或虚假信息等原因导致认证无法通过；

第二，拍摄照片后请仔细检查，确保身份证信息完整清晰、您所拍摄的手势照与示例照相符。

审核结果：

以上两种方式认证，认证通过后页面均会提示【认证通过】，您可在【认证通过】后进行开店操作；

如您的认证方式为手机淘宝，且认证未通过，请根据页面提示进入电脑端【淘宝网】—【卖家中心】—【免费开店】中查看具体原因。

如您使用的认证方式为电脑端认证，且认证未通过，则在收到通知后您可在【卖家中心】—【免费开店】中查看详细原因。

第五步，点击【创建店铺】进入店铺基本信息设置，店铺即视为创建成功了。

（6）在京东开店的程序

①打开京东网站，注册一个账号登录，在首页点击【客户服务】→【商家后台】。

②在弹出的页面点击【入驻为京东商家】。

③了解一下入驻的要求，如果是普通商家就点击【入驻京东主站】，如果你的是海外商品可以选择入驻全球购。

④在弹出窗口查看需要准备的资料是否齐全，如果没问题就继续点击【确认继续入驻】。

⑤在当前页面了解一下入驻流程，没有问题在最下面勾选，再点击【开始提交】。

⑥按页面提示一步一步把需要填写的填好，需要提交的资料图片上传，全部完成后审核通过店铺就可以上线了。

列举上述几种类型仅供大家参考。

2. 跨境电子商务的业务流程

（1）跨境电子商务的概念

跨境电子商务是指分属不同关境的交易主体，通过电子商务平台达成交易、进行支付结算，并通过跨境物流送达商品、完成交易的一种国际商业活动。

2018 年 11 月 21 日，国务院总理李克强主持召开国务院常务会议，决定延续和完善跨境电子商务零售进口政策并扩大适用范围，扩大开放更大激发消费潜力；部署推进物流枢纽布局建设，促进提高国民经济运行质量和效率。

(2)跨境电子商务的特征

跨境电子商务是基于网络发展起来的，网络空间相对于物理空间来说是一个新空间，是一个由网址和密码组成的虚拟但客观存在的世界。网络空间的价值标准和行为模式深刻地影响着跨境电子商务，使其不同于传统的交易方式而呈现出自己的特点。

①全球性。网络是一个没有边界的媒介体，具有全球性和非中心化的特征。依附于网络发生的跨境电子商务也因此具有了全球性和非中心化的特性。电子商务与传统的交易方式相比，其一个重要特点在于电子商务是一种无边界交易，打破了传统交易所具有的地理制约因素。互联网用户不需要考虑跨越国界就可以把产品尤其是高附加值产品和服务提交到市场。网络的全球性特征带来的积极影响是信息的最大程度的共享，消极影响是用户必须面临因文化、政治和法律的不同而产生的风险。任何人只要具备了一定的技术手段，在任何时候、任何地方都可以让信息进入网络，相互联系进行交易。

互联网有时扮演了代理中介的角色。在传统交易模式下往往需要一个有形的销售网点的存在，例如，通过书店将书卖给读者，而在线书店可以代替书店这个销售网点直接完成整个交易。

②无形性。网络的发展使数字化产品和服务的传输盛行。而数字化传输是通过不同类型的媒介，例如数据、声音和图像在网络环境中集中进行的，这些媒介在网络中是以计算机数据代码的形式出现的，因而是无形的。以一个 E-mail 信息的传输为例，这一信息首先要被服务器分解为数以百万计的数据包，然后按照 TCP/IP 协议通过不同的网络路径传输到一个目的地服务器并重新组织转发给接收人，整个过程都是在网络中瞬间完成的。

数字化产品和服务基于数字传输活动的特性也必然具有无形性，传统交易以实物交易为主，而在电子商务中，无形产品却可以替代实物成为交易的对象。

③匿名性。由于跨境电子商务的非中心化和全球性的特性，因此很难识别电子商务用户的身份和其所处的地理位置。在线交易的消费者往往不显示自己的真实身份和自己的地理位置，重要的是这丝毫不影响交易的进行，网络的匿名性也允许消费者这样做。在虚拟社会里，隐匿身份的便利迅即导致自由与责任的不对称。以 eBay 为例，eBay 是美国的一家网上拍卖公司，允许个人和商家拍卖任何物品，到目前为止 eBay 已经拥有 3000 万用户，每天拍卖数以万计的物品，总计营业额超过 50 亿美元。

④即时性。对于网络而言，传输的速度和地理距离无关。传统交易模式，信息交流方式如信函、电报、传真等，在信息的发送与接收间，存在着长短不同的时间差。而电子商务中的信息交流，无论实际时空距离远近，一方发送信息与另一方接收信息

几乎是同时的，就如同生活中面对面交谈。某些数字化产品（如音像制品、软件等）的交易，还可以即时清结，订货、付款、交货都可以在瞬间完成。

⑤无纸化。电子商务主要采取无纸化操作的方式，这是以电子商务形式进行交易的主要特征。在电子商务中，电子计算机通信记录取代了一系列的纸面交易文件。用户发送或接收电子信息。由于电子信息以比特的形式存在和传送，整个信息发送和接收过程实现了无纸化。无纸化带来的积极影响是使信息传递摆脱了纸张的限制，但由于传统法律的许多规范是以规范"有纸交易"为出发点的，因此，无纸化带来了一定程度上法律的混乱。

⑥快速演进。互联网是一个新生事物，现阶段它尚处在幼年时期，网络设施和相应的软件协议的发展具有很大的不确定性。但网络像新生儿一样，必将以前所未有的速度和无法预知的方式不断演进。基于互联网的电子商务活动也处在瞬息万变的过程中，短短的几十年中电子交易经历了从 EDI 到电子商务零售业的兴起的过程，而数字化产品和服务更是花样出新，不断地改变着人类的生活。

（3）从事跨境电子商务业务的流程

我国跨境电子商务主要分为企业对企业（即 B2B）和企业对消费者（即 B2C）的贸易模式。B2B 模式下，企业运用电子商务以广告和信息发布为主，成交和通关流程基本在线下完成，本质上仍属传统贸易，已纳入海关一般贸易统计。B2C 模式下，我国企业直接面对国外消费者，以销售个人消费品为主，物流方面主要采用航空小包、邮寄、快递等方式，其报关主体是邮政或快递公司，目前大多未纳入海关登记。

如果从事跨境电子商务业务，一般情况下，可按如下程序进行。以亚马逊平台为例。

①用搜索引擎搜索【亚马逊】，进入【亚马逊】中国官网。

②进入【亚马逊】中国官网后，点击下拉到最下方【我要开店】进入【我要开店】界面后，点击【立即开店】。

③这个时候会提醒要先登陆，如果没有【亚马逊账号】的话得先注册一个。

④填写【依法登记】名称并同意协议后，点击继续。

⑤开始填写"卖家信息"。

⑥填写在亚马逊开店所需要的资质文档，打了"星号"的都是必填项。

⑦最后一步就是填写"上传商品品类"和"品牌资质"，填完后提交就可以了。

第十四章　鱼跃于渊

江湖儿女，快意恩仇，武侠世界的"江湖"是一个处于国家权力和法律边缘的世俗领域，但江湖人还有着一些基本的共同行为准则。洪七公自称"一生杀过二百三十一人……从未杀过一个好人"，老叫花自豪的是自己一直以来按照所谓的"江湖规矩"办事，自己不拘小节，但也不会失了大义。所谓"随心所欲不逾矩"，鱼只有在自己熟悉的地方才能更容易躲避天敌；只有借助水流才能游得更快更远，即便一朝"鲤鱼跃龙门"，鱼跃于渊，也只是上升到一个更高的维度，同样也会受到更高维度的"游戏规则"的制约。创业者首先要遵守现行的各种"江湖规矩"，才能因势利导，一展抱负。

创业者应具有开阔的眼界和格局，要把体现人民利益、反映人民愿望、维护人民权益、增进人民福祉落实到依法治国全过程，保证人民在党的领导下通过各种途径和形式管理国家事务，管理经济和文化事业，管理自己的企业。

功法

创业者只有在法律、行政法规圈定的池塘中游弋才能保证自身不受到伤害，遵守行业游戏规则才能更加游刃有余，获得业界尊重；对接引导政策，获得税收、贷款、补贴措施才能降低成本，提高成长速度；成长有法，生长有度，自然鱼跃于渊。

身法

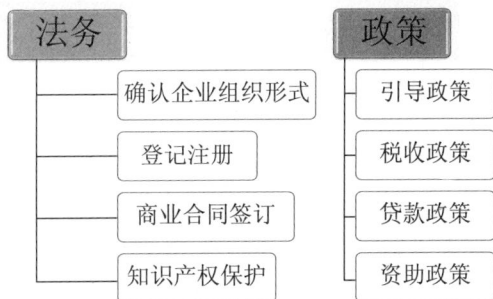

兵刃

公司法、合同法、税法、知识产权法、产(行)业发展引导政策、扶持政策及相关政策发布平台、行业标准、行业规则。

词云图

第一节　创办企业的法务

"鱼跃于渊"形容的是再大的海洋本质上也是一个池塘，每个池塘都有自己的生态体系，每个生态体系都有自己的游戏规则。由于公司法务是负责公司有关法律的事务，其涉及公司与对方签署合同的审查，公司与其他商业单位的商务谈判，员工的法律培训，起草公司的内部规章制度，处理公司在经营过程当中所遇到的相关法律纠纷等，所以就要对不同企业的相关法务加以了解。这部分内容可参照 2018 年 10 月最新修订颁布实施的《中华人民共和国公司法》。

1. 企业的法律组织形式

我国法律对不同类别企业的具体需求，如设立条件、设立程序、内部组织机构等，都有明确规定。在创建新企业前，创业者应该事先了解企业的法律组织形式。

从工商部门的统计数据来看，个体工商户、个人独资企业、合伙企业、公司制企业(主要包括有限责任公司和股份有限公司)是我国当前创办企业的法律形式。一个新创企业可以选择不同的组织形式，或者由个体独立创办单一业主制企业和一人有限责任公司，或者由几个人创办合伙制企业，或者成立法人公司制企业。各种法律组织形式没有绝对的好坏之分，对创业者来说各有利弊。但无论选择哪种形式，都必须根据国家的法律法规要求和新创企业的实际情况，科学衡量各种组织形式的利弊，决定合适的组织形式。

(1)个体工商户

是指公民在法律允许的范围内，依法经核准登记，从事工商业经营的家庭或户，个体工商户还可以起字号，并以其字号进行活动。农村承包经营户是指农村集体组织的成员，在法律允许的范围内，按照承包合同规定从事商品经营的家庭或户。

个体工商户是个体工商业经济在法律上的表现，其具有以下法律特征。

①个体工商户是从事工商业经营的自然人或家庭。自然人或以个人为单位，或以家庭为单位从事工商业经营，均为个体工商户。根据法律有关政策，可以申请个体工商户经营的主要是城镇待业青年、社会闲散人员和农村村民。此外，国家机关干部、企事业单位职工，不能申请从事个体工商业经营。

②自然人从事个体工商业经营必须依法核准登记。个体工商户的登记机关是县以上工商行政管理机关。个体工商户经核准登记，取得营业执照后，才可以开始经营。个体工商户转业、合并、变更登记事项或歇业，也应办理登记手续。

③个体工商户只能经营法律、政策允许个体经营的行业。

(2)个人独资企业

独资企业是指一人投资经营的企业。独资企业投资者对企业债务负无限责任。企业负责人是投资者本人。企业负责人姓名须与身份证相符，不得使用别名。按照我国现行税法有关规定，私营独资企业取得的生产经营所得和其他所得，应按规定缴纳私营企业所得税。

个人独资企业往往规模较小，可从事的行业有工业、交通运输业、建筑业、小型加工、商业、饮食服务业、修理业、科技咨询及文化娱乐等。

个人独资企业的法律特征有。

①个人独资企业的出资人是一个自然人，并且具备完全民事行为能力，我国法律、行政法规禁止从事营利性活动的人，不能作为独资企业的出资人，如国家公务员等。

②个人独资企业在法律上是非法人企业，不具备法人资格，因而又可称为自然人企业。

③企业主对企业享有全部权利，企业主个人就代表企业，对企业的财产拥有所有权并可直接控制支配，企业主负责企业的全部生产经营活动，其他人不能干涉企业经营，体现了所有权、控制权、管理权的完全合一。

④企业主对企业债务承担无限责任，不仅要以投入企业的财产为企业清偿债务，而且还要以个人的其他财产为企业清偿债务，企业主个人的信用就是企业的信用，风险较大。

从个人独资企业的利润分配、风险承担和纳税管理来看，个人独资企业可以采取两种形式管理企业事务：投资人自行管理企业事务；委托或者聘用其他具有民事行为能力的人管理企业事务。这两种形式获取的利润都由投资人自己拥有。

投资人委托或者聘用其他人管理企业事务的，应当与委托人或者被聘用人签订书面合同，明确委托的具体内容和授予的权利范围及薪酬。受托人或被聘用人应当按照所签订的合同负责管理企业事务。

我国税务机关对个人独资企业会计核算要求不高，税款一般是按照定期定额的方式征收，实际税负也不高。所谓"定期定额"税收方式，就是无论企业营业额多少，都按规定的一个额度征收，此种形式非常适用于个人独资企业。目前我国对大学生创业提供了税收优惠政策，根据国家税务总局关于转发《财政部、国家发展改革委关于对从事个体经营的下岗失业人员和高校毕业生实行收费优惠政策的通知》国税函〔2006〕233号文件规定：高校毕业生从事个体经营的，且在工商部门注册登记日期在其毕业后两年以内的，自其在工商部门登记注册之日起 3 年内免交有关登记类、证照类和管理类收费。

不过，个人独资企业也有许多显而易见的缺陷，如规模小、贷款难、信誉难有保证、缺少社会认同等。

(3)合伙制企业

第一，合伙企业法律特征。合伙企业是指依法设立的，由两个或两个以上合伙人订立合伙协议，共同出资、合伙经营、共享收益、共担风险，并且对合伙企业债务承担无限连带责任的赢利性组织。

合伙企业必须有两个以上具有完全民事行为能力的合伙人，并且都是依法承担无限责任者，我国法律、行政法规禁止从事营利性活动的人（如国家公务员等），不能作为合伙企业的合伙人。

合伙协议是合伙企业成立的基础。合伙人可以根据他们之间的协商，在合伙协议中规定各自的权利与义务关系。合伙企业利润分配和亏损承担的比例，或以货币以外的出资的评估作价、合伙决议的表决方法、退伙人的财产退还办法等都可以由合伙人在合伙协议中自行约定，只有在合伙协议没有约定或约定不明的情况下，才使用《中华人民共和国合伙企业法》中的规定。

合伙企业不具有法人资格，具有典型的人合性特点。其人合性表现为：合伙人都有平等参与生产经营的权利，合伙企业在进行重大决策时，合伙人意见必须一致，合伙企业的生产与发展依赖于合伙人之间的信任关系；当合伙人需要退出投资时，容易受到资金的限制，不能很快退出，不像公司的股票，销售或转让即可；而合伙人想增加投资更麻烦，需要得到全体合伙人的同意，因此，国外有学者称之为"投资冻结"。

合伙企业合伙人的投资方式多样性。合伙企业因不具有法人资格，且合伙人要负连带责任，故法律对它并无注册资本的要求。合伙人可以用货币、实物、土地使用权、知识产权或者其他财产权利出资，经全体合伙人协商一致，合伙人也可以用劳务出资。

在现实中，有的合伙人还出现以时间、技术或个人信用作为对企业出资的情况，但在利润、风险承担、经营管理决策上，享受的权利与义务有差别。

合伙企业的合伙人对企业债务承担无限连带责任，合伙企业结束或清理时，合伙企业财产不足以抵偿企业债务，合伙人应以其在合伙企业出资以外的财产清偿企业债务；每一个合伙人对企业的债务都有清偿的义务，企业债权人可以合伙企业财产不足的理由，向任何一个合伙人要求偿还债务。

在合伙企业成立之后，合伙企业的财产相对于合伙人的个人财产而言在形式上是独立的，但是该合伙企业对合伙财产并不享有独立的权利。合伙人对合伙财产依然享有所有权(共同共有)，因此合伙企业财产和其个人财产无法截然区分。在合伙企业个人财产不足以清偿其个人债务的时候，债权人可以请求人民法院执行该合伙人在合伙企业中的财产。

第二，成立合伙企业应提交的材料。合伙企业的设立、变更、注销都需要到所在地工商局(所)办理手续。大学生成立合伙企业需要向工商局(所)提交的材料。

①合伙企业设立登记申请表，去工商局(所)领取，或在工商局(所)网站下载；

②合伙人登记表；

③住所、经营场所证明；

④全体合伙人和执行合伙企业事务的合伙人名单；

⑤合伙企业设立登记审核意见表；

⑥合伙企业合伙协议；

⑦合伙人身份证复印件；

⑧产权证明复印件。

第三，合伙企业的利润分配、风险承担和纳税管理。合伙企业的利润和亏损，由合伙人依照合伙协议约定的比例分配和分担，合伙协议并未约定利润分配和亏损分担比例的，由各合伙人平均分配和分担。

合伙企业解散后应当进行清算。合伙企业清算时，其全部财产不足清偿其债务的，由合伙人依照合伙协议约定的比例承担清偿责任；合伙协议未约定亏损分担比例的，由各合伙人平均分担的办法，用其在合伙企业出资以外的财产承担清偿责任。合伙人由于承担连带责任，所清偿数额超过其应当的数额时，有权向其他合伙人追偿。

合伙企业解散后，原合伙人对合伙企业存续期间的债务仍应承担连带责任，但债权人在5年内未向债务人提出偿债要求的，该责任消失。

我国从2000年1月1日起，对合伙企业停止征收企业所得税，而是根据每个合伙人的投资所得，比照个人独资企业的生产、经营所得征收个人所得税。

(4)公司制企业

①有限责任公司。

从有限责任公司的法律特征看，有限责任公司是由股东共同出资设立的法人组织，股东以其全部出资额作为公司全部资产，对公司承担全部责任，股东人数在 2 至 50 人。一般适合于中小企业。

有限责任公司不能清偿到期债务，就要依法宣布破产。这就从制度上保护了投资者、经营者和债权人的合法权益，在分担风险的同时，加速了资本集中。

有限责任公司实行"资本三原则"，即资本确定原则、资本维持原则和资本不变原则。资本确定原则是指公司在设立时，必须在章程中对公司资本额作出明确规定，并由全部股东认可，否则公司不能登记成立。《中华人民共和国公司法》规定，有限责任公司的注册资本为在公司登记机关登记的全体股东认缴的出资额。资本维持原则是指公司在存续过程中，应经常保持与其资本额相当的财产，以防止资本的实质减少，保护债权人的利益，同时也防止股东对盈利分配的过高要求，确保公司业务活动的正常开展。资本不变原则是指公司的资本一经确定，就不得随意改变，如需增减，必须严格按照法规程序进行；资本金投入就不能像企业贷款那样到期还本付息，只能通过利润分配形式取得回报。

有限责任公司不能公开募集股份、发行股票；不能募集设立，只能采取发起设立方式。但由于有限责任公司是以出资人的出资额为限承担公司的经营风险，这就促使投资人敢于分散投资，通过优化投资组合取得最佳的投资回报；从公司的角度而言，也可以吸引多个投资人，促使资本的有效集中，而且产权主体多元化，必然促使公司形成有效的公司治理结构，促使决策科学化、民主化。有限责任公司由股东选举和更换董事，由董事会聘任或解聘公司经理。公司财产所有权和经营权的分离，有利于公司经营稳定，有利于企业扩张。

有限责任公司当然也有劣势，首先是双重纳税，即公司盈利要上交企业所得税；当利润作为股息派发给股东后，股东还要上交企业或投资的所得税或个人所得税。由于不能公开发行股票，筹集资金的范围和规模一般不会很大，难以适应大规模的生产经营需要；由于产权不能充分流动，企业的资产运作也受到限制。

有限责任公司的设立需要以下条件。

股东条件。《中华人民共和国公司法》规定，有限责任公司由五十个以下股东出资设立。取消了原有限责任公司股东最少 2 人的下限，允许设立 1 人公司。

财产条件。其一，缴纳注册资本的出资形式。股东可以用货币出资，也可以用货币估价形式出资，如：用实物、知识产权、土地使用权等估价出资，还可以用依法转让的非货币财产作价，作价不得高估或低估。

其二，注册资本的缴纳方式。股东应当按期足额缴纳公司章程中规定的各自所认缴的出资额。股东出资缴纳方式随出资形式而定，以货币出资的，应当将货币出资足额存入有限责任公司在银行开设的账户；以非货币财产出资的，应当依法办理其财产权的转移手续。该转移手续一般应当在 6 个月内办理完毕。

其三，不按照规定出资的责任。股东不按照规定缴纳出资的，除应当向公司足额缴纳外，还应当向以按期足额缴纳出资的股东承担违约责任。有限责任公司成立后，发现作为设立公司出资的非货币财产的实际价额显著低于公司章程所定价额的，应当由交付该出资的股东补足其差额；公司设立时的其他股东承担连带责任。

组织条件。包括：公司名称、住所、章程及依法建立的组织机构等。

公司章程是由设立公司的股东共同制定，对公司、股东、董事、监事、高级管理人员具有约束力的调整公司内部关系和经营行为的公司规范性文件。公司章程是一个法定性的文件，是公司设立的必备条件之一；同时也是一个体现公司自治规则和自治手段的文件；公司章程是一个公开性的文件。

公司章程的制定和修改。设立有限责任公司必须由股东共同依法制定公司章程，一人有限责任公司章程由股东制定。公司章程的修改必须经过股东会，并且应当经过代表 2/3 以上表决权的股东通过。

公司章程的内容。公司章程记载内容分为三类，即绝对必要记载事项、相对必要记载事项、选择性记载事项或任意记载事项。绝对必要记载事项，是公司立法规定章程必须具备的内容，如有缺少便导致章程无效。相对必要记载事项，是公司立法规定应当在章程中载明的内容，但如未加载明，可由法律规定推定其内容，不影响整个章程的效力。选择性记载事项或者任意记载事项，是公司立法无强制性记载规定，股东认为应当记载于章程之中的内容。

有限责任公司章程应当载明下列事项：

公司名称和住所；公司经营范围；公司注册资本；股东姓名或者名称；股东的出资方式、出资额和出资时间；公司的机构及其产生办法、职权、议事规则；公司法定代表人；股东会会议认为需要规定的其他事项。

②股份有限公司。

第一，设立条件。设立股份有限公司，应当具备下列条件。

a. 发起人条件：发起人为 2 人以上 200 人以下，其中须有半数以上的发起人在中国境内有住所。

b. 组织条件：股份有限公司的设立需要有相应的名称、住所，这与有限责任公司的要求相同。

第二，设立方式。股份有限公司可以采取发起设立或者募集设立方式设立。

第三，设立程序。根据股份有限公司设立方式的不同，程序略有不同，即募集设立还需要经过向社会公开招募股份等相关程序，其他程序与发起设立方式相同。经历的过程为：签订人发起协议；报经有关部门批准；申请名称预先核准、制定公司章程；认购股份；选举董事会和监事会，由董事会依法向公司登记机关申请设立登记；公告；在决定创办企业的法律形式时，须了解每种法律形式的法律特征、设立条件、利润分配、风险承担和纳税管理等。

大学生创业者可以选择个人独资企业、合伙企业、有限责任公司或股份有限公司等法律形式。大学生创业因受资金限制，大多成立个人独资企业或合伙企业，这两种法律形式要求创业者承担无限责任。目前，国家对大学生创业提供优惠政策，准许零资本创立有限责任公司，所以有限责任公司越来越受大学生创业者的欢迎。由于股份有限公司对注册资本要求较高，且其复杂的设立手续，不为大学生创业者所采用。

个人独资企业和合伙企业不具有法人地位，公司是独立的法人。不论何种企业，确立其法律地位和合法经营资格，都需在工商行政部门注册登记。

表 14-1　新创企业常见法律形式对比

内容	有限责任公司	合伙企业	个人独资企业
法律依据	《中华人民共和国公司法》	《中华人民共和国合伙企业法》	《中华人民共和国个人独资企业法》
法律基础	公司章程	合伙协议	非法人经营主体
法律地位	企业法人	非法人营利性组织	非法人经营主体
责任形式	有限责任	无限连带责任	无限责任
投资者	无特别要求，自然人皆可	完全民事行为能力的自然人，法律、行政法规禁止从事营利活动的人除外	完全民事行为能力的自然人，法律、行政法规禁止从事营利活动的人除外
注册资本	符合公司章程规定	协议约定	投资者申报
出资方式	法定：货币、实物、工业产权、非专利技术、土地使用权	约定：货币、实物、土地使用权、知识产权或其他财产权利、劳务	投资者申报
出资评估	无须委托评估机构	可协商确定或评估	投资者决定
财产权性质	法人财产权	合伙人共同共有	投资者个人所有
出资转让	股东过半数同意	一致同意	可继承
经营主体	股东不一定参加经营	合伙人共同经营	投资者或其委托人
事务决定权	股东会	全体合伙人或约定	投资者个人
事务执行	公司机关、一般股东无权代表	合伙人权利同等	投资者或其委托人
利亏分担	投资比例	约定、未约定则均分	投资者个人
解散程序	注销并公告	注销	注销
解散后义务	无	五年内承担责任	五年内承担责任

2. 初创企业涉及的主要法务

由于公司法务是负责公司有关法律的事务，初创企业主要涉及企业与对方签署合同所涉的法务常识；同时还涉及处理企业知识产权相关法律纠纷等。

（1）企业签订合同时应知的法务

①在签订合同以前，经营者必须认真审查对方的资质和履约能力。审查资质就是查对方的经营主体资格是否合法和真实存在。审查履约能力就是要查清对方现有的、实际的、真实的经营情况。签订合同前要仔细审查签约对象的营业执照、法人代表证明、身份证、授权委托权限、企业年检证明等，必要时可通过信函、电报、电话或直接派人上门了解等方式对对方的资信情况进行仔细的调查，切实掌握与了解对方的资质和履约能力。如有条件，在合同签订时进行公证或律师见证，从而减少企业风险。公证机关和顾问律师对合同进行公证和见证时，一般都要再次审查，通过这些专业人士的参加，并让他们承担相应的责任，可以增强合同的有效性。

②审查合同公章与签字人的身份，确保合同是有效的。如果对方公章为法人的分支机构公章或内设机构，应要求其提供所属法人机构的授权书。对方在合同上签公章，并不能保证合同是有效的，还必须保证合同的签字人是对方的法定代表人或经法人授权的经办人。如对方签字人是企业的法人代表，那么在签订合同之前，应要求对方提供法人代表身份证明，营业执照副本或工商行政管理机关出具的法人资格证书；如对方仅系企业的业务人员，则还应让其提供企业及其法人代表的授权委托书、合同书、业务人员自身的身份证明以及财产担保书等相关证明文件，切忌仅凭对方提供的银行账户、合同专用章等不全面、不规范的文件就与其签订合同。同时也应该从根本上杜绝那种仅凭老关系、熟面孔或熟人的介绍就与对方签订合同的做法。

③签订合同时应当严格审查合同的各项条款，有条件的不妨向专业人员咨询。根据合同诈骗的特点。为了防止对方利用合同条款来弄虚作假，应该严格审查合同各项条款以便使合同权利义务关系规范、明确，便于履行。对于合同的主要条款，特别是关于交货地点、交货方式、质量标准、结算方式、货物价格的约定更要力求表达的清晰、明确、完整，决不能含混不清或者模棱两可，给合同以后的履行埋下隐患。

④违约条款是明确约定违约的责任，为将来可能的诉讼与维权打下良好的基础。当事人可以约定一方违约时应当根据违约情况向对方支付一定数额的违约金，也可以约定因违约产生的损失赔偿额的计算方法。约定的违约金低于造成的损失的，当事人可以请求人民法院或者仲裁机构予以增加；约定的违约金过分高于造成的损失的，当事人可以请求人民法院或者仲裁机构予以适当减少。当事人就迟延履行约定违约金的，违约方支付违约金后，还应当履行债务。

⑤明确合同签订地。在签订合同时要明确合同的签订地。根据最高法院的司法解

释：凡书面合同写明了合同签订地点的，以合同写明的为准；未写明的，以双方在合同上共同签字盖章的地点为合同签订地；双方签字盖章不在同一地点的，以最后一方签字盖章的地点为合同签订地。所以在合同上明确地将签订地注明为本地或作为最后一方签字，以便于追究合同诈骗及挽回自身经济损失有着重要意义。

⑥力求合同文字表述的准确。合同作为当事人交易的行为准则，必然要求合同具有实用性，方便操作。合同的用词用语不需要华丽，但一定要明确。同一合同的各个条款之间不能相互矛盾。合同条款的用词用语要达到明白、准确、通畅，理解上无歧义。不要让容易发生歧义的文字出现在合同文本当中，俗语说一字千金，合同错一个字很可能会造成几千元、几万元，甚至几十万元、几百万元的经济损失。如定金与订金的含义就有天壤之别，定金是债权担保的一种方式，《中华人民共和国民法通则》第八十九条第三款明确规定："当事人一方在法律规定的范围内可以向对方给付定金。债务人履行债务后，定金应当抵作价款或者收回。给付定金的一方不履行债务的，无权要求返还定金；接受定金的一方不履行债务的，应当双倍返还定金。"可见定金具有惩罚性，其目的在于保证交易的完成。在实践中不少人将定金写成了"订金"，而"定金"和"订金"的作用和法律效力是有差别的，"订金"在法律上被认定为预付款，不具有惩罚性功能。

⑦合同条款应齐全。虽然每一份合同的内容不一样，但是它们都有一些共同的基本条款，这些条款包括：签约当事人的名称或者姓名和住所、联系电话；合同的标的（应当注明品名、规格）；标的物的数量质量要求；价款或者报酬及支付方式、时间；标的物交付的期限、地点和方式；违约责任；解决合同争议的方法；其他特别约定条款；双方的盖章或者签名，合同签订日期。当然，签约各方还可以根据实际情况约定其他的条款，但这些基本的条款应当齐备。

同时还应注意以下几点：第一，避免签订无效合同。《中华人民共和国合同法》第五十二条规定了五种情形下的合同属无效合同，即一方以欺诈、胁迫的手段订立合同，损害国家利益；恶意串通，损害国家、集体或者第三人利益；以合法形式掩盖非法目的；损害社会公共利益；违反法律、行政法规的强制性规定。要特别注意。第二，注意合同的规范与完整。由于各种原因，许多个体经营者习惯采用口头上的君子协议。这是很不严肃的，极易引起争议。在经济活动中除非立时结清者外，都应采用书面形式，详细载明合同中的具体事项要求。有时候，有的人在签订合同时，请人代表做主、代签姓名。这种做法，事后容易产生歧义和纠纷，应尽力加以避免。第三，重视仲裁条款。在订立经济合同时，应确立双方同意的仲裁机关名称，以便事后发生争议时，可以向双方确定的仲裁机构申请仲裁。这样，当所签的合同发生纠纷时，就可利用仲裁条款来保护自己的正当权益。

典型案例

A公司与B公司约定，由A公司向B公司位于某市工地提供各种规格的企口管和承插管。双方还对产品价格，质量标准，结算方式及期限等作了约定。合同议定后，B公司未在该合同上签字盖章。此后，A公司陆续供货，并分别向B公司开具了发票，B公司共支付13万元。2018年1月18日，B公司污水管网项目部会计×××向A公司出具对账函一份，确认已收水泥管总额1189666元（含已付13万元）。此后，A公司根据B公司的要求，继续供货，其价值16370元。另有对账未列货款8504元。A公司曾持B公司开具的发票向某市城市排水发展有限公司收款，遭该公司拒绝。A公司即诉至法院。原审在审理期间，对双方的账目进行了核对。双方公司未列入对账金额内的8504元和对账后供货部分的3377元未能提供相应凭证，扣除B公司已付货款13万元，下欠1072659元，B公司至今未付。

原审认为，A公司与B公司之间的买卖关系成立，A公司依约履行了供货义务，而B公司未依约付清货款，应承担主要责任。A公司要求B公司支付货款并赔偿利息损失有理，应予支持。对其不能举证部分的货款，原审不予认定。B公司辩称，双方未订立书面合同，产品存在质量问题等与事实不符，且不能举证，原审不予采信。原审依据《中华人民共和国民法通则》第108条，《中华人民共和国合同法》第37条，第107条，第159条的规定，判决：B公司于判决生效之日起拾日内向A公司偿付货款1072659元并支付违约金（自2001年1月19日起自付清货款之日止，按中国人民银行同期贷款利率计算）。案件受理费15435元，诉讼保全费6270元，两项合计21705元，由B公司负担。

（2）企业知识产权的法务常识

知识产权是指人类智力劳动产生的智力劳动成果所有权。它是依照各国法律赋予符合条件的著作者、发明者或成果拥有者在一定期限内享有的独占权利，一般认为它包括版权（著作权）和工业产权。知识产权是人类重要的科技文化成果，对于社会经济的发展做出了巨大贡献。对于很多初创企业来说，很容易忽略知识产权的保护，自己的核心技术、公司商标一不小心就变成了别人的"专利"。面对竞争对手侵犯知识产权时应及时采取法律措施，保障自己的合法权益。

①商标。企业使用的商标必须按照法律程序进行注册，若商标不经过注册，商标使用人对该商标就不享有商标专用权。这样商标就不能起到标示商品来源的作用，也会混乱消费者对商品的认知。此外未注册商标还有一个严重的弊端，一旦他人抢先注册该商标，就享有了该商标的专用权，该商标的最先使用人反而不能再使用该商标。根据《中华人民共和国商标法》，商标专用权的原始取得只有通过商标注册取得，而申

请商标注册，又采用申请在先原则。原则上，对一个未注册商标来讲，谁先申请注册，该商标的专用权就授予谁。知识产权律师认为，未注册商标还有一个致命后果，就是未注册商标有可能与在相同或类似商品上已注册的商标相同或者近似，从而发生侵权行为。侵权行为一旦发生，则由侵权人承担侵权的法律后果。

为了防止被抢注，创业公司需要提前将公司名称、品牌名、LOGO、APP icon、产品等重要信息注册为商标。商标注册时按照保护的领域或产业不同，施行分类别注册的原则。按照《商品分类表》，商标分类包括 45 个大类，涉及 10000 多个商品和服务项目。对创业者来说，初期可将重点限定在产品或服务所在行业或领域中。

②专利。如果企业的技术是独创的，别人不具备的，就应该申请专利保护，获得了专利权后，企业就可以建立竞争的壁垒，如果有同行仿冒企业的技术，就可以利用专利权对竞争对手进行打击。

《中华人民共和国专利法》实施细则第二条规定："发明，是指对产品、方法或者其改进所提出的新的技术方案。实用新型，是指对产品的形状、构造或者其结合所提出的适于实用的新的技术方案。外观设计，是指对产品的形状、图案或者其结合以及色彩与形状、图案的结合所作出的富有美感并适于工业应用的新设计。"

从根本上说，专利属于一种商业手段。除了技术性之外，还有很多其他用途。比如企业通过产品或者公司拥有的专利来提升形象，可以向银行抵押专利来获得贷款，可以使用专利来提升公司的无形资产，甚至还可以通过专利来限制竞争对手给自己产品一定的溢价空间。

③著作权。著作权也是版权，软件、图片、文字等作品都可以申请著作权。版权登记是一种自愿性质的登记，由著作权人向登记机构提出申请，登记机构经初步审核合格后，依法予以登记并颁发著作权登记证书。该登记证书是著作权人对所登记的作品合法享有著作权的证明，国家司法和行政机关予以承认。著作权自作品创作完成之日起就已经自动产生，不必须依靠登记来取得。但作品著作权登记的意义在于被侵权时能举证证明公司对该件作品享有著作权，从而获得著作权法的保护。对于涉及软件开发、文学创作、艺术等相关业务，或拥有移动 APP 的互联网创业公司来说，提前进行著作权登记是很有必要的。

对于生产中创新的技术，首先应区分该技术是采取保密措施保护还是申请专利权。如果采取保密措施保护，企业应建立一套完整的保密制度，与员工签订保密协议，对员工进行泄露商业秘密应承担的法律责任的教育。如果申请专利，则应注意潜在的侵犯专利权的交易，发现后及时采取证据保全措施和财产保全措施，制止侵权行为，挽回损失。对于商标权，如果已经提出申请但是尚未注册，可以在商标上标注 TM 标记以防止其他人提出重复申请。如果商标已经注册，以圆圈 R 防止侵权。因企业合并、兼并或改制而发生商标使用权发生转移的情况，应到商标局办理注册商标的转让手续。发现商标侵权时及时制止，必要时采取诉讼措施。

典型案例

"某明"注册商标于 1999 年 3 月被授予商标专用权,核定的使用商品为第七类,包括泵与电机等产品。原商标权人为某州某星机电有限公司。2001 年 6 月 28 日,经国家商标局核准,"某明"注册商标权人变更为浙江某明机电有限公司(以下简称浙江某明)。

上海某明泵业有限公司(以下简称上海某明)于 2001 年 3 月 20 日在上海市经工商核准注册,经营范围为潜水泵、自吸泵等的生产,该公司出资人及法定代表人×××系浙江人,实际生产基地也在浙江。上海某明从 2001 年 3 月开始生产,在其产品自吸泵、潜水泵泵体显著位置标注有"上海某明"或"上海某明泵业"字样。其产品外包装箱上的商标为"某申","某申"商标国家商标局仅受理而未核准授权。詹某系个体,某市五金机电经营部业主,其经营品种有标有"上海某明泵业"字样的自吸泵及潜水泵。浙江某明向武汉中院提起诉讼,请求判决上海某明和詹某停止侵权并赔偿相关损失。

武汉中院依据《中华人民共和国商标法》第五十二条第五项,第五十六条第二、三款,《最高人民法院关于审理商标民事纠纷案件适用法律若干问题的解释》第一条第五项,《中华人民共和国民事诉讼法》第一百二十八条之规定,判决:一、上海某明于本判决生效后不得在企业名称中使用与浙江某明的"某明"注册商标相同的文字;二、上海某明于本判决生效后不得生产、销售侵犯浙江某明"某明"商标权的各类水泵;三、上海某明于本判决生效后在《某州日报》上登载启事,向浙江某明赔礼道歉。启事内容须经本院审核,逾期不履行,原审法院将公布判决主要内容,费用由上海某明承担;四、上海某明于本判决生效后十日内赔偿浙江某明经济损失 12 万元;五、詹某于本判决生效后停止销售由上海某明生产的带有"某明"字样的水泵;六、驳回浙江某明其他诉讼请求。

第二节　大学生创新创业政策解读

制度和政策是游戏规则的集合,利用得好,如虎添翼,用得不好,则举步维艰。在《笑傲江湖》中,左冷禅所作所为无不是利用制度优势,手握道德大棒,以所谓的江湖道义,满足自己的战略野心。因此,大学生要实现创业或更好创业,熟悉相关优惠政策十分重要。

1. 大学生创业的相关政策

(1)国家层面的政策

关于大学生创新创业政策,国家层面主要有:《国务院办公厅关于做好 2014 年全国普通高等学校毕业生就业创业工作的通知》《国务院关于进一步做好新形势下就业创业工作的意见》《国务院关于大力推进大众创业万众创新若干政策措施的意见》《国务院办公厅关于深化高等学校创新创业教育改革的实施意见》《国务院关于强化实施创新驱动发展战略进一步推进大众创业万众创新深入发展的意见》《国务院关于推动创新创业高质量发展打造"双创"升级版的意见》《人力资源社会保障部等九部门关于实施大学生创业引领计划的通知》《人力资源社会保障部办公厅关于进一步加强高校毕业生就业创业政策宣传工作的通知》《人力资源和社会保障部关于做好 2015 年全国高校毕业生就业创业工作的通知》《人力资源社会保障部关于做好 2018 年全国高校毕业生就业创业工作的通知》等文件。

（2）福建省针对大学生创新创业政策

《福建省人民政府关于进一步做好新形势下就业创业工作十五条措施的通知》《福建省人民政府关于做好 2017 年普通高等学校毕业生就业创业工作的通知》《福建省人民政府关于强化实施创新驱动发展战略进一步推进大众创业万众创新深入发展的实施意见》《福建省人民政府关于进一步支持全省中小企业发展十条措施的通知》《福建省人民政府关于做好 2018 年普通高等学校毕业生就业创业工作的通知》《福建省人力资源和社会保障厅办公室关于做好 2019 年大中专毕业生创业省级资助项目申报评审工作的通知》等文件。

对一些创业信心不足、创业资金困难、创业条件受限、创业技术匮乏的大学生而言，创业优惠政策无疑成为大学生准备创业、实现创业、成功创业的良方。

其中，在国家的文件中提到，各高校要改革教学和学籍管理制度，完善细化创新创业学分积累与转换、弹性学制管理和保留学籍休学创业等政策，支持创业学生复学后转入相关专业学习。各高校科研设施、仪器设备等资源原则上向在校大学生开放，科技成果优先向大学生创办的小微企业转移。支持成立大学生创新创业协会、创新创业俱乐部等社团，举办创新创业讲座论坛。对高校毕业生创业就业，按规定扣减增值税、城市维护建设税、教育费附加和个人（企业）所得税等。落实好创业担保贷款政策，鼓励金融机构和担保机构依托信用信息，科学评估创业者还款能力，改进风险防控，降低反担保要求，健全代偿机制，推行信贷尽职免责制度。促进天使投资、创业投资、互联网金融等规范发展，灵活高效满足创业融资需求。有条件的地区可通过财政出资引导社会资本投入，设立高校毕业生就业创业基金，为高校毕业生创业提供股权投资、融资担保等服务。将鼓励创业创新发展的优惠政策面向新兴业态企业开放，符合条件的新兴业态企业均可享受相关财政、信贷等优惠政策。

可以看出，大学生创业优惠涉及税收优惠、创业担保贷款和贴息支持、免收有关行政事业性收费、享受培训补贴、免费创业服务等多方面。

2. 大学生自主创业优惠政策

（1）税收政策

大学生自主创业优惠政策为鼓励高校毕业生自主创业，以创业带动就业，财政部、国家税务总局 2011 年发出《关于支持和促进就业有关税收政策的通知》，明确自主创业的毕业生从毕业年度起可享受三年税收减免的优惠政策。其中，高校毕业生在校期间创业的，可向所在高校申领《高校毕业生自主创业证》，离校后创业的，可凭毕业证书直接向创业地县以上人社部门申请核发《就业失业登记证》，作为享受政策的凭证。

自 2011 年 1 月 1 日起，毕业年度内的高校毕业生在校期间创业，可向所在高校申领《高校毕业生自主创业证》。

离校创业的，通过以下程序：一是学生申领《就业失业登记证》。毕业生凭毕业证直接向创业地县以上人社部门提出申请，县以上人社部门在对提交申请相关情况审核认定后，对符合条件的毕业生相应核发《就业失业登记证》，并注明"自主创业税收政策"。二是学生可享受税收优惠。税收优惠主要是指国家运用税收政策在税收法律、行政法规中规定对某一部分特定企业和个税对象给予减轻或免除税收负担的一种措施。税法规定的企业所得税的税收优惠方式包括免税、减税、加计扣除、加速折旧、减计收入、税额抵免等。

在校创业的，需要的程序有。

①学生网上申请。注册登录教育部大学生创业服务网，按要求在网上提交《高校毕业生自主创业证》申请。

②高校网上初审。所在高校对毕业生提交的相关信息进行审核，通过后注明已审核，并在网上提交学校所在地省级教育行政部门。

③省级教育行政部门复核。省级教育行政部门对毕业生提交的相关信息进行复核并确认。

④高校发放《高校毕业生自主创业证》。复核通过后，由所在高校打印并发放《高校毕业生自主创业证》，相关部门和学生本人都可随时查询。

⑤学生申领《就业失业登记证》。毕业生持《高校毕业生自主创业证》向创业地县以上人社部门提出《就业失业登记证》认定申请，由创业地人社部门核发《就业失业登记证》，一并作为当年及后续年度享受税收扶持政策的管理凭证。

⑥学生享受税收优惠。内容同"离校创业"。

《高校毕业生自主创业证》发放对象是：毕业年度内在校期间创业的高校毕业生。其中，高校毕业生是指实施高等学历教育的普通高等学校、成人高等学校毕业的学生；毕业年度是指毕业所在自然年，即 1 月 1 日至 12 月 31 日。

(2)大学生创业贷款政策

大学生创业贷款是国家给大学生提供的创业优惠措施，为支持大学生创业，国家各级政府出台了许多优惠政策，涉及融资、开业、税收、创业培训、创业指导等诸多方面。

一般来讲，创业贷款的要求有以下几个方面。

①大学生创业贷款申请者年满十八周岁，具有合法有效身份证明和贷款行所在地合法居住证明，有固定的住所或营业场所。

②大学生创业贷款申请者持有工商行政管理机关核发的营业执照及相关行业的经

营许可证，从事正当的生产经营活动，有稳定的收入和还本付息的能力。

③大学生创业贷款申请者投资项目已有一定的自有资金。

④大学生创业贷款用途符合国家有关法律和银行信贷政策规定，不允许用于股本权益性投资。

⑤在银行开立结算账户，营业收入经过银行结算。

申请贷款所需的资料包括。

①大学生创业贷款申请者身份证件(包括居民身份证、户口簿或其他有效居住证原件)和婚姻状况证明。

②大学生创业贷款申请者个人或家庭收入及财产状况等还款能力证明文件。

③大学生创业贷款申请者营业执照及相关行业的经营许可证，贷款用途中的相关协议、合同或其他资料。

④大学生创业贷款申请者担保材料：抵押品或质押品的权属凭证和清单，有权处分人同意抵(质)押的证明，银行认可的评估部门出具的抵(质)押物估价报告。

(3)各省市创业资助政策

当然，除以上介绍以外，有关地方和高校也出台了自己的配套创业资助政策。以福建省为例，大学生自主创业的其他优惠还有：

①创业奖励。

a. 创新创业奖学金。自主创业的在校生注册公司创业，可以申请学校创新创业奖学金，奖励金额 1000～5000 元。

b. 如福建省人力资源和社会保障厅近年来开展高校毕业生创业项目省级资助，资助金额 3 万～8 万元。

c. 共青团福建省委每年开展创业之星评选，资助金额 2 万～10 万元。具体可以关注上述部门的官方网站。

②创业扶持。以闽南师范大学为例，为支持促进创新创业教育工作，闽南师范大学设立了 30 万元的本科生科技创新奖学金和 20 万元的创新创业奖学金，设立励志基金对创业校友给予最高 5 万元奖励；自主创业的学生可以申请入驻学校创业孵化基地以及校外的众创空间。

第十五章　双龙取水

　　《天龙八部》中，三位主人公作为管理者，萧峰以"义"和丐帮、段誉以"仁"治国家、虚竹却是真正在做"组织管理"的。36洞72岛群豪大闹灵鹫宫，面对危机，虚竹先用绝世武功镇住几个带头大哥，之后，力阻"四剑"大开杀戒，并为群豪化解生死符，最后又巧用第三方段誉之口"约法三章"，轻描淡写中就用誓言"绑定"诸人；确定采用联邦制；不仅将员工危机化于无形，还救了受夹板气的中层干部。总公司里一时间基层员工服气、中层干部听话；至此，看似最为木讷的虚竹才是"中国好老板"，初掌灵鹫宫就能另辟蹊径，里里外外，上上下下，打点的服服帖帖。初创企业麻雀虽小，但也五脏俱全，免不了部门间利益龃龉、上下级意见分歧，怎样在"风骤紧"之时，来一招"斗转星移"，让诸神归位，还要靠"双龙取水"，即是纵向权力分配和部门设置的科学组织结构设计。

　　制度优势是一个国家的最大优势，制度竞争是国家间最根本的竞争。制度稳则国家稳。初创企业必须以现有的管理制度为基础，与公司实际情况相结合，不断改进完善，加大推行力度，建立一套符合公司实际发展情况的、为公司服务的企业管理制度。

功法

　　为减少组织层级，以扁平化、专业化的原则，采用联邦式或虚拟分权式的组织结构，进行组织内的授权与分权设计，明确部门设置和部门职责。

身法

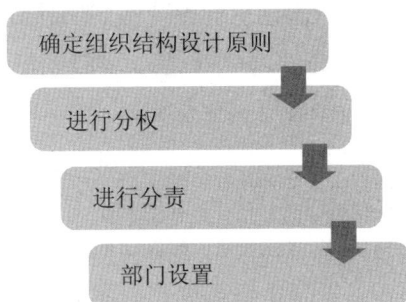

兵刃

分权方法、部门设置方法、组织结构调整时机的确定方法。

词云图

第一节　初创企业的组织结构

在《射雕英雄传》中郭靖与强敌欧阳锋交手，一招"双龙取水"虽未得手，却非败在招式，而是输在经验上。"双龙"比喻"双掌齐出"，金先生虽未文中明喻，但此招却正和降龙十八掌要旨，掌法之妙全在运劲发力，而这运劲发力又在随心所欲，随心所欲之上又是刚劲柔劲混而为一。司马光也曾在《资治通鉴》中指出"王霸无异道"，"王道"强调让人主动跟随，"霸道"强调让人被动屈服，以德服人和以力服人皆是治国之道，同样也是治企之道。

降龙十八掌第十一式：双龙取水——攻势一分为二，看似平常一招，功力与身法倍增有余。从管理的角度看，这不仅是初创企业分工与协同的过程，也是初创企业通过组织结构调整实现"1＋1＞2"的协同反应过程。互联网时代，过去在传统经济时代所有成功的组织结构，今天可能都不适用了，我们只能跟上互联网时代的步伐，按照互联网时代的特点来安排组织结构。

1. 组织结构及其变动

企业的组织结构是企业实现经营战略的主要工具，是进行企业流程运转、部门设置及职能规划等最基本的结构。依据不同的战略要求就有不同的结构模式。一旦战略发生变化，组织结构应做出相应的调整，以适应战略实施的要求。著名管理学者钱德勒指出，战略决定结构。

(1)组织结构及其模式

组织结构是指组织为了便于管理，通过将组织的不同部分进行组合，进而实现组织的宗旨目标。

著名的管理学家德鲁克提出了五种组织结构的模式，如图 15-1 所示。

图 15-1　五种组织结构的模式

①功能式的组织结构。对于企业来说，功能就是指供、产、销和人、财、物，企业是以这些功能作为导向来设置组织的。也就是说，绝大部分企业的组织结构是金字塔式的格局。在功能式组织结构的企业里，要做出一个重大的决策往往需要花费大量的时间，即使这样还不一定能够做好，所以，很多人发现，功能式的组织结构无法对外界的需求做出有效的反应。

②工作小组式的组织结构。就是企业的组织不是固定的，而是以项目为导向的。如果企业有一个项目，企业中的人员就会被调动到这个项目上，组成一个工作小组，这就叫工作小组模式。工作小组是因为任务而存在的，是以任务为导向的。

③联邦式的组织结构。现在绝大多数的大企业基本上都采用这种组织结构模式。联邦式的组织结构就是把企业里所有的事业群统统分开，把权力充分下放，联邦式的组织结构的关键不在于分权，关键是让事业群能够良好运作。事实上是通过"授权"，让企业中的每一个部门，尤其是事业群能够发挥各自的作用，能够独立运作、发挥功能，这才是最关键的。

④虚拟分权式的组织结构。采用这种组织结构的企业，表面上看起来像是联邦式的组织结构，但事实上每一家独立的事业群就好比是一个独立的公司，需要负责自己的盈亏。企业会通过对事业群设定目标来管理事业群。采用这种组织结构的企业，其主要的目的是要让虚拟的分权得以控制。绝大多数的跨国公司的组织结构是这种类型。

系统结构式的组织结构。将相关部门和单位统统集合起来，就是系统结构式的组织结构模式。而这个模式的最大的妙处在于它能够使得各个部门或组织之间保持良好的沟通，这也是这种组织结构模式的最大特色。

（2）组织结构的变动趋势

组织结构模式在不同的环境中发生不同的变化，而随着互联网使用的日益普及，企业的组织模式发生了很大的变化，最突出的是出现了扁平化、专业化和与用户零距离三个明显的趋势。

①扁平化。互联网环境中，企业出现了扁平化的趋势。扁平化是指企业在现有的网络环境中，通过减少企业管理的层级，增加企业管理者的管理幅度，以减少信息传递过程中的失真，加快信息传递的速度和增加信息的真实性。扁平化可以有效地解决现代网络环境下面临的难题。

扁平化成为现有组织变革的主要方向，主要原因一是扁平化有利于分权管理，这样基层在管理结构之间相对独立，更有利于管理；二是扁平化更有利于快速适应市场的变化；三是随着现代信息技术的发展，扁平化的管理更容易提高效益。

在传统管理中，管理幅度增加带来信息和人际关系处理的复杂，然而这些随着网络的发展逐渐地得到解决。

②专业化。专业化管理主要是指企业在建立和发展阶段，应当具有专业化发展的战略，即在各个专业领域中选取特定的领域作为主营业务，利用专业化人才使企业形成固有的优势。专业化管理有利于企业差异化，提高其快速反应能力及效率。这样就可以减少传统上按估计的顾客需求来进行库存，减少了库存，进而降低成本。

专业化管理的效率高于采用传统管理的效率。传统管理往往对于开发企业业务优势没有统一的目标。专业化管理则把企业的主要资源集中在具有优势的业务上。专业化管理可以提供更高的生产力，在成本控制、资本效率上降低相应风险。

③与用户的零距离。在互联网时代，用户体验成为企业客户关系管理运作的核心，不同于传统意义的体验，传统管理中顾客体验只能是顾客通过被动的安排试用企业产品，进而对企业提出建议。而在当前，"如何与用户零距离"成为企业面临的最大挑战。在互联网的环境中，传统意义上企业与用户的区别在逐步消失，企业与消费者产生了融合，消费者在消费的同时，也对于产品的设计以及营销发挥着重要的作用，企业需要将顾客作为企业的一分子，使其在参与的过程中，增强企业与顾客间的互动，进而提升企业的组织效率。

企业应该在其发展战略中充分考虑到用户体验，不再将客户体验作为营销部门自身的问题，而是在生产、物流、财务、营销中引入相应的标准，保持对于用户的持续关注，提高顾客的参与度，进而获得更高的利润。

2. 初创企业组织结构的设计

对于初创企业来说，有人可能会认为一个三五人的小公司，根本不需要组织结构。

不过"游击队"要做大做强,必须成为"正规军",或早或晚都必须要过"组织结构"这道坎。企业组织结构的设计对于企业经营管理的重要性,正如木桶上的一个短板,虽然不是唯一重要或是最重要的,却是不可或缺的。

(1)组织结构设计的内容

企业组织结构设计的主要内容包括,组织环境分析、组织发展目标的设立(这两项是企业高层考虑的问题)、企业流程设计、组织职能设计、部门设计(这三项是中层考虑的问题)以及工作岗位设计(基层考虑的问题)。从企业组织结构的具体形态看,可以按纵向来划分为决策层、管理层、执行层和操作层的组织设计。

企业应该根据企业的任务、目的去设计或调整其组织结构。一般情况下,企业需要减少层级以提高企业的效率,从吸引人才的角度来说,企业也应该这样做。只有员工能看到自己在企业中可以实现的目标时,他才有可能继续留在企业里。如果企业的层级太多,一个员工作为新人进入公司工作,到升职为 CEO 时他已经 80 多岁了,这就是不切实际的。也就是说,如果企业的层级太多,这对吸引人才来说是一个很大的障碍。因此,组织结构设计要解决的是权力和责任是否匹配的问题,拥有权力的人必须承担相应的责任,将合适的人放在合适的岗位上。

比如功能式组织结构的企业很难培养出像样的人才来,因为这种组织结构中的人习惯听命行事。联邦式组织结构和虚拟分权式组织结构是可以培养出人才的,但是企业的员工有了足够的历练后,也会出现问题,就是有些员工的能力可能会远远超过企业一般员工的平均水平,如何激励和保留这一部分优秀的员工,是企业必须要考虑的问题。

(2)组织结构设计的影响因素

影响组织结构改变的因素非常多,包括管理路线及作风、企业规模、员工性质、组织目标、策略、组织环境的稳定性、部门之间的差异、所担负的任务、文化等。而在组织结构设计或调整时,主要的影响因素是策略、规模、环境和技术。这四个因素改变的时候,组织结构就需要做出相应的调整,否则结构会阻碍企业的发展。如果这四个影响因素没有改变的话,组织结构也可以不改变。

因此,组织结构的设计更重要的是权力的分配,或者叫作授权和分权的设计。企业发展不同阶段所要承担的战略目标不同、所处的环境不同、对技术的要求不同、企业发展的规模也不同,导致了对于组织结构的要求也不同,这也是组织结构设计时必须考虑的问题。

(3)组织结构设计的三驾马车

根据管理经济学与组织结构相关理论,组织结构的设计取决于三个关键方面,即决策权分配、员工激励机制和业绩评估体系,并将之成为组织结构设计的三驾马车。这三驾马车之间相互联系互为依存。一方面,特定的决策权限分配,需要有相应的员工激励机制和业绩评估体系加以配合,否则,很难促使拥有决策权的人做出有利于企业的决策，也无法监督和评估决策人的决策质量和决策后果。另一方面，如果企业采用了员工激励机制，也有必要给予他们相应的决策权利，以便员工有权限按相应的激励因素采取行动，并且还要有相应的业绩评估体系来指明和约束行动的方向。只有决策权限分配、员工激励机制和业绩评估体系相互协调的组织架构设计，才是比较理想的选择，这应该是初创企业在设计组织架构时注意参考的重要原则。

①坚持决策权限的分配为重点。决策权限的分配，简单地说，首先是要解决"谁听谁的"或"谁向谁负责"的问题。中国历代王朝，各级文官都由皇帝直接任命，至少在理论上直接向皇帝负责，官僚系统内的上下级之间没有明确的"谁向谁负责"的关系。类似的情形在当今的家族企业中屡见不鲜——老板大权独揽，副总形同虚设——由于缺乏有效的决策权限分配系统，上级不能有效的管理下级，这类企业在规模尚小时问题不大，达到一定规模后往往变得效率极端低下（见图15-2）。

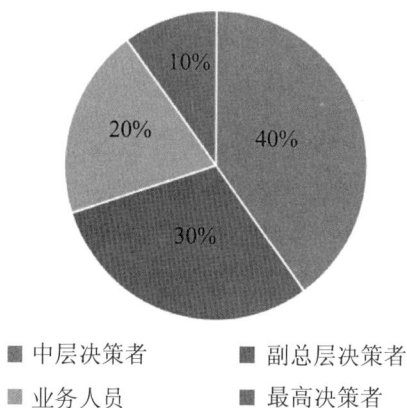

图 15-2　决策权限分配比例优化

②制定分权手册。决策权限分配更准确地说是解决"什么事情谁说了算"的问题。只是简单地规定"谁听谁的"，无法应付日益复杂的经营管理问题，也解决不了创业团队中的意见分歧，因此粗线条的东西必须逐渐细化。"什么事情谁说了算"要细究起来非常复杂琐碎，有必要用书面的正式文件规定下来，制定《分权手册》就是一个很好的方法，通过制定分权手册，可以明确总经理、分管副总、总监层面以及项目的权责划分，使各项工作审批更加清晰，方便各业务部门了解和掌握。

③列出部门设置和工作关系表。组织结构设计最直接的工作，就是各部门的设置和职责的规定。实际上可能很多企业的组织设计也就到此为止了。初创企业的部门设置，可以按照职能来划分如生产、营销、研发、财务、行政人事等。也可以按照业务类别来划分，比如一家软件公司可以设立财务软件部、管理软件部、OEM 部等，然后在每个业务部门内分别配备生产、营销、研发、财务、行政人事等职能部门，或者再设立统一的职能部门负责。初创企业的部门设置最好能够简单明了，避免过多的管理层级，一般有三个管理层级就足够多了；并且要特别注意组织中信息沟通的渠道是

否畅通，部门间的合作是否协调有效。组织架构设计的目的之一就是有序有效的分工和协作，但许多企业里的普通员工和企业的客户并不十分清楚企业的组织架构和各部门的职责范围，不知道哪些事情该找哪个部门负责。与此同时，遇到需要跨部门协作的事务，由于缺乏明确的协作责任规定，各部门相互推诿、相互扯后腿的现象也极为常见，这样的问题，可以用一张简单的工作关系表来明确规定，如图 15-3 所示。

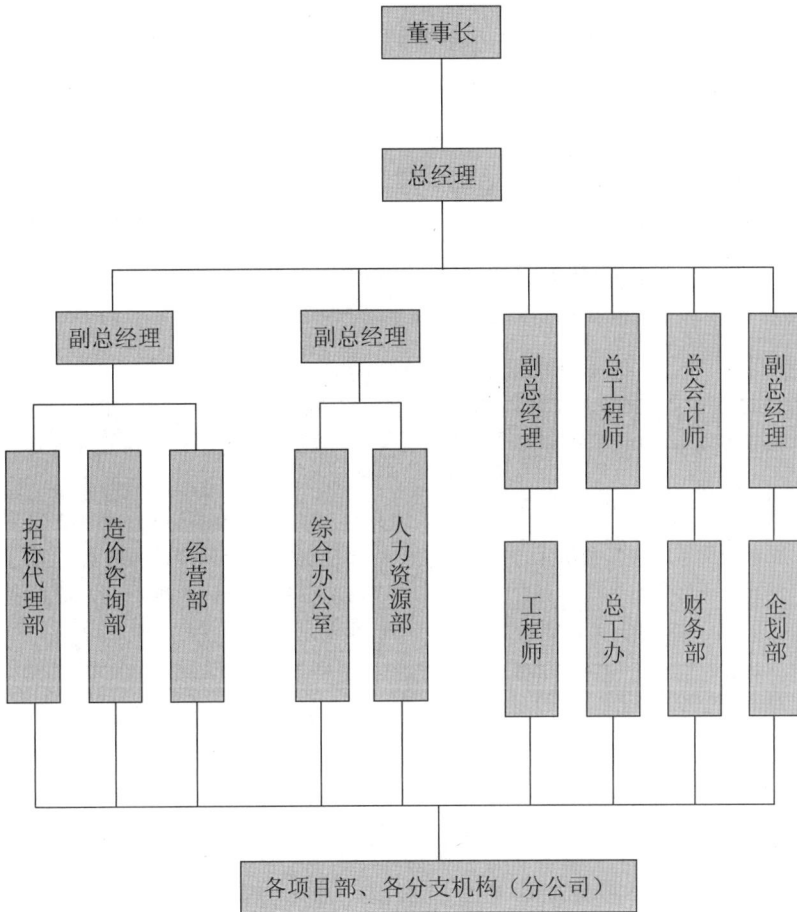

图 15-3 某企业部门设置与组织关系

(3)初创企业组织结构设计时应注意的问题

初创企业在组织结构设计时，除了全面考虑上述影响因素外，还必须注意下面两个问题。

①营销部门和财务部门的设置。收入是企业的命根，开始三个月的销售情况常常就决定了初创企业的命运。如果说大企业是"管"出来的，初创企业就是"卖"出来的，因此营销部门的组织设计对创业者尤为重要。是否把市场和销售两个职能分开，定价

权和推广费用批准权怎么分配，各级员工对销售该负什么样的责任，等等，都是需要审慎考虑的问题。

有研究表明，许多初创企业在一年内就倒闭的直接原因是因为财务管理不善，应收账款中的坏账太多，频频发生流动资金短缺问题。初创企业的财务部门常常就是一个会计、一个出纳，完全不足以应付如此众多的挑战。创业者要特别注重财务监控问题，不能简单地把财务管理视作"记账"，要由有专业技能的人来负责，并且有相应的激励机制和评估体系。

②慎重考虑是"因人设职"还是"因事设职"。"因人设职"还是"因事设职"似乎从来没有定论。一般来讲学术界更倾向于因事设职，而不少实际的管理者则自觉不自觉地因人设职——他们切实地感受到人才难得。初创企业一般都面临着人才短缺的问题，因为创业者一般不可能具备所有的专业管理知识，但又付不起专业营销经理、财务经理的工资。并且初创企业相比大企业往往更依靠某一个或某几个人为企业创造收入。在这样的情形下，一定程度和范围内的因人设职是非常必要的，但需要切记因事设职永远是主流，因人设职只是特殊情况，优缺点如表 15-1 所示。

表 15-1　"因人设岗"和"因岗设人"的优缺点

对比项	优点	缺点
因人设立	有利于保留、招揽稀缺人才	可能会导致业务的战略性漂移；为解决复杂的人事问题所设的岗位数量超过所需；为新岗位确定职责和绩效目标很困难；新建岗位与企业其他岗位很难融合；给企业带来额外成本
因岗设人	减少冗员，提高生产率；有利于人才流动；有利于发挥大多数人的积极性；有利于人尽其才	可能使某些战略人才离职；可能使一些人失去工作

"因人设职"还是"因事设职"呢？不确定，但可尝试以下几种做法。

①男女搭。优秀的企业团队中都有男女搭。其实很多优秀企业的核心班子里，有女性成员是加分的。男性有爆发力，女性有耐力；男性更理性一些，女性更感性一些。

②老少搭。当老板年龄大一些，班子成员要年轻一些，反之亦然。比如，谷歌两个创始人找三年后就退休的埃里克·施密特(Eric Schmidt)进入核心班子。

③动态搭。即随着战略调整而变动，关键在于敢不敢"因人设岗"，或者大胆轮岗。找到一个大萝卜，就挖个大坑，看到小萝卜就挖一个小坑。学会用人做事，而不是做事用人。

④组织搭。即科学合理地设置公司组织架构，根据组织架构设置岗位。

第二节 初创企业组织结构的演进例证

在企业组织结构中，从内部组织架构、股权结构等方面都要做出比较理智、周密、合理的基础性安排，未来的公司壮大后的组织结构的安排都是基于初创阶段的安排进行的演化，基础打不好，后患无穷，后期的制度安排根本难以推进。因此，一个好的企业组织结构也是一个不断演进的过程。

1. "0→1"组织结构的演化

著名硅谷投资人彼得·蒂尔在他的畅销书《从0到1》一书中写道，人类之所以有别于其他物种，是因为人类有创造奇迹的能力。从支付公司 PayPal 中，就走出了诸如领英网的联合创始人里德·霍夫曼、YouTube 联合创始人陈士骏、特斯拉掌门人埃隆·马斯克等商业领袖，这与他具有"从0到1"的创新基因不无相关。所谓0到1是包含了双重含义：一是创业从0到1，二是创新从0到1。作者认为更重要的是后者，就是创新从0到1。在作者看来，创业是基于创新的创业，而非一般的创业，如果没有创新的从0到1，也谈不上创业的从0到1了。因此，可以说0到1的创新，是企业实现从无到有的突破的重要发展理念，这一垂直式的创新思维体系，将引领企业获得更大的增长。

同样将0到1的概念平移到技术自主创新模式也是如此，这就意味着企业要善于创造和创新，以发明具有自主知识产权的专利技术为重点，借由技术优势促进企业网络效应、规模经济、品牌等形成壁垒，从而实现质的垂直性层级跨越，由此开辟一个只属于自己的市场，并成为这个市场的领军者。举几个成功的例子，能生产苹果手机指纹识别传感器芯片的沈阳芯源微电子、以机器人独有技术为核心竞争力的新松机器人。

从0到1是企业进行技术大创新必须经历的过程，必须用"野蛮人"的精神去冲、去试，用大量的失败来换取最后的硕果，形成从0到1的创新，开创技术研发的颠覆式创新模式，但是商海的历史上只会记住成功者，又有多少"0到1"的忠实信徒，消失于无形之中，默默无闻，甚至可以断言世界上从0到1的事情太多了，99％的创新可能都会死掉。冲劲过足则容易冲昏头脑，若是能适时进行冷思考，进行技术研发全流程的协同化，则能进一步提高自主创新模式的成功概率。

在协同化自主创新模式中，企业内外部各子系统有机配合，通过复杂的非线性相互作用，产生各自单独无法实现的"1＋1＞2"的协同效应的过程。具体而言，企业自主创新的全面协同是指企业自主创新的主体、对象、时空、环境、效应各自内部及相互之间的协同（见图15-4）。

①主体的全面协同。创新不只是研发人员的事，而是全体员工的共同行为。因而，

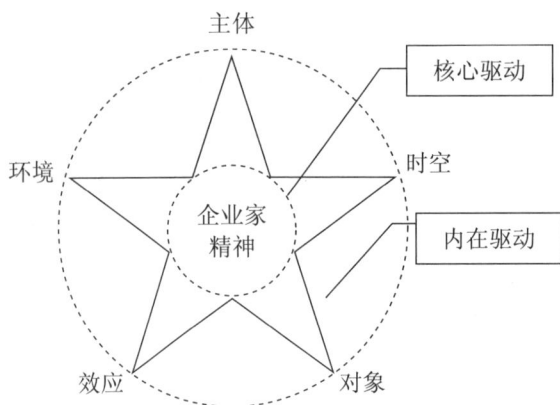

图 15-4　0 到 1 组织协同变迁关系

企业家、研发人员、销售人员、生产制造人员、售后服务人员、管理人员、财务人员等，都应该在分工的基础上，相互合作协同，人人成为创新者，并产生个体所无法产生的协同创新作用。菲利普·科特勒认为，企业有三大利益主体：员工、顾客、股东。企业自主创新的最终目的是要为三大利益主体创造和增加价值，自主创新过程自然也少不了三大利益主体的协同努力。

②对象的全面协同。企业自主创新对象，就是大多数人所说的创新要素。主要有六大创新要素：战略、技术、市场、文化、制度、组织。企业自主创新对象的全面协同，就是指自主创新需要使战略、技术、市场、文化、制度、组织要素达到全面协同匹配，以实现最佳的创新绩效。

③时空的全面协同。分为创新时间的全面协同、创新空间的全面协同和创新时间、空间之间的全面协同。创新时间的全面协同，指基于时间的即兴创新、即时创新的协同，即创新要时时协同。创新空间的全面协同，包括创新过程各环节的协同，创新资源全线（即网上网下）配置、全球配置的协同，以及企业内部空间与外部空间的协同，即创新要处处协同。创新时空之间的协同指企业基于时间的各种创新要与企业各环节创新、各地域创新、网上网下创新协同配合。

④环境的全面协同。企业自主创新环境即协同学意义上的外控变量，主要有政府、中介、高校、独立科研机构等变量。企业自主创新环境的全面协同，是指这些外控变量在企业自主创新过程中的交互作用、协同配合，尤其是政府调控手段的协同。

⑤效应的全面协同。一方面，企业自主创新既要追求经济效应，也要追求社会效应、生态效应，并且企业自主创新的经济效应、社会效应、生态效应有机结合为一个整体。另一方面，企业自主创新协同的整体效应既大于各个创新主体效应的简单相加，也大于经济效应、社会效应、生态效应的简单相加。

⑥创新主体、对象、环境、时空、效应之间的全面协同。主要指企业自主创新主体、对象、环境、时空、效应各系统的多维非线性交互协同。其中最为关键的是，作

为企业自主创新内在驱动——企业家精神与外控变量的动态交互协同作用。

在这个世界上，建立功业易，放弃功名难，企业的创新也是如此。创新不是从 1 到 N，而是从 0 到 1。创新的关键是协同战略管理，战略就是从 0 到 1 的突破和从 1 到 0 的归零。企业在进行自主创新时，要从战略分析入手，时常从 0 到 1，从 0 到 1 难；从 1 到 0 更难。如果企业能够倒空自我，将心归零，便能获取更多知识、能力及良好的心态，才能获得更大的力量，才可以坚持不断进取、不断超越自我，以及持续不断地创新。

2. 迈向组织协同的时代

一个优秀的企业战略不是随意地将组织中独立的部分拼接在一起，而是精心地将这些独立的部分组成互相依赖的一个系统。现代社会的普遍不确定性以及快速变化已经成为企业组织生存环境的基本特征，外部资源开放接入，混沌的管理对象，跨空间的复杂协作等，使得企业必须发展一套共同的沟通方式、基本行为规则和衡量标准，其中最为重要的是在组织内建立起相互依存的协同关系。

近年来，SBU（战略事业单元）、阿米巴、扁平化、无边界、内部市场化、自组织、自经营、自我管理、自激励……这些与新型组织形式紧密相连的名词，都在诠释着组织协同的管理哲学理念。组织协同是指企业将组织内部相互联系相互作用的若干要素进行有机组合，实现不同职能模块的协同耦合运作，从而实现组织有序协同及发展重塑。

在一定程度上，组织协同是企业在竞争加剧、变化加速、复杂性加大的超竞争时代，赖以生存和发展的基石。不仅仅是组织结构及运作方式的调整，组织协同更是具备自组织学习智能"生命体"，企业组织内外的协同化，可有效实现企业的管理增效，并通过自适应功能，与市场环境、波动实现动态平衡及协同演化，以此实现企业在发展、品牌、产品及商业模式上的差异化，构建高度集成化的组织协同价值链，在清除组织内部战略实施的障碍的同时，在组织内部创造跨业务和跨部门的战略协同效应，营造竞争优势，增强企业组织模式的不可模仿性和精密复杂性。可以预见，组织协同的时代正在到来。

（1）组织协同"四痛点"

①企业难以实现收权与放权之间的妥善平衡。多数中国企业面对组织扩张和业务多元化，无法寻求收与放之间的妥善平衡。传统企业擅长的是全面管理，即高层直接影响业务板块运营决策，原因是中国企业往往都从单核业务起步，所以集团管控比较严密细化，力度也比较大。但是随着业务多元化，产业分工过细、层级过多，科层式组织在面对外部竞争对手或用户需求快速变化时显得迟钝和低效。不管在新产品开发还是调整新的打法上，团队都需要取得多个部门的协同、多个层级的审批，导致内部耗时过长，无法招架新创企业的颠覆创新、快速迭代的经营方式。于是开始向家庭组建者过渡：一方面有选择性地参与板块事务，确保灵活应对新趋势；另一方面主要通过构建具有协同效应的业务投资组合、融资，以及其他为各业务板块培育协同效应的

举措来实现总部价值。

②难以及时响应客户并适应新市场新趋势。在互联网的催化下，个人客户和企业客户的需求和自身特点都在发生趋势性变化。无论身处何种行业，中国企业比以往任何时候都更难以取悦客户捉摸不定的需求。在供给侧改革和"互联网＋"热潮下，组织对客户需求的响应效率和质量将成为业务发展的关键成功因素。然而，许多传统企业难以应对新市场新趋势，主要原因包括：纵向层级过多、决策链条冗长，并可能出现冗员；横向则无法有效建设跨部门团队、整合内部资源、通过组织协同为客户快速高效地提供产品和服务。此外，科层式强调从上而下的管控、标准化流程、精细化分工，这些条条框框让团队缺乏空间尝试计划外的创新，阻碍员工的创新积极性。

③人才的"新旧交替"难以实现。传统人才由于长期从事同一个行业，在思维、视野方面形成局限，致使他们对转型机会不敏感，对转型战略认识不足；同时他们可能自恃于过往成功经验，欠缺转型的激情与动力；他们所拥有的核心素质、专业技能可能与组织未来转型的方向不匹配（如国际化、数字化等）。因此，传统人才在企业转型中存在"看不见""转不动""够不着"三大局限。而外部新兴人才则正好相反，作为曾经的"局外人"，他们在转型中拥有帮助组织客观审视、规划的"新视角"；能够成为推动转型发生的"新动力"。因此，组织迫切需要"新旧交替"，即提升传统人才的能力、规避局限性，并吸收和彰显新兴人才的优势，从而通过人才的协同管理，建设组织的战略性转型能力。

④科层制的去与留。讨论科层制是要澄清组织协同过程中的一些误区。基于工业经济基础而建立的组织结构，并没有因为所谓新经济的到来而有太多改变。即便有改变，也并非是狂飙突进式的，而是缓慢、渐进式的。不可否认，科层制所体现的支配特性，在今天确实已经发生了改变，自高层决策者到面向市场一线员工的指挥链，已不再那么简单，而应该给予终端更多的决策权。当然，这种决策权的下放，必须是在一种基于共同智慧、共享价值前提下的下放。这种共同智慧与共享价值，是一个企业所积累的知识资源和价值观，如腾讯、阿里巴巴、谷歌这些经营领域互联网范儿十足的公司。就组织结构层面而言，它们的组织结构就带有部分科层制的元素。

如果说这些公司与传统制造型企业有不同之处的话，大概也就在于它们在结构上少了那么几层而已。形成这种相对扁平化的原因，很可能在于其行业特性与产品特性。但在组织内部，在指挥链方面，并无明显不同。此外，近些年来推崇的阿米巴模式，并没有否定科层制，在国内却一直被曲解为一种新的组织结构形式。而事实上，阿米巴产生的直接原因，是稻盛和夫面对京瓷规模日渐扩大而弊病骤增所寻求的解决之道。稻盛和夫坦承："如果当时掌握了经营学或者组织论的知识，或许会知道如何控制越来越庞大的组织，面临的问题也许会迎刃而解。"他甚至还提到，倘若当时知道有咨询这个行当，说不定会硬着头皮去凑钱，接受咨询。在万般无奈之下，稻盛和夫想到的办法是，将公司分成若干个小集体，让那些中层人员担任小集体的领导，放权让他们管理。把公司分成能开展业务活动的最小组织单位，让这些小组织独立核算，这就是阿米巴组织的由来。在今天看来，阿米巴模式通过划分最小组织单位并实行这些组织单位的独立核算，从而使得管理更加量化、精细化以及可视化。但在本质上，它并没有否认科层制，只是给予了这些最小组织单位，即阿米巴组织更大的自由度和自主权。

(2)组织协同时代的三个特征

组织协同在本质上是一种创新型组织，它强调回归到创业阶段，鼓励自雇佣、自我激励、自经营、去复杂度，少管控与监督，其根本逻辑是：只有尊重人的本性，才能调动他的积极性。组织协同必须以三大特征为核心(见图15-5)。

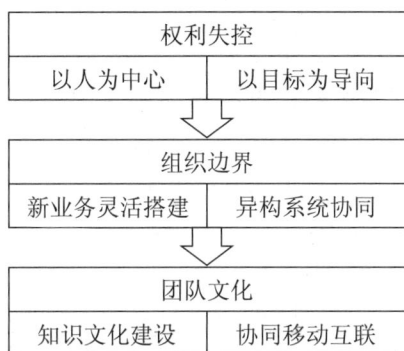

图 15-5　组织协同三特征

①权利"失控"。既然决策权下放，在企业发展的过程中总会存在无法实现目标的团队。这就是组织协同的"试错"机制。这种"失控"通常不是因为内部竞争引起，而是市场检验的结果。只要团队成员愿意承担风险与相应责任，创业失败后依然可以选择继续创业，也可以自主选择加入其他团队。这种小范围的"失控"，是为了保证系统的"可控"。有人说，"阿里"一直以来的轮岗制度，为它的"失控"做足了准备。也有观点认为，25个事业部管理成本巨大，横纵标准不一存在矛盾，这将带来巨大的内耗，过渡之后必将重新整合。无论这些判断的结果如何，不可否认的是，未来好的坏的，都会在"失控"的氛围下不断碰撞、迭代，甚至淘汰。失控对达到一定量级的企业而言，是一个必须经历的高阶蜕变过程。有时候不经历一次彻头彻尾的打散和重构，根本无法跃迁到一个全新的形态，如华润集团应用6S战略管理体系、5C价值型财务管理体系等管理手段，确保集团多元化、利润中心专业化，并以多元化控股下的专业化管理为基本框架，在组织模式上将业务类型分散的多个一级利润中心整合成七大协同战略业务单元。在放权过程中，华润总部更多以产业发展、产品投资组合的视角管理业务单元，主抓财务权(如资本、资金和资产的统一集中管理)及核心人事权(如战略业务单元及一级利润中心管理层的任命)，下放其他决策权力及权限，并以全面的管理系统(如战略、IT、风险和财务)予以支撑，推动各业务单元和部门的协同创新。华润总部的权利"失控"为业务单元更敏锐地响应市场和客户创造了条件，并将总部注意力更精

准地投向产业"增值"领域。

②淡化组织边界。在组织内部，员工以团队、项目组、事业部等形式自发，或者按一定组织行为，组成数量众多的业务单元。这些业务单元大小不一，业务性质可以雷同，也可以差异化，形成"百舸争流"的局面。团队负责人、团队成员进行双向选择，以决定团队的人员构成。为了某个业务目标，团队人员在一定时期内是稳定的；一旦项目结束或者失败，团队自行解散，也可以重新组建。业务单元更多以团队(Team)、小组(Group)相称，而不是有明显边界的部门(Department)；而纵向简化层级因具备了横向众多的平行业务团队，新型组织在纵向上会"减负"很多，决策链条缩短，"部门墙"也被打通，团队只需要对决策结果负责任。横纵向的组织协同，实现了"层级×幅度"的组织优化，进一步推动了企业"精益组织"决策、研发及营销"模块化"实现。在此基础上，企业也将会出现更多的"决策者"而非"分析师"，各级员工的决策承担意识和能力也将得到加强。此外，业务团队的协同合并，扩大管理者的管理幅度，消除不必要的管理层级，摒弃双线汇报，有助于实现内部的跨界协同及实现以客户为中心的有效转型。

③注重团队文化。作为一种新型组织，组织协同并没有严格的考核，缺乏严苛的管理，看上去"形"很散。因此，更要重视"神"聚，最有效的措施就是加强企业协同文化建设。在新员工入职时，要进行非常严格的企业文化考试，不认同企业文化的员工不接收。并且，组织协同所要求的考核宽严相济。无论是团队，还是事业部，都只是组织的一部分，其协同规则的制定也更具"人情味"，主要是将客户满意度与团队成员满意度作为重要的考核指标。在网络上，其他同事的"点赞"表明对员工的认可，"点赞"的数量就是一种考核；小米团队工程师的满足感来自用户的极力追捧。然而，在创业型组织中，不是一味地宽松考核，当团队业绩不理想、"创业"失败时，团队解散、人员离职可谓最严厉的自我考核。

典型案例

华为组织结构演变三十年

华为公司已经成立三十余载，其规模、影响、模式早已超出了自己所在的行业，风风雨雨，已经成为中国企业发展的一面旗帜。按照"战略决定结构，结构反作用于战略"的原则，为了支撑公司战略的实施与达成，华为公司从成立至今进行了一系列的流程再造、组织结构变革，从最初的直线型组织结构，逐渐演变成了现在的产品线的组织结构，大体可以分为四个阶段。

(1)创业(1987—1994)初创：一切为了生存

1987年，任正非与五位合伙人共同出资2万元成立了华为公司，主要采用跟随式的产品开发战略——先代理再自主开发，通过低成本、低价格的方式迅速扩大市场占有率，专注于通信设备制造业的战略目标。此时，采用直线型组织结构，所有员工都是直接向领导者汇报。1992 年，华为销售规模过亿，员工人数超过 200 人。组织结构开始向直线参谋职能制转变，除了研发、市场销售、制造等业务流程部门，开始建立财经、行政管理等支撑流程部门(见图 15-6)。

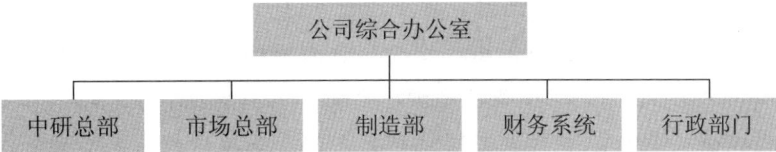

图 15-6　华为初创阶段组织结构

(2)第二阶段(1995—2003)成形：规范——规矩成方圆

这个阶段，华为公司从单一研发生产销售程控交换机产品逐渐进入到移动通信、传输等多类产品领域并开始进军国际市场。产品战略和发展战略发生巨大变化，华为的组织结构也开始进行调整。在这一时期，华为原有的直线型组织结构的缺点日渐凸显——管理者负担变得越来越重、部门利益越来越难以协调。为此，华为建立了事业部制与地区部相结合的二维矩阵式的组织结构。其中，事业部在企业宏观领导下充分授权，拥有完全独立的经营自主权，实行独立经营、独立核算；产品责任单位或市场责任单位，对产品的设计、生产制造及销售活动的一体化，负有统一领导的职能。地区公司是全资或总公司控股、具有法人资格的子公司，在规定的区域市场和事业领域内，充分运用公司分派的资源并尽量调动公司的公共资源寻求发展，对利润承担全部责任。在地区公司负责的区域市场中，总公司及各事业部不与之进行相同事业的竞争(见图 15-7)。

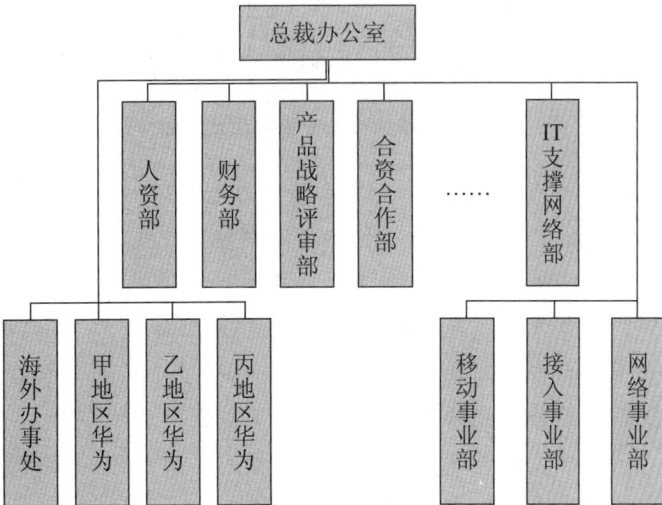

图 15-7　华为成形阶段组织结构图

(3)第三阶段(2004—2012)成长：全球化——重新分权与提高效率

2010年华为首次进入全球500强企业。此时其在产品开发战略上采取了纵向一体化、多元化和国际化并举的战略；在市场竞争战略上，采取与"合作伙伴"共赢的战略。公司也由全面通信解决方案电信设备提供商，向提供端通信解决方案和客户或市场驱动型的电信设备服务商转型。华为从原来的事业部与地区部相结合的组织结构，转变成以产品线为主导的组织结构。此时，华为已经是一家多元企业，形成了运营商业务、企业业务、消费者业务三大业务体系，这个巨大的矩阵组织结构具有相当的弹性。当企业遭遇外部环境挑战，就会收缩、叠加，岗位、人员也会随之精简；环境向好时，这个网络就会打开，岗位与人员也会随之扩张，但其基本的业务流程会保持相对稳定（见图15-8）。

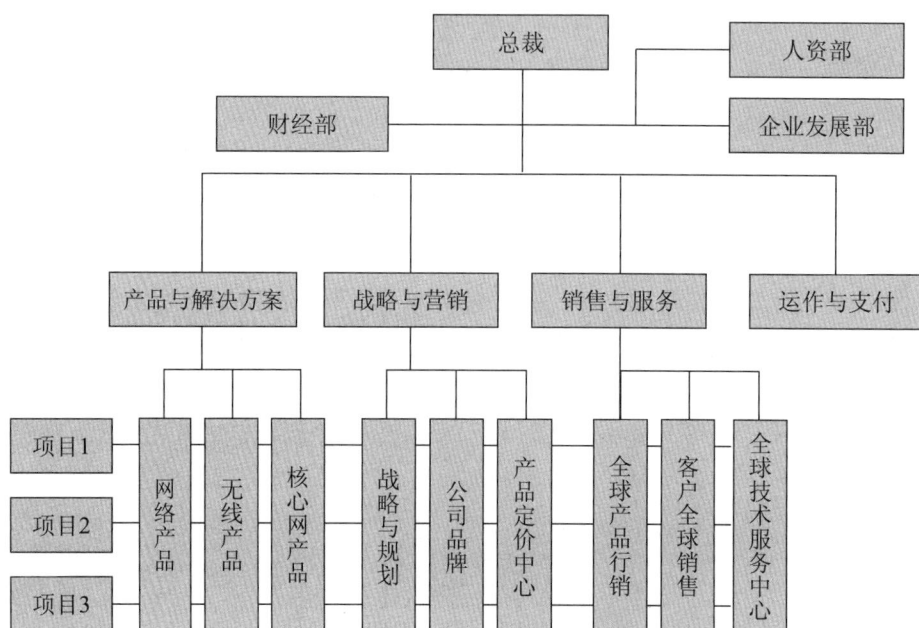

图 15-8　华为成长阶段组织结构图

(4)第四阶段(2013年至今)成熟：为客户创造价值

华为公司基于客户、产品和区域三个纬度设立股东大会、董事会、监事会，整合总公司部门、运营商BG和企业BG、企业区域组织，各组织共同为客户创造价值，对公司财务绩效、市场竞争力和客户满意度负责（见图15-9）。

就目前而言，大数据和人工智能技术已经逐渐成为企业组织协同生态的技术支撑，促成了组织行为的数据矩阵，让项目团队拥有自主控制变化的权利，实现了对既有模块的"解耦运动"，将系统的业务模块按照场景功能进行拆解，一直拆到"原子"级。通过灵活的配置策略构造了更多的细节场景。大数据技术运用于工作行为进行数据分析，通过对个人和组织沉淀的工作行为进行数据分析，可形成个人和组织高效协同工作的

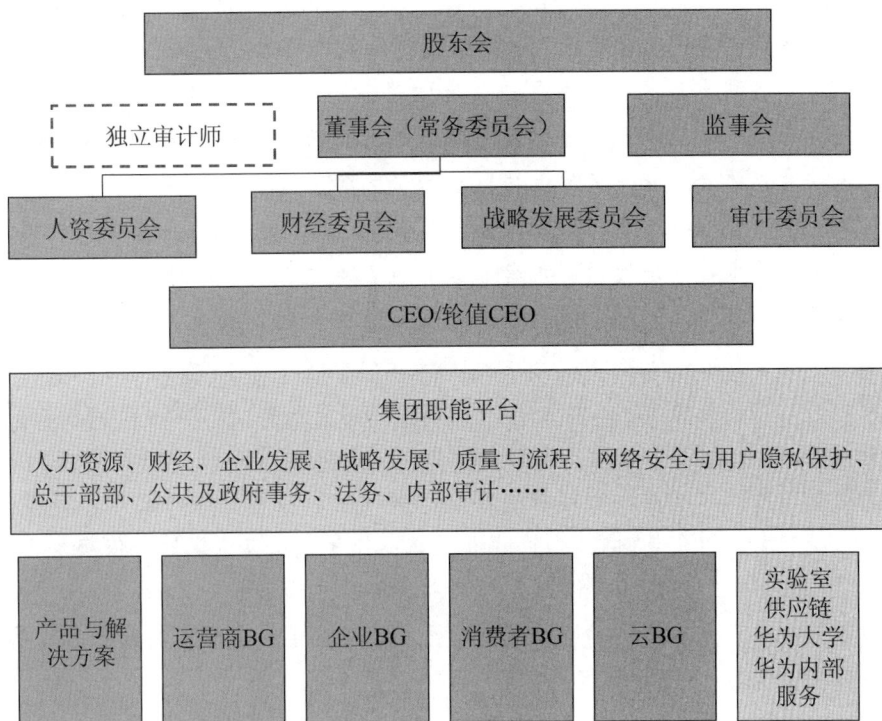

图 15-9　华为成熟阶段组织结构图

最佳模型及范式。而人工智能技术则将进一步解放用户，通过智慧工作流的模式实现决策的自动化和智能化。在两大技术的共同支撑下，企业级二次元组织协同平台也得到了进化和跨越，涵盖了"灵""智""效""聚""融"五大特征。

①"灵"——灵动协同。组织协同平台可辅助企业自组织学习，持续打造竞争优势。并通过协同关联信息，为团队项目审批提供决策依据；在此基础上，平台可将流程与业务数据打通，使得流程更加智能，可将更多的场景流程化，为组织协同制度落地提供有力支撑，实现了更加高效精准的组织生态业务管理。

②"智"——智能管理。组织协同平台可实现可视化定制，以大数据、人工智能两大引擎为依托，实现项目团队(小组)柔性管理及项目运行流程的结构化、制度化及标准化。维系各项目运营、机制的协同与控管，科学、规范地助力企业不断提高自身的管理能力和生产效率。

③"效"——跨越提升。组织协同平台可实现更加科学严谨的组织体验，可对组织协同管理制度、组织协同效率进行体检，为组织能力评估提供依据，同时泛组织的应用更展现出另一种连接的价值，平台通过建立组织与外部强关系的接口，彻底打通内部协作管理与外部伙伴、供应商、用户的交互，从而突破组织边界，帮助企业随需创新，轻松应变商业模式之变。

④"聚"——人文关怀。组织协同平台更加"走心"，通过文化沉淀、组织内基于图

片的轻社交应用、员工福利型创新社群电商平台及讨论调查应用，拉近管理者与员工的距离，并采取正能量的文化管理、员工福利与激励的精神与物质并重的员工关怀。

⑤"融"——协同生态。组织协同平台是更具感知力的集成平台，关联应用更加丰富，可提供各色库存管理、云计算功能等集成插件并支持一键导入，实现了项目团队分享、交流一站式体验，进一步放大协同管理的增值效能。以支点科技旗下的"聚事"为例，"聚事"致力于引领建设跨组织业务协同全生态圈，以科技为先导，应用人工智能和大数据分析技术，革命性地实现跨组织协同，通过布局多个垂直行业，专注建设与经营，具有共享特性，无缝连接，智能板块灵活组合的多维业务全生态圈，真正地帮助企业实现转型升级，应对SaaS领域的趋势变化。

此外，支点科技创造的"C. A. T"原则更加凸显了"聚事"的价值。"C. A. T."原则，即Coordinated协作，取得组织内外协同一致；Adapted适应调节性，能适应外部环境，根据组织的实际战略灵活修订解决方案，增减附加内部管理功能与外部横向协同沟通板块，动态智能组合与调整；Trusted可靠，作为企业与组织的可依赖及可靠的企业管理助手，基于人工智能和大数据分析技术，与其他通用型的SaaS不同，"聚事"的功能模块不是由第三方提供，而是由"聚事"提供，用户能够有效解决数据相通的问题，这是大多数平台型SaaS很难做到的。

第十六章　损则有孚

在金庸开创的新武侠世界中，主角与配角的矛盾互动，其动因无非是江湖地位、武学秘籍、神兵利器，这些正是能够在金庸先生的江湖中安身立命的核心资源，这些核心资源又具有比较强的流动性和稀缺性，每一次的资源易手和流动背后都是一片刀光剑影，之后回到了一种相对平衡。《易经》中的"损卦"正是说明了这种资源流动，异卦相叠，兑下艮上，艮为山，兑为泽——山下有泽，泽水由下向上渗透，滋润山上万物生长，但是却导致自身水量减少。在商业江湖中，资金就是核心资源，稀缺性让创业者趋之若鹜，其流动性让创业者亦步亦趋，如何让资金放得出、收得回，在"损益"之间寻求平衡，这就使"损则有孚"成为一个恒久的命题。

在推进经济发展过程中，必须为实体经济发展创造良好金融环境，疏通金融进入实体经济的渠道，积极规范发展多层次资本市场，扩大直接融资，加强信贷政策指引，鼓励金融机构加大对先进制造业等领域的资金支持，更好地推进供给侧结构性改革。

功法

围绕资金的筹集、使用、配置、耗费、收回和分配等一系列财务活动建立企业盈利模式、商业模式并全过程进行财务管控。

身法

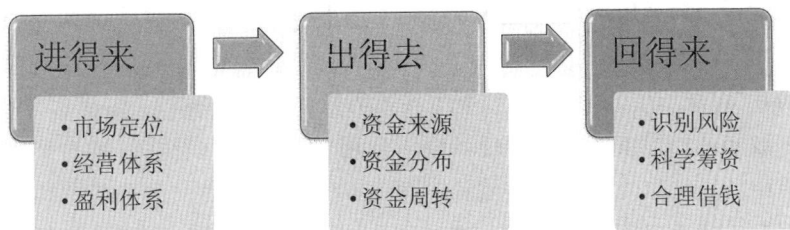

兵刃

建立财务思维、经营系统、盈利系统、资金运作设计、财务风险评估。

词云图

第一节 创业企业的财务管理

"损则有孚"为降龙十八掌的第十六式，意为君子在做事时，懂得有减损才有增益，进而才能取得成功。

对于创业企业而言，成本与收益是并存的，成本为"损"，收益为"孚"，好似公司内部的一对博弈者。创业企业在追求价值最大化的过程中，时时面临着二者的殊死较量。特别是在创业企业的发展初期，由于自身实力的限制，再加上管理者经验不足，往往不能有效的扩大收益、降低成本，使得营运能力、盈利能力和发展能力都得不到提高。

而财务管理，作为一项组织财务活动，处理财务关系的经济管理工作，可以有效地化解二者的矛盾，让企业在一个稳定的状态下获得长足发展。

随着我国市场经济的不断完善和发展，企业间的竞争已十分激烈和残酷，许多企业管理者发出"商场如战场""管理企业如逆水行舟，不进则退"的感叹。如履薄冰的初创企业如何在"市场"这个广阔的竞技场上站稳脚跟、取得发展、获得成功呢？哈佛商学院迈克尔·波特教授提出，企业管理者应该运用"五力竞争模型"思维框架来认识企业在行业竞争中的地位以及应该采取何种竞争策略，运用价值链的分析架构来理解企业业务的拓展等。这种思维模式就是要管理者具有一种财务观念，即运用财务思维引导企业实现价值最大化。

1. 初创企业领导者的财务思维与营运能力

在众多企业面临的经营管理问题中，企业的经营决策仅凭感性判断、缺乏必要的理论指导和定量分析等问题具有普遍性。如果你是一名企业管理者，则应该具备一些基本的财务知识，自觉地应用财务思维来考虑盈亏、风险、发展等企业问题，努力提高决策能力。在欧洲，很多国家对企业的经营管理者都有着财务管理资格的要求。他们认为，一个看不懂财务报表、不能进行企业财务分析的人是很难做出正确的经营决策的，也就没有资格担任企业的管理者。作为企业管理者对财务知识的汲取，最主要的是掌握财务的思维模式，懂得财务"语言"，理解财务语言所描绘企业经济全貌，运用财务的概念和方法指导企业管理。

(1)初创企业领导者的财务思维

财务管理学作为经济学科中的一项重要分支，为企业管理者认知企业提供了一种较为直接的思维模式。因此，财务思维本质上是一种管理思维，根据财务管理活动的两个方面，财务思维又可分为价值管理思维和风险管理思维两个方面(见图 16-1)。

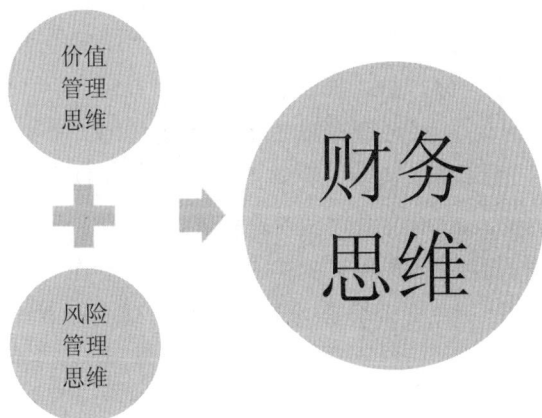

图 16-1　财务思维的两个方面

①财务思维是一种价值管理思维。企业的经营过程，实际上是企业所占用资金在各种形态下的不断转化，并且最终达到其增值目的的过程。譬如企业要开展生产经营活动，首先要筹集到能满足其经营规模要求的一定数额的资金；其次通过有效的资金配置和投放，转化为各类经营要素；最后通过销售收回经营的成本资金，并获得经营利润，再进行合理的分配，确保企业再生产活动得以继续。因此，我们将企业资金的筹集、使用、配置、耗费、收回和分配等一系列行为活动，称之为企业的财务活动。资金是价值的载体和表现形式，所以企业的财务活动也称为价值管理活动(见图 16-2)。

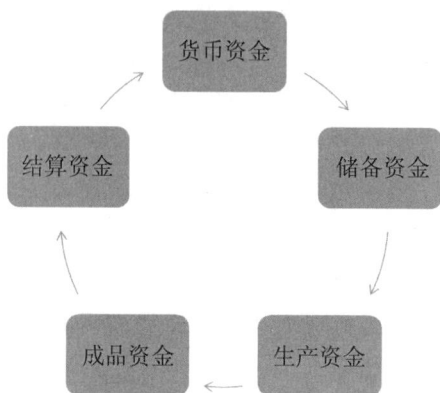

图 16-2 企业资金流转的基本形式

大部分的公司运用股东价值分析来指导企业各个层次的决策，从董事会的战略决策到生产管理部门的业务决策，时刻保持价值创造理念，关注企业的价值创造状况，发掘每一个能为企业增值的机会。在这个追求价值最大化的过程中，企业会面临种种选择，但其基本的价值评估都要运用股东价值计算模型来对业务单位的价值创造活动做出决策，都需要财务的支持。企业价值管理的实现有赖于一个管理理念的形成——企业管理以财务管理为中心，财务管理以价值管理为核心。要在企业中全面推行价值管理思想，必须将财务管理提高到企业管理的核心位置，这就需要企业管理者不断提高自身的财务知识水平，形成以价值管理的思维模式。

②财务思维是一种风险管理思维。风险来源于不确定性。企业资金流转过程就是风险的转移和积累的过程，以货币形态为起点和终点的资金循环一般运动过程（见图 16-3）。

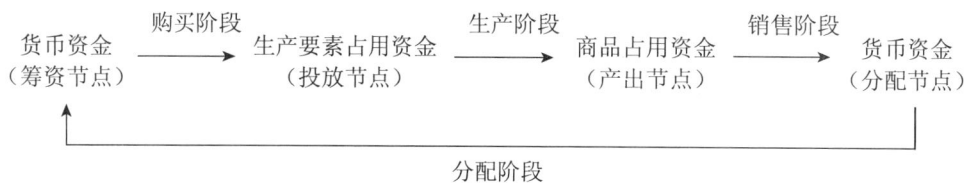

图 16-3 资金循环运动过程

资金运动在四个流通环节节点停留，主要存在着四种风险类别：筹资风险、投资风险、经营风险、收益分配风险。其中投资风险积聚在投放节点上，是资金循环所有风险的主导，制约着其他类型财务风险的发生及其程度。

投资活动作为一项复杂的、多层次的经济活动，每时每刻都受到各方面因素的影响，其结果使得投资主体既可能从中获利，也可能遭受严重的经济损失。所以，应在探索投资风险发生、发展和消失规律的基础上，采取措施以防范或减少投资风险所带来的损失。作为企业管理者应该具有以下思维：

第一，投资作为一项长期的经济行为。要求投资主体在投资前应对可能出现的投资风险进行科学预测，分析产生的原因及其后果如何，制定各种防范措施，尽最大可能避免投资风险，减少损失，防患于未然。

第二，投资决策要科学化。投资决策是制订投资计划和实施投资活动、实现投资正常运行的基础和关键。一旦投资决策失误，不仅会丧失良机，而且还可能导致更大的损失和浪费。

第三，正确衡量自己承担风险的能力。从收益与风险的关系来看，投资主体要获得的投资收益越多，所承担的风险也就越大。

第四，根据资金实力，选择投资机会。各种投资机会的实现都需要以一定数量的资金为保证。

第五，协调好各方面的关系。积极谋求各有关部门在政治、舆论和经济等方面所提供的投资保障，防范投资风险。

(2)初创企业领导者的财务营运能力

财务营运能力是指通过企业生产经营资金周转速度的有关指标反映出来的企业资金利用的效率。它表明企业管理人员经营、管理、配置企业内部资源，充分发挥企业资源效率的能力，运用资金的能力。领导者财务营运能力的大小主要表现在资源利用和价值增加两个维度上。

①资源利用，即对资源的利用效率。表现在企业各项资产在企业经营运行中的周转情况。

②价值增加。表现为资金周转对股东财富增值目标的实现所产生的基础性影响，即资源的利用效果。根据资源利用和价值增加两个维度的组合，可以将领导者的财务营运能力类型分为以下四种(见图16-4和图16-5)。

图 16-4　领导者财务运营能力的两个维度

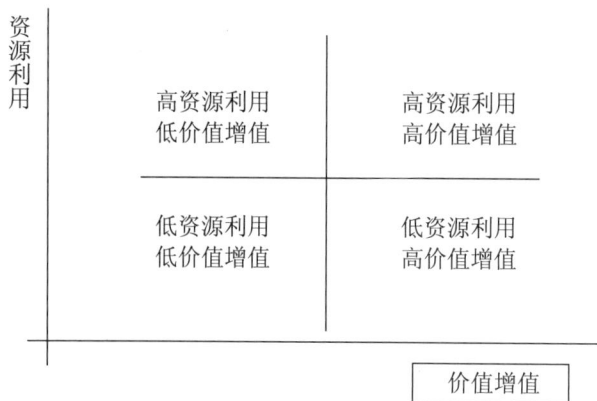

图 16-5　领导者的财务营运能力类型

第一，高资源利用、低价值增值。此种类型的领导属于挥霍型，一般其所运作的项目支出过大，耗用企业过多的资源，而且通常反映在高额业务和营销费用上。虽然这些项目在长远来看，可能会有较大的利润空间，但由于在资金运作方面的不合理或者是方向性的错误，极有可能导致整个商业模式的短期失利。

第二，高资源利用、高价值增值。此种类型的领导属于创造型，不但资源利用的程度高，而且能够取得较好的效果。创造型的领导者非常注重产品，通常致力于研发，对产品有敏锐的眼光，并且通过高效的资金运作，为企业的长期盈利打下坚实的基础。

第三，低资源利用、高价值增值。此种类型的领导属于丰富型，丰富型的领导非常注重成本控制，这也造成其对企业资源的利用程度不高，在一定程度上压缩了企业的盈利能力，但是丰富型领导对资金运作的效果掌握非常好，能够有效地带动整个商业模式的运行。

第四，低资源利用、低价值增值。此种类型的领导属于保守型，一般保守型的领导对经营风险过于关注，缺乏创新能力，其所秉持的商业模式通常传统陈旧，无法有效的发挥企业资源的优势，很难形成利润增长点，虽然表面上经营风险较小，企业运转平稳，但最终可能会由于缺乏竞争力而造成整个企业的失败。

衡量领导者财务运营能力时还可以借助一些财务指标，有关运营能力方面的分析一般包括流动资产周转情况分析、固定资产周转情况分析和总资产周转情况分析三个方面，其相应的财务分析比率指标有：存货周转率、应收账款周转率、流动资产周转率和总资产周转率等。这些比率指标构成了一个评价营运能力的指标体系，揭示了企业经营资金的周转情况，表明了领导者对其企业拥有的资产的使用效率(见图 16-6)。

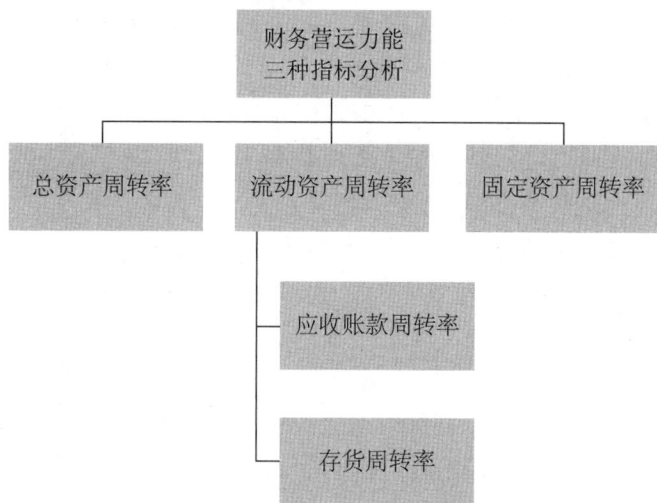

图 16-6　财务营运能力指标体系

典型案例

万科集团的财务运营方式

　　万科企业股份有限公司成立于 1984 年 5 月，1988 年进入房地产行业，1993 年将大众住宅开发确定为公司核心业务。至 2008 年年末，业务覆盖到以珠三角、长三角、环渤海三大城市经济圈为重点的 31 个城市。当年共销售住宅 42500 套，在全国商品住宅市场的占有率从 2.07% 提升到 2.34%，其中市场占有率在深圳、上海、天津、佛山、厦门、沈阳、武汉、镇江、鞍山 9 个城市排名首位，成为中国最大的专业住宅开发企业。

　　万科 1991 年成为深圳证券交易所第二家上市公司，持续增长的业绩以及规范透明的公司治理结构，使公司赢得了投资者的广泛认可。过去二十年，万科营业收入复合增长率为 31.4%，净利润复合增长率为 36.2%；公司在发展过程中先后入选《福布斯》"全球 200 家最佳中小企业""亚洲最佳小企业 200 强""亚洲最优 50 大上市公司"排行榜；多次获得国际权威媒体评出的最佳公司治理、最佳投资者关系等奖项。万科今日的成功，得益于企业稳健的财务运营政策，这其中，王石本人的财务运营智慧起到关键作用。

　　第一，万科的"减法"——在"剥离中经营"。从 1984 年成立到 1993 年，近十年的时间里，万科一直在做"加法"：四面出击，投资遍布十几个城市——北上沈阳，南下北海，东到上海，西进乌鲁木齐；涉足十几个行业——地产、贸易、零售、制造、文化、广告、印刷等。由于多方投资，资源分散，业务架构不合理，所以尽管有很好的管理制度，有很高的工作效率，利润回报还是都给消耗掉了。而同在深圳的康佳，和万科都是在 20 世纪 80 年代中期发展起来的，一直坚持走专业化道路，销售已经达到上百亿规模，而万科一直在 20 亿左右徘徊。

痛定思痛，王石开始主持对公司的业务经营进行"心狠手辣"的全面调整：以房地产为主业，以住宅为核心，调整业务，盘活存量。在业务架构上，确定以房地产为主业，由多元化向房地产集中；在房地产的经营品种上，确定以城市中、高档民居为主，从而改变过去的公寓、别墅、商场、写字楼什么都干的做法；在房地产的投资地域上，由全国的 13 个城市转为重点经营深、沪、京、津、沈阳五大城市；在股权的投资上，从 1994 年起，万科对在全国 30 多家企业持有的股份，开始分期转让。企业主导产业思路一经确立，其主导产业就是一条清晰的脉络，其他产业都是旁逸斜出的枝干，需要毫不手软地清除掉，哪怕它是一家市场前景看好的企业。就这样，万科卖掉了赚钱的"怡宝"，又出让了"深圳国际企业服务公司"这家当年深圳广告业中的老大，一步一步地朝自己"专业化"的经营方向努力。为了企业长远的目标，进行产业调整、优化配置，根据市场变化走一条专业化的地产之路。

第二，集中资源做品牌。"集中资源做品牌"是对万科战略调整的高度概括。而物业管理和小区规划，是构成万科地产品牌的两大支柱。

①物业管理是万科地产的一张王牌。万科当年提出：万科做房地产，要做到房地产很热时，房子买不到；房地产市场很冷时，房子依然好卖。还提出物业管理有效应滞后的特点，所以，管理上一定要超前。

②小区规划是构成万科品牌的另一要素。由于万科最初是以高价投标的方式进入房地产领域的，决定了他们必须对项目进行精心策划，以提高产品的附加值。追求个性，是万科小区规划的一大特点。这种规划不仅有利于一个小区亲和力和凝聚力的形成，而且是构成小区生活质量、增加产品附加值的重要方面。

③"高于 25％ 的利润不做"——稳健发展的战略。深圳房地产业曾被"利润率低于 40％不做"的暴利心态左右，而王石基于自己的经验教训，却提出"高于 25％ 的利润不做"的论调，这在当时颇有哗众取宠之嫌，可王石说，在市场刚开始形成时，投机性政策取巧性很强，谁大胆谁赚钱，当市场使人都变得大胆，产品就开始积压，利润就下降，投机的结果就是赔本。从计划经济向市场经济过渡的时期，政策的变化会带来暴利，但随着市场经济的发展，暴利终究要趋于平均利润，一味追求暴利反而会丧失很多机会。

正是因为始终遵循社会平均利润率的经营标准，经过 20 多年的持续努力，万科在品牌知名度、资金实力、规模、盈利等方面具备了较强的竞争优势。在资本市场上，万科以稳健的经营、良好的业绩和规范透明的管理赢得了来自众多投资者和资本合作方的青睐。

(3)互联网时代的资本管理

资本管理(Capital Management)是将现有财富，即资金、资产等物质，转换成生产事业所需的价值，也就是利用现有的生产要素，透过人的管理来适应社会环境的需要，以创造源源不绝的长期价值。

在互联网已进入企业管理的今天，新技术优势不仅为企业管理打下了良好的控制基础，同时也激发了企业商业模式的不断创新。而作为商业模式中的重要一环，企业资本管理也必将进入到一个新的时代。可以说，互联网为企业商业模式创新提供了有效的手段与体制的保证，从而形成了互联网时代的资本管理模式，而这种新的资本管理模式又将推动商业模式的不断发展（见图 16-7）。

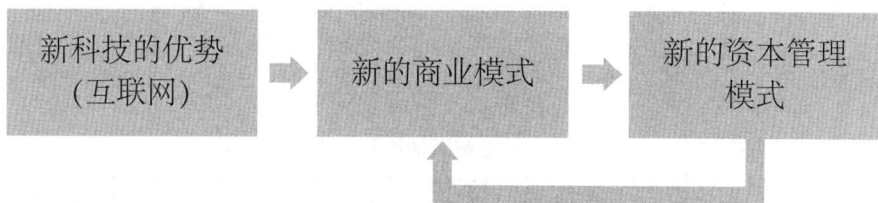

图 16-7　互联网时代的资本管理

①互联网时代的资本管理是一种集中式管理。通过将信息技术与先进的管理思想、管理方法有机结合，提高企业资本的综合管理水平，对整体的企业资源进行有效配置、管理、控制和优化，从而实现企业资源效益最大化。

②可以实施全面预算管理。根据企业集团可能采用的不同管理模式，满足预算的编制、分解、报批、汇总的个性化要求，同时提供灵活的预算控制、分析、评价的操作方式，以适应企业集团采用全面预算管理、责任预算控制、成本分配计算、本量利技术分析、绩效考核评估等管理会计的方法的需要。

③利用现代信息技术，对企业流动资金实施动态管理。通过对资金的集中管理，实现对资金的有效控制。对可能存在的金融类业务及企业集团内部类金融操作提供相应实现手段。在企业或企业资金的申请、审批、业务处理以及与银行网上业务系统的流程控制和集成方面进行实时管理，保证企业资金周转安全和周转效率，提高企业的经济效益。

④现代网络技术使得企业资本管理跨越了时空界限。互联网时代打破了信息传递的限制，空间上使得企业资本管理从企业内部走向企业外部；时间上使得会计核算由事后到达实时，资本管理从静态走向动态；使物理距离变成鼠标距离，使管理能力能够延伸到全球任何一个节点。实现远程报账、远程报表、远程查账、远程审计、远程仓库数据查询、远程销售记录查询等业务。

2. 企业财务盈利模式分析

盈利模式的构建应着眼于核心竞争力的培育。成功的盈利模式就是引导和保障企业能够持续地赚取超额利润并及时更新的机制，也有学者把商业模式与盈利模式等同起来，或者认为盈利模式是商业模式的核心内容，因此，商业模式所获价值大小是判断盈利模式优劣的最终标准。进而，盈利模式就成为连接客户价值和企业投资内在价值的桥梁。

(1)盈利评估分析

一个成功的商业模式，是企业一种集成化的商业竞争战略、一种战略创新意图和可实现的结构体系以及制度安排的集合，通过整合组织本身、顾客、供应链伙伴、员工、股东或利益相关者来实现高效、持续的利润增长，从而形成独特竞争优势的决策与实践活动。可见，商业模式很大程度上决定了企业的盈利能力。

根据商业模式运行的环节，对商业模式的盈利评估分析可以从市场定位、经营系统以及盈利方式三个方面进行，每个方面又包括内容、关联方和关联关系三个要素（见表 16-1）。

表 16-1　商业模式的盈利评估矩阵

	内容	关联方	关联关系
市场定位	提供（产品、服务或解决方案）价值曲线	目标客户或细分市场	顾客界面与顾客相关交易治理机制
经营系统	关键资源，关键活动，互补资源，互补活动	企业内部各个单位，企业各利益相关方	关键标准与商业伙伴相关交易治理机制
盈利方式	成本结构，收入来源，收入潜力	企业内部各个单位，企业各利益相关方	财务指标关系

①市场定位。即提供什么样的价值，确定具体顾客需求以及满足顾客需求的产品。关联方表示与内容构成相关的组织和个体，对市场定位而言，是指价值所需的对象——目标顾客或者细分市场。市场定位的关联关系则是指企业提供的价值与目标顾客相联系的方式。企业不但要重视与顾客界面相关的内容，还应考虑与目标客户相关的交易治理机制，以增加顾客转化成本，从而留住顾客。一个出色的商业模式在市场定位中应包含以下三个方面：a. 通过深刻地洞察重新诠释顾客价值，从而重新定义产品和服务，领导性地建立竞争游戏规则；b. 通过对行业结构的深刻了解，创造性地定位自己的产品和服务价值，从而实现巨大的价值杠杆效益；c. 把握技术、消费发展的先机，整合分散的顾客需求，推出换代产品，建立市场领先地位。

②经营系统。经营系统的内容是指商业模式运作过程中所构成的关键资源、关键活动以及互补的资源和互补的活动。经营系统的关联方则是指关键活动和互补活动的执行者，关键资源和互补资源的拥有者。谁来执行价值活动能够反映商业模式的治理机制，这有利于企业降低成本和风险，合理利用资源。关联关系主要是指与其他企业进行商业活动所执行的标准或采取的机制，比如信用标准。

企业商业模式的经营系统是整个企业价值创造的过程，管理层的主要精力放在如何改善产品功能和提高营销绩效上。所有这些努力虽能在一定程度上提高企业的运营效率，但还算不上是商业模式的创新。企业要想在运作过程中创造更大价值，还应该对整个经营系统有所创新。首先，充分利用自身特长构建的业务或价值链形成自然壁垒，有效遏制竞争对手的攻击；其次，通过出色的战略设计使自己企业处于一张稳定的价值网之中，从而使本企业成为行业大势、行业巨头的寄生受益者，由此集聚发展的契机；最后，领导者应展现商业远见和敏锐的行动，把握技术突破、市场冲突与矛盾背后的机会，带领企业迅速脱颖而出。

③盈利系统。盈利系统的内容主要有成本结构、收入来源和收入潜力三个方面。盈利系统处于企业商业模式的产出环节，其运行结果可以借助相关的财务指标进行分析，只有通过深入分析企业的盈利能力才能对企业的经营业绩做出客观评价，而且评价的结果又可以对商业模式的运作起到反馈调节的作用（见图 16-8）。

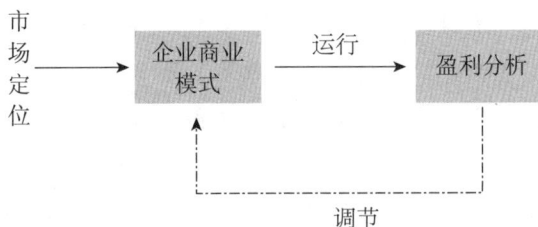

图 16-8　盈利分析对商业模式的调节

进行企业商业模式评估分析时所涉及的财务指标主要有两类：一类是以净利润为基础的盈利能力指标，主要有净资产收益率、总资产报酬率和每股收益，以净利润为指数的指标是评价盈利能力最基础的指标，对其他指标以及整个指标体系起着关键性作用。另一类是以市价为基础的盈利能力指标，如市盈率和市净率等，这类指标更有利于真实、全面地了解企业的市场价值和盈利水平。当然，除了对企业的盈利能力进行评估和衡量以外，要客观的评价企业商业模式的盈利水平，还须对报告期的现金流量状况进行全面考虑（见图 16-9）。

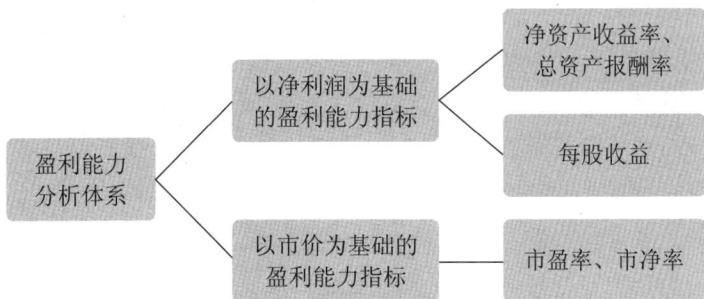

图 16-9　盈利能力分析体系

美团外卖的盈利模式

以美团外卖、淘点点、饿了么等为首的外卖平台开始了对外卖市场这块蛋糕的切分。其中美团外卖是美团网旗下的网上订餐平台，于2013年11月正式上线，半年时间就已经覆盖全国100多个城市，而且美团方面表示，美团外卖将快速扩张，未来三年预计投资10亿元，和各城市当地的外卖配送团队建立合作，实现以分钟为单位的即时配送。

美团外卖的商业模式基于互联网订餐平台，通过互联网来叫外卖的服务工具，连接消费者和商家，是O2O和外卖行业结合的产物。其盈利来源主要有四个方面：一是在线订餐月流水超过某个额度收取入驻商家一定管理费用；二是平台商家竞价排位；三是促销活动收取增值收费；四是商家广告收入。这与淘点点、饿了么等为首的外卖平台并没有多大差异，但对其商业模式的盈利评估分析，可以看出美团外卖所具有的一些优势。

①市场定位。外卖的前景是很广阔的——用户需求足够强，用户黏度够高，同时能给商家带来低固定成本的额外收入。网上外卖行业2000年年初就有团队和公司在做，但由于当时用户和商户的互联网意识还不够强，市场潜力并没有被完全开发出来。近两年，O2O的发展培育了用户和商户的意识，也降低了做外卖网站的执行难度，提升了市场规模。美团外卖也通过市场细分，最终锁定了校园市场，为其业务战略提供了方向。

美团外卖的经营优势主要有三个方面：一是美团网作为中国首家团购网站，在业界享有很高的美誉度；二是美团运营团队经验丰富，立足本地经营，成功抓住用户心理；三是100％物流掌控，美团网的"物流"方式是，客户付款后将收到一个唯一的美团网序列号码和密码，然后带着序列号码和密码到相应的地方消费，这大大节省快递的时间与费用，而且令人感觉心里更踏实。

②"T形战略"的协同效益。美团整体布局为"T形战略"，横为团购，竖是垂直品类，美团外卖就是其中的"一竖"。目前，美团已经通过团购、美团外卖、猫眼电影、美团酒店等产品，在餐饮美食、休闲娱乐、酒店旅游等O2O垂直领域布局。团购是让消费者出门消费，外卖是让消费者足不出户；团购是满足消费者省钱的需求，外卖是满足消费者便利的需求；团购是解决商家短期营销需求，外卖是解决商家长期销售需求。外卖＋团购的组合让美团在O2O的产业链布局更完整。

(2)提升股东回报的财务杠杆

财务杠杆是指在企业资本结构中长期债务的运用对企业权益资金（股东）收益的影

响。在现代企业中，负债经营，谋求企业价值的最大化已成为众多企业管理者的共识，企业经济效益良好时，适度举债能给企业带来更多的收益，提高企业权益资金的盈利水平。但是，举债总是有风险的，因为任何企业的生产经营都存在着不确定性，即企业在事前不能准确地预见其未来的销售和利润情况，如果企业预期利润下降或债务利息提高，就可能使负债经营的初衷向相反的方向转化，给企业经营带来损失。因此，一个企业在负债经营时，如何合理地把握其负债的比例，正确地运用财务杠杆是十分重要的。

①财务杠杆原理。在资本总额和资本结构既定的条件下，企业需要从息税前利润中支付的利息费用是固定的，当息税前利润增大时，每一元利润所负担的固定利息就会相对减少，从而给每一股普通股带来额外的利润。这种由财务杠杆作用带来的额外利润就是财务杠杆利益。由于固定利息并不随息税前利润的增加而增加，所以每股普通股利润的变动率同息税前利润的变动率并不相等，前者总是大于后者。每股普通股利润的变动率相当于息税前利润变动率的倍数，能够反映财务杠杆作用的大小程度，我们把这一倍数叫作财务杠杆系数。其计算公式为：

$$DFL = \frac{\Delta EPS / EPS}{\Delta EBIT / EBIT}$$

式中：DFL 为财务杠杆系数；EPS 为变动前普通股每股收益；ΔEPS 为普通股每股收益变动额；$EBIT$ 为变动前的息税前利润；$\Delta EBIT$ 为息税前利润变动额。

为了计算简便，财务杠杆系数也可采用下列公式计算（推导过程略）：

$$DFL = \frac{EBIT}{EBIT - I - \dfrac{P}{1 - T}}$$

式中：I 为利息；T 为企业所得税税率；P 为优先股股利。

当企业的资本中不包括优先股股金时，则财务杠杆系数按下式计算：

$$DFL = \frac{EBIT}{EBIT - I}$$

②财务杠杆与财务风险。企业总资本和经营风险不变的情况下，若企业不利用财务杠杆，则经营风险由全部投资者承担，而若企业利用财务杠杆，则企业投资者除了承担全部经营风险外，还需承担财务风险。所谓财务风险，是指由于利用财务杠杆而产生的应由权益资金（股东）承担的附加风险。在其他条件不变时，资本结构中债务所占的比例越高，财务杠杆的作用越大，财务风险也越高。当企业资金利润率（指息税前利润率，下同）大于同期的负债利率时，运用财务杠杆可以使权益资金利润率大于企业的资金利润率，且负债比例越高，权益资金利润率也越高，这时财务杠杆的运用对企业产生有利的影响，通常我们称为正财务杠杆。但当企业资金利润率小于同期的负债利率时，运用财务杠杆会使权益资金利润率小于企业的资金利润率，而且负债比例越高，权益资金利润率越低，这时称为负财务杠杆，即运用财务杠杆的企业会使权益资

金利润率低于未运用财务杠杆的企业。

可见，当企业资金利润率小于负债利率时，财务杠杆的运用反而降低了权益资金本应获得的利润率，这是因为利息费用是一种契约性质的成本开支，它不随企业的经营状况而改变，不管企业经营如何，都必须支付。这时负债比率越高，财务杠杆的"放大"作用使权益资金利润率下降越快。因此，财务杠杆的运用，既可能给企业投资人带来额外收益(正财务杠杆出现时)，也可能给投资人造成额外损失(负财务杠杆出现时)，由于企业未来的经营成果具有不确定性，故企业只要运用财务杠杆，财务风险总是存在的。任何只顾获取财务杠杆利益，无视运用财务杠杆可能产生的风险，而不恰当地使用财务杠杆的做法都将给企业的利益带来重大损失。

(3)企业财务盈利模式

盈利是企业生存和发展的保证，盈利模式即企业如何获得盈利。传统的盈利模式是以占领市场、提高市场份额为目标。然而，随着无利润区被人们所认识，需要探索新的盈利模式。

①盈利模式的定义。盈利模式是由经济学家熊彼特于1939年提出来的，熊彼特指出：价格和产出的竞争并不重要，重要的是来自新商业、新技术、新供应源和新的公司商业模式的竞争。斯莱沃斯基于1998在《发现利润区》中提出：盈利模式主要关注客户选择、价值获取、战略控制和业务范围四个战略要素，这四个战略要素相互联系，共同支撑起一个企业的盈利模式(见图16-10)。

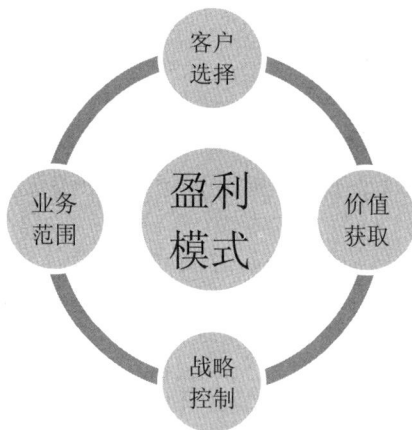

图 16-10　盈利模式的四个维度

②盈利模式的构成要素。盈利模式的核心是重点考虑以下问题：目标客户是谁；向目标客户提供什么价值；通过什么样的模式提供这些价值；如何保持这些优势(见图16-11)。

第一，利润源——目标客户。利润源指的是企业的目标市场，即本企业产品或服务的消费群体，他们是企业利润的源泉。不管企业的实力有多强，都不可能满足所有

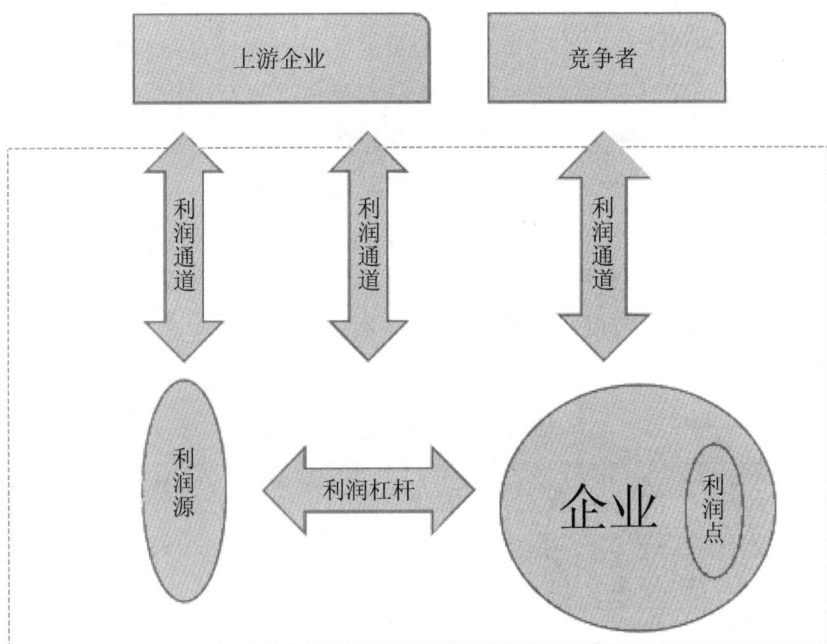

图 16-11　盈利模式的构成要素逻辑图

用户的所有需求，因此，企业需要根据消费者需求差异，把消费者划分为若干个范围，然后决定向哪些客户提供价值服务。确定目标市场的目的是锁定那些能为企业带来盈利的特定客户。目标市场确定之后，企业还需要确定：为了满足目标客户的价值需求，企业应该提供哪些产品或服务。

第二，利润点——客户价值。利润点是企业向目标客户提供的可以获得利润的产品和服务，它是客户价值最大化与企业价值最大化的载体。客户价值是一个商业交换概念，意思是企业的价值是由客户决定的，而不是由企业决定的。也就是说，客户价值是站在用户角度上而言的，即客户价值是用户对企业提供的产品或服务认同并愿意支付的价值。如果用户愿意支付的价值超过企业提供产品或服务所花费的成本，那么客户便为企业创造了盈利。实现客户价值的手段有两个：一是产品或服务的差别化，即通过产品或服务的差异化，满足客户的价值需求；二是实施低成本策略，即在不降低客户价值的情况下，降低客户对产品或服务的使用成本。

第三，利润杠杆——价值链活动。利润杠杆是指企业生产产品或服务以及吸引客户购买和使用企业产品或服务的一系列业务活动，利润杠杆反映的是企业的一部分投入。根据波特的价值链管理理论，价值链上的相关活动可以分为五类基本活动和四类辅助活动。基本活动包括进货后勤、生产经营、发货后勤、市场营销和服务，这五种活动与产品或服务从投入到产出的整个过程的联系最为紧密，并且直接面对客户，可以实现价值的增值，属于增值性活动；辅助活动包括企业的基础设施建设、采购、人力资源管理和技术开发，这四项辅助活动不直接面向客户，不创造价值增值，然而却又是基本活动所必不可少的。价值链管理的目的是尽可能地削减辅助活动，以降低成本，增加客户价值。需要强调的是，价值链不仅仅指上述活动，它还指企业必须与供应商、客户协作，才能构成一个关于价值链的系统。

第四，利润屏障——核心竞争力。利润屏障是指企业为防止竞争者掠夺本企业的利润而采取的防范措施，它与利润杠杆同样表现为企业投入，但利润杠杆是撬动"奶酪"为我所有，利润屏障是保护"奶酪"不为他人所动。根据斯莱沃斯基的研究结论，不同的利润战略控制方式对防范竞争者"掠夺"本企业利润的能力是有差异的。企业利润能力的有效性指数（见表16-2）。

表16-2 企业利润能力的有效性指数

企业利润能力	有效性指数
成本劣势	1
具有平均成本水平	2
品牌、版权	6
良好的客户关系	7
行业领导地位	8
控制价值链	9
建立行业标准	10

第五，利润通道——获得利润的方式。利润通道是指企业获得利润的方式和途径，即对利润源、利润点、利润杠杆、利润屏障等获取要素整合的方式。利润通道在企业价值链中起着节点的作用，它反映了信息、产品、服务、资金的配合及其流向。

第六，利润组织——商业活动。利润组织是企业商务活动的组织形式，企业通过特定的组织形式将有价值的商务结构和业务结构加以固化，在组织内部确认利润，这也是企业赢利模式稳定性的保证。

③财务战略对盈利模式的驱动。主要了解以下两个方面。

第一，盈利模式与财务战略的关系。一般认为，财务战略是指为谋求企业资金均衡有效的流动和实现企业整体战略，为增强企业财务竞争优势，在分析企业内外环境因素对资金流动影响的基础上，对企业资金流动进行全局性、长期性与创造性的谋划。盈利模式和企业战略关注的都是与企业长远发展相关的方向性问题。战略规划以"本企业应该是什么"为逻辑起点，它着重考虑的是在新的环境下，企业应当如何对长期目标、组织结构、经营战略和财务战略进行调整。很明显，盈利模式以企业战略为起点，是实现企业长期目标的经营战略和财务战略的保证。而企业财务业绩是由客户决定的，这也就决定了企业的获利能力是由其商品或服务在市场上的表现所决定的。所以，企业的盈利模式必然是与企业战略（包括财务战略）相联系的。从某种意义上讲，企业战略就是确定公司长期的绩效目标，是对企业长期盈利模式的选择；反过来讲，盈利模式是企业战略在经营方面的体现，其成功与否是由企业在财务业绩上的表现来衡量的。

第二，财务绩效对盈利模式的驱动。盈利模式是对企业战略目标在经营方面的细化，它将战略的描述细化到价值链的各个环节，并通过财务绩效指标引导出关键的成功因素。由于企业为了生产产品或服务以及吸引客户购买和使用企业产品或服务，会有一部分具有固定成本性质的资本投入和资产投入，如企业利息支出和固定资产折旧，对企业的利润产生了强烈的杠杆效应。如果企业加大固定资产投入，可以大幅度地提高营业利润率，同时也会大幅度地增加企业营业风险，同样道理，如果企业实现高负债融资战略，则可以大幅度地提高财务绩效，但同时也必然会加大公司财务风险。利润杠杆的存在，说明盈利模式在利用利润杠杆提高财务绩效的同时，不能不考虑"经营风险"和"财务风险"问题，这也是为什么很多企业实施"轻资产"盈利模式的原因。

▸ 典型案例

京东商城盈利模式

京东商城是中国 B2C 市场最大的 3C 网购专业平台，京东商城在线销售家电、数码通信、电脑、家居百货、服装服饰、母婴用品、图书、食品等 11 大类数万个品牌百万种商品。

(1)京东商城的盈利模式

2010 年，京东商城跃升为中国首家规模超过百亿的网络零售企业，连续六年增长率均超过 200%，连续 10 个季度蝉联行业头名。

①直接销售收入。赚取采购价和销售价之间的差价。在线销售的产品品类超过 3 万种，产品价格比线下零售店便宜 10%～20%；库存周转率为 12 天，与供货商现货现结，毛利率维持在 5%左右，向产业链上的供货商、终端客户提供更多价值。实现京东的"低应力大规模"的商业模式。

②虚拟店铺出租费。店铺租金、产品登录费、交易手续费。

③资金沉淀收入。利用收到顾客货款和支付供应商的时间差产生的资金沉淀进行再投资从而获得赢利。京东商城上第三方支付平台有财付通、快钱。

④广告费。网络广告逐步被人们接受，对于一些大型的媒体网站而言，网络广告已经成为其重要的经营收入来源之一（见图16-12）。

(2)京东商城盈利模式的特点

①供应链效率。京东在东北、华北、华东、华中、华南、西南建立了六大覆盖全

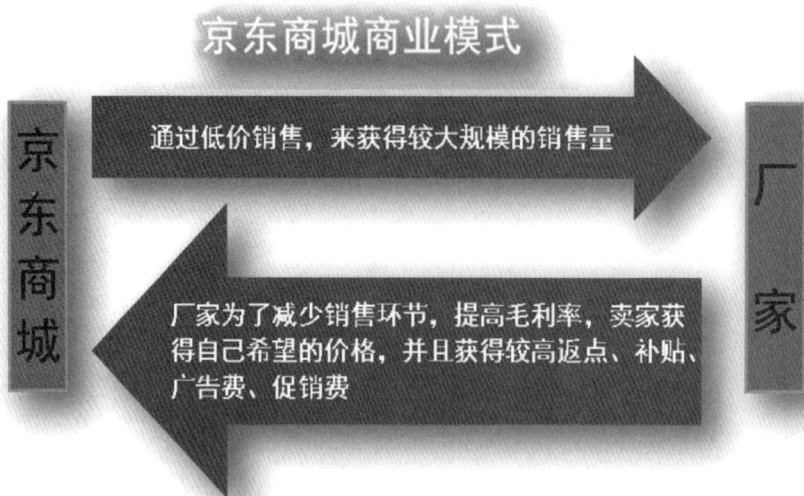

图 16-12　京东商城的盈利模式

国各大城市的物流中心，并且有自己的物流队伍，利用自己的物流体系，京东可以加快库存周转期和货物周转率。

②目标客户分析。从需求上分析，京东的主要客户是计算机、通信、消费类电子产品的主流消费人群；从年龄上分析，京东主要顾客为 20 岁至 35 岁的人群；从职业上分析，京东的主要顾客是公司白领、公务人员、在校大学生和其他网络爱好者。尽管 35 岁以上的消费群体有更强的购买力，但是高素质的大学生们却是"潜力股"。每年的大学毕业生群体中就拥有数百万的潜在顾客，京东的目标不是跟国美、苏宁争抢客户，而是把大学毕业生培养成京东的用户。

第二节　初创企业的融资智慧

财务资源是企业最普遍、通用的资源，通常可以用财务资源来换取其他资源，但是其他资源未必能够换取财务资源，一旦创业企业财务资源枯竭，企业就回天乏术了。资金是初创企业的"源头活水"，是贯穿企业创业每个阶段的一个关键性问题，企业的成立、发展和壮大，都伴随着一次次的融资、投资、再融资的过程。初创企业如何在企业初期及发展进程中，获取足够且合适的资金是一个非常具有挑战性的课题。

1. 初创企业融资概述

（1）融资概念

融资是指企业根据自身发展的要求，结合生产经营、资金需求等情况，通过科学的分析和决策，借助企业内部或外部的资金来源，筹集生产经营和发展所需资金的行为和过程。

（2）初创企业融资生命周期

初创企业存在着不成熟性、不稳定性、不确定性，而且创业期企业的风险不论是从风险外部环境还是从内部条件考虑，都要远远高于一般的成熟企业。初创企业不论是选择股权融资还是债权融资，企业规模的有限及不成形的信用记录直接致使初创企业在融资过程中处于进退两难的尴尬处境。初创企业融资问题一直以来是热议的话题，是因为资金短缺是限制初创企业发展的主要障碍之一。

初创企业的成长，基本要经过创建、发展、壮大、盈利几个阶段。每个阶段，筹资的需求和风险各有不同。

在创建期，资金用途主要集中在厂房的建设、设备投入、产品研发、生产、技术等方面，市场的不确定性决定了资金的高风险性。这个阶段体现出"高风险、高收益"性。鉴于投资风险太高，风投公司都会注意避开这一时期，故该阶段所需融资应选择非短期逐利性的，以内部融资或者天使投资为主。这一时期创业者的意志和融资能力是决定企业可以生存下去的关键因素。

进入发展、壮大期间，企业需要更多的资金投入，同时企业的不确定性和风险也随之降低。这一阶段企业发展的关键因素仍是资金的稳定来源，以及创业者的个人才能，风险投资或银行贷款成为这阶段融资的重点。

进入盈利期，企业运营步入正轨，风险处于最低阶段，同时融资需求放缓。

初创企业需要多方式、多方位筹措资金，融资要打组合拳，逐步完善自身的融资体系，合理、高效地筹集资金。特别强调的是，对于初创企业来说，政府的引导和扶持会起到至关重要的作用。

（3）大学生创业融资的难题

由于许多大学生创业者是初次创业，除了社会经验、管理能力及专业能力不足外，在创业融资方面常常存在误区，导致创业融资屡做屡败，主要表现在以下几个方面：

①大学生创业者缺乏资金规划和融资准备。不少大学生创业者在企业发展之前，就将融资作为一个短期行为看待，认为只要有钱或者通过突击拿款的方式，就能迅速使企业步入正轨。但他们基本忽略了一个事实：资本的本性是逐利，不是救急更不是慈善。因此在创业前就应该考虑融资政策，融资前还应该充分分析企业所具备的条件，及时清晰地为投资者展示企业的发展前景，让投资者看到"利润"才有可能放心投资。

②缺少必要的融资知识及常识。很多大学生在创业初期，具有很强的融资意愿，但却缺乏相关的融资知识及常识，而真正的企业融资是非常专业的领域，需要有大量的理论支撑以及丰富的实践经验，要对资本市场和投资人有充分的认识和了解，还要有较强的专业策划能力及解决融资过程中遇到各种问题的处理及运作能力。大学生创业者进行融资前，必须加强融资知识的学习，有必要的还可以聘请专家顾问，结合各

企业实际情况，制订针对性较强的融资策划方案。

③选择资金缺乏慎重考虑。一些大学生创业者在创业前，急于迅速拿到第一笔资金，赚取"第一桶金"，急功近利，选择了一些以"套现"为目标的风险资金，反而对企业的创办及发展有百害而无一利。

2. 初创企业主要融资方式

初创企业融资渠道有很多种，很多初创企业都不知道该怎么选择，其实找到适合自己的融资渠道往往能事半功倍，提高融资的成功率，以最小的代价获得融资。

初创企业的融资方式总体可以分为外源融资和内源融资。外源融资根据资金进入企业资产结构中的地位可划分为：股权融资和债务融资。

（1）自有储蓄

很难想象创业者没出一分钱就能创业的。从萌生创业想法到最终付诸实践，期间过程中总会有机会让创业者攒下一部分积蓄。"先赚钱，再出来创业"也成为许多创业者的路径规划，首次创业的创业资金多数来源于自己的储蓄，自有储蓄顾名思义就是在日常生活中慢慢积累起来的资金。创业者将自己部分或者全部资金投入到创业活动中的过程就是一个自我融资的过程，由于初创企业开始时本身规模较小，效益不稳定，难以形成对信贷资金的吸引力，所以他们通常很难利用银行借款、发行债券等比较传统的融资方式来取得创业启动资金，因此，自有储蓄是创业融资一个非常重要的途径。

以自有储蓄作为创业启动资金的案例不少，马云就是其中的一个。1999年，马云和他的创业团队集资50万元成立阿里巴巴。公司刚刚起步的时候，规模非常小，力量也很薄弱，公司里的18个工作人员几乎都是身兼数职，这样才能使公司得以正常维持。

自有储蓄作为创业的启动资金，具有成本低、融资速度快和使用时间长等优势，如果创业初期启动资金来源于自有储蓄，不仅能保证资金使用的安全，也能减轻成本方面的负担，但前提是创业者必须确保自身有足够的资金用于创业，否则可能会使创业初期出现资金链断层，造成创业失败；还有就是自有储蓄金额本身就有限，未必能达到创业所需要的数额，也未必能为创业初期融资提供长期性的保障。当创业初期出现变动需要资金补充缺口时，自有储蓄不能成为坚实的后盾。

（2）亲情融资

家庭是市场经济三大主体之一，在创业中起到了重要支持作用。特别是在我国，以家庭为中心，形成了亲缘、地缘、文缘、商缘为经纬的社会网络关系，对包括创业融资在内的许多创业活动产生重要影响。采用感情融资，即向家人和朋友借钱用作启动资金，是最常见、最简单，也是最有效的方式。因为大学生创业群体通常涉世不深，他们缺乏社会实践经历，尚未打好人际关系网络，而相对来说，创业在启动时期并不需要大额的资金支持，所以，与创业者有感情基础的亲朋好友一般会愿意慷慨解囊，为创业者提供这一笔启动资金。

"感情融资"的优势主要有：首先，基于与创业者的私人感情，如亲情、友情因素的存在，亲人和身边的好友大多会愿意慷慨解囊，为青年创业者提供原始资金，有助于消除个人投资者面临的一种不确定性——缺乏对创业者的了解，融资成功率高；其次，一般不用支付利息或者利息比较低，而且一般也不需要有质押物，融资成本低；最后，感情融资以双方感情作为合作的基础，在通常情况下，投资者不会中途撤资，而且往往是一次性提供创业者所需资金，不会看项目进程来投入资金，融资风险低。

总之，在创业初期，创业者在缺乏用于融资的抵押资产，缺乏社会筹资的信誉和业绩的情况下，通过非正规的金融借贷——从创业者的家人、亲戚、朋友处获得创业所需的资金是非常有效、十分常见的融资方法。

虽然对创业者而言，感情融资的方式固然有着明显的好处，但也有着无法避免的弊端。如果由于创业过程中出现问题或者创业失败，无法按时还款给投资的亲朋好友，有可能会影响创业者与他们之间的感情，甚至导致双方亲情、友情破裂的结果，那么，以后再有向他们借钱投资的打算几乎就会很难实现。另外，向亲友借钱创业，创业期间父母和朋友可能会插手公司的管理和相关的事务，这方面也需要青年创业者做好计划与平衡。所以这种亲情融资的创业融资方式比较适合亲友间关系良好，感情基础较为扎实的创业人群。

（3）合伙经营

合伙经营是指按照"共同投资、共同经营、共担风险、共享利润"原则，直接吸收单位或者个人投资合伙创业的一种融资途径和方法。不少人选择合伙创业的方式来减轻创业初期资金压力。人多力量大，一个人出几万元，10万~20万元的启动资金很快能凑齐。使用合伙融资的优势创业是一种趋势，由于一个人势单力薄，所以几个人凑在一起有利于创业投资，合伙创业不但可以有效筹集到资金，还可以充分发挥人才的作用，并且有利于对各种资源的利用和整合，提高企业信誉，能尽快形成生产能力，有利于降低创业风险。

生意好做，伙计难做。合伙投资可以解决资金不足的问题，但也有一些问题。老板多了就很容易产生意见分歧，降低了办事效率，也有可能因为权利与义务的不对等，合伙人之间产生矛盾。很多人合伙都是因为感情好，彼此相互信任，然而企业的经营往往难一帆风顺，而且还需要处理很多复杂的情形，长此以往合伙人很容易产生误解与分歧，不利于合伙基础的稳定。防范合伙经营的风险，应对措施是首先要明晰投资份额。个人在确定投资合伙经营时应确定好每个人的投资份额，也不一定平分股份就好，平分投资股份往往会埋下矛盾的祸根。其次，加强信息沟通。既然合伙创业，那企业就是大家的，为了企业的发展，大家应该加强信息的沟通，以统一意见，减少误解与分歧。最后，要事先确立章程。合伙企业不能因为大家感情好或者有血缘关系就没有企业的章程，没有章程是合作的大忌。

（4）天使投资

天使投资这个词来自纽约的百老汇，最早指那些富裕的人愿意支持艺术家的作品登上百老汇的舞台，对艺术家而言他们就像天使一样。天使投资在美国还有个别名叫"3F"，即 Family，Friend，Fools（家人、好友、傻瓜），不难理解，意思是对于初次创业的人，需要一群家人、好友和傻瓜的支持。之后，天使投资的概念延伸到对那些初出茅庐的企业在起步阶段进行投资的范围，投资新兴企业必然具有高风险，但是投资人愿意对其进行投资，必然看中其高收益的一方面。天使投资其实就是权益资本投资的一种形式，是指富有的人群通过将自有资金投资于具有专门技术或独特概念的原创项目或小型初创企业，从而获得盈利的一种投资形式。该投资行为通常是一次性的前期投资，且投资金额不大。

天使投资者往往本身对风险企业的了解程度不够，基本上依照投资者主观的喜恶来决定投资方向，存在很大的风险。并且，天使投资一般是以个人的名义进行的，不过，如今天使投资人自发组织成天使团体或天使网络的形式也在蓬勃发展，这样有利于分享研究成果，以及聚集资金提高投资的针对性。

当创业者在创业过程耗尽自有储蓄、银行贷款或者从朋友家人处借来的资金时，天使投资是一个很好的后期资金补充渠道，由于天使投资人投资的是自己的自有资金，所以他们的商业合同是可以协商更改的，这样一来，相较于传统的风险投资或者银行贷款的合同，天使投资人的投资合同更加具有灵活性，出于这点灵活性，他们成为很多创业者的理想资金来源。许多天使投资人自己曾经就是创业者，因此，在投资的过程中，他们不仅可以提供资金的支持，还能够提供相应的专业知识和人脉来促进初创企业的发展，这样有利于创业者将时间和精力集中在公司的管理和发展上。著名的天使投资人徐小平的投资哲学就是"只看人"，只要这个投资人足够打动他，他半个小时就会给出结果。没有尽职调查，没有繁琐的程序，这就是天使投资的特点。

虽然天使投资对于初创企业而言，是个比较好的融资方式，但是如果天使投资人投资的公司没有带来他们预期的收益，他们往往不会继续追加投资，因此可能会导致后期资金供应不足，造成创业失败。并且，许多天使投资人在投资一家新兴的公司时，会以获得股权的形式作为提供启动资金的条件，一般要求获得的股权份额为10%或者是更多，并希望在退出的时候获得高额的资金回报，所以在创业过程中他们可能会插手公司的管理，过分控制公司的运营，导致双方不欢而散或产生矛盾。

（5）风险投资

风险基金，也称风险投资基金。风险投资基金主要来自私人资本、公共养老金、保险和其他金融公司。外国银行投资者和其他风险基金，形式为合伙企业或公司，由专业人士掌握投资动向。发展较成功的风险投资基金，能一并培养、创造一大批高科技创业企业，制造大量的就业机会，提升本国企业的国际竞争力，促进经济繁荣。如微软在早期支持风险投资基金的发展。风险投资按照是否参与企业经营，分为财务投资者和战略投资者。

风险投资在许多人眼里，风险投资家手里都有一个神奇的"钱袋子"，从那个"钱袋子"掉出来的钱能让创业者坐上阿拉丁的"飞毯"一飞冲天。但风险投资是一种高风险高回报的投资，风险投资家以参股的形式进入创业企业，为降低风险，在实现增值目的后会退出投资，而不会永远与创业企业捆绑在一起。而且，风险投资比较青睐那些有科技含量、创新商业模式运营、有豪华团队背景和现金流良好、发展迅猛的有关项目。因此，对于大学生创业者来说，在刚踏上创业之路就接近那些金光闪闪的"钱袋子"绝非易事。大学生创业者如果对自己的项目和前景抱有充分的信心，可以找风险投资进行商洽，碰壁后，一定要及时对自己的项目进行理性的评估，及时采用其他方式进行融资。风险投资家虽然关心创业者手中的技术，但他们更关注创业企业的盈利模式和创业者本人。因此，"等闲之辈"很难获得风险投资家的青睐，只有像张朝阳、邵易波、梁建章那样的创业"枭雄"，才有机会接近那些金光闪闪的"钱袋子"。

与此同时，创业者要认识到，风险投资投资一个企业之后，最希望看到的就是这个企业能够在短时间内上市，所以风险投资和企业一般都有发展计划，每一年的营业额，增长额等都有具体的指标，当然达到这个指标大家都皆大欢喜，但是如果因为一些原因没有达到指标，那么风险投资家就可能追究管理层的责任甚至将管理层扫地出门。初创企业引入风险投资后，也会分散企业的股权，后续如果风险投资将公司的股票抛售，那么公司的股权可能会比较分散，这样可能不利于公司的发展。

（6）创业基金（孵化计划）

为了鼓励大学生创业，各级政府和相关机构推出了大学生创业引领计划，科技含量高的产业、科技型中小企业或者优势产业可以考虑申请政府基金或创新基金。除了这些政策性、商业性的，还有公益性、半公益性的大学生创业基金给予大学生创业者以扶持，像中国大学生创业基金、晨星成长计划创业基金等就属于这类。不同的大学生创业基金因为扶持的立场不同所以设置的条件、要求都不同，具体还要看创业者自身的诉求。

例如，为鼓励和扶植大学生的科技创业活动，引导大学设立大学生科技创业专项资金，促进大学生科技创业企业加入科技企业孵化辅导抚育体系，上海市大学生科技创业基金会市科技创业中心分基金会，在初创期小企业创新项目内设立大学生创业项目给予引导和支持。创新基金以无偿资助方式支持立项项目，资助额度为每个项目 20 万~40 万元。适用对象是高等院校在读和毕业未超过二年的大学生、硕士、博士和回国留学生（留学生按照国家有关规定确认）。大学生团队是指符合大学生条件的几个人共同创办的企业。创办企业时年龄一般不超过 35 岁；大学生创业企业注册资本不少于30 万元（实际到位的货币资金），不超过 200 万元，注册成立时间不超过 18 个月；大学生团队或大学生法定代表人在企业的股份应大于 1/3，其中应有不少于 50% 的资金投入。

现在国内很多城市的创业园区、政府机构都有为创业者提供孵化器，提供创业的办公的场所和初始基金等。一些知名创业扶植服务机构、基金也会定期举办创业大赛、

Demo 活动。用赢取创业基金的方式筹集创业的"第一桶金",不失为一个可行的办法。当然,这要求创业者具备足够的实力才能从众多申请者中脱颖而出。

(7)银行贷款

我国作为间接融资为主的国家,商业银行一直是社会资金的主要提供者,对于初创企业来说,也是最主要的融资来源之一。从目前的情况看,银行贷款有以下四种:一是抵押贷款,指借款人向银行提供一定的财产作为信贷抵押的贷款方式;二是信用贷款,指银行仅凭对借款人资信的信任而发放的贷款,借款人无须向银行提供抵押物;三是担保贷款,指以担保人的信用为担保而发放的贷款;四是贴现贷款,指借款人在急需资金时,以未到期的票据向银行申请贴现而融通资金的贷款方式。

银行贷款的优点是利息支出可以在税前抵扣,融资成本低,运营良好的企业在债务到期时可以续贷。缺点是银行贷款一般要提供抵押(担保)品,还要有不低于30%的自融资金,由于要按期还本付息,如果企业经营状况不好,就有可能导致财务危机。部分商业银行还推出针对高校毕业生的创业贷款业务,以高校毕业生为借款主体,以其家庭或直系亲属家庭成员的稳定收入或有效资产提供相应的联合担保,对创业贷款给予一定的优惠利率扶持,视贷款风险度的不同,在法定贷款利率的基础上可适当下浮或小幅度上浮。

商业银行贷款的发放标准及评价指标,往往是按照中大型企业的标准设置的,没有针对初创企业。大部分商业银行的成本收益模式与信贷风险评估、资信评估也是在没有考虑初创企业的情况下而设立的,导致商业银行融资门槛过高,具体表现为。

①商业银行普遍的贷款起点过高,创业者创办的小微企业很难达到最低标准。从商业银行获得贷款的方式主要为担保贷款和抵押贷款。企业进行抵押贷款时,商业银行主要接受土地、房产之类的抵押物,而大学生创业者们多数初出校门,根本没有可供银行抵押的担保物,也就很难从商业银行获得资金支持。

②贷款审批流程多,审批程序复杂,时间较长,难以及时满足资金需求,很多创业者因为不能及时得到资金支持,延误了商机,甚至造成损失。

③商业银行贷款积极性不高。因创业企业规模通常不大,导致多数初创企业存在财务管理制度不完善,财务报告不规范、透明度低、真实性差、随意性大等问题,加上少数企业信用等级较低或无信用记录等,银行贷款存在一定风险,导致银行对其贷款积极性不高。

(8)股权众筹融资

众筹翻译自国外 Crowd Funding 一词,众筹又名大众集资、众融,是众包的引申;它是指利用互联网和社交网络传播的特性,集中大家的资金、能力和渠道,为创业者、小企业进行某个项目或创办企业提供必要的资金援助的一种融资形式。众筹可分为以下几类:基于捐赠的众筹、基于奖励或产品预售的众筹、股权众筹与基于贷款(或债务）的众筹。

其中，股权众筹是指融资者出让一定比例的股份，并将需要募资的项目发布在众筹平台上，投资者通过投入资金，认购股份以支持项目的发展。股权众筹于 2009 年诞生，是一种独立于金融体系之外的、新型的融资模式。

股权众筹在发达国家已初具规模并迅速扩散至亚非地区。

我国股权众筹发展的历史较短。2011 年 11 月"天使汇"的成立，标志着国内股权众筹的兴起，我国第一例股权众筹的案例——美微传媒通过淘宝进行股权众筹 2013 年才出现，但社会公众庞大的投融资需求使我国股权众筹进入快速发展阶段。平台数量显著增长，融资金额越来越多。截至 2016 年年底，全国正常运营的股权众筹平台共 156 家，股权众筹的实际筹资金额约为 65.5 亿元。

对于绝大部分创业者来讲，创业股权式众筹的先锋式尝试可以帮助他们有效的获取资金。目前股权众筹平台上创业项目审核通过率只占审核总数的 10％左右，而在这 10％的项目中，最终能够成功融资的只占到三成，由此可见，股权众筹项目失败率较高。

第十七章　或跃在渊

丁春秋身具腐尸功、三笑逍遥散、龟息功等绝世武功，化功大法更是江湖人士谈之色变；一出场就重创姑苏慕容四大家臣和少林寺首座，但机关算尽，最终败于萧峰，其一手创建的星宿派也灰飞烟灭。作为一个脱离于强大母公司的初创企业，创始人又有着过人能力，为什么一世而亡？创始人阴狠损辣，阴险歹毒成了企业文化的一部分，星宿派的员工也就没有同门之谊、辈分尊卑，只对老板负责，不对企业负责；反观丐帮，有着鲜明的企业文化，一旦有突发事件，马上启动纠错机制，人人为帮派挺身而出，难怪好生兴旺。初创企业的文化建设绝不是简单地在办公室悬挂几幅"星宿老仙，法驾中原，神通广大，法力无边"的条幅就能解决问题；"挥洒缚豪英，且自逍遥谁人管"是企业文化的境界，如何建立平时管得住，战时放得开，收放自如的企业文化，提升企业的软实力，即"或跃在渊"？《射雕英雄传》中，郭靖初学降龙十八掌，行走江湖，甫一施展此招颇有喜感，但见一招或跃在渊过后，未及伤人，自己却被黄药师弄得手腕脱臼，一勾一抹之间就被摔了个四脚朝天，被未来的老岳父打了一个大大的差评。并非"或跃在渊"威力不够，也非郭靖无能，实是无处着力。此招真意取自《易经·乾卦》：象曰：九四：或跃在渊，无咎。一招使出应如爻辞所示，进退有据，可一跃破空，也可渊底厚积。对于初创企业的运营管理而言，如何才能做到进退自如、游刃有余？答案就是做好文化构建和落地。

在企业经营管理发展的过程中，如果想要打造成一家品牌企业，那么企业的文化建设将是一项非常关键的工作，而企业文化建设的层次将决定是否有足够优秀的人才一起加入。当代大学生理应自觉践行社会主义核心价值观，在市场经济大潮面前自尊自重、自珍自爱，讲品味、讲格调、讲责任，抵制低俗、庸俗、媚俗。

功法

企业文化为企业战略制定和决策保驾护航，作为企业文化的天然建设者，创业者有必要建立一套简化版的企业文化，文本必须落地才能成为文化，落地后的企业文化需要在商业活动开展的过程中不断修正。

身法

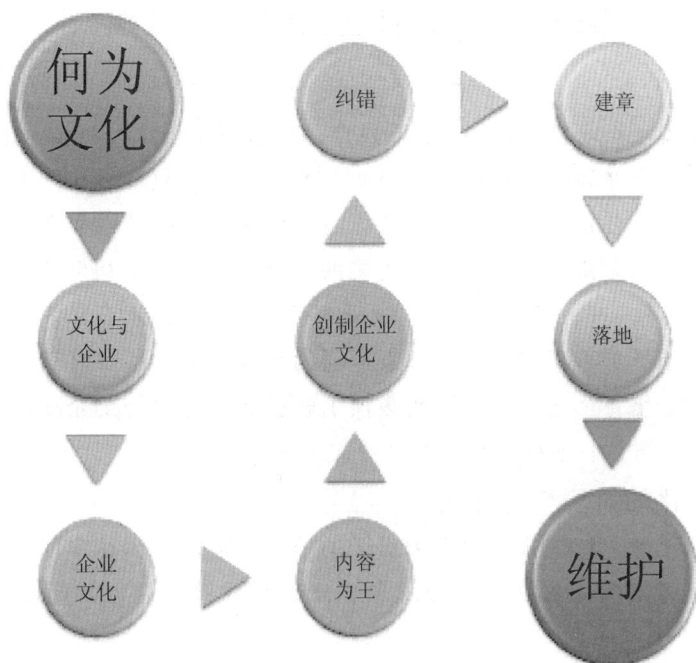

兵刃

精练文本、落地(认知、认同、践行)、仪式化工作环境、建立企业文化评估表单。

词云图

第一节 初创企业的文化构建

当创业者发现了市场机会，并通过开发产品或服务实现这种机会，他们筹集资金、招募员工、组织生产并为之承担风险，企业开始运营。创业者最初的想法开始变为现实，开始产生效益；公司销售在不断增长，有了资金流。公司在企业组织架构、员工培训、产品推广以及运营等方面也会有更多的发展，但仍属于初创期。这一时期的很多做法，如做事方法、风格等，称之为"文化基因"，会对企业未来发展产生影响。随着业务的展开，新员工不断增加，会带来不同的企业文化。这一时期企业要有意识地构建，持之以恒的培育企业文化。为此必须了解企业文化对初创企业的意义；掌握初创企业文化建立的方法；明确初创企业企业文化落地的途径。

1. 企业文化的重要性与作用

联想之父柳传志，将企业文化视为房子的地基。地基打得越牢固，企业大厦就可以盖得越高；地基打得不牢固，企业大厦盖得越高风险就越大，随时都有可能轰然倒塌。

（1）企业文化的重要性

企业文化作为社会大文化的一个子系统，客观地存在于每一个企业之中，企业文化之于企业生存发展的重要性已经取得广泛共识。无论是国外的谷歌、苹果和沃尔玛，还是国内的联想、海尔和阿里巴巴，这些成功的大企业皆有非常鲜明的企业文化。但企业文化绝不是大企业的专属，企业文化的凝练、建立、实施和调整其实伴随着企业生存和发展的全过程。企业文化对于初创企业而言，在延长企业寿命、提高企业核心竞争力方面都发挥着重要作用。

①企业文化建设贯穿于企业发展始终。优秀的企业善于给他们的企业文化注入活力，约翰·科特与其研究小组以企业文化对经营业绩的影响力作为研究目标，进行了长时间追踪调查，结果证明凡是重视企业文化因素的公司，其经营业绩远远高于那些不重视文化建设的公司。多方面因素决定企业的兴衰，但无论如何绕不开企业文化建设。

②实施企业文化战略势在必行。无论是知识经济、信息经济还是互联网经济，经济发展热点的迭代证明，企业对土地、劳工与资本等传统资源的依赖程度正在不断降低。深藏于人们头脑中的知识与智慧，只有让员工自愿合作，掌握最新知识和创造能力的人才才能成为企业成功之本。如何吸引人、培养人、激励人、用好人、留住人，成为企业管理的核心问题，而这一核心问题的解决离不开企业文化建设。

③企业文化支撑企业战略管理。企业文化引导着企业的战略选择，彼得·德鲁克曾指出，企业必须回答：企业存在的理由是什么？业务是什么？业务应该是什么？这

就需要阐明企业的根本性质与存在目的或理由、说明企业的经营领域、经营思想，为企业目标的确立与战略制定提供依据；了解自己所属行业的行业文化，如传统制造业的管理比较严格、注重质量管理、生产效率、纪律性，而 IT 业则更多地注重宽松的环境、员工的创新性及相互交流；进而明确行业内的每一个组织客观上都应该有一个特别的、不同于其他组织的存在理由。

④良好的企业文化有助于企业渡过初创难关。创业难，创业起步阶段更难。企业初创阶段，要钱没钱，要人没人，还要不断迎接市场的冲击和竞争对手的挤压。此时，为保持创业团队凝而不散，只有依靠强有力的企业理念文化。对于一个创业者而言，虽然资源匮乏，但是创业的理想、信念和决心却是空前强大。如果将这些因素熔炼在一起以形成企业文化，那将是初创企业的灵魂和支柱。即便用不够准确的语言表达，它也能感召和吸引创业团队紧密地连接在一起，共同渡过难熬的创业初期，并支撑和主导企业向前发展。

▸▸ 典型案例

可口可乐与联想公司的文化

2003 年香港设计师陈幼坚受邀为可口可乐公司设计新的中文 LOGO，将中文字体转化为带波浪状、流畅的飘带图案，与斯宾塞体字体 LOGO 相比更为和谐。这是 24 年来可口可乐中文 LOGO 在中国的第一次重新设计，自此取代了 1979 年以来一直使用的中文字体。同年，联想集团委托香港 FutureBrand 公司换掉了沿用了 19 年的、价值 200 亿元的标志 LEGEND(传奇)，而采用新的标志——LENOVO(创新)与公众沟通。

产品 LOGO 作为企业文化重要组成部分，从可口可乐和联想换标的例子我们可以发现，企业在特定的发展阶段需要进行品牌标志的切换。联想舍弃使用长达 19 年的原品牌标识是为了下一步的国际化战略；而可口可乐则为了竞争需要使其品牌形象更加年轻化、中国化使用了新标志。

因此，企业文化为战略实施提供行为导向；企业文化具有独特的激励功能和良好的约束功能；企业文化也必须与企业发展战略相符合。

(2)企业文化的作用

无论是历史悠久的大型企业还是初生牛犊的初创企业，优良的企业文化一般会发挥如下作用：

①导向作用。企业文化能够显示企业发展方向，成为员工精神生活中的一部分；企业文化还能够引导企业发展方向，构成员工共同行为的巨大诱因，让员工在大多数情况下都自觉地知道自己应该做什么。

②激励作用。企业文化的重要特点是重视人的价值，要能够起到激励员工发挥聪明才智、不断自我实现的作用，帮助企业所有人认识工作意义、建立工作动机，从而调动积极性。

③凝聚作用。企业文化赋予组织全体成员共同的目标、理想和价值评价标准，形成个人与组织、团队与团队之间的和谐关系，形成认同感、进而建立较强的吸引力和凝聚力。

④约束作用。企业文化还包括企业的思想作风、伦理道德、行为方式等，应该发挥硬性约束和软性约束两种作用，当在特定场景下"他律"无法发挥作用时，"自律"就会显得尤为重要。

⑤教化作用。企业文化应该有着高尚的价值观，为提高员工素质提供环境和条件，帮助员工树立崇高的理想、坚定的意志和纯净的心灵。

2. 企业文化的内涵与建立

(1)文化与企业文化的概念

刚柔交错，天文也；文明以止，人文也。观乎天文以察时变，观乎人文以化成天下。——《周易·贲卦·象传》

广义的文化指人类在社会实践过程中所创造的物质财富和精神财富的总和，包括语言、习俗、礼仪、信仰、道德、宗教、艺术等精神财富，也包括物质文化资源和物质创造物。狭义的文化是指社会意识形态以及与之相适应的社会制度、组织制度，包括科学、哲学、宗教、艺术、文学、风俗习惯等精神文化，也包括与特定社会历史阶段相适应的政治制度、经济制度、法律制度、家庭结构、社会组织等制度文化。

我们不难看出，文化是由三个不同的要素或层级构成，即物质、制度、精神，也就是依据文化的不同形态，可以将文化分为物质文化(文化的物质要素)、制度文化(文化的行为要素)、精神文化(文化的心理要素)。

何谓企业文化，从不同层次和角度对企业文化定义有数百种之多，概括起来可以从以下几个方面进行阐释：

企业文化是在工作团队中逐步形成的规范；

企业文化是一个企业所信奉的主要价值观；

企业文化是指导企业制定员工和顾客政策的宗旨；

企业文化是在企业中寻求生存的竞争原则；

企业文化是企业内通过物体布局所传达的感觉或氛围；

企业文化是一个企业内部形成的某种文化观念和历史传统；

企业文化是一种渗透在企业一切活动中的美德；

企业文化是企业全体成员共同遵守和信仰的行为规范、价值体系，是指导人们从事工作的理念。

只要对企业文化的构成结构形成基本认识，那么各种企业文化的观念就变得大同小异了。尽管对企业文化的定义各有不同，但这些定义几乎都围绕理念识别、行为识别和视觉识别三个部分展开。

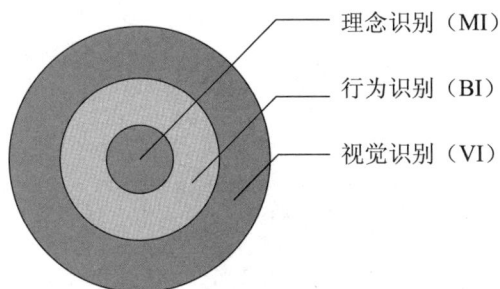

图 17-1　企业文化构成层级图

（2）初创企业的企业文化形成

在创业初创期，创业者往往将精力倾注于企业生存、盈利、市场开发、产品销售等问题上。创业者普遍认为，在企业到达一定规模之前，不需要文化构建。理由很简单：在盈利和企业存活面前，企业文化犹如空中楼阁、水月镜花，显得虚无缥缈、毫无用处。经常有创业者抱怨，企业能不能活到明天都是个问题，哪有时间和精力去搞看不见、摸不着的文化，认为只有在企业进入快速发展期、陷入困境、管理效率低下、市场环境发生重大变化时才是企业文化建设的最佳启动时机。

但企业文化不是建设出来的，而是日积月累积淀出来的，随着企业的创立，企业文化其实就已经产生，只是此时的企业文化是自发的，无论创业者是否进行专门的构建，自己的企业文化其实已经在形成并发挥作用，不受主观控制。从这个意义上讲，任何企业都有企业文化。差别无非在于它是好的文化还是坏的文化，是优秀的文化还是落后的文化，是强文化还是弱文化。企业文化可以根据实际情况进行微观再造和重塑，但在企业发展的任何时期都不应该忽视企业文化建设。

初创企业犹如一个呱呱坠地的婴儿，创业者肯定希望他拥有健全的人格、优良的品质和完整的价值体系，那么从小就应该教育他引导他。如果你放任不管，静待花开，这个婴儿长大自然也会形成自己的人格特征，只不过可能并不如你所愿，存在各种缺陷，产生各种成长障碍。自发形成的文化，由于没有经过系统思考和梳理，可能导致企业各种价值观甚至是相互矛盾的价值观同时存在，也就无法形成合力。因而是一种落后的文化、弱势的文化，自然也是创业者所不想看到的文化。养而不育是失责，创立企业而不构建文化，同样也是失责，后果很严重，且难以弥补。

举例来讲，几年前《西游记》开始被各种企业咨询公司拿来引用。师徒四人是一个创业团队，从创始人诞生、求学、发现市场痛点、寻找解决方案、获得政策扶持、企业扩张、确立人事结构、经历九九八十一难，终成正果。

师徒四人取经的过程，其实就是四种价值观整合成为团队文化并发挥作用的过程。

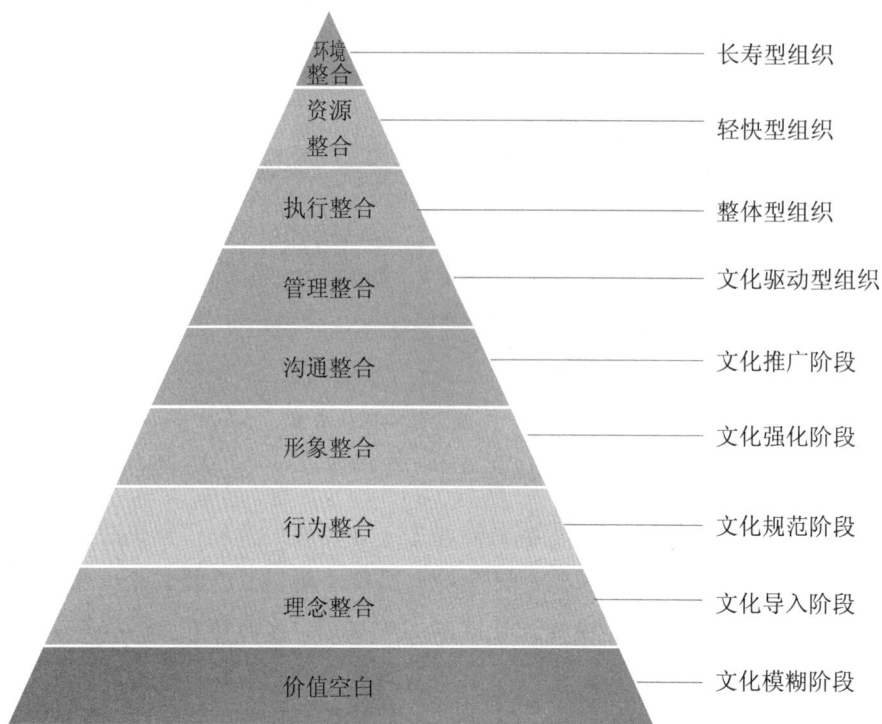

图 17-2 企业文化建设与发展阶段示意图

四人中，只有唐僧以"取经"为全程使命，但御弟哥哥既非打怪高手，又不谙俗务，只能靠"取经执念心恒留，紧箍咒儿嘴常念"，是一个有点"愚"的高僧，但他应该是各位创业者的榜样，因为他从不犯方向性错误。

孙悟空，一只有强烈正义感，但又桀骜不驯、自由散漫的猴子，只对师父负责，对"取经"并不感冒，"斗战胜佛"和"齐天大圣"，一佛一圣，一出世一入世，泼猴的选项不言而喻，但在取经途中，受到唐僧恩威并施，逐步形成了思维惯性，这绝对是一个金牌经理人。

猪八戒，一只好吃懒做的智慧型家猪，一般只有在猴哥的威逼和快被妖怪蒸来吃的危急关头才使出全力；既不会被"普度众生"的高尚理想所感动，也不会像孙悟空那样头脑发热，其价值观基于个体生命的真实体验，为个人利益所驱使，是一个称职的中层部门负责人。

沙和尚，价值取向模糊，决策时不表态、危机时也不脱队，露脸机会虽多，但存在感低，不过"神仙老虎狗"三者兼备。神仙者，关键时刻提供智力支持；老虎者，过得去的业绩支撑；狗者，鞍前马后、犬马之劳；这是一个优秀的员工。

CEO、经理人、中层干部、组织员工，千差万别，但如何把他们整合起来，成为一个团队？首先，唐僧靠理念获得西天世界风险投资，观音姐姐靠法力，降服三人帮其组队，但理念这个东西不能约束孙悟空的自由散漫、无法填饱猪八戒的无底肚皮，也不会调动沙和尚的积极性，所以除了用"普度众生"这一核心理念进行整合外，还需要管理机制配合。

唐僧直接管理孙悟空，但只在其突破底线时才用上紧箍咒，平时靠师徒之情激发主观能动性；孙悟空对猪八戒两者互相制约，孙悟空在工作上有管理职权，后者在师父耳边吹吹风可以起到对孙悟空的舆论监督作用；猪八戒虽有"散伙回高老庄"的不良思想，但在孙悟空的金箍棒下，价值观不能转化为行动；沙僧作为"办公室主任"，对一线事务从不插嘴，不会在大师兄、二师兄打怪升级之时妄自揣测上意、闲言碎语。这样的团队理念清晰、目标明确、分工合理、结构紧密、管理高效，自然容易形成"1+1+1+1＞4"的合力。

也就是说，企业文化是组织成员的共同意识、共同价值观的体现，但形成共识需要过程培养和制度辅助，要与企业的管理机制相融合；一个成熟的企业不仅要有成形的企业理念文化，也要有较为深厚的组织文化，组织内部的人、团队、部门要像连锁店，"连"得起来，同时还要"锁"得住，用管理制度"连"，但更要用文化共识"锁"。

（3）企业文化的构成与特征

企业文化由理念识别、行为识别和视觉识别三个层级组成。理念识别即企业精神文化建设，这是企业文化的核心，大体包括对企业经营过程中形成的经营哲学、企业道德、企业精神、价值观念等意识形态层面的总结；行为识别包括制度文化和行为文化，指约束和规范员工行为的制度体系，又包括员工在工作生活中的行为表现；视觉识别为表征化的物质文化，即包括生产环境、品牌商标、包装、工作服等视觉形象。

典型案例

作为企业文化纲领的《华为基本法》

《华为基本法》是对华为价值观完整系统的总结，对华为企业文化建设起到过巨大推动作用。

1994年11月，华为从一个默默无闻的小公司一跃成为热门企业。视察过该公司的上级领导都称赞华为的文化好，干部员工也常把企业文化挂在嘴上，但到底企业文化是什么？谁也说不清。于是，任正非就指派一位副总监与中国人民大学的几位教授合作梳理华为文化。这样《华为基本法》从1995年萌芽，到1996年正式定位为"管理大纲"，到1998年3月审议通过，历经数年，最终定稿，成为华为企业文化建设的标志性文件。

《华为基本法》从公司的宗旨、基本经营政策、基本组织政策、基本人力资源政策、基本控制政策、接班人与基本法修改六个方面进行总结、提升了公司成功的管理经验，确定华为二次创业的观念、战略、方针和基本政策，构筑公司未来发展的宏伟架构。以《华为基本法》为里程碑，华为吸收了包括 IBM 等公司在内的管理工具，形成了均衡管理的思想，完成了公司的蜕变，成为中国最优秀的国际化企业之一。

企业文化具有开放性、可塑性，但其一旦形成同时也具有稳定性、系统性、非强制约束性的特征。企业文化的建立是一个漫长而复杂的系统工程，一种优秀的企业文化的构建绝不是制定几项制度、提出一个口号那样简单，它需要企业有意识、有目的、有组织地进行长期的总结、提炼、倡导、强化和调整。

(4)初创企业的企业文化建立

初创企业是鱼翔浅底还是鹰击长空全要看"或跃在渊"施展的是否奏效。当制度无法照耀到每一个角落时，当奖罚无效时，当两难决策，无所适从时，得以踏实落地的优质企业文化就会自动发挥作用。

"在渊"，也就是企业文化的内功修习——企业文化精神层面的设计。一旦内力修为提升，掌法施展开才能排山倒海、连绵不绝。企业文化精神层面的内容非常丰富，是企业文化的灵魂，一般包括经营哲学、价值观念、企业精神、企业道德、企业愿景、团队意识、文化结构、企业使命、历史传统、文化环境等。

从初创企业企业文化理念的提炼方法看，化繁为简是"降龙十八掌"的特点，不管来者何人，一招"亢龙有悔"，总是无往不利。对于初创企业来说，也不妨简而化之，先从企业文化精神层面中提炼出"使命、愿景、价值观"三个要件。

①企业使命实际上就是企业存在的原因或者理由。即对企业生存的目的进行定位。初创企业更应当对此了然于胸，找准自己对社会承担的责任、对消费者需求的满足。20世纪70年代，彼得·德鲁克就曾经以凯迪拉克作为案例，分析：为了一辆新的凯迪拉克汽车，不惜花费 4000 美元的顾客，他买的是交通工具，还是凯迪拉克汽车的名气？换句话说，凯迪拉克的竞争对手是雪佛兰、福特汽车，还是——挑个极端的例子来说——钻石和貂皮大衣？顾客购买的不是凯迪拉克，而是地位，凯迪拉克的竞争对手不是汽车，而是钻石和貂皮大衣，满足了购买豪车的有色人种精英的诉求，拯救了每况愈下的凯迪拉克。也就是说，企业使命应说明企业要满足顾客的某种需求，而不是说明企业要生产某种产品。其衍生出企业使命应该明确我们的事业是什么，我们的顾客群是谁，顾客的需要是什么，我们用什么特殊的能力来满足顾客的需求，如何看待股东、客户、员工、社会的利益等相关问题。

经典的企业使命口号：

中国移动——创无限通信世界做信息社会栋梁；

迪士尼公司——使人们过得快活；

西门子家电——为消费者和股东创造价值；

华为公司——聚焦客户关注的挑战和压力，提供有竞争力的通信解决方案和服务，持续为客户创造最大价值；

英特尔——成为全球互联网经济最重要的关键元件供应商；

微软公司——致力于提供使工作、学习、生活更加方便、丰富的个人电脑软件；

索尼公司——体验发展技术造福大众的快乐；

惠普公司——为人类的幸福和发展做出技术贡献；

耐克公司——为世界上每一位运动员带来激励和创意。

②企业愿景是指企业长期的发展方向、目标、目的。也就是要明确界定公司的在未来社会里是什么"样子"，其"样子"的描述主要是从企业对社会(也包括具体的经济领域)的影响力、贡献力、在市场或行业中的排位(如世界500强)、与企业关联群体(客户、股东、员工、环境)之间的经济关系表述。

一位火力发电厂老板曾对此企业"愿景"提出质疑，"我们企业没有愿景，一个月就发那么多电，即便有了愿景，还是发那么多电，即使发电多了效益也不会提高太多"。人无远虑，必有近忧。"愿景"解决的不是企业产能的问题，而是解决企业发展定位的问题。这家企业没有明确的"愿景"，缺乏对行业发展的前瞻性预判，也未设定企业核心竞争力，结果在对国家的环境整治、煤电谈判、国家电网升级的三重冲击下败下阵来。

企业没有愿景，就不可能培养起自己的核心竞争力、核心人才、核心价值观和核心强势品牌。企业在充满机遇的市场会面对太多的诱惑、产生惰性，需要做出太多的选择，如何做到有所为、有所不为，关键是看企业的愿景定位在哪里。

经典的企业愿景口号：

西门子家电——成为行业标杆；

华为企业——丰富人们的沟通和生活；

宝洁公司——成为并被公认为提供世界一流消费品和服务的公司；

苹果公司——让每人拥有一台计算机；

索尼公司——为包括我们的股东、顾客、员工，乃至商业伙伴在内的所有人提供创造和实现他们美好梦想的机会；

福特汽车——汽车要进入家庭；

可口可乐——通过生产高质量的饮料为公司、产品包装伙伴以及客户创造价值、进而实现我们的目标；

迪士尼公司——成为全球的超级娱乐公司。

③企业核心价值观。核心价值观是指导企业所有行为的最根本原则，也是企业文化的基石，企业的使命、愿景、战略、战术、政策等必须随条件变化而变化，但核心价值观不能为了一时方便或短期利益而让步。核心价值观对内能成为全体企业成员为之奋斗的纲领，对外能够一以贯之地代表企业形象。合理的企业价值观应该具有浓厚的感情色彩，是企业人格化的产物。应该能够明确企业发展动力、方向、原则，让企

业有所为、有所不为。

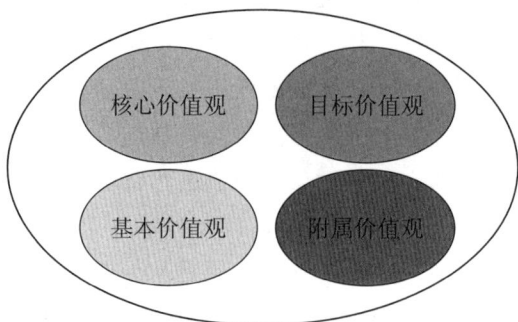

图 17-3　企业文化价值构成图

比如，惠普公司核心价值观：著名的"惠普之道"（HP Way）——相信、尊重个人。尊重员工这就应该是惠普公司经营中不变的东西，至于工间休息是给员工发甜甜圈还是包子，这是可以因时因地而改变的。

沃尔玛的核心价值观"超出顾客的期望"，这就是作为零售企业不变的理念，经营过程中就要将满足顾客的"预期"作为服务管理的追求。

飞利浦的核心理念"精于心、简于形"既是广告语，也是其核心价值观的体现，其产品研发、生产、售后都围绕它展开。

波音公司的"领导航天工业，永为先驱"则表示大型喷气式客机并不是其永恒的核心业务，作为航天工业的开拓者和先到者才是其发展的内在驱动力。

苹果公司核心价值观——提供大众强大的计算能力，这就明确了苹果电脑、手机研发的方向。

可见，一个企业文化的核心价值观的凝练至少应该能够起到为企业及其成员提供行动指南和精神支柱、决定企业个性和基本特征、规范和激励企业成员行为的作用。核心价值观应该贯穿企业的整个生命周期。

对于初创企业来说，创业者作为企业文化的天然建立者，应当首先从企业文化的"理念层面"入手，对核心价值观、愿景、使命的梳理回答了企业发展应当遵循什么样的原则，在这些原则下企业将要发展成什么样子，企业依据现有条件能够成为什么样子。这三个企业发展的核心命题，其最根本的目标是为企业"未来"发展定下基调，可以在短期内简化许多两难决策、中期内明确发展方向、延长企业生命周期。

创业者可以根据自己的偏好和市场判断，把自己的使命、愿景、核心价值观做成文本，接下来逐步落地就可以了，三两年之后，把企业经营下来，根据实际情况再修改、再丰满。

（5）企业文化构建纠错

我们初创企业在建立企业文化时哪里容易"跑偏"呢？我把一些常见的失误总结为

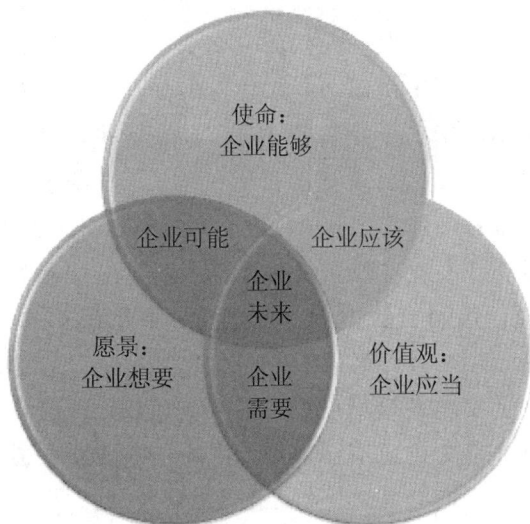

图 17-4 企业使命、愿景、价值观之间的相互关系

初创企业企业文化建立的"七宗罪"。

①"生搬硬套"式的企业文化。建立企业文化可以对标行业龙头、可以借鉴成功企业的经验。但正如前面说过的，作为初创企业，如果直接照抄、照搬其他企业的经验，容易在执行过程中出现流于表面、过度阐发，甚至误读，不仅起不到凝心聚力的作用，甚至对企业的发展产生不利影响。

②"设计出来"的企业文化。索尼的"做开路先锋"、松下的"七精神"、沃尔玛的"为顾客创造价值"，这些我们耳熟能详的企业文化，既是口号，同时也是已经沉淀在企业日常运营当中的那些约定俗成的行为规范和价值导向，绝不是凭空设计出来的，咨询专家可以概括和提炼"口号"，但口号背后的内容则应该是在企业运营一段时间后，有了心得、认识再提出来。期间，创业者除了要维持企业的运营之外，还要有一个明确的价值导向，我是做技术的就要围绕"创新"——未来创新的突破口在哪里？我是做生产的就要围绕"匠心"——如何维持和提升产品的质量？我是做服务的就要围绕"顾客"——如何提升顾和完善客的体验？创业者应该首先要找到自己所属行业的关键词，然后以此为中心，进行文化构建。

③"全盘西化"的企业文化。我们可以学习西方企业执着地将核心价值观转化为员工行为的做法，但绝不要盲目学习人家的精神内涵。"文化"具有独特性和继承性，离开了其社会土壤就很难发挥作用。比如，"个人价值"可以尝试与国人更熟悉的"众生平等"相结合，在制度设计上，将"权"与"利"分开，个人在部门中只有薪资、股权的不同，部门领导没有人事权，这样，所有人就会对公司负责，而不对上级负责，目标变成了涨工资，而不是混位子，部门负责人的价值体现在领导能力上，部门成员的价值体现在待遇上，既有了平等，也体现了个人自我实现。

④"试管标签"式的企业文化。许多初创企业动辄就声称要做百年公司、有良心的公司、行业第一等，这些口号可以贴在任何一个空空如也的试管外面，可以是组织外部贴在企业头上的光环，但对于初创企业来说，不分行业、没有特点，对外既不能提高企业辨识度，对内也不能指引企业发展方向。根据这些口号创业者无法制定出可供执行的使命、愿景和核心价值观。企业的目标、愿景、核心价值观一定要明确，应该根据企业自身条件和外部环境的变化分阶段设立和提出。

⑤"政府报告"式的企业文化。现在很多初创企业，生存还难以为继，仅为了凸显所谓企业管理的正规化，炮制出的《企业文化手册》和配套文件动辄几十页、上百页，从编、章、节、条到款、项、目，铜版纸印刷、装订精良、文字优美、煽动性强。企业初创阶段，企业文化的文本应该高度概括、方便记忆，并与具体的管理制度设计有一定关联度。初创企业企业文化还不够稳定、明晰，可塑性很强，企业文化制度安排越精细就会越缺乏弹性，反而会制约企业文化的健康发展。

⑥"大词堆叠"式企业文化。企业文化的精神内涵确实需要用一些"高大上"的词汇来表达，用"大词"也没错。"诚实、正直、尊重、完善、人本"等，是最基本的企业道德底线，但个性不突出、不分行业和企业特性。我们如果做服务业，就要追求"服务至上"，但落到企业文化的纸面上，应该简短有力，同时还要充满感情色彩，是选择创业者自己心中的"服务至上"中的某个具体内容，是要贴心、温馨、真诚那就结合企业所在行业、发展阶段和创业者个人选择了。

⑦"百年大计"式企业文化。企业文化需要"不忘初心"，初创企业的企业文化的建设就是形成"初心"的过程。对于多数初创企业，实际的企业文化与公司希望形成的企业文化出入很大，但杰出的公司却真正能够做到表里如一，那是因为，这些共识的实际情况同理想的企业文化之间的关联性很强。在企业"初心"不变的前提下提"百年大计"，"大计"是一个主题，但体现主题的内容应该随着企业自身条件和外部环境的改变而改变，企业文化的具体内容，尤其是制度设计方面也要随之变化，是有弹性的，企业文化不应该一成不变，一般两三年要修改一次。

我们做企业，有老板、有高层、有中层，初创企业虽然没这么复杂，但至少也有团队、有员工。初创企业明确了自己的使命、愿景、核心价值观，就是为自己企业文化搭建框架，几行字、一页纸就够了，你想通了，你明白了，但还要让别人也想通、也明白，能够自发地成为企业经营管理中发挥作用，这就需要把企业文化落地。

第二节　初创企业的企业文化落地

初创企业，创立伊始，企业文化从精神层面的凝练，必须体现到制度中，落实到人，也就是必须经历一个"由务虚转向务实"的过程。在企业创立之初就要开始尝试帮助创业团队及员工摆脱对创始人个人魅力的依赖。企业文化落地，一方面，要使企业文化"上墙"宣传，把企业的使命、愿景、核心价值观转化到制度建设当中；另一方面，要使企业文化"上心"，把使命、愿景、核心价值观转化为员工的共识，把挂在墙上的"硬约束"与摆在心里的"软约束"相结合，这个过程就是企业文化落地的过程（见图 17-5）。

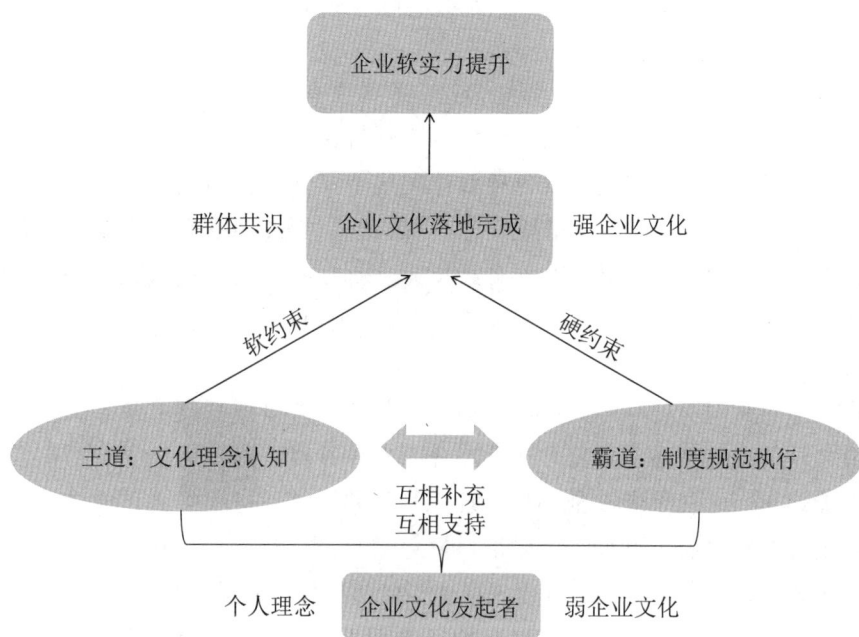

图 17-5　企业文化落地的过程

　　创业者招聘在员工进入企业之后，同样也会让员工看到，甚至背诵企业的使命、愿景、核心价值观，但这只是企业文化的第一步。如果止步于此，当初创企业遇到经营危机时，员工能够不离不弃，可能更多的是由于受到创业者个人魅力的吸引。

　　有些初创企业虽然关注和重视企业文化的构建，但常常流于形式，只是简单模仿和套用其他企业的文化。在办公室张贴一些"团结""求实""拼搏""奉献"等标语，或者设计一些墙报，或者搞一些文化娱乐活动。搞这些东西其实跟文化构建并没有太大关系，文化是虚的，必须做实。如若不然，文化构建仅仅是一个口号，一场作秀，一种自我标榜，其结果只能是浪费时间和资源。因此，文化构建要由务虚转向务实，必须有一套培育和实现机制。

1. 企业文化落地的程序与工作内容

　　企业文化切实落地的过程中，何时该软？何时该硬？软到什么程度？硬到什么程度？这些问题只要放在企业文化落地的具体工作中就能够迎刃而解。

　　（1）企业文化落地的程序

　　一般大中型企业进行企业文化落地可以分解为认知、认同、践行三个阶段。

①认知文化阶段

其间主要包括组织和编写企业文化手册、举办文化理念导入仪式、强化文化训导、开展文化演讲和传播、利用或"制造"重大事件、建立文化网络、营造文化氛围。此时企业文化的落地处于传播初期,以文本发放、领导讲话为主,采用台上台下、我说你记等"硬"活动为主,强度大、频率高,要求达到广为人知的目的。

②认同文化阶段

这一阶段的主要任务包括:积极创造适应企业文化运行的机制,如推动科学管理、加强业务培训、提高员工整体素质;利用制度和行为准则及规范等进行强化,如制定与企业文化相适应的规章制度;以各种载体拓展企业文化,如报告会、读书会、经验交流会、运动会、文艺晚会。员工从事每一项工作、参加每一项活动都能够感受到企业文化在其中的引导作用。这一阶段就要以"软"为主,改变前一阶段生硬的宣讲形式,活动形式要多样,内容要丰富,要求达到心知肚明的目的。

③践行文化阶段

为巩固文化认同,这一阶段可以开展中高层领导力培训、员工业务沉淀与能力分享;企业领导者、管理层要以身作则,率先垂范,并对正确行为进行鼓励,形成激励机制。企业价值观的最终形成是一种心理积累过程,这一过程需要适当强化。当人的正确行为受到鼓励之后,这种行为才能在同一人身上反复出现,从而形成习惯。如果对正确行为进行鼓励,也等于给其他人树立了效仿榜样,使其产生模仿、从众的心理。当企业内部形成文化共识之后,可以开始通过企业视觉识别、企业行为识别、理念识别等方法,把抽象的企业文化理念注入品牌与形象,既能够提高企业及品牌的文化含量,也可以增加企业的无形资产价值。此时,要软、硬结合,既要让员工看到企业文化的践行者,也要让员工成为企业文化的践行者,企业文化最终要在此时开始转化为各种绩效。

(2)初创企业文化落地的工作内容

大中型企业船大难掉头,往往只有内部管理成本增加、效率低下,外部市场环境剧烈变化难以适应之时才进行企业文化的建设和重塑,按照上文的程序执行企业文化落地会旷日持久、资金消耗巨大,而这些正是初创企业所无法承受的。不过,初创企业岗位设置比较简单、企业员工数量较少,创业者可以改变认知、认同、践行三个阶段的活动形式、精简三个阶段的活动内容,以节约经济成本和时间成本。

①认知阶段的工作内容

该阶段主要开展文化导入仪式、进行文化氛围营造和文化沟通平台建设三项活动。

第一,文化导入仪式。此项活动一定要在正式场合举办,以引起重视。由于是首次宣讲,最好由创业者亲自向全体人员阐释企业文化理念的含义,有条件的初创企业可以根据行业特点,酌情邀请部分上级领导(包括创业辅导部门)、重要客户等组织外人员参会,争取在短时间内使员工了解企业理念。

在这个文化导入过程中，实际上是一次企业文化理念的凝练的逆向思维。市场分析、生存目标、企业承诺、员工利益等具体问题思考结果，转化成了企业的使命、愿景、价值观这些高度概括的概念，在企业文化导入时就要反其道而行之，要再次将这些概念具体化，可以采用高深道理浅显化、抽象理论通俗化、复杂问题简单化、内涵阐述哲理化、理念诠释故事化、语言表达形象化、枯燥文字图形化、形象表达生动化的方法。

在具体做法上，表述思路设计不用复杂，要条分缕析；文字表述上不用冗长拖沓，要简单有力；台上演讲时不用学术语言，要多使用流行语；需要辅助说明时不要用概念解释概念，要多讲故事；PPT 演示时要图文结合、图表结合。

第二，进行文化环境营造。这里的文化环境指硬环境和软环境两种环境。硬环境指美化企业环境，为员工营造舒适、和谐、愉快的生活和工作氛围，保证员工的人身安全，有利于员工的身体健康，保护员工的人格发展。软环境是一些相互依存、互相制约、不断变化的各种因素组成的一个系统，是影响企业管理决策和生产经营活动的现实因素的集合。包括宏观环境(影响企业生存的各种社会力量综合)、中观环境(企业所在行业环境)和微观环境(企业自身环境及与供应商、中介、顾客、竞争者及公众的关系总和)三个层面。企业必须利用企业文化主动改善自身环境，才不至于迷失方向，不知所措。

初创企业的硬环境不必从企业文化手册、企业故事、内刊、实例集的汇编、发放、学习入手，也不用急于"标语上墙"，要以帮助员工树立企业存活发展的信心，倡导组织成员之间的互相尊重与信任，培养团队内部的默契为出发点，在亲和的氛围中员工容易接受本企业文化。可以通过自主设计企业的办公环境风格、LOGO 以激发员工的参与热情，借此体会企业文化理念的内涵。例如，橙色等暖色调多和新奇联系在一起，灰色等冷色调有时代表高科技，深褐色则能够给人带来安全感；创新企业多设有咖啡厅代替办公区域，弹性工作制企业很少设置带门的办公室。

结合初创企业的特点，企业在软环境建设中需要整合宏观、中观、微观"三环"框架，也就是要："顺势"适应经济环境、顺应政治环境、协调社会环境、保护生态环境，将企业文化与社会使命相结合，为社会繁荣与发展履行企业的公民义务；"借势"融入中观环境，新兴行业门槛低、利润高，如何保持自律和警醒，成熟行业市场饱和，怎样维持产品的差异化；"造势"改善微观环境，对内如何搭建事业平台和人生舞台、提供优质产品和完美服务，上下游合作商协调配合，打造企业命运共同体。

第三，沟通网络建设。初创企业员工工作强度高、流动性大、创业团队不稳定，很难有时间系统地对员工进行企业文化灌输，可以尝试建立沟通网络，迅速进行企业文化理念传播。这里的网络不仅仅是在互联网上建微信群、做官网、开公众号、刷微博，在里面设计主题模块、写软文。这个网络的核心应该是创业者本身。

所谓网络并不复杂，要能够进行上下(创业团队与员工)沟通、左右(团队内部沟通)沟通、内外(企业与客户)沟通，正式沟通与非正式沟通，语言沟通与非语言沟通。

对于初创企业来说，创业者自己就可以担任这个网络的中心，他既是信息的发布者，也是信息的受众。

在这个网络中就不要再依靠简单的外在激励，这样很难形成企业文化理念的传递、共享，在这个过程中一定要找对人、说对话，沟通过程中要秉承"平等(换位思考)、互动(你来我往)、动态(以变应变)、简单(直指人心)、一致(持续不变)"的原则。

此外，可以在这个沟通网络中设置一些节点，充分发挥创业者的企业家精神，可以在各种场合多讲故事、组织年会、非正式场合恳谈、在公司群里发一些金句、在休息区里放一些自取图书。

②认同阶段的工作内容

该阶段主要做好全系统组织管理模式，这是重中之重。

在企业文化建设的层级中，制度文化处于中层，是一种约束企业和员工行为的规范性文化，工艺操作规程、厂规厂纪、经济责任制、考核奖惩制度等都是企业制度的具体体现。对于初创企业来说，则需根据企业文化理念进行与之配套的企业领导体制、企业组织制度和企业管理制度建设。企业领导体制主要解决权力如何分配，出资者、创业团队、员工的利益如何权衡，最终如何形成统一、协调、通畅的领导力问题。企业组织制度则要根据企业文化的倾向(如专业、实效、责任等)选择直线式、项目式、矩阵式等组织内部管理结构。企业管理制度建设则是要确定选择哪些经营活动、保障哪些权利，创业者应该选择走动式、和拢式还是抽屉式作为自己的管理文化。

比如，中化集团董事长曾讲过一个关于 26 只猫和 1 只虎的故事：山里有 1 只恶狼遇到 26 只猫，面对众多的猫，狼不免心存畏惧，但迫于饥饿，狼还是壮着胆子向 1 只猫下了手，猫虽多，但无法合力相救，终难逃厄运，结果猫全部被狼吃掉。尝到甜头的狼每日食猫 1 只，颇感满足。又一日，狼偶遇一虎，误认为猫，欲食之，终被虎食。

表 17-1　猫虎理论图解表

资源	26 只猫(管理离散)	1 只虎(管理整合)
中枢	26 个分散的小脑	统一指挥的大脑(CRB 总部)
五官	眼、耳、口、鼻等	总部及地区的各职能部门(灵敏度高)
血液	小循环	大循环、资金统一、有计划地调动
觅食	分散觅食(采购、市场)	统一采购、营销渠道、物流服务
外表	形象弱小	大猫非猫、人人都知、品牌统一
肌体	肌肉块小、分散	统一、人力自如调配、培养
能力	力量小、速度慢	技术、质量统一、力量大
组织	内耗、官僚	文化统一、协调一致、组织有效率

初创企业虽然还没有能力把 26 只小猫变成 1 只老虎，这些方法也可能不完全与现实吻合，但它可以为管理制度整合的路径、方法提供启示和思考。

③践行阶段的工作内容

第一，创业者以身作则。创业者的言行一致是文化构建的关键。创业者必须做到说的和想的一样，做的和说的一样。创业者必须保持言行一致。员工不是看你如何说，而是看你如何做。当制度设计完成之后，创业者在企业文化建设中既要积极倡导，更要身体力行，当好表率，让员工看到企业提倡什么、反对什么，以及应当以什么样的规范和作风从事工作。行为被一再重复，并被证明是正确的之后，就会逐渐渗透到员工的观念中，从而产生模仿效应，完成个性心理积累的过程。

比如，联想集团内部曾有一条规定：举行 20 人以上的会议迟到时，迟到者要在众目睽睽之下罚站 1 分钟。罚站 1 分钟之后，会议才能正式开始。第一个被罚的人是时任集团总裁柳传志原来的老领导，罚站的时候老领导尴尬得不得了，一身是汗，柳传志也一身是汗。会后，柳传志跟他的老领导说："你先在这儿站 1 分钟。今天晚上我到你家里给你站 1 分钟。"柳传志本人也被这条规定罚过 3 次，其中有一次是因为电梯故障，被困在电梯厢里，最终还是被罚站。

第二，塑造企业一体化形象，使企业文化与品牌融合。企业文化最终要转化为各种绩效，创业者可以通过企业形象识别、视觉识别、行为识别等科学方法将企业抽象的文化理念注入现有的品牌和形象中，既可以提高企业及品牌的文化含量，还可以增加企业的无形资产价值，获得社会的进一步认可。

初创企业可以通过视觉识别（Visual Identity，VI）体系的建立来加快形象整合过程。VI 体系可以将抽象的企业文化理念转化为静态的视觉识别符号，这些符号要体现在企业的名称、标志、标准字、专用字体、标准色、图腾、口号等视觉基本要素上。这些包含企业文化的视觉要素可以被广泛使用在企业的事务用品（名片、便签、资料袋、报表、通行证、电脑表格等）、包装（产品外包装、产品外观）、员工制服、媒体标志（广告、产品说明、海报、幻灯片）、室内外指示（公共区域、看板、室内指示系统）、环境风格（室内墙面设计、入口、玻璃门、前台、布告栏）、展示风格（展示板、展示架、照明、色彩）以及其他（各种商务卡片及封套、办公用品等）方面。

在 VI 系统设计过程中，应该遵循统一性、差异性、有效性和审美性相结合的原则。为了达成统一性，需要实现 VI 设计的标准化导向，必须采用简化、统一、系列、组合、通用等手法对企业形象进行综合的整形。在统一性的基础上，企业形象为了获得社会大众的认同，必须是个性化的、与众不同的，要突出自身的行业特色以及自身与行业其他企业的差异。要实现统一性和差异性，还要遵从有效性原则，如果没有选择外部的设计（策划）公司，那么至少要咨询外部公司，将 VI 系统与企业文化、企业形象、企业战略、企业营销相结合，切忌主观臆断。好的 VI 设计能够将原本枯燥的语言通过具有艺术性和趣味性的视觉图形表现出来，吸引人们的视线，引发人们的好奇心，给人美感，让人心动，所以完美的 VI 设计有巨大的审美价值，具有强烈的视觉冲击力，且形式完美、装饰性强、创意独特，使人赏心悦目，让人们在愉悦中牢记其品牌含义。它能有效引导大众的审美观念，领导视觉艺术的时尚潮流，更能贴近人们的生活，有强烈的亲和力，耐看、易认、易记，让人们喜欢。

判断一个企业名称好坏，标准在于是否简短、爽朗、有意义、有时代感和简单易记，企业名称应当是"音、形、意"的完美结合，以达到好听、好看、好印象的效果。

"海尔"这个企业名称很值得分析，这个名称一般会引起三种想象。第一，名字有点"洋味"。海尔集团是我国改革开放后第一批成长起来的大型企业，其企业愿景也包括走向世界，成为跨国公司。第二，海尔谐音"孩儿"，充满了生命力和想象。生命力旺盛，就像海尔总部大楼前的"海尔兄弟"雕像一样。第三，海尔中的"海"字，饶有韵味。海纳百川、四海兄弟、海阔天空、海洋文化……在"海尔兄弟"雕塑的基座上就镌刻着集团掌舵人张瑞敏的题词："海尔就是海"。再如，"百度"是国内用户常使用的搜索引擎，浏览量巨大，而且单位时间内重复使用的频率也非常高。百度主页上最显眼的标志，几乎成为中国网民眼中"搜索引擎"的代名词，在进行了标识的统一和强化之后，用户常年对着同样的形象难免产生审美疲劳，甚至开始熟视无睹。于是百度主页通过每逢节事，在保持标准字形不变的前提下，增加了各种应景的视觉元素符号，画风简单、亲切、充满人情味。这与百度"简单可依赖"的企业核心价值观高度契合，既避免了因 LOGO 发生剧烈变化降低客户认同感，又有助于用户对其形象保持新鲜感，不仅提高了企业的社会责任感和社会形象，同时也给人亲切、时尚的感觉。

初创企业在企业文化落地过程中不用面面俱到，最重要的是根据企业自身实际情况，按照认知、认同、践行三个阶段，分步骤举办文化导入仪式，打造文化环境，建立沟通网络，逐层做好全系统组织管理模式建设，创业者发挥自身模范带头作用，最后通过企业识别系统的建立塑造企业一体化形象，达到明确企业发展目标、提升企业员工信心、完善企业管理制度的目标，真正使企业文化从"上墙"到"上心"。企业文化落地的必做之事工程量不大、时间成本不高、经济成本不大，但能做好的初创企业不多。做不好，企业文化就变成"假文化"，企业文化没落地，团队、员工会怨声载道，甚至离心离德。

3. 初创企业文化评估与落地过程纠错

评价一个人的功夫是否达成，当然，最初是招式练得有模有样，接下来就是能实战，能打败对手。从根本上讲，评价企业文化效果的方法只有一个，那就是是否有助于推动企业的长远发展。但具体而言，评价一个企业文化的效果，还是有方法可依。原则上以自查为主，经历了漫长的企业文化建立和落地过程，企业文化有优劣之分，优良的企业文化能把企业的经济效益同社会效益统一起来，对外讲求信誉，注重塑造良好的企业形象，对内尊重员工，形成凝聚人心的企业精神，推动企业可持续发展；不良企业文化不顾社会效益，甚至以牺牲社会效益为代价追求利润最大化，没有形成企业凝聚力，最终会使企业走向衰败。那么，如何判断企业文化的优劣，就需要对企业文化进行科学评估，从而引导企业健康发展。

(1)企业文化评估

①企业文化评估的目的

所谓评估，一般是指按照明确目标，测定对象属性，并把它变成主观效用的行为，即明确价值的过程。因此，评估本身不是目的，但评估必须有目的，评价的最终目标是为了决策。

对企业文化进行评估的目的主要包括以下几个方面：检查企业文化的目标及各项指标是否达到理想要求；检查企业文化的质量；检查企业文化的建设效果；通过评价，分析结果，找出薄弱环节，提出改进意见。

②企业文化评估的时机

从企业发展阶段来说，一般发展到某个转型节点需要对企业文化进行调整，才会对原有企业文化进行评估，找到薄弱点，为之后企业文化的转型、升级打下基础。

从企业文化建设角度来说，小规模的初创企业的文化认知、认同、践行三个阶段分别为一个月、两个月、三个月，企业文化的评估一般发生在践行阶段结束后的半年到一年之间。

③企业文化评估的指标体系

第一，建立评估指标体系的原则。包括定性分析与定量分析相结合，系统性与层次性相结合，动态性与静态性相结合，可比性与可操作性相结合，不相容性等。

第二，企业文化评估的部分指标选取与说明，见表17-2、表17-3。

表17-2　企业文化评估的指标选取与说明

指标	评估内容	属性	分析方法
商标品牌	产品的商标设计行业性与企业特色	定性	社会调查
包装造型	产品的特色包装与造型	定性	社会调查
产品质量	优质产品或服务的数量	定量	文献搜集
产品服务	客户的投诉率	定量	社会调查
企业自主研发能力	科技人员比重、研发人员比重、研发经费比重	定量	文献搜集
引进新产品与新技术成功率	引进新产品与新技术成功率＝成功项目数/引进新产品与新技术总数×100%	定量	文献搜集
新产品与新技术开发速度	(本期新产品与新技术－上期新产品与新技术)/上期新产品与新技术×100%	定量	文献搜集
新产品比重	新产品销售额/全部产品销售额×100%	定量	文献搜集
产业政策	企业生产品是否受到国家政策鼓励	定性	文献搜集

指标	评估内容	属性	分析方法
行业前景	是否朝阳行业、景气指数、垄断状况	定性	文献搜集
市场环境	原材料供需、产销率、竞争对手	定性	市场调研
企业内部环境	和谐的职场环境、安全卫生的工作环境、方便舒适的生活环境、丰富多彩的文娱环境	定性	实地考察
领导素质	知识结构、领导才能、协调沟通能力、责任感、品德修养	定性	员工调查
员工素质	知识结构、业务技能、工作满意度、工作态度	定性	员工调查
技术装备素质	自动化水平、现代化程度、设备完好率、配套率	定量	实地调研
领导艺术风格	是否具有独特的领导艺术和个性风格	定性	员工调查
员工行为风格	是否具有共同的行为准则和独特格调、风气	定性	员工调查
企业特色形象	企业标志、象征物、员工服装、企业容貌	定性	实地调研
顾客满意度	顾客对企业产品或服务的评价以及对企业的了解程度	定性	市场调研
社会美誉度	社会媒体对企业的信任和赞许程度以及对企业形象的良好评价所占百分比	定量	社会调查
企业知名度	企业在社会公众中的影响	定性	社会调查
员工行为规范	是否有完善的员工行为规范，并按照行为规范严格要求员工日常工作行为	定性	员工调查
员工教育培训	企业领导对员工的文化素质、技术、业务能力的教育工作的重视程度以及实行情况	定性	员工调查
企业操作规程	企业在管理过程中或处理问题过程中是否有合理的操作程序	定性	员工调查
激励机制	包括物质积累和精神激励，企业内部成员的个人事业发展和晋升满意程度	定性	员工调查
薪酬机制	员工对工资的满意程度和对应聘人员的吸引度	定性	社会调查
员工参与企业管理制度	参与企业各项管理活动的员工占全体员工的比重	定量	员工调查
合理化建议活动制度	参加企业技术革新和合理化建议活动的员工占全体员工的比重	定量	员工调查
领导民主作风	各级领导作风民主化程度	定性	员工调查
企业核心价值观	是否切合实际，是否具有感召力和时代气息	定性	员工调查
企业凝聚力	员工对企业的关切度和工作积极性，以及团结协作精神	定性	员工调查

表 17-3　企业文化综合评估的指标体系

总目标	一级指标	二级指标	三级指标
企业文化 综合评估	1. 物质文化	1.1 企业产品	1.1.1 商标品牌
			1.1.2 包装造型
			1.1.3 产品质量
			1.1.4 产品服务
		1.2 企业科技	1.2.1 企业自主研发能力
			1.2.2 引进新产品与新技术成功率
			1.2.3 新产品与新技术开发速度
			1.2.4 新产品比重
		1.3 企业环境	1.3.1 产业政策
			1.3.2 行业前景
			1.3.3 市场环境
			1.3.4 企业内部环境
	2. 行为文化	2.1 企业素质	2.1.1 领导素质
			2.1.2 员工素质
			2.1.3 技术装备素质
		2.2 企业作风	2.2.1 领导艺术风格
			2.2.2 员工行为风格
		2.3 企业形象	2.3.1 企业特色形象
			2.3.2 顾客满意度
			2.3.3 社会美誉度
			2.3.4 企业知名度
企业文化 综合评估	3. 制度文化	3.1 企业制度文化	3.1.1 员工行为规范
			3.1.2 员工教育培训
			3.1.3 企业操作规程
			3.1.4 激励机制
			3.1.5 薪酬机制
		3.2 企业民主	3.2.1 员工参与企业管理制度
			3.2.2 合理化建议活动制度
			3.2.3 领导民主作风
	4. 精神文化	4.1 企业精神	4.1.1 企业核心价值观
			4.1.2 企业凝聚力

④企业文化评估的权重确定

所谓权重，就是根据组成事物的要素在整体中的地位和不同作用而赋予的一定数值。当我们建立企业文化评估指标体系后，需要对每一个指标赋予权重。评估指标的权重就是表明各项指标在指标体系中相对重要程度的数值。一般情况下我们可以凭借经验给出权重，但为了避免因主观性不能完全反映客观实际，导致判断结果"失真"，可以通过最基本的"专家调查法"来确定权重。

专家调查法又称专家评估法，是以专家为选取信息的对象，依靠专家的知识和经验，由专家通过调查和研究问题并做出判断、评估和预测的一种方法。

目前，根据初创企业的规模大小、行业特点和具体问题，有三种比较成熟的专家调查法可供选择。这里的专家可以是企业内部有多年目标岗位工作经验的资深员工、直接管理者或退休人员等，也可以是企业外部对企业有深入研究和充分了解的研究型专家。

第一，个人调查法。顾名思义，专家个人调查法就是由专家个人进行调查、分析和判断的一种方法。这种方法能够最大限度地发挥专家的个人创造力，没有外界压力，调研经费少，简单易行。但这种方法受专家知识广度、知识深度、工作经验、数据处理能力等制约，容易产生片面性，结论也难以审查。

第二，专家会议调查法。通过会议向专家进行调查，获取专家判断。根据会议要求和讨论方式不同，专家会议调查可以采用专家会议（专家小组讨论）、智囊团式讨论（头脑风暴法和交锋法）。这种方法最大的特点是组织专家面对面开会，能够充分发挥专家集体智慧，不断设想、不断质疑，形成连续分析，比较容易迅速找到切实可行的方案。但这种方法最大的缺点是专家容易受到人情、权力、权威、自尊等外界因素影响。

第三，德尔菲法。又称规定程序专家调查法，由调查组织者拟定调查表，按照规定程序，通过函件分别向专家组征询调查，专家组成员之间通过组织者的反馈材料，匿名交流意见，经过几轮征询和反馈，专家们的意见逐渐集中，最后获得专家集体判断结果。这种方法可以比较精确地反映专家的主观估计能力，避免专家会议调查法的缺点。但这种方法的缺点是存在一定的主观片面性，忽视少数人意见，容易受到组织者的主观影响，从而可能导致预测结果偏离实际。

德尔菲法在1946年由美国兰德公司首次用来进行定性预测，后来该方法被迅速广泛采用。

相比于其他专家预测方法，德尔菲法具有匿名性、多次反馈、小组统计回答的特点。目前德尔菲法主要被用于相对重要程度估计、出现时间概率估计、最佳比重估计、研究对象动向估计、方案最优选择等企业管理决策。

（2）初创企业文化落地过程的纠错

企业的初创期，在企业文化构建的认知、认同、践行三个阶段中，氛围营造、会议宣导、奖惩制度、平台建设、消除冲突、文化评估经常陷入几个误区，我们将其概括为"十恶不赦"。

①认知阶段的纠错内容

第一，企业文化是老板的文化。对于初创企业来说，其企业文化确实是老板的"顶层设计"，但绝不能把企业文化的文本生硬地抛给员工，让员工感觉这是行政命令，而不是自己的行动指南。初创企业员工数量不多，可以先个别谈话，引导老员工或团队"用员工的嘴说出老板想说的话"，既让大家了解创业者的企业文化核心内容，又让员工有参与感；之后再汇总成文本公之于众，让大家觉得自己的理念在企业文化文本中有所体现，自己对文本的形成有所贡献。这样抵触或漠不关心的情绪会少很多，将"老板的文化"变成"大家的文化"。

第二，做全套企业识别系统。企业识别系统可以做，但先不要做全套，至少先不要印文化手册、统一办公用品、统一服装，这会浪费初创企业大量的财力和精力。办公区有宣传符号（摆件、挂饰、墙体颜色、喷涂海报等），休息区有提示语，接待区有伴手礼、阅读区即可。

第三，非工作时间组织宣讲。可以开专题会议进行传达，但不要用全员"加班"的形式。这不仅会导致员工滋生抵触情绪，还容易将企业文化剥离于日常工作之外。在认知阶段，只需要由创业者亲自在工作时间建个群，发个微信或邮件，先让所有人"知道"并引起重视就已经达到目的了。

②认同阶段的纠错内容

第一，过于仪式化地学习企业文化。企业文化需要渗透，通过写行为宣言书、搞集体宣誓、进行系列课程学习、写心得体会，甚至集体考试，看似可以提高仪式感，但对于初创企业来说，人数少、缺乏监督与考核，很难将企业文化学习与利益挂钩，在"仪式"中反而容易将"文化"等同于"纪律"。

第二，给员工发书。许多创业者倾向于给自己的团队和员工发大部头的书，甚至开书单，以此证明自己的企业文化言之有据、行之有效。书本只能说明"过去合理"，而无法证明"未来正确"，能够提供启发性知识，却不能当说明书用。况且，初创企业员工平均年龄较小，在读图时代，长篇文字的力量肯定不如言简意赅的图文结合。要证明自己的企业文化能够引导企业发展，不如让企业文化在具体工作中发挥作用。

第三，树立榜样。这个也没必要。只有在一个复杂组织中才需要通过榜样打通层级，建立统一的行为模式。在一个小规模组织内，尤其是一个创新性企业中，树立榜样容易让员工产生疏离感，榜样行为被等同于谄媚和固化，从而使被树立为榜样的员工处于孤立境地。与其树立"榜样"，不如培养"伙伴"。同样道理，企业初创阶段进行企业文化的有奖征文、知识竞赛，也没有太大的意义。有了标准答案，自然就没有人去追究答案背后的东西了，这样就不是在进行企业文化建设了。

第四，在酒桌上寻求企业文化认同。初创企业的文化可以通过非正式渠道、非正式场合进行传播，但最好不要通过非正式场合寻求认同。初创企业一般部门岗位设置、职能范围比较模糊，创业者和员工经常一起出现在各种非工作场合。不过，公司聚餐、唱卡拉 OK、外出旅游等活动一般都属于企业福利，员工最多会认为自己遇到了一位慷慨的老板，并不会以此为基础认同他的企业文化。

③践行阶段的纠错内容

第一，企业文化脱离经营管理。企业文化必须体现在企业管理制度建设中，通过制度建设带动企业文化的认同。没有制度作为基础的文化是缺乏行动力的，没有文化支撑的制度是盲目的。企业鼓励员工"创新"，创业者可以在办公区分隔出一间"接待室"，但不要给自己设立"办公室"，要让员工能第一时间看到你并和你随时沟通。

第二，过多使用负强化制度。负强化是通过厌恶刺激的排除来增加反应在将来发生的概率，即减少或取消厌恶刺激来增加某行为在以后发生的概率。制度是用来约束组织成员的行为，行为对错往往会带来正强化或负强化，文化则是弹性的、隐性的，初创企业更多地应该采用正强化，用"自责"代替"他责"，这样既可以避免层级感的出现，还可以刺激员工的创新意识。在大方向允许的情况下，要鼓励员工在想法成熟时去"试错"，在践行中创新企业文化，寻找企业文化的薄弱环节和短板。创业者一边大力倡导创新精神、勇于尝试，一边又对员工在产品开发中的错误而大加训斥。那么，这种"鼓励创新、不容忍失败"的企业文化不可能得到员工的信奉，创新文化的培育也就无从谈起。

第三，企业文化践行过程中简单化的激励机制。这涉及企业文化的评估问题。企业文化就是增强企业凝聚力，在日常行为中起着潜在的规范作用。为了不转移员工和团队注意力，在举办专项活动中，建议还是以精神奖励为主、物质奖励为辅。

用"或跃在渊"助推企业文化健康发展，创业者平心静气，沉于渊底，简化企业文化建设细枝末节，方能得使命、愿景、价值观，初步建立企业文化；之后，凝神聚气、形成共识，制度建设与精神构建，认知、认同、践行三步走，缺一不可，双管齐下，高屋建瓴，助推企业文化落地。

第十八章　飞龙在天

《射雕英雄传》中"飞龙在天"是郭靖在修习"降龙十八掌"过程中耗时最久的一招，施展开来威力也是奇大，将同一招掌法连使多遍，以梁子翁、梅超风、欧阳克三人武功之强，竟仍无法破解。至于掌法变化却极简明——跃起半空，居高临下。"飞龙在天"，居之高，可通观全局，此为战略；击之下，可全力一搏，此为决策。通观金书，奸雄者如成昆、凤天南，枭雄者如左冷禅、任我行，无不是战略高手，谋定后动，化繁为简，杀伐果决，机智百出。只不过金先生善状阴谋，却不长于写阳谋，兼之笃信因果不爽，谋权、谋武都是外道，种种王霸雄图，也就只能尽归尘土。谋而不动，瞻前顾后，那是屠龙之术，纸上谈兵；动而不谋，不顾首尾，那是莽夫之为，无的放矢。每个创业者要化龙升天，成就飞龙在天，自然就要高屋建瓴、通观全局、化繁为简、全力施为。

正确的战略需要正确的策略来落实，策略在战略指导下为战略服务。战略决策为通向成功指明前行的方向。在"大众创业，万众创新"的创业时代，创业有很多不确定的因素，而这些不确定的因素恰恰是创业的乐趣，也是创业者追求的价值。未知，让创业者更有斗志；未来，让创业者更有希望。

功法

"飞龙在天"，首先要把握何时"飞"，这是决策；飞起后打最强的还是最弱的，这也是决策；这招施展开后是虚晃一枪，溜之大吉，还是再来一招亢龙有悔，奋力争胜，这就是战略选择。创业者注定要摸着石头过河，为了避免歧路亡羊，必须具备进行科学决策的能力。科学的决策是制定具有前瞻性、可行性的企业发展战略的前提，保证创业者不会跌倒在起跑线上。同时，良好的创业心态、坚强的团队、成功的创新又构成了保证初创企业在正确赛道上奔驰的助跑器。

身法

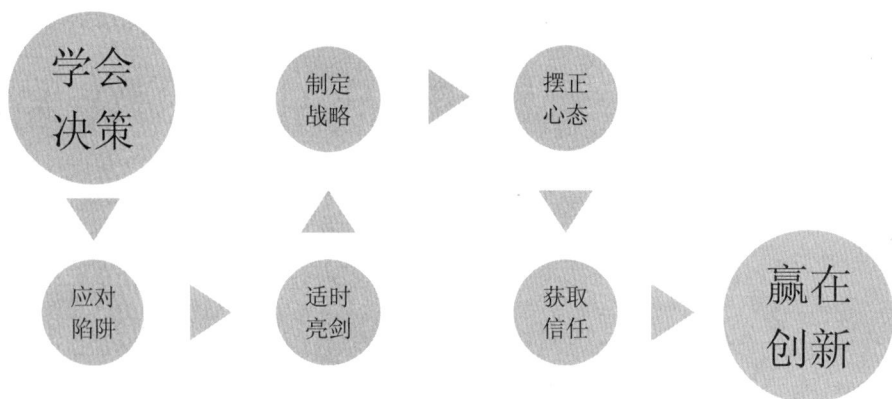

兵刃

决策原则、核心能力、战略选择、锤炼心智、建立制度、勇于创新。

词云图

第一节　决策能力的培养与提升

"飞龙在天"来自《易·乾》卦:"九五,飞龙在天,利见大人。""飞龙在天"是夜晚大火心宿二在上中天闪烁,也即"大明终始"。《尚书·尧典》的"日永星火,以正仲夏",

是盛夏万物生长最茂盛的时候。其寓意辞曰：先民们在一天劳动之后，夜晚仰望星空，大火心宿二似一颗火红的心，是龙心。飞龙在天，将施于人间无限的恩惠，先民们满怀着希望，因言"利见大人"。"飞龙在天，利见大人"，也有后人解释为：翱翔在天空的飞龙，看尽世事，所以能发现大人（有道德的人）。在"降龙十八掌"中，"飞龙在天"是第二招，此招跃起半空，由上势下，借惯性伤人，正如飞龙借有德者而扬名，威力奇大。

很多创业者都知道创业艰难，就算创业成功，守成更难，实际上还是创业者自身修为不够。世界上最难的事情就是战胜自我，只有自己德行已经完备，才能进入天道，如龙在天上飞翔，草木在地上丰收，自然而然地造福于国家和人民的同时，实现自我的价值。大学生创业者需要多方面的能力，包括学习能力、领导能力、执行能力、沟通能力、整合能力和决策能力等。

在《笑傲江湖》中，金庸先生吝惜笔墨，并没有为"破箭式"写个使用说明，只是惊鸿一瞥，写道"令狐冲这一式本未练熟，但刺人缓缓移近的眼珠，毕竟远较击打纷飞急射的暗器为易，刺出三十剑，三十剑便刺中了三十只眼睛"，之后就芳踪难觅，实在是语焉不详，玄之又玄。不过，此"破箭式"的施用实在与初创企业的决策过程有异曲同工之妙。修习"听风辨器"是施展"破箭式"的前提条件，这一语道破了"决策"困难的症结所在。

1. 把握决策的原则

在创业者对创业动机、个人特质和能力进行评估之后，就要做出创业决策的选择。包括创业启动决策和创业退出决策。

创业退出，也就是创业终止，虽然是创业者感到痛苦的选择，但也是无法回避的话题。当创业难以为继时，及时止损也是非常重要的和正确的决策。从经济学角度来讲，要尽可能使沉没成本最低。这一点不容忽视。

这里的决策原则主要包括四大原则。

（1）忌多原则

首先，切忌情感多：不要把非理性因素带入决策。

其次，切忌方面多：不要面面俱到，想着一应俱全。

再者，切忌想法多：目标明确，不可跟风盲动。

（2）求快原则

快速收集信息：尽快听取各方意见。

快速制订方案：先完成再完善。

快速实施方案：方案要具有可行性、可操作性。

（3）做好原则

做好准备：随时有人、财、物的储备。

做好听众：做选择题不做论述题。

做好工匠：对自己经营的产品精雕细琢、精益求精。

（4）图省原则

省钱：小店开张，所有决策以控制经营成本为原则。

省心：你不是所有问题的专家，与其想破头，不如省省脑细胞，借用"外脑"。

省事：把问题简单化（也就是减少变量）、直观化（多用图表表达）。

2. 决策能力的培养与陷阱规避

（1）决策能力培养的途径

决策能力是指领导者或经营管理者对某件事拿主意、做决断、定方向的综合性能力。包括开放的提炼能力、准确的预测能力和果断的决策能力等。

决策能力的培养可以通过一定的途径来完成，如从博学中提高决策的预见能力，从实践中提高决策的应变能力，从思想上提高决策的冒险能力，从心理上提高决策的承受能力，从思维上提高决策的创造能力，从信息上提高决策的竞争能力，从群体上提高决策的参与能力。由此可见，决策能力的提升不是一蹴而就的，需要在不断地学习中进步。

我们再来看一个大学生创业决策的例子。

▶▶ 典型案例

浙江海洋学院 2011 级本科生、2015 级研究生陆同学，利用高校沃土来创业，电商创业年营业额高达数百万元。可谓学业与创业两不误的典型模范。

他为什么选择创业呢？简单来讲，是因为他"以前发过一次传单，发现自己不想为别人打工，所以选择创业。"

在他的创业过程中，他从大一开始掘金，大学在读期间，先后成立"蓝洋科技"数码销售及服务门店、校园快递物流公司、舟山讯微飞驰电子商务有限公司、京东校园展示店等多家企业，与淘宝电商企业签订合作协议，与物流公司签订经营权，到 2015 年，已经自营 5 家淘宝店，年营业额突破 400 万元，利润率达 12% 左右。

从其发展过程看，成功、失败都积攒了经验。2011 年，在东海之滨浙江舟山念大一的陆同学瞄准舟山海鲜，趁着大家都想在回家前带特产回家的时机，辅以优质的价格和送货上门的服务，销售海鲜自然就成功了。

陆同学小试牛刀，净盈利 7 万元，赚得人生第一桶金。卖海鲜的时候认识了几个同在创业的朋友，萌发了创业的想法。2012 年 8 月，他成立蓝洋科技，业务包括电脑及其配件的销售和维修，打印、复印和快递，开始涉及快递物流业务。经营一年后，他发现快递增长速度非常快，他敏锐地觉得这个市场有前景。于是他迅速取得本校浙江海洋学院的快递经营权，相继与多家物流公司签订经营权，日平均派件量达 2500

件。在做了三年快递之后，陆同学深感快递和电商是分不开的，2015年1月，他成立了舟山讯微飞驰电子商务有限公司，在原有快递物流的基础上，向电子商务业务拓展。2015年2月又迅速成立开化万通物流有限公司，在浙江衢州开化以50万元价格收购百世汇通的区域经营权，配合电子商务业务。

每一项新业务的发展，就是他决策能力的一种体现。当然，在他刚开始做生意的时候，由于太信任别人，合同类的文件看得不仔细，被坑了一笔转让费。而他把这件事当作交学费。

他秉承着一个很重要的观点是：做事情前不要想太多，只要认准了一件事，考虑清楚是不是利大于弊，你的能力能不能让你的回报大于损失，你能不能控制住场面，如果这些答案都是肯定的，那你就可以大胆地放手一搏，付诸实践。

当然，我们实践的时候，由于经验不足，也难免遇到创业陷阱，在创业时应当力求避免。

(2)创业决策应规避的陷阱

创业决策经常遇到的陷阱主要分为三种。

一是创业决策与创业动机不匹配。主要表现在创业时存在急功近利的情形。在这种情况下，必须冷静思考，勿忘初心，及时调整决策。

二是对自己的创业能力估计过高。这很容易造成创业失败，所以，一定要充分审视创业可能遇到的问题，加强学习，提升创业能力。

三是创业终止不及时。创业者必须明白，创业是一个过程，其结果具有很大的不确定性，一旦不成功，就必须当机立断，适时调整好自己的心态，总结经验，重整旗鼓。

大学生在创业时，也必须具备敏锐的市场嗅觉，暗器破风之时即已识得暗器，未近身就已做出决策——听风辨器、谋而后动，了解市场，认识自己的决策能力，获得次优结果，为实现创业的目标奠定坚实的基础。

第二节　创业者的亮剑与自我修养

诸葛亮《诫外生书》曰："夫志当存高远，慕先贤，绝情欲，弃疑滞，使庶几之志，揭然有所存，恻然有所感；忍屈伸，去细碎，广咨问，除嫌吝。虽有淹留，何损于美趣？何患于不济？若志不强毅，意不慷慨，徒碌碌滞于俗，默默束于情，永窜伏于凡庸，不免于下流矣。""老骥伏枥，志在千里。"这是曹操晚年时写的诗句。曹操在暮年的时候，却依然"壮心不已"，一代枭雄当之无愧。作为选择创业的当代青年，更应该满怀希望，信心百倍地迈出有力的一步，脚踏实地，争取登上人生的高峰。

1. 不忘初心，勇于担当

创业，就像一场马拉松长跑，无论对于一家企业还是对于个人，都是一场向死而生的磨炼。一个企业想要站稳脚跟，长远发展，一个创业者首先要做到的是不忘初心，勇于担当。

（1）不忘初心

如何不忘初心，最重要的是必须做到以下三点。

①立志。"夫志，气之帅也"。对个人而言，不患才不及，而患志不立。注重立志，善养"浩然之气"，就能涵养从容、内敛的气质，蓄积坚定、自信的精、气、神。创业尤为如此。当然，美好愿景不会自动实现，早立志仅仅是成长的起点。创业路途漫漫，如何坚守信念、矢志不渝，是生命历程各个阶段都需要作答的命题。世界上最慢的步伐不是跬步，而是徘徊；世界上最快的脚步不是冲刺，而是坚持。"万事从来贵有恒"，日拱一卒的坚持，永远是打开梦想之门的金钥匙。

②不断学习，提升自我。创业者要不断地学习，不断地提升自我。现实中，不少人在创业之初也都意气风发，但在漫长而又艰辛的跋涉路途中，逐渐褪去了干劲和激情，殊不知，即使遭遇挫折，只要驰而不息，久久为功，终能遇到美好风景。

③要有挑战的勇气，迎接战斗的欲望。只有具备了这两点才能在瞬息万变的市场环境下、在变幻无穷的创新战略中，顺势而为、乘势而上，实现全局与一域的统一。

这三个方面都非常重要，总结起来，只有那些不断奋进的人、不断改变自己的人才有可能具备并努力做到。

（2）勇于担当

创业者要有勇于担当的责任感、使命感。创业的初期可能更多的是激情和兴趣驱动，创业者做到一定程度之后，企业达到一定规模之后更多的是一种责任。很多人会问，在企业发展的过程中，创始人与合作伙伴怎么做到和企业一起成长？在成长的过程当中如果有一些人掉队了，应该怎么办？其实，万事皆相通。无论是顶层设计还是基层探索，本质上都有共通之处。责任感、使命感不是负担，而是我们事业前行的助推器，是人才培养的孵化器。"企业家"这个词，重点并不放在"家"上，而是在"企"上。"企"寓示着企业家要具备充分的企图心，即利用有限的资源不断探索、扎实奋进、勇于突破的决心。而责任感就是创业途中一步一步坚实的台阶，只有走好每一步，才能看到非同一般的视野，成就意料之外的自我。

少年辛苦终身事，莫向光阴惰寸功。没有人能在功劳簿上睡大觉，始终要学习、学习、再学习。如果有任何喘口气、歇歇脚的念头，只能说明你不具备充足的企图心；你的潜力有限，你的学习没有跟随时代进一步的发展。

2. 不断修炼三大核心能力

一本很有名的书《从0到1》告诉我们，从0到1与从1到n的不同。有些人骨子里天生就具备这样的一种基因，具体表现在：更强的悟性，更丰富的想象力，更强大的韧性等。0与1是赛道的起点与终点，即使是从跟跑开始，但只要坚持自力更生、自主创新，就能逐步实现"从0到1"的跨越，进入领跑编队。相比从0到1的从无到有的垂直创造性过程，从1到 n 则把重心放在了稳步推进、贯彻落实上。这一环节也有相当的难度，这意味着创业者必须具备三大核心能力，它们分别是：目标导向能力、把控全局能力以及社会交往能力(见表18-1)。

表 18-1　创业者需不断修炼的三大核心能力

核心能力	方法论
目标导向能力	拥有可落地执行的目标，具备把专业力转化为生产力的能力
把控全局能力	拥有知人善用能力，能够把控大局，拥抱变化，取舍有道
社会交往能力	善于与他人打交道，拥有高质量的朋友圈

(1)目标导向能力

目标导向能力，也就是如何把目标转化为生产力的能力。

①要拥有可落地执行的目标。制定创业目标时，要对其所在的领域有一定了解，并进行实际评估，发掘落地执行的可能性，才能定为创业目标。另外，如果对于所干的事情没有热情，那么创业也只能沦为口号，对创业目标抱有热忱之情，往往是你前进的动力。

②要具备把专业力转化为生产力的能力。当你把个人知识转化为社会能力、管理能力时，你的成长也能带动企业的发展，两者相辅相成，形成独特的品牌效应，在创业这条路上可以走得更远。所以，当你资金有限或白手起家时，专业力就是你的创业核心卖点，如果不具备在其创业领域中的专业力或者将其转化的能力，那么失败的可能性会很大。

(2)把控全局能力

把控全局的能力也就是对每个重要的动态都能掌控平衡的能力。

①拥有知人善用能力。创业并不是一个人单打独斗，而往往是一群人一起同行，其中创业者就需处于主导地位，也就是我们说的具有领导能力。

创业前期的话，找合作伙伴，你一开始就得用对人，如果挑了没有能力的人，不但干不出事来，还可能拖后腿；挑了过于优秀的人，他可能不服你，你就要增强自己的领导能力，让众人信服。

在特定的时间用特定的人才，什么时候用、怎么用，是创业者不可缺少的能力之一。我们可以把人看成是一个个点，如果把点用好了，连接起来就是网，这张网等于是企业的经脉，所以只有把人用好了，随时把握每个人的动向，才能轻松掌握整个企业发展动态和发展。

这其中的平衡技巧也是不可或缺，创业者必须拥有令人信服的领导力，因为这既能满足人才的需求，也能压制他们不合理的要求和欲望，让他们跟创业者一条心，不断往前走，进入良性循环轨道，创业的路才能越走越宽。

②要具有把控大局的思维，拥抱变化，取舍有道。革新突破，是创业孕育成功必须经历的阵痛。企业发展，需要不断把旧的东西丢掉，新的东西引进来。不断在革新的路途上进行突破。与其说突破，不如说破釜沉舟更为贴切。创业者突破需要勇气，企业突破更是如此，而这个过程是痛苦的，因为他必须不断否定自己的过去，承认现在，拥抱未来，但也只有这样才能奋勇直前，不断地成长。

(3)社会交往能力

创业是个跟人打交道的事情，社会交往能力是重要的技能之一。

①善于与他人打交道。创业要想成功，通常需要关注三种人：客户、合伙人、投资人。除了关注外，还需要了解他们的想法，而良好的沟通能力就是创业者的最好的通行证。

一个优秀的创业者做任何事都会主动理解他人，站在对方角度想问题，从双赢角度出发，从语言到行为上都心怀他人，其他人很难不被打动，所以优秀的社会交往能力是每个创业者不可或缺的一部分。

②筛选净化，拥有高质量的朋友圈。不是每个社交场合都需要去参与，也不是每个人都需要深入结交，只有在提高自身能力前提下，学会有辨别地筛选优质社交对象，才能不断净化升级，拥有更高质量的朋友圈。而这个圈子给你带来的，可能是意想不到的惊喜。因为与优秀的人交往，是人与人思想不断碰撞的过程，产生的哪怕一丁点火花，说不定就是人生道路上的又一盏明灯、另一个前行的方向、另一种启发。这对于艰难行走在创业道路上的人们来说，显得尤为可贵。

世界上成功的企业家一直在学习，不断地修炼。其实他们没有一个是天生就具备这么多的能力的。他们勇于走出自己的舒适区，不断逼迫自己去接触那些不熟悉的领域，而这些领域都与他们事业的进步、潜能的激发、版图的规划息息相关。

对于这些人来说，走出舒适区其实已经成为常态，已经成为工作、事业、生活的必经之路。正因为处于这样的状态中，往往有利于他们进行思考，开辟新的路径，创造新的想法。这些都与他们的努力学习密不可分。所以，除了进对行业、跟对人，更重要的是以客观的心态去对待身边的人，以冷静的头脑去辨析这个世界。永远不要停止学习的脚步，成为更好的自己。

▸▸ 拓展阅读

真诚是创业者成功的必备品质

曾国藩曾讲，天地之所以不息，国之所以立，贤人之德业之所以可大可久，皆诚为之也。

国外有个著名的管理机构，开展了一项名为"受人尊敬的领导者的品质"的调查问卷，在 25 年的时间内，于 1987 年、1995 年、2000 年、2007 年分别调查了 7500 位企业和政府机构的高管人员（数据来自非洲、北美洲、南美洲、亚洲、欧洲和大洋洲）。令人吃惊的是，虽历经 20 多年，全球经济格局已发生了巨大的变化，但问卷的调查结果却保持着一定的规律性，没有随着地区、组织、文化的不同而有所差异。结果显示，在领导者应具备的 20 种优秀品质的选项列表中，只有 4 种品质被超过 60% 的人选中：真诚（平均 88% 的人选中）、前瞻性（平均 71% 的人选中）、有激情（平均 68% 的人选中）、有能力（平均 65% 的人选中）。其中，绝大多数人选择了真诚，占据了第一的位置。所以，与领导者应具备的其他品质相比，真诚确实显得尤为重要。一名创业者如何成为一个团队的优秀领导者，是团队强大的关键所在。真诚，是人们最想从一个领导者身上看到的品质。唯有真诚，才能做到无欺，才能保证言行高度一致，也才能与下属建立起互相信任的"战友"关系。人们追随某个人，与他一起经历风雨，同甘共苦，其前提是他们首先认定这个人是值得信赖的。团队的领导者必须诚实、有道德、讲原则，而这一点也只能靠真诚。物以类聚，人以群分。从另外一个角度看，如果领导者是一个诚实的人，其下属也会受其品质的影响，努力成为一个正直的人，用真诚的心去处理工作上的事情。整个团队心向一处聚，力往一处使，做起事情来必定事半功倍。与之相反，若领导者做作虚伪，追随者则少了一分尊敬，多了一分不屑，工作马马虎虎，做事浑水摸鱼，最终会影响客户的信任，无益于企业的发展与品牌的建设。可见，大到天地运转、国家昌盛，小到个人事业，皆与真诚这一优秀品质息息相关。创业者要必须以身作则，真诚做事，诚实待人，在充满艰辛和挑战的创业之路上才能创造辉煌。

第三节　企业发展战略的选择

对于初创企业来讲，企业战略选择正确与否至关重要。要解决这一问题，首先搞清楚对企业发展战略的内涵、特征、意义、主要类型等一系列问题。在此，我们简单回顾一下关于企业发展战略的一些基本要点。

1. 企业发展战略的基本问题

"战略"这个概念最初只存在于军事领域。战争讲究谋略。谋略有大有小，从全局进行谋略叫"战略"，为实现某一局部目标的方略叫"战术"。20 世纪 30 年代，企业界开始引进战略概念。最早是切斯特·巴纳德，他在 1938 年出版的《经理的职能》一书中，开始运用战略因素这一思想来说明企业组织的决策机制，并就战略对企业诸因素及它们相互之间关系的影响进行分析。1965 年，安索夫出版《公司战略》，系统研究企业战略的制定和实施，大大促进了战略管理在企业的广泛应用，成为管理科学领域中一门年轻的学科。20世纪80年代，世界掀起了战略管理研究热潮。

（1）企业发展战略的内涵

企业战略虽然有多种，但基本属性是相同的，都是对企业的谋略，都是对企业整体性、长期性基本问题的计谋。例如，企业竞争战略是对企业竞争的谋略；企业营销战略是对企业营销的谋略；企业技术开发战略是对企业技术开发的谋略；企业人才战略是对企业人才开发的谋略……；以此类推。只要涉及的是企业整体性、长期性基本问题，就属于企业战略的范畴。

因此，企业发展战略是对企业各种战略的统称，其中既包括竞争战略，也包括营销战略、发展战略、品牌战略、融资战略、技术开发战略、人才开发战略、资源开发战略等。

（2）企业发展战略的特征

企业发展战略的本质特征是发展性，是着眼于企业发展。

企业发展战略通常具有四个特征：整体性、长期性、基本性、谋略性。整体性是相对于局部性而言的，长期性是相对于短期性而言的，基本性是相对于具体性而言的，谋略性是相对于常规性而言的。企业发展战略必须同时具有这四个特征，缺少一个特征就不是企业发展战略。企业发展战略不是企业发展中长期计划。企业发展战略是企业发展中长期计划的灵魂与纲领。

由于企业发展战略是企业各种战略的总战略，所以，企业发展战略的整体性更加突出。也就是说，企业发展战略比其他企业战略针对的问题更加全面。从某种意义上说，企业发展战略是其他企业战略的上位概念，是统帅其他企业战略的总战略。用企业发展战略指导其他企业战略，用其他企业战略落实企业发展战略，这是先进企业的成功之道。

（3）企业发展战略的意义

企业发展战略的意义是由企业发展战略本质特征决定的。因为企业发展战略有四个本质特征，所以它的意义表现在四个方面。

①谋划企业整体发展。企业是一个由若干相互联系、相互作用的局部构成的整体。局部有局部性的问题，整体有整体性的问题。整体性问题不是局部性问题之和，与局部性问题具有本质的区别。企业发展面临很多整体性问题，如对环境发生重大变化的反应问题，对资源的开发、利用与整合问题，对生产要素和经营活动的平衡问题。谋划好整体性问题是企业发展的重要条件，要时刻把握企业的整体发展。

②谋划企业长期发展。企业存在寿命，寿命有长有短。投资、经营者应该树立"长寿企业"意识。为了使企业"长寿"，不但要重视短期发展问题，也要重视长期发展问题。企业长期发展问题不是短期发展问题之和，与短期发展问题具有本质的区别。希望"长寿"的企业面临的长期性问题很多，如发展目标问题、发展步骤问题、产品与技

术创新问题、品牌与信誉问题、人才开发问题、文化建设问题。对未来问题不但要提前想到,而且要提前动手解决,因为解决任何问题都需要一个过程。要正确处理短期利益与长期利益的关系。到了夏季,农民不但要忙于夏收,也要忙于夏耕和夏种。预测未来是困难的,但不是不可能的。谁也想象不到未来的偶然事件,但总可以把握各类事物的发展趋势。人无远虑,必有近忧。

③对企业发展进行整体性、长期性谋划时把握基本性。树叶长在树枝上,树枝长在树杈上,树杈长在树干上,树干长在树根上。在一个企业,树叶的问题有成千上万,树杈的问题有成百上千,树根的问题可就不多了。这类问题虽然不多,但非常重要。要是树根烂了,任凭你怎么摆弄,树叶也不会再绿。领导者要集中精力谋划企业发展的基本性问题。假如企业发展的基本问题解决不好,那么即使再发动员工努力奋斗也不会收到成效,甚至越努力奋斗赔钱越多。领导者要增强基本问题意识。不要只注意把决定的事情办好,也要注意决定本身是否有毛病;不要只忙于摆脱困境,也要忙于铲除困难产生的根源。

④在研究企业发展时智慧很重要。企业发展战略不是常规思路,而是新奇办法。企业发展战略应该使企业少投入、多产出,少挫折、快发展。谋略是智慧结晶,而不是经验搬家和理论堆砌。智慧之中包含知识,但知识本身不一定是智慧。智慧与知识具有本质的区别。许多军事家都有"空城计"知识,但没有诸葛亮那样的智慧,先知为智。智慧是对知识的灵活运用,也是对信息的机敏反应。谋划企业发展靠智慧,谋划企业整体性、长期性发展靠大智慧。谋划企业发展固然要借鉴先进理论和先进经验,但如何借鉴还要靠智慧。

(4)企业发展战略的主要类型

企业的发展战略很多,一般情况下,主要有三种类型。

①一体化战略。它是指企业对具有优势和增长潜力的产品或业务,沿其经营链条延伸业务,扩大经营规模,实现企业成长。一体化战略按照业务拓展的方向,可以分为纵向一体化战略和横向一体化战略。

第一,纵向一体化战略。它是指企业沿着产品或业务链向前或向后,延伸和扩展企业现有业务的战略。企业采用纵向一体化战略有利于节约与上、下游企业在市场上进行购买或销售的交易成本,控制稀缺资源,保证关键投入的质量或者获得新客户。不过,企业一体化也会增加企业的内部管理成本,企业规模并不是越大越好。纵向一体化战略可以分为前向一体化战略和后向一体化战略。

前向一体化战略是指获得分销商或零售商的所有权或加强对他们的控制权的战略。前向一体化战略通过控制销售过程和渠道,有利于企业控制和掌握市场,增强对消费者需求变化的敏感性,提高企业产品的市场适应性和竞争力。

前向一体化战略的主要适用条件包括:企业现有销售商的销售成本较高或者可靠性较差而难以满足企业的销售需要;企业所在产业的增长潜力较大;企业具备前向一

体化所需的资金、人力资源等；销售环节的利润率较高。

后向一体化战略是指获得供应商的所有权或加强对其控制权的战略。后向一体化有利于企业有效控制关键原材料等投入的成本、质量及供应可靠性，确保企业生产经营活动稳步进行。后向一体化战略在汽车、钢铁等行业采用得较多。后向一体化战略主要适用条件包括：企业现有的供应商供应成本较高或者可靠性较差而难以满足企业对原材料、零件等的需求；供应商数量较少而需求方竞争者众多；企业所在产业的增长潜力较大；企业具备后向一体化所需的资金、人力资源等；供应环节的利润率较高。企业产品价格的稳定对企业十分关键，后向一体化有利于控制原材料成本，从而确保产品价格的稳定。

企业采用纵向一体化战略的主要风险包括：不熟悉新业务领域所带来的风险；纵向一体化，尤其是后向一体化，一般涉及的投资数额较大且资产专用性较强，增加了企业在该产业的退出成本。如通用汽车公司兼并费雪车身公司就是典型的纵向一体化案例。

第二，横向一体化战略。它是指企业收购、兼并或联合竞争企业的战略。企业用横向一体化战略的主要目的是减少竞争压力、实现规模经济和增强自身实力以获取竞争优势。在下列情形中，比较适宜采用横向一体化战略：a. 企业所在行业竞争较为激烈。b. 企业所在行业的规模经济较为显著。c. 企业的横向一体化符合反垄断法律法规，能够在局部地区获得一定的垄断地位。d. 企业所在行业的增长潜力较大。e. 企业具备横向一体化所需的资金、人力资源等。例如，法国电信横向一体化战略，美国WCI的横向一体化战略以及海尔集团的横向一体化战略。

②密集型战略。该类型的战略包括市场渗透战略、市场开发战略、产品开发战略。

第一，市场渗透战略——现有产品和现有市场组合。这种集中战略又称为"坚守阵地"，它强调发展单一产品，试图通过更强的营销手段获得更大的市场占有率。

市场渗透战略的基础是增加现有产品或服务的市场份额，或扩大现有市场中正在经营的业务范围。它的目标是通过各种方法来增加产品的使用频率。增长方法有：a. 扩大市场份额。这个方法特别适用于整体正在成长的市场。企业可以通过提供折扣或增加广告来增加在现有市场中的销售额；改进销售和分销方式来提高所提供的服务水平；改进产品或包装来提高和加强其对消费者的吸引力并降低成本。b. 开发小众市场，目标是在行业的一系列目标小众市场中获得增长，从而扩大总的市场份额。如果与竞争对手相比，企业的规模较小，那么这种方法尤为适用。c. 保持市场份额，特别是当市场发生衰退时，保持市场份额具有重要意义。

企业运用市场渗透战略的难易程度取决于市场的性质及竞争对手的市场地位。当整个市场正在增长时，拥有少量市场份额的企业提高质量和生产力并增加市场活动可能比较容易，而当市场处于停滞状态时则比较难。经验曲线效应使企业很难向成熟市场渗透，在成熟市场中领先企业的成本结构会阻止拥有少量市场份额的竞争对手进入市场。

市场渗透战略的主要适用情形包括：a. 当整个市场正在增长，或可能受某些因素影响而产生增长时，企业要进入该市场可能会比较容易，那些想要取得市场份额的企业能够以较快的速度达成目标。相反，向停滞或衰退的市场渗透可能会难得多。b. 如果一家企业决心将利益局限在现有产品或市场领域，即使在整个市场衰退时也不允许销售额下降，那么企业可能必须采取市场渗透战略。c. 如果其他企业由于各种原因离开了市场，市场渗透战略可能是比较容易成功的。d. 企业拥有强大的市场地位，并且能够利用经验和能力来获得强有力的独特竞争优势，那么向新市场渗透是比较容易的。e. 市场渗透战略对应的风险较低、高级管理者参与度较高，且需要的投资相对较低的时候，市场渗透策略也会比较适用。

第二，市场开发战略——现有产品和新市场的组合。市场开发战略是指将现有产品或服务打入新市场的战略。实施市场开发战略的主要途径包括开辟其他区域市场和细分市场。

采用市场开发战略的原因：a. 企业发现现有产品的生产过程决定了其难以转而生产全新的产品，因此他们希望能开发其他市场。b. 市场开发往往与产品开发结合在一起。c. 现有市场或细分市场已经饱和，这可能会导致竞争对手去寻找新的市场。

市场开发战略的主要适用情形包括：a. 存在未开发或未饱和的市场。b. 可得到新的、可靠的、经济的和高质量的销售渠道。c. 企业在现有经营领域十分成功。d. 企业拥有扩大经营所需的资金和人力资源。e. 企业存在过剩的生产能力。f. 企业的主业属于正在迅速全球化的产业。

第三，产品开发战略——新产品和现有市场的组合。这种战略是在原有市场上通过技术改进与开发研制新产品。这种战略可以延长产品的寿命周期，提高产品的差异化程度，满足市场新的需求，从而改善企业的竞争地位。

拥有特定细分市场、综合性不强的产品或服务范围窄小的企业可能会采用这一战略。产品开发战略有利于企业利用现有产品的声誉和商标，吸引用户购买新产品。另外，产品开发战略是对现有产品进行改进，对现有市场较为了解，产品开发的针对性较强，因而较易取得成功。可采用多种方法来达成这个战略。

开发新产品可能会极具风险，特别是当新产品投放到新市场中时。这一点也会导致该战略实施起来有难度。尽管该战略明显带有风险，但是企业仍然有以下合理的理由采用该战略：a. 充分利用企业对市场的了解。b. 保持相对于竞争对手的领先地位。c. 从现有产品组合的不足中寻求新的机会。d. 使企业能继续在现有市场中保持安全的地位。

产品开发战略的适用情形包括：a. 企业产品具有较高的市场信誉度和顾客满意度。b. 企业所在产业属于适宜创新的高速发展的高新技术产业。c. 企业所在产业正处于高速增长阶段。d. 企业具有较强的研究和开发能力。e. 主要竞争对手以类似价格提供更高质量的产品。

③多元化战略。多元化指企业进入与现有产品和市场不同的领域。由于战略变化是如此迅速，企业必须持续地调查市场环境，寻找多元化的机会。当现有产品或市场不存在期望的增长空间时（例如，地理条件限制、市场规模有限或竞争太过激烈），企业经常会考虑多元化战略。

采用多元化战略有下列三大原因：a. 在现有产品或市场中持续经营并不能达到目标。b. 企业由于在现有产品或市场中成功经营而留存下来的资金超过了其在现有产品或市场中的财务扩张所需要的资金。c. 与在现有产品或市场中的扩张相比，多元化战略意味着更高的利润。

多元化战略可以分为两种：相关多元化战略和非相关多元化战略。

相关多元化战略也称同心多元化战略，是指企业以现有业务为基础，进入相关产业或市场的战略。相关多元化的相关性可以是产品、生产技术、管理技能、营销技能以及用户等方面的类似。采用相关多元化战略，有利于企业利用原有产业的产品知识、制造能力、营销渠道、营销技能等优势来获取融合优势，即两种业务或两个市场同时经营的盈利能力大于各自经营时的盈利能力之和。当企业在产业或市场内具有较强的竞争优势，而该产业或市场成长性或吸引力逐渐下降时，比较适宜采用同心多元化战略。

非相关多元化战略也称离心多元化战略，是指企业进入与当前产业不相关的产业和市场领域的战略。如果企业当前产业或市场缺乏吸引力，而企业也不具备较强的能力和技能转向相关产品或市场，较为现实的选择就是采用非相关多元化战略。采用非相关多元化战略的主要目标不是利用产品、技术、营销渠道等方面的共同性，而是从财务上考虑平衡现金流或者获取新的利润增长点，规避产业或市场的发展风险。

企业集团多元化战略的优点包括：a. 分散风险，当现有产品及市场失败时，新产品或新市场能为企业提供保护。b. 能更容易地从资本市场中获得融资。c. 在企业原有产品利润无法增长的情况下找到新的增长点。d. 利用未被充分利用的资源。e. 运用盈余资金。f. 获得资金或其他财务利益，如累计税项亏损。g. 运用企业在某个产业或某个市场中的形象和声誉来进入另一个产业或市场，而在另一个产业或市场中要取得成功，企业形象和声誉是至关重要的。

多元化战略的风险包括：a. 来自原有经营产业的风险。企业资源总是有限的，多元化经营往往意味着原有经营的产业要受到削弱。这种削弱不仅是资金方面的，管理层注意力的分散也是一个方面。b. 市场整体风险。市场经济中的广泛相互关联性决定了多元化经营的各产业仍面临共同的风险。在宏观力量的冲击之下，企业多元化经营的资源分散反而加大了风险。c. 产业进入风险。企业在进入新产业之后还必须不断地注入后续资源，去学习这个行业并培养自己的员工队伍，塑造企业品牌。另外，产业竞争态势是不断变化的，竞争者的策略也是一个未知数，企业必须相应地不断调整自己的经营策略。d. 内部经营整合风险。新投资的业务会通过财务流、物流、决策流、人事流给企业以及企业的既有产业经营带来全面的影响。不同的业务有不同的业务流程和不同的市场模式，因而对企业的管理机制有不同的要求。企业作为一个整体，必须把不同业务对其管理机制的要求以某种形式融合在一起，如海尔集团的多元化战略方案。

对于初创企业来讲，如何制定其发展战略以及避免陷阱，非常重要。

2．初创企业的战略制定

初创企业面临的问题较多，主要有现金流、团队磨合、商业模式调整、产品或服务提升、组织结构调整、岗位责任制落实、执行力加强、市场渠道疏通、财务与资金管理、品牌与文化建设等。因此，企业必须从前瞻性和系统性的角度分析资源配置和利用，制定出可行的企业发展战略。

（1）初创企业战略制定的关键

初创企业战略制定的关键在于确定目标和手段。对于初创企业来讲，刚刚进入市场，各种指标、指数体系尚未建立，核心竞争力、资源优势等尚未明确，结果往往导致企业的目标、愿景、理念等战略性概念模糊。因此，初创企业应等到对市场有所了解、自身经营积淀一定管理经验之后，再制定企业战略。越是实体企业，企业战略越要三思而后行，服务类企业的则宜较早通过战略指导运营管理。

建议初创企业避免使用规范的量化工具进行企业战略定位、战略分析、战略制定，因为这样容易将战略变成一串具体数字。

康孚咨询在多年的战略咨询实践中，根据中国企业的特定情况，并吸取国际同行的先进经验，开发出了具有本土特色的战略五要素分析法（简称"ECSRE"）。

企业战略五要素的内容包括：企业的性质、企业（家）个性、企业的发展阶段、企业的资源和外部环境。大学生创办的企业，也必须重视企业发展的战略要素。

（2）企业战略制定的环节

通常将战略制定分为七个环节：启动阶段、确定方向、内部分析和外部分析、形成战略发展思路、形成战略方案、形成行动措施和资源配置、战略评价与总结。

对初创公司，拉卡拉公司创办人孙陶然，也不建议制定复杂的战略，唯一的战略就是找到一个切入点，使出全部资源撕开一个口子，然后扩大战果。具体而言，就两件事：做出一个有人愿意买的产品，并且找到一种能够把产品不断卖出去的方法。

企业只有明确了利益相关者、竞争者和自身的优势、劣势、机会、威胁，才可以从容地应对机遇的诱惑和市场变化。这也有利于企业改进决策方法，提高风险控制能力和市场应变能力，进而有利于提升企业的持久竞争力。

第四节　创业者成功的秘籍

创业是件很痛苦的事情，在痛苦的创业过程中，创业者会遇到一系列的挑战，而解决这些挑战的方案，就是创业者成功的秘籍。

1. 让自己和团队变得更强大

创业是对个人能力的最大考验。创业过程中，人们会面临很多问题，需要自己做出抉择。面对困扰，创业者要有解决的能力与勇气；面对失败，创业者要有开阔的胸怀去接受。

（1）创业者要让失败变得与成功一样伟大

一个创业者只有在披荆斩棘的道路上不断修炼自己，提升自己的能力，并全面清醒地认识自己，找到最适合自己的创业方式，才能获得通往成功的途径。而创业的成功正是对自我能力的充分证明，所以创业者创业前一定要慎思。创业前要认真思考、反复评估、考虑成熟再行动。除了有足够的资源准备外，还要有心理准备。以下几个方面问题，值得好好思考。

①"我为什么要创业"。是否有足够的决心，愿意承担风险，过去的利益是否舍得放弃。

②"我是否具备创业者应有的能力与素质"。是否能承受挫折，是否具有综合全面的素质，还是有专项技术特长。

③"我创业成功的核心资源优势是什么"。自己是否具备足够的资本、行业经验、客户资源、技术创新、商业运作能力，以及与将面对的竞争对手相比是否有明显的优势。

④是否有足够的耐心与耐力。渡过创业期的消耗，估计通过多长时间才能走过创业瓶颈阶段，自己有多长时间的准备。

⑤创业最大的风险是什么。最坏的结果是什么，自己是否能承受。不要只想到乐观的一方面，对风险一定要有充分的心理准备，否则，一碰到现实状况与想象不一样，就会造成信心动摇。回答清楚以上问题之后，再决定是否创业不迟。很多创业者的失败，都是由于创业前心理准备不够，匆匆忙忙进行创业，最后失败得一塌糊涂。假如准备不足，条件不具备，晚一点创业也不迟。在创业者中，有几种成功的类型：自己从零开始独立创业成功者，有技术与他人合作成功者，在企业内部创业成功者。从实际情况看，第三种创业方式最容易成功。

一个创业者比较好的选择就是有计划有策略地进入一家成功企业，先取得老板的信任，再找准机会，建议老板从企业发展角度投资新项目。这样创业的机会就有了，自己作为项目的提出者，自然会被老板赋予重任。很多企业都会有发展新项目的需要，如果冒昧地投资，合作机会不会太多。国内企业用人时，对员工忠诚度很在意。从企业内部创业，有很多有利条件，如雄厚资本实力的支持、管理的指导、综合资源的共享、业务资源的利用、品牌形象的借助等，如果创业企业的业务与母体企业的业务有延续性或关联性，创业更容易成功。

（2）成功的创业者只碰自己熟悉的行业

只要认准一件事，就要集中精力做好。可以说，要想真正做好一件事情，能否坚持到底至关重要。因为创业之路是漫长的，这其中不但会有很多坎坷，还可能遇到各种各样的诱惑。也许现在创业者所从事的行业并不能够取得太好的效益，但是从长远来看，如果这个行业是有潜力的，就需要创业者能够保持对所选行业的信心，还要对其他行业说不。创业者要坚持自己所选择的行业，并集中精力将其做好。如果创业者对自己所选择的行业没有信心的话，是根本不能在此行业中取得成功的。许多创业者都抱怨创业非常艰难，其实这往往就是因为创业者没有凭自己的特长来选择创业方向。只有选择自己擅长的行业，创业者才能在创业中有更大的动力和信心，才能将自身的潜力充分发掘出来，才能在这个行业中做出好的成绩，拥抱成功。而多数人创业之所以没有取得成功，是因为他们创业时选择的行业是跟风，即别人做什么赚钱，自己就选择做什么，完全忘记所选行业和自身特点的相关性。

虽然每年都有成千上万家企业开张营业，但却只有少数企业能够生存下来，其原因不在于这些生存下来的企业创始人在创建企业的时候有多雄厚的资金，关键在于他们具有那些失败者所不具有的特点。比如，创业者非常了解自己的行业，具备相关的专业知识等。一个创业者不但应该具备创办企业所需的管理经验和相关知识，同时还要清楚自己的弱点和不足。如果创业者还没有具备开创一个企业应有的素质和能力，那么就应该先提高自身素质。毕竟任何一方面有所欠缺，创业都不会取得成功。

创业者一定要有勇气面对失败，因为失败能够让人对自己的创业过程有更深的了解与掌控，这样才能在创业中拥有美好的未来。创业者如果不能接受失败的事实，就绝不可能重新开始。创业者经历了失败才能学到更多东西，学会不断地反思自己。凭借着反思与自信心，他在失败后依然能够迅速重新开始下一轮创业历程。

创业者总会遇到很多失败，在遭遇失败后坦然地面对失败、正视失败、分析失败，并让失败的经历成为自己的经验，是创业者真正需要掌握的能力。失败与成功一样伟大，失败的人得到的是一次成长的机会、一种人生的财富。所以说，创业者与其学习别人成功的经历，不如分析自己失败的原因，这样才会让自己离成功更近一点。

（3）打造所向披靡的战斗团队

打造一个好的团队，必须使团队中的每一个人的潜能激发出来，从而把人变成对企业和团队有价值的人才。

①健全企业制度。企业制度是人与企业经营的结合部分，是为实现企业目标对员工行为给予限制、影响的一种文化。企业制度规范着企业的每一位员工，诸如考核奖

惩制度、运营规程等都是企业制度的内容。企业制度实际上是规范员工行为的一种管理方式，可以使企业在复杂多变的环境中处于良好的状态，让每一位员工发挥出自己的最大潜能，实现企业的高效管理。可以说，它是一个企业的精神力量，决定着企业的发展。一个发展良好的企业离不开制度的支撑。

首先，激励制度是实现高效管理的最有力武器。企业的发展要以人为本，企业要做到以人为本，就需要对员工实施激励措施，以便调动他们工作的积极性、主动性和创造性。所以，激励制度是企业经营管理中一项不可或缺的制度，该制度完善与否，直接关系到企业能否产生高效率。在现代企业管理中，考核激励制度就是用来鼓励员工的，通过满足员工的需求，激发他们的工作热情，将其内在的潜力充分发掘出来，并直接给企业创造高效率。

其次，要有公平公正的制度，让员工充满激情。管理者想要实现有效管理，必须让被管理者心服口服，而要实现这个目的，最有效的方法就是做到不搞特殊化。在众多管理理念中，不搞特殊化是尤其重要的一个，因为这个理念可以让所有人都执行统一制度或规则，如此一来，员工的心里就不会产生不满，让员工努力工作的同时也能让所有人对企业实施的这种管理制度心服口服。

再次，要让持续完善的企业制度抑制员工的消极心理。企业制度的完善其实就是将目标式管理细化，也就是说，企业的管理者一旦制定了某项关乎企业发展的宏伟目标，在执行和落实的过程中，就要将这种富有战略性意义的目标进行细分，传达给下面的各个职能部门，然后再由这些职能部门进一步细分，直到目标最终落实到每一个一线员工头上才算真正的落实到位。对创业者来说，将这种目标管理的职能一点点向下细分的做法，其实就是在落实一份具体责任。而最终执行这份责任的，还是企业里的那些普通员工，换句话说，普通员工的工作态度直接影响的就是企业的效益。企业管理就是人的管理，管理员工就必须依靠制度，因为企业制度不仅约束员工的个人行为，还是员工的工作准则，所以企业制度只有做到规范和细化，才能保证这种约束力在制度上的完善，从而杜绝员工的消极心理。而员工的消极心理根除后，企业就能产生良好的工作效率。

最后，奖罚分明是提高执行力的最有效手段。现实中很多企业在发展过程中会遭遇员工积极性不高、企业发展动力不强的情况。比如，一些企业的管理者为企业未来发展做出了很多战略规划，并憧憬企业的未来发展得更好。可他们没有想到的是，员工对此漠不关心，执行能力很差，如此一来，企业发展的现状和企业管理者最初的构想就差之千里。由于一些企业管理者缺乏必要的管理经验，所以其管理的企业在发展中总是接连出现各种意想不到的问题，这让企业管理者感到十分棘手。简单来说，这些企业出现让管理者担忧的问题，归根结底与员工的执行力度不强有非常紧密的关系。可以肯定的是，这些企业的管理者不懂得有效实施奖惩分明的制度，而只是一味地让员工创造价值。殊不知，任何企业如果缺少了必要的奖惩制度，不仅调动不起员工的工作积极性，还很难给企业发展注入动力，致使企业陷入管理混乱的状态中。

②打造自己的战斗团队。如今的商界已经不是单枪匹马就可以创造奇迹的时代，一个人在创业过程中，需要各种各样的人才协助自己"攻城略地"，因而团队建设越来越受到创业者的重视。近几年涌现出很多优秀的企业家，他们都拥有自己的企业文化，更明显的共同点是他们都拥有出色的核心团队。这些优秀的团队正是他们能够在竞争中脱颖而出的关键。优秀团队应该如何建设，这个问题正是创业者需要努力探寻的。创业者只要拥有出色的团队，心中的梦想就有可能变为现实。

为此，首先，创业者要注重团队协作，打造强有力的人才队伍。随着时代的不断发展，企业管理者对人才的需求也不断提高，人才对于企业发展的重要性不言而喻，任何企业管理者都非常明白这一点。然而我们通常会发现，企业与企业之间在发展过程中存在很大的差异，随着这种差异的不断加大，一些企业的竞争优势凸显出来，那些不知道选拔人才、怎样录用人才的企业往往就成为经济发展道路上的牺牲品；那些能掌握好人才资源，让人才发挥更多力量的企业，则能在市场竞争中持续发展下去。其次，创业者要培养员工的团队精神。衡量一个企业是否能够从容地应对因外部环境与市场变化而带来的困境或危机的一个要素是企业员工之间的团队精神。所以，每一位优秀的企业管理者在管理企业时，都很注重培养员工的团队意识，因为他们明白，只有让员工拥有了团队精神，才能组成敢于打硬仗的队伍，使企业在与同行竞争时处于不败之地。建立企业管理者与员工之间的团队精神，最有效的方法就是，企业管理者要做到制度健全，用成效来管理，用目标来管理，而不是用监督来管理。如果企业缺乏制度的约束，那就根本没法形成一支纪律严明、作风过硬的团队。与此同时，企业管理者一定要做到尊重每位员工，让每位员工都切身感受到企业的温暖与关怀，因为这会激发员工为企业奉献的精神。此外，管理者还要创建一个良好的沟通环境，因为有效的沟通往往能够及时化解员工与员工之间、管理者与员工之间以及部门与部门之间的矛盾，从而增加团队的凝聚力。

2. 成功创业源于科学决策与创新

(1)认识科学决策的重要性

经营企业其实就是在不断地进行决策。决策不能脱离实际，必须依靠科学，理智地思考与判断，而不能仅靠经验的积累。科学的决策包括明确方向、制定目标、确定备选方案、评价与选择方案，以及在方案实施中追踪反馈等基本环节。决策是为了达到确切的目标，寻找解决问题与实现目标的各种方案，并依据已知信息对其进行评估、判断，从而选择一个方案并付诸实施的管理过程。决策的方式、方法关系到一个人创业的成败，因而培养自己的决策能力对创业者来说是至关重要的。

首先，决策的正确与否决定着企业成败。企业发展依靠决策。正确的决策能够让一个企业起死回生，而失败的决策则可以让一个强大的企业骤然消亡。人们能否做出正确的决策，主要取决于三个步骤：决策的目标、对选择方案的评估及对选择方案所产生的可能后果的了解。这些虽然听起来简单，但做起来却很难。现实中，很多人在做决策时，往往不对目标、自身处境进行充分分析，就冲动地做出决定。然而，正确的决策必须充分考虑决策目标，任何决策方案如果不能实现最后的目标，都是一无用处的。

其次，优秀的决策始于远见。创业者在选择项目时，要考虑这个项目的可行性，以及项目的回报率，更为重要的是不能忽略这个项目的长远发展。企业管理者在选择项目时，一定要考虑长远，要看清自己所选择的项目未来能发展成什么样子。创业者只有思维开阔，立足长远，才能避免决策的失误，让企业得以不断发展。很多创业者往往只顾短期利益，不从长远出发，急功近利，轻率行事，仅靠主观意志做出决策。这种杀鸡取卵的决策方式犹如封喉之剑，最终只会断送企业的未来。而创业者如果具有远见卓识，就会使企业朝着自己希望的方向顺利发展。

创业者的所有决策不仅仅来自他从失败中获得的宝贵经验，也来自他对消费者的细心琢磨。经验告诉人们，创业不是投机，也不是仅仅靠努力就能成功的。创业者在创业的过程中，需要的是一种掌控局面、行之有效的商业智慧。创业成功的关键并不是要有吃苦的精神，而是要有清楚的逻辑思维。在创业的过程中，创业者必须有所思考，解决一些基本的问题。总的来说，创业者需要对以下问题进行思考。

①创业定位。要创业首先要对自己的企业定位，从根本上来说就是对产品定位。而投资人正是从创业者对企业的定位来决定投资是否可行的。

②商业策划。这是让投资人了解自己计划的机会。在硅谷，标准的商业计划一般不会超过20页，但创业者需要用逻辑清晰的结构将计划阐述清楚。

③创业者要清楚自己需要承担何种风险。比如说，创业者将为企业投入多少时间、金钱、资源等，是否愿意放弃稳定的工作、丰厚的收入。一般来说，投资人不愿意承担比创业者更大的风险。

④企业愿景与经营模式。创业者一定要有一个清楚的愿景，这样才能让团队有努力的方向，也让投资人有所期待。

⑤顾客在哪里。创业者必须了解产品与服务的对象，让他们感受到产品无可替代的价值。

⑥竞争对手在哪里。在如今竞争激烈的商业时代，创业者必须了解自己的对手，这样才能明确自己的核心竞争力。

⑦团队的完整性。创业者要了解自身的不足，坦诚面对不足并寻求帮助。通常，创业团队的成员都有"物以类聚"的特点，所以更应该吸纳不同方向的人才，创业者要考虑到这点，提高团队的完整性。

显然，以上这些都需要创业者良好的逻辑思维作为支撑。只有拥有良好的逻辑思维，创业者才能理性地思考，做出正确的商业决策。

(2)敢于承担风险但不盲目地冒险

经营企业就存在风险，所以创业者必须具备承担风险的能力。通常，风险与机遇同在，风险越大，得到的回报往往就越大。可以说，很多人之所以能够在事业上取得巨大的成功，是因为他们敢于承担风险。但是在创业过程中人们认识到，盲目地冒险会将创业者推进万丈深渊。虽然创业者需要有不怕风险的精神，但同时也不能鲁莽地乱冒险，只有有胆识地以自身的经验与正确的市场信息为后盾，冒险行为才有可能使创业者收获巨大的成功。

在竞争激烈的商业社会，创业者要持续经营自己的企业，就必须善于控制风险。这些风险大体包括：一是可预防的风险。这是企业自身行为所带来的风险，这类风险可以通过完善企业制度、内部管理来避免。二是策略性风险。如开发项目、新技术，投进去的钱可能会没有回报。三是客观原因所带来的风险。如地震、火灾等自然灾害，或者其他企业所带来的影响，等等。这类风险通常是无法控制的。

那么，不同类别的风险，应该如何防范呢？

①控制环境。创业者要建立企业制度，形成企业文化，让企业的资源实现最大化，让员工能够发挥自己最大的能力。

②进行风险评估。创业者要明白一点：创业必须冒险，但是要冒自己可以承担的风险，绝对要避免无法承担的风险。

③信息与沟通。充足的信息与有效的沟通可以消除风险。

④实行监督。企业领导人通过对员工的有效监督，可以掌控企业运营的实际状况，这样才能进一步控制风险。

风险控制本身就是一个很复杂的工作，企业大大小小的事情都有可能存在风险，所以，创业者要记住企业安全是第一位的，一定要控制好风险成本。如果企业生存不下去了，一切都是罔谈。俗话说"未买先想卖"，控制风险最好的一个方式就是在做决定之前思考失败之后会怎样。

（3）创新是创业成功的关键

创业就是一种创新。创业成功就是创造出一个新企业，而这个企业要想取得长久的发展就必须具有创新精神。人的思想不能只固定在一个模式上，只要改变一下，人们就会发现这个世界上还有很多条路可以走。当一条路难以继续的时候，创业者不妨大胆舍弃，重新寻找方向。只要创业者善于打破陈规、不断创新，就一定能在创业的道路上拥有更多的成功机会。

创新让企业具有真正的核心竞争力，有了竞争力，企业才能真正在这个动荡的社会中站稳脚跟，才能拥有未来的发展。可以说，创业者只有将创新作为自己的制胜武器，作为引领未来的指南针，才能带领团队在茫茫商海中找到属于自己的一片天地。因此，创业者一定要学会培养自己的创新精神，发挥超前的思维能力，让企业走上不断超越的发展之路。

当然，到底如何创新？到哪里去创新？总是说起来容易，做起来难。不过，有一种思路，就是说机会隐藏在细节中。创业者一开始就要学会关注细节，在细节中寻求创新、寻求发展，从而在激烈的商战中把握住更多机会。商场上并不缺少睿智的战略家，也不缺乏先进的管理制度，但缺少对细节认真、追求完美的人。尤其是在如今经济快速发展的时代，很多企业家一味追求快速发展而无暇顾及细节。事实证明，他们那些粗放式管理是很低效的。创业者要想让自己的企业取得成功，就得在细节上追求完美。

事实上，一个企业的经营就是由千千万万个细节所组成的。工作中所发生的每一件小事积累起来，都会影响整个企业的经营运作，所以管理者千万不要忽略那些看似微不足道的环节与工作。一个人在生活中不讲究细节，可以说他是"不拘小节"，但是在管理中，如果不注重细节，就会影响整个企业的发展。在生活中，一些不经意的细节往往能够反映出一个人的内在素质；而在管理中，对细节的注重、对细节的不断创新将体现一个企业的核心竞争力。在如今这个时代，人人大讲战略、决策之际，管理者更要注重细节创新。创业者更要从自身做起，从小事做起，摒弃所有不利于企业发展的习惯，这样才能带领企业进入不断创新发展的状态，迈向成功之路。

（4）把创业当作自己的事业

商界是一个没有硝烟的战场，创业者在准备创业时，就要做好战斗的准备。企业之间的竞争是残酷的，不主动出击无异于自寻死路。所以，创业者必须勇敢地面对竞争，学会在竞争中不断提升自己的能力，从而让自己的企业得到发展，不至于被市场淘汰。创业者只有直面竞争，迎接挑战，才能在激烈的竞争中获得成功。

首先，创业者必须具备战斗的意志。创业者决定创业，就是对自我能力的一种挑战，因为他已经将自己放在这个充满竞争、充满风险的位置上。所以，只有保持自己的竞争思维，才能将企业带向成功。如果一个人在创业中，总是畏畏缩缩，不敢迎接挑战，不具备战士一般的意志，那么他很可能在还没有机会了解竞争对手的时候，就已经被击败了。

市场上的劲敌实在是太多了，战线也实在太长，而整个战斗过程漫长且残酷，所以创业者一定要具备钢铁般顽强的战斗意志。这种意志实际上是源于企业家的博大胸怀，是要做一个对社会有贡献的企业家的远大志向而不是简单的要赚多少钱或打败多少竞争者的自利动机。创业的核心源于精神力量。物质上的东西是可以从外界借来的，而精神力量却是影响一个人行为的关键。创业者敢于靠一己之力出来打拼，靠的就是他的创业精神。创业者身上体现出的一种坚强、果敢的精神，就是他创业的原动力。关于创业精神，其实就是创业者必须具有的强烈责任感，对自己的严格要求。所以一个创业者要想成为优秀的企业家，就必须具有强烈的爱国意识，要对社会有所贡献。因此，创业者在创业一开始就必须具备"亮剑"精神，秉持为社会创造价值的心态去做事业。

其次，拒绝不正当竞争。创业过程就是竞争的过程，创业者要想赢得最后的成功，不但不能惧怕竞争，而且要善于竞争，学会通过正当的竞争不断提升自己。只有这样，才能让自己拥有更大的成功机会。而不正当的竞争，只会让创业者落入失败的深渊。其实，大多数情况下，创业者都是被自己打败的。当遇到竞争的时候，他们大多想着如何打压竞争对手，而不是去挑战自己，提高自己的能力。一个企业真正的成功是靠自己的能力取得的，恶意打压竞争对手的不正当行为不仅不会给自己带来任何好处，还会给自己带来负面影响。俗话说：君子爱财，取之有道。真诚才是企业家最珍贵的精神。"真诚待人，诚信做事"，哪怕遇到再激烈的竞争，都一定要做到这一点。诚信只是一个人的外在行为，而真诚则体现了一个人的内在精神，虽然这两个词都有一个"诚"字，但是"诚信"体现的是一种"信"，而"真诚"讲的才是"诚"。真诚表达的是一个人的心声，是不伪装地与人相处。一个真诚的人往往能够给人带来安全感，从而取得他人的信任。一个具有真诚精神的人才能不被利益所诱惑，才能给周围的人带来真正的欢乐。对于企业家来说，真诚更是难能可贵。真诚是一种不加掩饰的透明，如果企业家在员工面前能够做到不虚伪，相信一定能够凝聚所有员工的心。在企业中，如果所有人都能用一颗真诚的心对待他人，并用热情去感染对方，这个企业十有八九是成功的；相反，在企业中，如果人们相互欺骗，尔虞我诈，不能专心做事，企业的成长就会变得很难。所以拒绝不正当竞争、真诚相待才是创业者攻无不克、战无不胜的制胜法宝。

参考文献

林汶奎：《史玉柱成功创业 20 律》，北京，中国纺织出版社，2014。

兰远华：《活下去先：提高创业成功率的 24 条法则》，北京，电子工业出版社，2018。

陈安之：《创业成功的 36 条铁律》，广州，广东经济出版社，2002。

［英］布赖恩·芬奇：《如何撰写商业计划书》，邱墨楠译，北京，中信出版社，2017。

邓立治：《商业计划书：原理、演示与案例》，北京，机械工业出版社，2018。

［英］爱德华·布莱克韦尔：《商业计划书要这样写：创建出色的商业战略指南》，张楚一译，北京，中信出版社，2019。

吕森林、申山宏：《创业从一份商业计划书开始》，北京，电子工业出版社，2019。

杨光瑶：《快速打动投资人：优质商业计划书精彩集锦》，北京，中国铁道出版社，2019。

［英］格雷厄姆·弗兰德斯蒂芬·泽尔：《商业计划指南》，朱必祥译，沈阳，东北财经大学出版社，2010。

朱恒源、余佳：《创业八讲》，北京，机械工业出版社，2016。

叶坪鑫：《企业文化建设实务》，北京，中国人民大学出版社，2014。

王吉鹏：《企业文化建设》，北京，中国人民大学出版社，2017。

年青、年鹤童：《法商之道——企业家法律风险防范 36 计》，北京，清华大学出版社，2018。

刘亚娟：《创业风险管理》，北京，中国劳动社会保障出版社，2011。

张竹筠、付首清：《创业风险》，北京，科学出版社，2004。

刘晋波：《大学生创业导引与风险规避》，上海，立信会计出版社，2013。

刘国新、王光杰：《创业风险管理》，武汉，武汉理工大学出版社，2004。

张志、乔辉：《大学生创新创业入门教程》，北京，人民邮电出版社，2016。

王妮娜：《大学生创业教育与实践》，北京，北京师范大学出版社，2016。

钟晓红：《大学生创业教育》，北京，北京理工大学出版社，2010。

曲然、费宇鹏：《大学生创业：理论与实践指导》，北京，经济科学出版社，2018。

李肖鸣、孙逸、宋柏红：《大学生创业基础》，北京，清华大学出版社，2016。

王云龙：《大学生创业基础》，哈尔滨，哈尔滨工程大学出版社，2017。

赵军、吴灿铭：《电子商务必学的16堂课——跨境开店＋精准营销》，北京，清华大学出版社，2018。

何传添：《跨境电子商务（出口篇）》，北京，经济科学出版社，2016。

刘霞、宋卫：《大学生创新创业指导》（慕课版），北京，人民邮电出版社，2019。

王艳红、赵丽丽：《大学生创业环境与政策研究》，石家庄，河北人民出版社，2014。

王以梁：《新时代背景下我国政府公共政策促进大学生创新创业研究》，天津，天津社会科学院出版社，2018。

王成：《我国创业融资困境与对策研究》，武汉，武汉科技大学，2016。

郭伟威：《大学生创业融资模式研究》，太原，山西财经大学，2010。

陈永奎：《大学生创新创业基础教程》，北京，经济管理出版社，2015。

张翠英：《大学生创业职业素养》，北京，首都经贸大学出版社，2017。

沈斐敏、徐国立：《大学生创新与创业教程》，北京，高等教育出版社，2014。

陈新达、桂舟：《大学生创新创业》，北京，清华大学出版社，2018。

说　明

　　本教材配有教学课件PPT，请有需要的老师联系以下邮箱，获取《创新创业基础——跨界与融合》及更多北师大出版社创业、文学、艺术、影视与传媒类教材课件资源。同时也可添加封底"新外大街拾玖号"微信公众号，获取相关课件和数字资源。

联系人：李编辑

联系邮箱：897032415@qq.com